JN274527

室山敏昭

日本人の想像力

方言比喩の世界

和泉書院

目　　次

第一章　方言比喩の世界へ

はじめに……………………………………………………………………… 1
Ⅰ. 方言比喩（メタファー）の成立要件と分類枠組………………………… 6
　　1. 方言比喩（メタファー）の成立要件……………………………… 6
　　2. 方言比喩（メタファー）の分類枠組………………………………10
Ⅱ. 地域生活者の想像力と類似性認知………………………………………17
Ⅲ. 擬自然化の発想法…………………………………………………………21
　　1. 人間の動物化…………………………………………………………22
　　2. 人間の植物化…………………………………………………………26
　　3. 人間の自然現象化……………………………………………………30
Ⅳ. 自然間における想像力の展開……………………………………………34
　　1. 動物の植物化…………………………………………………………35
　　2. 動物の動物化…………………………………………………………35
　　3. 植物の動物化…………………………………………………………36
　　4. 植物の植物化…………………………………………………………38
　　5. 自然現象の動物化……………………………………………………39
　　6. 自然現象の植物化……………………………………………………40
Ⅴ. 擬人化の発想法……………………………………………………………40
　　1. 動物の人間化…………………………………………………………40
　　2. 植物の人間化…………………………………………………………44
　　3. 自然現象の人間化……………………………………………………47
Ⅵ. 擬物化の発想法……………………………………………………………49
　　1. 人間の事物化…………………………………………………………49
　　2. 動物の事物化…………………………………………………………51

Ⅶ．方言メタファーが成立する場……………………………………52
　　　　1．子どもたちの場合 ………………………………………53
　　　　2．大人たちの場合 …………………………………………55
　おわりに……………………………………………………………………59

第二章　方言比喩に見る地方人の想像力

　はじめに……………………………………………………………………73
　Ⅰ．方言比喩への眼差し……………………………………………………74
　Ⅱ．地方人の想像力…………………………………………………………77
　　　　1．類似性を発見する力 ……………………………………77
　　　　2．類似性を発見する感覚的理性のシステム ……………83
　Ⅲ．擬自然喩…………………………………………………………………85
　　　　1．一次的擬自然喩 …………………………………………85
　　　　2．二次的擬自然喩 ……………………………………… 102
　Ⅳ．擬人喩………………………………………………………………… 108
　　　　1．動物の人間化 ………………………………………… 108
　　　　2．植物の人間化 ………………………………………… 110
　　　　3．自然現象の人間化 …………………………………… 112
　　　　4．事物の人間化 ………………………………………… 113
　Ⅴ．擬物喩………………………………………………………………… 116
　　　　1．人間の擬物化 ………………………………………… 117
　　　　2．自然現象の擬物化 …………………………………… 123
　Ⅵ．精神の身体化………………………………………………………… 124
　　　　1．性向の身体化 ………………………………………… 125
　　　　2．感情の身体化 ………………………………………… 128
　Ⅶ．方言比喩と子どもたちの想像力…………………………………… 131
　　　　1．子どもたちの想像力と「遊びの空間」……………… 131
　　　　2．小さな生き物への関心 ……………………………… 133
　　　　3．擬人喩への傾斜 ……………………………………… 136

|　　4．想像力の拡張 …………………………………………………… 137
|　　5．「遊び」の力………………………………………………………… 139
Ⅷ．方言比喩の生まれる場 ……………………………………………… 140
|　　1．「生業活動」の場 ………………………………………………… 140
|　　2．「つきあい」の場 ………………………………………………… 144
Ⅸ．数への類推力 ………………………………………………………… 148
おわりに …………………………………………………………………… 150

第三章　方言比喩の創造と環境世界

はじめに …………………………………………………………………… 155
Ⅰ．生業環境の反映と制約 ……………………………………………… 156
|　　1．漁業環境と比喩の創造 ………………………………………… 156
|　　2．農業環境と比喩の創造 ………………………………………… 158
|　　3．生業活動の対象と比喩化 ……………………………………… 161
Ⅱ．自然環境の反映と制約 ……………………………………………… 162
Ⅲ．文化社会環境の反映と制約 ………………………………………… 164
|　　1．文化社会環境と比喩の創造 …………………………………… 164
|　　2．ミクロな文化社会環境と比喩の創造 ………………………… 165
Ⅳ．身近なものへの関心 ………………………………………………… 167
Ⅴ．環境認識の制約と更新 ……………………………………………… 170
Ⅵ．文学比喩との断絶性 ………………………………………………… 173
Ⅶ．近隣社会における「人」への関心 ………………………………… 176
Ⅷ．人に見立てられる対象の特徴 ……………………………………… 189
|　　1．「牛馬」への強い関心 …………………………………………… 189
|　　2．生活史の反映 …………………………………………………… 192
|　　3．「動物」のカテゴリーの優位性 ………………………………… 195
|　　4．地域生活者の知恵 ……………………………………………… 198
|　　5．方言比喩と文学比喩の断絶性と連続性 ……………………… 199
|　　6．誇張比喩・誇大比喩の生成基盤と社会的効用 ……………… 199

7. 「人間のカテゴリー」に見られる認識の造形化……………… 202
　　　8. 謎解きの面白さと環境世界 ……………………………… 204
　Ⅸ. 地域生活者の新しい発見による認識の獲得機構 ………………… 207
　Ⅹ. 比喩とイメージ………………………………………………… 209
　Ⅺ. 方言比喩における象徴能力と認知能力の制約関係 ……………… 213
　おわりに ………………………………………………………………… 217

第四章　方言性向語彙における比喩表現の生成と構造

　はじめに ………………………………………………………………… 219
　Ⅰ. 野島の地理的・社会的環境と調査の概要 ……………………… 222
　　　1. 野島の地理的・社会的環境の特徴 ……………………… 222
　　　2. 調査の概要 ………………………………………………… 223
　Ⅱ. 野島方言の性向語彙における比喩の生成 ……………………… 223
　Ⅲ. 野島方言の性向語彙における比喩の造語法 …………………… 230
　　　1. 転成法 ……………………………………………………… 230
　　　2. 複合法 ……………………………………………………… 243
　　　3. 喩えの対象となっているものの意味カテゴリーと語彙量 …… 246
　Ⅳ. 性向語彙の構造の枠組と比喩表現 ……………………………… 252
　　　1. 意味枠と比喩表現 ………………………………………… 252
　　　2. 評価枠と比喩表現 ………………………………………… 253
　おわりに ………………………………………………………………… 255

第五章　漁業社会の魚名語彙における比喩の諸相

　はじめに ………………………………………………………………… 271
　Ⅰ. 喩えの対象とその意味カテゴリー ……………………………… 275
　Ⅱ. 一次的メタファーと二次的メタファーの比較 ………………… 292
　　　1. 喩える対象の意味カテゴリー …………………………… 292
　Ⅲ. 類似性認知の視点と感覚 ………………………………………… 296
　　　1. 類似性認知の視点 ………………………………………… 296

2. 類似性の認知に関わる感覚 ………………………………… 302
Ⅳ. 文学比喩の魚名と方言比喩の魚名………………………………… 303
　　1. 文学比喩の場合 ……………………………………………… 304
　　2. 方言比喩の場合 ……………………………………………… 306
Ⅴ. 他の語彙カテゴリーとの比較……………………………………… 309
　　1. 喩えられる対象と喩える対象の意味的関係性 ……………… 311
　　2. 類似性認知の視点 …………………………………………… 317
　　3. 類似性の認知に関わる感覚 ………………………………… 318
Ⅵ. 比喩魚名の地域性………………………………………………… 320
　　1.「タイ」の比喩魚名の地域性………………………………… 321
　　2.「サメ」の比喩魚名の地域性………………………………… 325
おわりに………………………………………………………………… 330

第六章　子どもたちの想像力

はじめに………………………………………………………………… 339
Ⅰ. 子どもたちの生活の場と想像力の造形化……………………… 342
　　1. 子どもたちが生きた「遊びの空間」………………………… 342
　　2. 想像力の造形化 ……………………………………………… 344
Ⅱ. 遊びの対象と比喩発想…………………………………………… 350
　　1. 子どもたちの遊びの対象 …………………………………… 350
　　2. 豊かな比喩発想 ……………………………………………… 351
Ⅲ. 想像力の広域性と狭域性………………………………………… 359
　　1. 想像力の広域性と一元的生成 ……………………………… 359
　　2. 想像力の狭域性と多元的生成 ……………………………… 364
Ⅳ. 自然に対する伝統的な親和力の衰滅…………………………… 372
おわりに………………………………………………………………… 375

あとがき………………………………………………………………… 395

第一章　方言比喩の世界へ

はじめに

　地域社会の人びと、とりわけ高年層に属する人びとは、現在でもまだ方言という地域生活語を用いて日々の暮らしを営んでいる。暮らしの中で用いられるひとこと、ひとことは、地域社会の生活史を背景とする環境——自然環境・生業環境・文化社会環境の三者を含む「生活環境」——と強く結び合って、暮らしの中に深く根を下ろしている。方言のひとこと、ひとことは、地域社会に生きてきた生活者にとって、文字どおりかけがえのないものである。方言は、単に、地方の言葉、共通語とは違う、そこ、ここだけの言葉というように相対的に規定される前に、まず、地域社会の人びとや彼らが暮らす生活環境と密接不離なものとして存在しているのである。

　地域社会の人びと、すなわち自らの環境世界を生きる生活者は、いわゆる方言と呼ばれる地域生活語によって、環境世界の全像を認識し、他者とのコミュニケーションを行い、時代環境に適応して生きてきた。方言が地域文化のベースであり、表象であると言われる理由の一つがここにある。したがって、方言、とりわけ意味的単位（記号的単位）である語のまとまりとしての生活語彙の分析を通して、地域生活者が環境世界（外部世界）をどのように範疇化し、環境世界に存在する極めて多様な事物や現象に、どのような関心の寄せ方をしてきたかといったことが具体的に見えてくるはずである。言い換えれば、彼らが環境世界をいかなる特徴に着眼して切り分け、いかなる特徴に注目して統合、範疇化し、また自らの側から一定の価値づけを行っているかといった事実を、具体的に見てとることが可能になるのである。

　なぜなら、生活語彙は、地域生活者が環境世界を認識し、この世界との相互作用による経験的な基礎を動機づけとして発展してきた言語記号のシステ

ムだからである。それゆえ、生活語彙の実相には、地域生活者が生きてきた環境世界に対する認識システムや、カテゴリー化、概念化のプロセスが、なんらかの形で反映することは、文化言語学、認知言語学、言語人類学、認識人類学などの分野において、すでに否定しがたいテーゼとなっている[1]。

たとえば、気象状況に敏感に反応することが要求される漁民は、風や潮や波に関する極めて豊かな語彙を駆使しており、農民は牛馬や田畑や生産物に関する豊かな語彙を獲得している。それゆえ、漁業社会には漁業社会独自の、農業社会には農業社会独自の語彙の世界があり、そのおのおのが差異の体系として存立している。このような事実は、おそらく地域社会のあらゆる領域について言えることであろう。日本の豪雪地帯に暮らす人びとは、雪に関する多くの語彙を所有しているのに対し、雪が全く降らない地域に暮らす人びとは、雪に関する語彙を1語も所有していない。このように、特定の生活領域や社会状況に対する関心が強ければ強いほど、それに関する語彙は多くなり、しかもその全体は細かく分節化されているということが、普遍的特性として指摘できるのである。関心の強さは、基本的に、「生活の必要性」（＝生活の有用性）という価値原理によって決定され、細分化の原理は擬似科学的な法則性によることは、筆者も何度か指摘してきたところである。この点に、歴史を背景とする地域生活者の「認識的理性」の基軸が存する[2]。

ところで、地域生活者が環境世界との相互作用による経験的な動機づけを通して発展してきた生活語彙を見てみると、そこにはまた、彼らが豊かな想像力を不断に駆使して生成した多くの比喩語彙が見出されるのである。それは、実に多彩な言語結晶である。その多くは、ある対象を、類似する特徴を認知することによって、あるいは発見することによって、別の対象に見立てたメタファー表現である。地域生活者は、既存のおびただしい語（たとえば、ソートメ〈早乙女〉＝蟻地獄、福井県・広島県・山口県、タユーサン〈太夫さん〉＝みずすまし、岡山県・広島県、シラカベ〈白壁〉＝厚化粧した女性、ほぼ全国的）、連語（たとえば、ナスビノナリサガリ〈茄子の成り下がり〉＝大きくなるにつれて仕事の成果や業績が下がる一方の人、福井県大野市、ミヤジマサマノヘコノオビ〈宮島様の褌の帯〉＝赤たち、魚の一

種、山口県防府市）、句（ゴマオイル〈胡麻を煎る〉＝早口で話す、鳥取県・島根県石見地方・広島県、タカホマク〈高帆巻く〉＝高望みをする、大分県姫島）などの形式を巧みに利用して、経済的に多くの新しい意味を生成し、認識の造形化を行ってきたのである。それによって、地域生活者は、時代環境と呼応する形で、言語共同体の成員にほぼひとしなみに内面化された環境世界に関する意味システムの拡張を図り、より柔軟で多様性に富む認識システムへと常に改変してきたのである[3]。

　環境世界に関する意味システムの拡張は、主として、「人間」と「自然」と「事物」の意味カテゴリーの互換によって図られ、それも、文学比喩や共通語の比喩に盛んな「擬人化」とは異なり、人間を自然の動植物や自然現象に見立てる「擬自然化」の発想、想像力の展開が中心的な役割を担っている（コッテー〈牡牛〉＝無口な人、高知県、タチガレ〈立ち枯れ〉＝人が老衰して死ぬこと、福井県・広島県・長崎県、オキニシ〈沖西、北西風〉＝急に怒り出す人、京都府奥丹後地方・島根県）。そこには、自然を細部にわたって観察する鋭い視線が働いており、自然への強い「親和力」がうかがい知られる。環境世界の中での人間と自然との一体的融合化と呼んでもよい。そこには、人間と自然を二元的、対立的に捉える意識も精神もない。人間と自然との一体的融合化は、とりわけ子どもたちの想像力の世界に著しく、しかも、大人とは異なり、自己の身体を中心化した「擬人喩」の栄えていることが注目されるのである[4]（たとえば、スモートリグサ〈相撲取り草〉＝菫、全国、オガメ〈拝め〉＝かまきり、西日本各地、など）。

　また、時代の変化と対応する形で見立ての対象が転換されて、メタファーが担う効果の程度性が強化されることにもなる（たとえば、ホラガイ〈法螺貝〉＞テッポー〈鉄砲〉＞オーズツ〈大筒〉＞タイホー〈大砲〉＞ラッパ＞デカラッパ（大きいラッパ）＞ハッパ〈発破〉＞ダイナマイト、大仰な物言いをする人）。しかも、メタファーが担う効果の程度性が強化され、誇張の度合が大きくなればなるほど、喩えられる対象の意味はネガティブな方向へと拡大していく。その一方で、笑いや謎解きのおもしろさや趣向もみとめられるのである（ヤマザクラ〈山桜〉＝出歯の人、山桜は花（鼻）より先

（前）に葉（歯）が出る、長崎県）。

　このような様々の事実が、ともすれば制度として固定化し、硬直化しがちな認識の記号システム（「認識的理性」によってもたらされたもの）に、柔軟で多様な活力を付与し、新しい現実の創造を通して、環境世界に対するものの見方それ自体を開拓する「感覚的理性」として作用しているのである。

　しかしながら、生活語彙の個々の要素に顕在化している地域生活者の豊かな「感覚的理性」が結実化した多彩な方言比喩については、その内実はもとより、多様なシステムの究明、さらには背景に存する様々な生成要因の解明などに関して、今日においてもなお見るべき研究成果は極めて少ないというのが現状である[5]。具体的に言えば、なぜ地域生活者は多くの比喩表現を生成する必要があったのかという根源的な問題性をはじめとして、喩えられる対象と喩える対象との意味的連関性、意味カテゴリーを単位とする方言比喩の特性、方言比喩と生活環境との相関性、方言比喩の展開方向、大人と子どもが生成した比喩表現の差異性、方言比喩の地域性といった諸問題の解明である。また、比喩が生成される時間と空間、比喩生成に働く多様な心理、比喩に顕在化する時代環境など、比喩生成の具体的な要因の究明である。さらには、地域生活者の世界観構成に比喩がどのように関わってきたかというような高次の問題についての検証や、方言比喩と文学比喩との比較といった周縁的な課題にいたるまで、限りないほどの課題のあることが知られるのである。

　方言比喩については、確かに、語源の分からない要素が多いこともあって、喩えられる対象と喩える対象との類似性を客観的に再発見することのむつかしさがあり、またあまりにも多様で拡散していく事実から明確な法則を導き出すことの困難さがある。そして、なによりもこの研究の推進を阻んでいる高い壁は、方言比喩に関する、全国的な規模の調査によって採録された詳細なデータがほとんど存しないということである。

　しかし、だからといって、方言比喩の研究がこのまま停滞していてよいはずはない。なぜなら、文学比喩や共通語の比喩に関する研究は、すでに長年にわたって文体論や表現論の分野で主として表現技法・修辞法の問題とし

て、意味・形式の両面から緻密な分析、考察が加えられ、多くの成果が蓄積されている[6]。また、近年になって、記号論、認知言語学、とりわけ認知意味論の領域では、かつて、伝統的なレトリックの狭い領域に閉じこめられていた比喩の問題が、意味論の中心課題の一つとして扱われ、新しい認識の発見や現実の想像・創造を通して、ものの見方それ自体を開拓する、能動的な認識のプロセスの客観的な究明に焦点が当てられている[7]。これは、近い将来、比喩の問題性が認知科学一般の重要なテーマの一つとなることを、予見させるものである。メタファーの問題一つに限ってみても、方言メタファーの研究と認知意味論におけるメタファー論との間には、すぐには縮めがたい大きな距離があると言わなければならない。だが、方言メタファーの研究が認知意味論におけるメタファー論に、逆に貢献する可能性が存することもまた、否定しがたい事実である。たとえば、方言メタファーにレイコフやジョンソンが言う概念メタファーがほとんど認められないのはなぜか、メタファーによる意味の拡張が抽象化の方向（抽象への一般化）だけでなく、より身近で具体化の方向（具象への特殊化）へと拡張しているのはなぜか、方言メタファーが常に環境の制約を強く受けるのはなぜか、といった問題の提起である。

　筆者は、この本で、文体論や認知言語学における研究成果の蓄積にも目を配りながら、まずは、地域差を前提とする方言比喩に認められる想像的かつ創造的な発想法の諸相とその形成要因に関する具体的で、実証的な解析を通して、地域生活者の「感覚的理性」が歴史を背景とする生活環境と緊密に相関する形でもたらした豊かな方言比喩の内実とその特性の一端を明らかにしようと思う。それを踏まえて、地域生活者＝日常を生きてきた日本人が方言比喩による意味の拡張を図ることによって、どのように環境認識を更新し、日常生活を活性化したかといった問題にも触れ、方言比喩が生成された時空間の特性と生成に働いた比喩発想の多様性にも注目したい。さらには、方言比喩ならではの、「生活現実」（環境世界）に即した想像力の展開の仕方を丁寧にたどることによって、地域生活者の自然観や人間観、共同体意識などの一端をも明らかにすべく、アプローチを試みたい。

I. 方言比喩（メタファー）の成立要件と分類枠組

　方言比喩の豊かな内実に分け入り、その特性を明らかにする前に、まず比喩の成立要件と分類枠組の問題について、簡単な検討を加えておくことにする。この二つの問題について、一定の規定をしておかなければ、方言比喩、とりわけ方言メタファーの認定が曖昧になり、記述の枠組を措定することができないからである。

1. 方言比喩（メタファー）の成立要件

　それでは、まず、何をもって比喩と言うのであろうか。研究者によって、意見の分かれるところであろう。しかし、大筋において、次の二つの要件を満たすものであるという点では、ほぼ一致するのではないかと考えられる。

(1) 喩えられる対象と喩える対象が、異なる意味カテゴリー（意味範疇）に属しており、かつそのことを話者が気づいて使用している（意図性）ということ。

(2) 喩えられる対象と喩える対象の間に、何らかの認識し得る類似性が存在するということ（類似性）。

　比喩、とりわけメタファーとは、基本的に異なる意味カテゴリーからの対象を写像的に重ね合わせ、新しい意味を発見することであり、その際、「類似性」と「意図性」が比喩表現かどうかの認定にとって重要な要因となるのである。その点では、文学比喩と方言比喩の間になんら異なる点はない。しかし、方言メタファーの場合、さらに一つの条件が必要とされる。それは、

(3) 喩える対象を指示する記号が多くの場合、共通語のそれとは異なり、しかもその記号の分布に、地域差が認められるということ。

という要件である。だが、「意図性」はともかく、何をもって「類似性」を同定するのかという曖昧さがいつもつきまとう。佐藤信夫が言うように、「花のイメージが男の凛々しさにも女のしとやかさにもかさなりうる。隠喩的類似は決して決定的ではない」（『レトリック感覚』1992、講談社学術文庫）のである。また、東北から九州の広い地域で、厚化粧をしている人を「白

壁」に見立てて、「シラカベ」とか「カベヌリ」と言っている[8]。この場合、写像されている白壁のイメージから「大きさ」の情報は捨象されている。しかも、メタファーにおける「類似性」は、多くの場合、喩えられる対象と喩える対象に「類似性」が内在しているというよりも、人間が二つの対象の間に主体的に「類似性」を見出すことを表していると考えた方が適切であろう[9]。メタファーにおける「類似性」の認知には、このような問題——一種の曖昧さ——がつきまとうのである。

以上、述べてきたことを、具体例に即して、再度、確認してみることにしよう。広島県安芸地方（西部）の沿岸部から内陸部にかけて、次のような言い方がよく聞かれる。

　○アノ　ヒター　マコト　ノークリジャ　ノー。あの人は本当に怠け者だねえ。（老女）〈広島県廿日市市〉
　○アノ　オトカー　ノークリジャ　ノー。あの男は怠け者だねえ。（老男）〈広島県高田郡八千代町〉
　○アノ　オトコワ　ノークリデ　ドーモナラン。あの男は怠け者でどうにもならない。（老男）〈広島県安芸郡江田島町〉

上に示した発話の中で使用されている「ノークリ」とは、「星鮫」のことである。星鮫は比較的浅い海底に生息し、日本近海にも昔から生息している魚である。その星鮫が、自分から動こうとはせず、砂の中に潜って餌が近寄ってきたのを食べるという怠慢なさまを見て、人が働いている時間帯に家の中にいて横になっているような「怠け者」を連想したものである。本来、「人間」と「魚」は、異なる意味カテゴリーに属していて、「星鮫」と「怠け者」がもともと似ていたなどということはあり得ない。いつの頃かは明らかにし得ないが、星鮫の習性を見て、おそらく広島県西部のある特定の漁業社会の誰かが、主体的に「怠け者」との類似性を発見したのであろう。それが、生活環境の同質性が高いある特定の漁業社会に定着し、さらに周辺の漁業社会へと広がっていったものと考えられる。そして、「ノークリ」が「怠け者」の意味を獲得し、単なる類似性を超える意外性をもって意図的に、しかも盛んに用いられるようになって、さらに周辺の農業社会へと伝播してい

ったものと思われる。このようなプロセスを経て、「人間性向」の動物化による方言メタファーが成立したと考えて、まず間違いないだろう。

　だが、「ノークリ」という方言メタファーは、広島県の南部にしか認められず、北部には分布が見られない。広島県においても、すでに分布域が限られており、山口県の東部や島根県の西部（石見地方）で聞かれる「ノークレ」という言い方を含めても、日本というマクロ社会からみれば、孤立分布、個別分布の様相を示しているのである。「星鮫」は日本近海のどこにでもいるのだから、他の地域、地方においても、「星鮫」と「怠け者」の間に類似性を発見し、「星鮫」を「人間性向」の「怠け者」の意味カテゴリーに転写してもよいはずだが、現実はそうではない。

　もう1例挙げることにしよう。鳥取県東部の沿岸部から兵庫県但馬地方の浜坂町、香住町の漁業社会の高齢者は、「怠け者」を指して、「エーノカジェ」と呼ぶ。「エー」は「アイ」の音訛形である。「エーノカジェ」とは北東風のことで、午前10頃から吹き始め、日中はかなり強く吹くが、夜になると吹きやむ風である。それゆえ、島根県出雲地方から新潟県下までの日本海沿岸部の漁業社会における老年層漁民は、今も次のような言いぐさを使用することがある。

　○アイノカジェト　ミョートゲンカワ　ヨルニ　ナート　ヤム。アイノカゼと夫婦喧嘩は夜になると止む。（老男）〈鳥取県西伯郡淀江町〉
　○エーノカジェト　ミョートゲンカワ　ヨルニ　ナルト　オサマル　デ。エーノカジェと夫婦喧嘩は夜になるとおさまるよ。（老女）〈鳥取県岩美郡福部村〉
　○アイノカゼト　フーフゲンカワ　ヨルニ　ナルト　ヤム。アイノカゼと夫婦喧嘩は夜になると止む。〈京都府与謝郡伊根町〉
　○アイノカゼト　フーフゲンカワ　ヨルニ　ナルト　ヤム。（老男）〈新潟県佐渡島〉

　これらの言いぐさは、いずれも「アイノカゼ」がおさまる時間（夜）と夫婦喧嘩がおさまる時間（就寝時間）とが重なることに着目して、巧みに生成されたものである。いつのころかははっきりしないが、おそらく、「アイノ

カゼ」の性質を熟知していた老年層の漁民が若い漁師と妻の喧嘩を見て、このような言いぐさを創出したものと考えられる。

　それでは、鳥取県東部の沿岸部から兵庫県但馬地方の美方郡浜坂町、香住町の漁民は、なぜ「怠け者」を指して、「エーノカジェ」と呼んでいるだろうか。それは、この風が吹き始める時間帯に着目し、いつも普通の人よりも遅くなってから仕事にとりかかる「怠け者」との間に類似性を発見して、かなり厳しい揶揄の心理をこめて、「エーノカジェ」というメタファー表現を生成したのである。ここには、「人間性向」の「自然現象化」というカテゴリーの転換が認められ、漁民しか使用しないという生業環境の制約が認められる。

○ミテ　ミー。エーノカジェガ　イマゴロ　オキダイテ　シゴトニ　イキョール　デー。見てみろ。エーノカジェ（怠け者）がこんな時間に起きだして仕事に出かけているよ。（老男）〈鳥取市賀露〉

○アイツワ　ホンニ　シゴンナラン　エーノカジェダ　ナーア。あいつは本当に手に負えないエーノカジェ（怠け者）だねえ。（老男）〈鳥取県岩美郡福部村〉

○アミリョーワ　ミンナガ　イッショニ　ナッテ　ヤッダケー　エーノカジェガ　オルト　シゴトニ　ナラン。網漁は皆が一緒になって協働してやるのだから、エーノカジェ（怠け者）がいると仕事にならない。（老男）〈兵庫県美方郡香住町〉

だが、島根県出雲地方では「エーノカジェ」（怠け者）というメタファー表現は聞くことができず、京都府丹後地方でも聞くことができない。また、福井県若狭地方でも使用することがない。

　わずか2例を挙げただけだが、ここに、方言メタファーの「多元的生成」と「狭域分布」という特性を指摘することができる。さらに、喩える対象の「選択多様性」という問題も仮設することができそうである。しかし、方言メタファーの存在地を指摘することは比較的やさしく、不存在地を言うことはむつかしい。つまり、分布領域や地域差を明らかにすることは、常に、容易ならぬことである。筆者の追求がゆきとどいていないこともあるが、最も

大きな理由は、すでに指摘したように、方言比喩の研究が言語学界にあって、今日までほとんど等閑視されてきたことにある。

2. 方言比喩（メタファー）の分類枠組

次に、方言メタファーの分類枠組について、先学の考え方も参照しながら、筆者の考えを簡単に述べることにする。方言メタファーの分類枠組には、基本的に二つの観点によるものが考えられる。それは、

　ⅰ．造語法の観点による分類枠組
　ⅱ．意味の観点による分類枠組

の二つである。ⅰの造語法の観点による分類枠組はメタファーの形成様式を重視するものであり、ⅱの意味による分類枠組は喩えられる対象と喩える対象との意味的関係性を重視するものである。以下には、この二つの分類枠組について、試案を示すことにする。

ⅰ．造語法の観点による分類枠組

造語法の観点による分類枠組については、愛宕八郎康隆が「方言研究の心理学的見地—造語・造文の比喩発想の観点から」（1985、広島方言研究所『方言研究年報通巻第28巻　方言研究の心理学的見地』）、「方言比喩語について」（1993、方言研究ゼミナール『方言資料叢刊第3巻　方言比喩語の研究』）と題する論文の中で示しているものが、唯一参考になるものである。だが、愛宕は後者の論文の中で、擬声語・擬態語発想によって創出された「ピーピー」（あひる、長崎市）、「ロッポー」（かわはぎ、長崎市）などを、比喩語の中に含めているが、擬声語・擬態語からの転成名詞は、見たまま、感じたままを直接的、具象的に表現するものである。しかし、筆者は、中村明（『比喩表現辞典』1995）も言うように、比喩、とりわけメタファーは、表現主体が表現対象を、慣用的にそれを直接指示する言語形式（言語記号）によらず、意味の上では明らかに他の事物・事象を指示する言語形式（言語記号）を借りて、違和感や意外性などによって受容主体の感性を刺激しつつ、間接的に伝える表現の仕方であると考える。したがって、擬声語・擬態語によって創出された名詞は、除外すべきだと考える[10]。

A. 転成法
　A—a. 数詞からのもの
　　ハチリ（八里、全国）——薩摩芋（栗〈九里〉を基準として）、クモン（九文、石川県）——今少しぴんとこない人、センミツ（千三つ、主に西日本）——ひどい嘘つき、千に三つしか本当のことがない、ジューゴンチ（十五日、広島県・山口県）——気分の変動の激しい人
　A—b. 動詞連用形からのもの
　　ヤシニャー（養い、長崎県）——肥料、ナオリ（治り、長崎県）——出産
B. 複合法
　B—a. 名詞＋名詞
　　ネコドリ（猫鳥、岐阜県・富山県・石川県・福岡県・長崎県・熊本県）——梟、鼠を捕るからという説明と顔がよく似ているからという説明の二つが得られた、ナシイモ（梨芋、石川県）——馬鈴薯、皮の斑点模様がよく似ている、チチグサ（乳草、広島県）——たんぽぽ、茎を折ると乳の色に似た汁が出る、アクネンボーズ（悪年坊主、広島県）——松茸、ジゴクソバ（地獄蕎麦、福島県・茨城県・千葉県・長野県・広島県）——どくだみ、バンドリ（晩鳥、福井県・奈良県）——むささび
　B—b. 名詞＋ノ＋名詞
　　ザトーノボー（座頭の坊、鳥取県・岡山県）——かまきり、キツネノローソク（狐の蠟燭、広島県）——つくし、ネコノミミ（猫の耳、広島県）——みみなぐさ
　B—c. 名詞＋動詞連用形
　　ホケダシ（火気出し、長崎県）——息抜き、イモヒキ（芋引き、島根県石見地方）——小心者、コシマキカブリ（腰巻被り、福井県）——妻に頭の上がらない夫、ホースボリ（頬すばり、広島県）——空豆
　B—d. 名詞＋名詞＋動詞連用形
　　ワキロオシ（脇櫓押し、大分県姫島）——恋愛の手助け

B—e. 名詞＋動詞連用形＋名詞

ヘコキグサ（屁こき草、広島県）――どくだみ

B—f. 名詞＋ノ＋動詞連用形

ナスビノナリサガリ（茄子の成り下がり、福井県）――大きくなるにつれて、成績や業績が振るわなくなる人、シローゴローノテリコミ（四郎五郎の照り込み、広島県）――夏の土用の四、五日目の好天、その夏の好天の予兆

B—g. 名詞＋形容詞

オジギブカイ（お辞儀深い、福井県）――遠慮深い人

B—h. 動詞連用形＋名詞

デベソ（出臍、西日本）――どこへでも顔を出す人、オガミムシ（拝み虫、栃木県・群馬県・大分県）――かまきり、ニシメゴンボ（煮しめ牛蒡、佐賀県）――手足の汚れている状態、モノホシザオ（物干し竿、鳥取県）――背の高い人

B—i. 動詞連用形＋動詞連用形

タチガレ（立ち枯れ、福井県・広島県・長崎県）――老衰死

B—j. 形容詞語幹＋名詞

カルコーベ（軽頭、石川県）――おっちょこちょい

B—k. 造語成分＋造語成分

シンガイ（新開、富山県・島根県・鳥取県・広島県）――へそくり、隠し財産

B—l. 文形式のもの

イシャイラズ（医者要らず、全国各地）――アロエ、ケツフカズ（尻拭かず、西日本）――戸、障子などを閉めない人、トナリシラズ（隣知らず、青森県・新潟県・富山県・兵庫県・鳥取県・島根県・広島県・香川県）――おはぎ、ぼたもち、ゴボホル・ゴンボホル（牛蒡を掘る、青森県・岩手県・秋田県）――しつこく文句を言う、酒に酔ってくだをまく、ゴンボノネオホル（牛蒡の根を掘る、島根県）――しつこく文句を言って扱いにくい人

ii. 意味の観点による分類枠組

　意味の観点による分類枠組は、喩えられる対象と喩える対象の意味的関係性（写像の関係性）に着目した分類枠組である。意味の枠組としては、『分類語彙表』に示されたものが参考になり、また、中村明の『比喩表現辞典』(1995、角川書店）に示された分類体系も参考になる。ちなみに、後者の分類体系の最上位に示された意味的カテゴリーを見てみると、「自然、植物、動物、人間、身体、精神、言語、社会・文化、製品、抽象的関係、活動、状態」の12のカテゴリーに分類されており、それぞれのカテゴリーに細分化された多くの意味項目（意味枠）が設定されている。確かに、文学作品に現われる比喩表現のすべてを対象として、意味の観点から分類を行うとなれば、このような分類体系が必要とされるであろう。

　しかし、現在、方言比喩の世界において対象化し得るのは、大半がメタファー表現（隠喩、語、連語、句の三者を含めて、こう呼ぶ）であって、直喩、諷喩、換喩、提喩などに属するデータは少ない。そして、筆者は、なによりも喩えられる対象と喩える対象との「意味的関係性」と「生活環境」の概念を重視したいと思う。また、従来、「擬人喩」に相対するものとして、「擬物喩」という術語が使用されてきたが、方言メタファーについては、「人間の自然化」を中心として、喩える対象を「自然」のカテゴリー（自然現象、動物、植物）に転写しているものが栄えており、「擬人喩」よりも盛んであることが指摘されてきた。この方言比喩には見られて文学比喩には見られない特色を重視して、新たに「擬自然喩」（擬自然化）を立て、事物に見立てたメタファーに限って「擬物喩」（擬物化）と呼び、両者を区別することにする。その上で、喩えられる対象と喩える対象との意味的関係性を整序すると、大きく、次に示す八つのパタンに分けられる。

　A. 人間の自然化（擬自然喩、擬自然喩のプロトタイプ）――一次的擬自然喩
　B. 自然の自然化（擬自然喩、植物の動物化が中心）――┐
　　　　　　　　　　　　　　　　　　　　　　　　　　　├二次的擬自然喩
　C. 事物の自然化（擬自然喩）――――――――――――┘
　D. 自然の人間化（擬人喩、擬人喩のプロトタイプ）
　E. 事物の人間化（擬人喩、社会関係が中心）

F. 人間の人間化（擬人喩、精神の身体・動作・態度化が中心）
G. 人間の事物化（擬物喩、衣食住の生活に関する事物が中心）
H. 自然の事物化（擬物喩のプロトタイプ）

さらに、それぞれが、以下に示すような意味枠に細分類される。造語法の観点の場合と同様、参考までに、いくつかの事象を挙げることにしよう。

A—a. 人間の動物化　ヤセウマ（痩せ馬、新潟県）——いつもがつがつ食べる人、ウシノコ（牛の子、高知県）——母親につきまとう子ども、コットイ（牡牛、西日本）——男の子、アンゴー（鮟鱇、岡山県・広島県）——ぼんやりしている者、愚か者、ドンクハゼ（動作の鈍いはぜ、広島県）——何をさせても手際が悪く、愚鈍な人、キスゴノキモ（鱚の肝、高知県）——小心な人、タカニナル（鷹になる、高知県）——自分がいちばん偉い者と思っていばる人、ネコモドリ（猫戻り、島根県）——一度出かけた人がすぐに戻って来ること、オーマグレー（大馬食らい、青森県）——大食漢

A—b. 人間の植物化　ナラノキノボーズ（楢の木の坊主、栃木県）——毛髪がぼうぼうと伸びた頭、アボチャ（南瓜、島根県）——頭、ズイキボクタ（里芋の茎、鳥取県）——見掛け倒しの人、チチマメ（乳豆、島根県）——乳首、ベンタケ（紅茸、福井県）——美人、イッポンゲートー（一本鶏頭、長崎県）——背の高い人、ダッキョ（らっきょう、熊本県）——厚顔無恥な人

A—c. 人間の自然現象化　エーノカジェ（北東風、鳥取県・兵庫県但馬地方）——怠け者、オキニシ（沖西、北西風、島根県・京都府奥丹後地方）——急に怒り出す人、カタシオナキ（片潮泣き、山口県）——長泣きする子、ヒヨリモン（日和者、大分県）——気むらな人

B—a. 植物の動物化　オトーカノチンボ（狐の陰茎、群馬県）——つくし、ゲゲウマ（馬、熊本県）——すみれ、ネコノヘド（猫の反吐、広島県）——あけび、イヌノヘ（犬の屁、広島県）——どくだみ、ネコノミミ（猫の耳、広島県）——みみなぐさ、キツネノローソク（狐の蠟燭、広島県）——つくし、カッコーバナ（郭公花、島根

県）——鬼百合、キツネノタスキ（狐の襷、鳥取県・島根県）——日陰に生えている細い蔓、ウシノゴッツォー（牛のご馳走、岡山県）——ねむの木

B—b. 動物の動物化　アカンマ（赤馬、高知県）——蚤、カワクジラ（川鯨、和歌山県）——めだか、カナヘビ（金蛇、栃木県）——とかげ、ウマ（馬、群馬県）——あめんぼう、ネズミトリ（鼠捕り、山口県）——青大将、シマズラ（馬面、山形県）——かわはぎ

B—c. 動物の植物化　ワラスボ（藁すぼ、佐賀県）——魚の一種

B—d. 植物の植物化　アズキグサ（小豆草、山口県）——母子草

B—e. 自然現象の動物化　キツネビヨリ（狐日和、広島県）——日照り雨、シロウサギガハネル（白兎が跳ねる、鳥取県・島根県・岡山県・広島県）——白波が立つ

B—f. 自然現象の植物化　ワタユキ（綿雪、富山県・福井県・京都府・鳥取県・広島県）——大きくふわふわした雪

C—a. 事物の自然化　オサル（お猿、広島県）——袖なし

D—a. 動物の人間化　トンチボ（頓知坊、新潟県）——狸、オヨメサン（お嫁さん、栃木県）——鼠、シリフリ（尻振り、主に西日本）——鶺鴒、キコリ（樵、広島県）——きつつき、バクチウチ（博打打、全国各地）——かわはぎ、オヤニラミ（親睨み、主に西日本）——ひらめ、ソートメ（早乙女、福井県・広島県・山口県）——蟻地獄、ハラタチババー（腹立ち婆、群馬県）——かまきり

D—b. 植物の人間化　スモートリグサ（相撲取り草、全国）——すみれ、ジーバー（爺婆、全国）——春蘭、イシャイラズ（医者要らず、全国各地）——アロエ、イシャナカシ（医者泣かし、福井県）——げんのしょうこ、ネムレ（眠れ、山形県・中国四国各地）——ねむの木、オタフクマメ（お多福豆、三重県・京都府）——空豆、ヨメタタキ（嫁叩き、兵庫県）——たらの木、トーキチロー（藤吉郎、福井県）——山菜の一種、ホースバリ（頬すぼり、瀬戸内・四国の各地）——空豆

D—c. 自然現象の人間化　タイフーガニゲル（台風が逃げる、鳥取県）──台風が去る、カゼガダマル（風が黙る、高知県）──風がおさまる、ホッコクノカミナリ（北国の雷、島根県・山口県）──着たなり、着の身着のまま、ズッコー（頭、広島県）──山頂、ヒガオガスル（日顔がする、広島県）──垂れた雲の間から太陽が顔をのぞかせる、オマタ（お股、高知県）──川に中州ができて流れが二つに分かれること、ニッコリビ（にっこり日、高知県）──雲間からたまたま漏れる日光、ホシノヨメイリ（星の嫁入り、高知県）──流れ星

E—a. 事物の人間化　トナリシラズ（隣知らず、全国各地）──おはぎ、ぼたもち、ムコダマシ（婿騙し、高知県）──粟餅

F—a. 人間の人間化（精神の身体・動作化）　ハラガイカイ（腹が大きい、島根県石見地方）──親分肌な、大胆な、ズイヌケ（髄抜け、島根県石見地方・広島県）──働く意欲がない人、ゴタイシン（五体死に、福岡県・大分県）──仕事嫌い、ひどい怠け者、イモヒキ（芋引き、島根県石見地方・広島県）──小心者、コシマキカブリ（腰巻被り、福井県）──妻に頭の上がらない夫

G—a. 人間の事物化　ホタウス（榾臼、島根県）──尻の大きい女、ダマツタダンゴ（黙った団子、島根県）──黙ってものを言わない人、タイホー（大砲、鳥取県・島根県・広島県）──大嘘つき、ザブトン（座布団、全国各地）──妻の尻に敷かれている夫、ホソビキフンドシ（細引き褌、福井県）──頼りない男、シラカベ（白壁、全国各地）──厚化粧している女、シンガイ（新開、富山県・広島県）──へそくり、内緒金、モノホシザオ（物干し竿、高知県）──背の高い人

G—b. 自然の事物化　モンツキ（紋付、広島県）──ひたき、オーコ（担い棒、広島県）──青大将、ホーキボシ（箒星、栃木県）──流れ星、フリソデ（振袖、全国各地）──カスザメ、ヌノメ（布目、高知県）──あさり

以下の記述、論証においては、意味の観点による分類を基軸とする。

Ⅱ．地域生活者の想像力と類似性認知

　感覚による類似性認知の能力を基盤とする地域生活者の想像力、連想力は、我々の理解をはるかに超えて、極めて豊かで広い世界へと展開している。静岡県・岐阜県・福井県・滋賀県・奈良県では、「鶺鴒」を落ち着きがなく、じっとしていられない人に見立てて、「シリフリ」（尻振り）と呼んでいる。鶺鴒は水辺でよく見かける鳥だが、長い尾をしきりに上下に振り、一つの石にじっとしていないで、すぐに石から石へと飛び移る習性がある。人が落ち着きがなくじっとしておれない様子と鶺鴒がしきりに尾を振り、石から石へと飛び移る動作との間に類似性を発見することによって、「鳥」を「人間」に見立てる認識の造形化を行ったものである。長い尾を尻に写像したところに、「鳥の人間化」という意味カテゴリーの転換が一層鮮明にうかがわれる。

　ここまでは、類似性の発見に基づく新しい意味の生成、認識の造形化であるが、これに地域生活者のさらなる類推力と遊び心が加わると、「シリフリオマツ」とか「シリフリオマン」のような言い方が生成されることになる。前者は和歌山県で、後者は滋賀県・奈良県で聞かれる呼称である。奈良県では「ケツフリオカメ」（尻振りお亀）というメタファー表現も聞かれる。こうなると、鶺鴒は、女性化され、尻を振って歩く年増女の様相を呈してくる。落ち着きがなく、じっとしていられない人間は、女性化され、しかも尻を振り振り急いで歩く年増女に限定化されることになる。このような想像力の展開と遊び心の働きによって、新しい方言が生み出され、ことばの地域差が生じることになる。

　また、鳥取県下の漁業社会における高齢者は、鮫の一種である「カスザメ」を「フリソデ」とか「ソデザメ」と呼んでいる。「カスザメ」は体の幅が広く、着ぶくれて羽織の袖を広げている子どもか、奴凧のような異様な形をし、素人目には、サメよりもエイの変種のように見える。鳥取県下の高齢者は、その形を振袖に見立てて、「フリソデ」とか「ソデザメ」と呼んでいるのである。これは、「自然（魚）の事物化」に属するメタファー表現であ

り、漁民ならではの類似性の発見による認識の造形化ではあるが、さほど面白いものではない。しかし、彼らは、さらに類推力を働かせて、「カスザメ」を「エーニョーバー」(きれいな若い女性)とも呼んでいるのである。ここには、魚の人間化が見られるが、「振袖」を着ているのだから、その女性は未婚のきれいな女性である。「フリソデ」からさらに想像力を展開させて、「エーニョーバー」と呼称したところには、明らかに遊び心の働きがうかがわれる。サメという動物を事物化し、さらにその事物をきれいな未婚の女性という人間のカテゴリーへと転換している漁民の自在な連想・想像の展開能力には、正直驚かされる。

　さらに、中国地方の鳥取県・島根県・広島県や四国地方の高知県では、痩せている女性を、「きりぎりす」に見立てて、「ヤセギース」とか「ヤセギス」(痩せギース)と呼んでいる。単に、「ギース」と呼んでもいいように思われるが、強調して「ヤセギース」と呼んでいるところには、痩せて弱弱しい女性では、かつての農業社会での厳しい家事・労働にはとうてい耐えられないという、負の評価意識が働いたものと考えられる。かつてのムラ社会にあっては、「嫁」は貴重な労働力という考え方が一般的であり、「痩せた女性」を嫁に迎えることは好まれなかったという時代環境を背景とする社会意識が、この方言メタファーにはよくうかがわれる。これと同様の比喩発想による造語が、広島県・山口県の「イギ」(魚の骨)である。ともに、身がないということが明確にイメージされるメタファー表現で、女性に対して使われることが多いという。

　鳥取県・島根県・広島県・大分県の漁業社会では、痩せた人を指して痩せている魚の鰤を干してさらに痩せている様に見立てて「ヒガマス」と呼んでいるが、これも先に示した「ヤセギース」と同様の趣向によるメタファー表現である。また、島根県の石見地方では、「痩せた人」の様子を誇張して、「ヒバシニヌレガミオキセタヨーナ」(火箸に濡れ紙を着せたような)と言い表しているが、火鉢と火箸で暖をとる時代に生成され表現で、痩せた人がさらに痩せてどんどん細く小さくなっていく様子をイメージさせる巧みな表現である。これは、男女の区別なく使用されるという。要するに、痩せて力が

なく、病弱な人は、ムラ社会の共同労働には役に立たないという評価意識が背景にあって成立した比喩表現であることは、まず間違いないであろう。

また、瀬戸内海のほぼ全域で、「日照り雨」のことを「キツネノヨメイリ」（狐の嫁入り）と呼んでおり、広島県下では「キツネノヨメドリ」（狐の嫁取り）の言い方が盛んである。日が照っているのに雨が降ってくる不可思議な自然現象を、人を化かす「狐」のしわざによるものと想像して、その視点から認識の造形化がなされたものである。しかし、単に、人を化かすと想像しただけでは、「雨」との類似性を発見することができない。「キツネノヨメイリ」には、明らかに動物の人間化が認められ、それによって嫁入りする子狐を見送る親狐が流す涙と見送られる子狐が流す涙が連想されることになり、その「涙」が「雨」と重なることになる。夏の暑い日に、田に出て働く農民は、「日照り雨」が降れば、一瞬生き返ったような思いをし、曲げていた腰を伸ばして空を眺めたことであろう。その「生」をもたらす「雨」が、「キツネノソーシキ」（狐の葬式）ではなく、「キツネノヨメイリ」という「生」＝「性」を連想させる語を生成した要因ではないかと考えられる[11]。

さらに、新潟県・富山県・愛知県・岐阜県・兵庫県・鳥取県・島根県・広島県・山口県・香川県では、「おはぎ」のことを「トナリシラズ」（隣知らず）と表現している。「おはぎ」を「トナリシラズ」と言っているのは、「おはぎ」は杵で搗かなくてもよいから、音が隣近所に聞こえないという発想である。これによって、昔は、おはぎがどんなにご馳走であったかがよく理解される。だが、それよりもむしろ、隣近所とのつきあいを大切にし、それに強く拘束されて生きてきた過去の地域生活者の、「つきあい秩序」の維持を重視しなければならなかった複雑な思いが、この造語に強くうかがわれることに注目したいのである。

「おはぎ」を「トナリシラズ」と表現することによって、過去のムラ社会に生きた人びとの隣人関係を重視する複雑な思いが、実に鮮明なイメージを伴って浮かびあがってくる。比喩とは、このように、イメージと想像力によって、言葉に新しい認識の力を与える手だてであり、新しい意味を生成する手段である。この点に関して、佐藤信夫が次のように述べているのは、実に

鋭い指摘である。

　　本来のレトリックとは、私たちの認識と言語表現の避けがたい一面性を自覚し、それゆえに、もっと別の観点に立てばもっと別の展望があるのではないか……と探求する努力のことである。創造力と想像力の営みである。（中略）レトリックとは発見的認識への努力に近い。（『レトリックの記号論』1991、講談社学術文庫）

地域に生きてきた生活者は、上に見てきたように、自分たちをとりまく身近な環境世界へ向けて豊かな想像力を馳せ、生活環境を基軸として多様な意味的カテゴリーの転換を試みている。そこには、山野・海浜の「感覚的理性」によって生み出された豊饒な意味の世界が横たわっているのである。

ところで、すでに述べてきたところからも明らかなように、メタファーは、二つの事物・概念の何らかの類似性に基づいて、一方の事物・事象を表す形式を用いて、他方の事物・事象を表す比喩の一種である。それによって、比喩的転義が生じ、意味が拡張されることになる。それでは、類似性認知の視点には、どのような種類があるのであろうか。国広哲弥は、『理想の国語辞典』（1997、大修館書店）の中で、次の六種を挙げている。

(1)　形状「太鼓の**胴**」「机の**足**」
(2)　機能「大都市の**心臓部**」「市民の**足**（＝交通機関）」
(3)　位置関係「山**すそ**」「舞台の**袖**」「行列の**頭**」
(4)　性質「町の**ダニ**（＝暴力団）」
(5)　様態「車の**流れ**」
(6)　共感覚的「明るい音**色**」「**にぎやかな雪景色**」

すでに、Ⅰの「方言比喩の分類枠組」の中で、氷山の一角のさらに小さな一角を示したように、地域社会の生活語彙の中には、実に多様で豊かな方言メタファーが認められる。これらの多くは、かつて、地域社会に生きた人びとが、自らの環境世界の中で類似性を発見することによって成立したものである。地域社会の生活語彙の中に、方言メタファーの豊かな世界が認められるのは、誰かによって新しく発見された類似性が、地域社会の成員になるほどと納得され、共感を呼んだからにほかならない。なるほどと納得され、容

易に共感を呼ぶことがなければ、新しく発見された類似性は地域社会に定着することはなかったはずである。地域社会の生活語彙に実に豊かな方言メタファーが定着しているのには、おそらく次の二つの要因が考えられる。一つは、個々の地域社会の成員が内に向けて堅く閉ざされた同質的な環境世界を生きてきたということである。他の一つは、それゆえに、喩えの対象として選ばれた素材がいずれも身近な存在であり、誰もが極めて容易に理解することができたということである。

　瀬戸内海域の漁業社会では、長く泣き続ける子どもを指して、「カタシオナキ」（片潮泣き、片潮は6時間）と呼んでいる。批判意識のこめられた誇張比喩ではあるが、潮の干満の差が大きく、それが漁撈に大きな影響を及ぼす瀬戸内海域の漁民ならば、すぐにも理解でき、共感を覚えるメタファー表現であったと思われる。また、大分県姫島の漁民は、「恋愛の手助け」というやや抽象的な概念を、常に共同で漁撈を営んできた身体経験を通して、「ワキロオシ」（脇櫓押し）と言い表しているが、他の地域の農民にはおよそ連想することさえできそうもないこのメタファー表現も、姫島の漁民にとってはなるほどと納得できるものであったと思われる。だからこそ、すべての集落が漁業社会である姫島村に、このメタファー表現が定着し、今も使用されているのである。また、高知県の農業社会では、いつも母親にくっついて離れようとしない子ども指して、牝牛にくっついて離れようとしない子牛に見立てて、「ウシノコ」と呼んでいる。この新しい類似性の発見も、かつてどの農家も牛を飼育していた社会の成員ならば、容易に共感できるものだったと考えられる。

Ⅲ．擬自然化の発想法

　「擬自然化の発想法」とは、類似性の発見という「感覚的理性」の働きによって、人間のカテゴリーに属する対象を自然のカテゴリーに属する対象へ転換することによって、新しい意味を生成し、拡張する想像力の営みのプロセスのことである。それには、先に示し、以下に見ていく三つのパタンがある。まず、最初に、「人間の動物化」のパタンについて見てみることにする。

1. 人間の動物化

　人間を言い表すカテゴリーを見てみると、実に様々な動物に喩えたメタファー表現が認められるのである。まず、山野にいる動物に見立てたメタファーを見ていくことにしよう。よくしゃべる人を、福井県・三重県・兵庫県・島根県・広島県・山口県・大分県などでは「スズメ」（雀）と言い、福井県大野市では「シャベリバチ」（しゃべり蜂）と呼んでいる。山口県では、特によくしゃべる人を指して、羽音がうるさいその年に生まれた蜂に喩えて、「トーネンバチ」（当年蜂）と呼んでいる。雀も蜂も群れをなして、あちこち飛び回る点に注目するならば、よくしゃべる人を誰彼なしに話しかける言語量の多さという特徴に着目して生成されたメタファー表現と考えられる。また、宮城県・福島県・群馬県では、痩せた人を「きりぎりす」に見立てて、「ギス」と言っている。また、鳥取県・島根県・広島県・高知県などでは「ギース」とか、痩せていることを強調して「ヤセギース」と呼んでいることは、すでに指摘したところである。長野県では「キス」の語形が盛んである。また、広島県・山口県では、魚の「骨」に喩えて、「イギ」と呼んでいる。痩せた人も魚の骨も、ともに身がないという類似性を発見したメタファーである。このように、痩せた人を、現代とは違って、広い地域でネガティブに捉えているのは、昔のムラ社会における日々の労働の厳しさに根ざすものと考えられる。先にも触れたように、痩せて体力のない人は、ムラ社会の厳しい労働、とりわけ年に百日にも及んだ共同労働の役に立たないという批判意識が、ネガティブな見立て方の背景にあるものと考えられる。

　上に挙げた例は、地域生活者が人間の行動や状態と自然の身近にいる鳥や昆虫との間に類似性を発見し、人間を鳥や昆虫に写像したものである。しかし、人間と鳥や昆虫のイメージを重ねあわせるためには、「大きさ」の違いを無視する必要がある。それゆえ、「大きさ」という特徴は捨象されている。そして、「痩せた人」と「イギ」の場合、ともに身がないという特徴に、関心の焦点化がなされているのである。このような類似性の発見とイメージの写像における一種の抽象化を、仮に「部分写像」と呼ぶことにする。

　また、富山県では、がむしゃらに働く人を「クマ」（熊）と呼んでいる。

冬眠前の熊が食べ物を求めてがむしゃらに動き回る様子に見立てたものである。それとは逆に、広島県や大分県では怠け者のことを、極端に動作の鈍い「ひきがえる」に見立てて、「ドンク」と言っている。広島県では、さらにひねりを利かせて、「ドンク」のように動きの鈍い「ハゼ」（鯊）に写像し、「ドンクハゼ」と呼んでいる。ここには、イメージの重層化が見られるが、いずれにしても「怠け者」を、体を動かそうとしない点に焦点を当てていることは確かだろう。佐賀県には、「ネコノホーカブイ」（猫の頬被り）というおもしろい言い方が行われている。これは、人が約束したことを守らずに、次第に逃げ腰になるさまを表す言い方である。猫に紙袋を被せると、猫はそれをとろうとして後ずさりすることに注目して、そのような行動をとる人に、写像したものである。これらの例からも知られるように、異なるカテゴリーに属する対象の属性に特徴的な類似性の発見が、メタファーによる新しい意味の生成をもたらす根源的な力となる。また、上に示した「人間の動物化」という写像関係によって生成された認識の造形化は、すべてマイナス・イメージを喚起するものばかりである。これは、以下に挙げる事象にも共通して認められることである。この点に、文学比喩とは異なる、方言メタファーの一つの特徴を指摘することができる。

さて、すでに取り上げたところであるが、鳥に見立てた言い方が各地に多く認められる。広島県や愛媛県では、何かあるとすぐに大声をあげながら見物に出かける物見高い人を「カラス」（烏）と言っているが、鳥取県や島根県では同じ「カラス」を、多少間の抜けた人、物忘れのひどい人を意味するメタファーとして用いている。『日本方言大辞典』(1989、小学館) によると、青森県・新潟県・静岡県・富山県などでも、「カラス」をこの意味に用いているようである。広島県や愛媛県では、「カラス」の属性のうち、大きな鳴き声を立てながら飛んでいく特徴に注目し、鳥取県や島根県などでは、「カラス」の物忘れのひどい習性に着目しているわけである。近年は、烏は記憶力の良い鳥だと言われているが、昔の人はなぜか、物忘れのひどい鳥だと認識していたようである。このように、人間の性向を同じ「カラス」に見立てていても、どのような特徴を認知し取り立てるかによって、意味の地域差が

生じることになる。このような現象を、喩える対象の特徴認知における焦点化の地域性、略して、「焦点化の地域性」と呼ぶことにする。これが、メタファーによる意味の拡張において、地域差をもたらす一つの重要な要因となる。

　鳥取県の東部地方から兵庫県の但馬地方にかけて、「おっちょこちょい」を山中の水辺にすむ小さな野鳥で、全身こげ茶色で忙しそうに絶えず飛び回っている「みそさざい」に見立てた「チンジャーモン」という言い方が用いられている。これと同様の対象認知のパタンが、佐賀県にも認められ、すぐに仕事に飽きてしまう人を「シーヤケドイ」（尻焼け鳥）と呼んでいる。「シーヤケドイ」は「きせきれい」のことで、夏になると川原にやってきて、長い尾をせわしげに上下に動かしながら、石から石へと飛び回る習性を持っている。すくに仕事に飽きてしまう尻の落ち着かない人を、一つの石にじっとしていないで、すぐに別の石へと飛び移ってしまう「シーヤケドイ」（きせきれい）に見立てたわけである。同じ佐賀県で、「烏合の衆」を「シガトー」と言っている。「シガ」は椋鳥の方言で、この鳥は、秋、群集してやって来る渡り鳥だが、渡り鳥の中では全体の統一を欠くという点で、代表的な性質を持っている鳥である。「シガトー」の「トー」はおそらく「民主党」などの「党」であろう。全体の統一を欠くという点では、まさに政党と同じである。このメタファー表現は、烏合の衆というやや抽象的な概念を、身体経験を通してその動きの輪郭が明確に理解できる椋鳥の行動に写像することによって、理解しやすく、イメージを喚起しやすい効果を意図的にねらったものであろう。では、なぜ全体の統一を欠くかと言うと、この鳥がひどく小心な鳥だからである。小心な鳥と言えば、「頰白」もそうである。頰白は雀ほどの小さな鳥で、目のうしろに細く白い線があり、よくさえずる小心な鳥である。広島県のほぼ全域で「小心な人」をこの鳥に見立てて、「ショートギモ」（頰白肝）と呼んでいる。

　ついで、人を海や川にいる魚に喩えた言い方を取り上げることにする。鳥取県・島根県・大分県などの漁業社会では、痩せた人を「ヒガマス」（干鱒）と呼んでいる。鱒はもともと身が少ない魚である。それを干しているわけだ

から、さらに身が少なくなっているのは当然だろう。このように誇張化して表現することによって、痩せた人を揶揄しているのである。決して、ユーモラスな表現ではない。そのわけは、すでに指摘したとおりである。また、鳥取県・島根県・長崎県では、体を動かそうとしない「怠け者」を、魚の中でも特に動きの鈍い鱶に見立てて、「ノーソー」と呼んでいる。同じ「怠け者」を、兵庫県淡路島・香川県・山口県野島・長崎県などでは、「トーゴロイワシ」(藤五郎鰯) と言い、岡山県・広島県・山口県では「鮟鱇」に喩えて、「アンゴー」とか「アンゴータレ」と呼んでいる。「トーゴロイワシ」は鱗が多くしかも硬くて、煮ても焼いても食えない、おかずとしては全く役に立たない魚である。そこから、仕事の役に全く立たない「怠け者」を、この魚に写像したのである。「アンゴー」はあまり動かず、大きな口を開けて餌が入ってくるのをじっと待つという習性を持っている。大きな体をしているのにあまり動かず、ぽかんと口を開けているという特徴に着目して、体を動かそうとしない「怠け者」を、この魚に写像したものである。怠け者や愚鈍な人を「鮟鱇」に見立てるメタファーは、すでに室町時代には成立していたらしく、『日葡辞書』に見える[12]。

　また、山形県で、ぐにゃぐにゃして芯のない人を「ナマコ」と言っているのは、両者の類似性がすぐにも理解できる例であろう。これに対し、青森県では「おどけ者」の喩えとして用いているが、両者の間の類似性をすぐに発掘することは困難である。青森県の人びとは、「おどけ者」と「ナマコ」の間に、どのような類似性を認識しているのであろうか。察するに、「ナマコ」は魚でもなければ貝でもないファジーな存在である。「おどけ者」も同様に、容易に本心を明かさないファジーな存在である。この曖昧さという点に共通する類似性を発見して、「おどけ者」を「ナマコ」に見立てたのであれば、そこには解釈が介入しており、高度な類推能力、連想能力の展開を見てとることができる。同時に、謎解きの面白さや意外性を感じさせる趣向も認められる。さらに、山形県で、表面は立派に見せかけているが、その実、心の汚い人を「タエノワダ」(鯛のはらわた) と呼んでいるのは、やや高尚なメタファー表現である。また、福井県大野市では、極めて仲の良い夫婦を、「サ

シサバ」(刺し鯖) と呼んでいる。「サシサバ」は、鯖の背を開いて塩漬けにし、2枚重ねたものを一刺しとした乾物である。仲が良くていつも一緒に出歩いている夫婦の姿を見て、このように評したものだと言う。その評価の心意は、決してプラス方向にだけ働いたものではなかろう。

　以上、人間を動物に写像した例を見てきたが、喩えの対象として選択されている動物がいずれも地域生活者にとって、身近に存在するものであることが指摘できる。しかも、文学比喩のように、意外性や奇抜さをねらったメタファー表現は少なく、喩えられる人間とその喩えの対象に選ばれた動物との類似性は、容易に理解することのできるものが多い。また、動物に見立てられたメタファーがもたらすイメージには、プラス評価に働くものは少なく、マイナス評価に働くものが多い。揶揄や皮肉やユーモラスな言葉遊びの心意が、造語心理にこめられていることが理解されるケースが多い。人間を動物に写像しているのだから、それはむしろ当然のことであると言ってよいだろう。そのきわめつけが愛媛県南西部で聞かれる「不美人」を「オコゼ」に見立てた直喩表現や島根県出雲地方で聞かれる目、鼻、口を一箇所に集めたような顔を言い表す直喩表現であろう。愛媛県宇和島市などでは、不美人を「オコゼガ　サンバシニ　ブチアタッタヨーナ　カオ」(鰧が桟橋にぶち当ったような顔) と表現する[13]。また、島根県出雲地方の高齢者は、「チンガクシャミオ　シタエナ　カオ」(狆がくしゃみをしたような顔) と言い表す。この比喩発想にこめられた心意が揶揄か、それともユーモアー精神か、意見の分かれるところであろう。福井県大野市では、「不美人」を「オコゼハイ　マブシタヨーナ　カオ」(鰧に灰をまぶしたような顔) と表現しているが、土地の古老は、「不美人をからかって言う時に使用するが、ブスのようなひどい言い方ではない」と述べている。

2. 人間の植物化

　地域生活者の想像力、類推力は、山野の植物にも及んでいる。富山県で美女を、猛毒を含む「紅茸」に喩えて、「ベンタケ」と言っているのは、単純にその美しさだけを強調しているメタファー表現ではなかろう。そこには、

共通語で美人を「薔薇」に喩える心意が含まれており、棘ではなく猛毒を含むことが含意されているのだから、その見立ての心意はさらに強烈である。昔のことだから、おそらく、遊女か芸者に入れあげて家財産を無くしてはいけないという、若者に対する教訓の意味を担っていたとも解される。昔のムラ社会に限ったことではないが、川田順造がすでに指摘しているように、「イエの断絶ということを、かつての日本ほど嫌った社会は、ほかにはなかったのではないか」（『もうひとつの日本への旅―モノとワザの原点を探る』19ページ、2008、中央公論新社）と言う通りである。また、福井県・岡山県・広島県・山口県・長崎県では、人が老衰で亡くなることを、老木が枯れた状態で立っている様に見立てて、「タチガレ」（立ち枯れ）と呼んでいる。福井県ではまた、「コガレジニ」（木枯れ死に）とも言っている。人が病気ではなく、年をとって自然に衰弱して死ぬことを、木が老木になって自然に枯れていく様に写像したものである。「タチガレ」「コガレジニ」には、人びとの長寿を願う思いがこめられているに違いない。木は屋久島の縄文杉だけではなく、ほとんどの木が人間よりもはるかに長寿だからである。また、愛媛県では、腰の曲がった老人を途中から幹が曲がっている松に写像して、「イザリマツ」と言っている。筆者がまだ20歳代だったころ、中国地方や瀬戸内海のムラ社会で腰の曲がった老人をよく見かけたものである。若い時から田畑に出て、年中、腰を曲げて仕事をしていたために、年をとると腰が曲がってしまうのである。ムラ社会ではほとんどの老人が腰が曲がっており、しかも昔は、老人は、ムラ社会の中で、その豊かな経験知によって、尊敬されていたので、「イザリマツ」には、差別意識は全く認められなかったと言ってよいだろう。ここには、互いに滑稽味を楽しむ心の働きがあるように思われる。また、栃木県塩谷郡では、どこにでもやたらに顔を出す人を、どこにでもやたらに生える茸の一種に見立てて、「マグッソキノコ」（馬糞茸）と呼んでいる。ここには、単なる揶揄を超えた、厳しい眼差しによる批判意識が認められる。

　また、愛媛県では、少し足りない人を「タランキョー」と言っているが、これは「タラン」（足りない）と「ランキョー」（らっきょう）とのコンタミ

ネーションである。「ランキョー」はいくら剝いても皮ばかりであって、肝心の実がないところに着目して成立したメタファー表現である。ここには、かなり厳しい風刺が認められる。「人の性向」を「らっきょう」に喩える言い方は、あちこちで製作されやすかったらしく、大分県では厚顔無恥な人を「ラッキョーズラ」（らっきょう面）とか「ランキョーズラ」と呼んでいる。同じ厚顔無恥な人を、新潟県では「ラッキョー」と言い、熊本県では「ダッキョ」、鹿児島県では「ダッキョーズラ」と呼んでいる。愛媛県では、皮ばかりで肝心の実がないところに焦点を当て、大分県などでは皮が極端に多いことに焦点を当てているわけである。それによって、「らっきょう」の派生義に地域差が生じることになる。「人間の動物化」の場合と同様に「人間の植物化」の場合にも、喩えの対象に選ばれた同じ素材であっても、どのような特徴に焦点を当てるか、あるいはどのような焦点の当て方をするかという「焦点化の地域性」が認められるのである。そして、この現象は、どの地域、どの地方にあっても、環境世界の違いを超えて、日常的に目にすることができる対象であれば、どの意味カテゴリーにおいても生起し得る現象であると考えることができる。

　しかし、富山県でおできを「ハス」（蓮）と呼び、福井県で業績や成績が次第に下がる一方の人を「ナスビノナリサガリ」（茄子の成り下がり）と呼び、鳥取県で見掛け倒しの人を「ズイキボクタ」（里芋木刀）と呼んでいるのは、地域、地方は限らないものの、農民でなければ喩えられる対象と喩える対象の間に類似性を発見することは困難であったと考えられる。「ハス」は根が深く、おできも根が深い、「ナスビ」は大きくなるにつれて重くなり、下に下がる、「ズイキ」（里芋）の茎は太くて一見木刀のように強そうに見えるが、振るとすぐに折れてしまう、このような特徴を熟知していなければ、上に示したようなメタファー表現を生成することは困難だったはずである。方言メタファーの生成には、このような「生業環境」の制約が認められるのである[14]。そのプロトタイプが、鳥取県・広島県・長崎県などで聞かれる出っ歯の人を、「ヤマザクラ」（山桜）に見立てたメタファー表現である。「ヤマザクラ」は「染井吉野」などとは違って、「花より先に葉が出る」桜であ

る。それを、「鼻より先（前）に歯が出る」とかけた滑稽味の感じられる言い方である。この言い方が生成されるには、花より先に葉が出るという山桜の特徴を知っていなければならないが、山桜が咲くのを待って農作業にとりかかった農民にとっては、山桜は農事暦の重要な指標であり、容易に生成することができただけでなく、この趣向をこらしたメタファー表現における類似性をなるほどと納得し、理解することもまた、容易にできたものと思われる。しかし、都市部に生まれ育った農業に全く無縁な人びとにとっては、両者の類似性の発見によるイメージ化は極めて困難だと思われる。このような「生業環境による制約」は、すでに触れたように、漁業社会における高齢者が使用しているメタファー表現の場合にも言えることである。

　さらに、寺島浩子によると、京都市の高齢者は、人の低い鼻を「オムロノサクラ」（御室の桜）と呼んでいることが知られる。御室仁和寺の桜は背が低く、地面に近い低い枝にも花を咲かせるところから、「低い鼻（花）」とかけたものである（『町家の京言葉分類語彙篇―明治30年代生まれ話者による』64ページ、2010、武蔵野書院）。このメタファー表現は、京の都の人しか生成することができなかったと考えられるし、またその類似性を理解することもできなかったはずである。ここには、「文化社会環境による制約」が認められると言ってよいだろう。このように、方言メタファーによる新しい意味の生成と理解には、何らかの形で、「環境世界の制約」の反映が認められる。この点に、文学比喩や共通語の比喩と比べた場合、方言比喩における普遍特性の一つを、しかも重要な特性を認めることができるのである。

　なお、計量的な手法で検証することはできないが、「人間の動物化」によるメタファー表現に比べて、「人間の植物化」によるメタファー表現は、相対的に劣勢のように見える。地域生活者が人間の動作や状態を生業環境と重なる自然環境に存在する事物に写像する場合、自ら動くことのない植物について、類似性を発見し、新しい意味を生成することが、動物の場合に比べて多少困難だったことを意味するものと解される。

3. 人間の自然現象化

　さて、動物や植物以外にも、人間を自然の山野や自然現象に喩えた言い方も認められる。鳥取県では、何にでもすぐ熱中する人を、「ノボシェヤマ」（のぼせ山）と言っている。「ノボセヤマ」は、岡山県や広島県でも聞かれる。また、すでに指摘したが、鳥取県東部地方から兵庫県但馬地方の西部にかけて、遅くなって起き出し、仕事に出かけていく怠け者を「エーノカジェ」（北東風）と呼んでいる。どこに類似性があるかというと、「エーノカジェ」も午前10時ごろから吹き始める強い風である。島根県石見地方、特に浜田市周辺では、急に腹を立てて怒り出す人を指して、「オキニシ」（沖西、北西風）と言っている。中国地方の漁業社会では、晩秋から初春にかけて急に強く吹き出し、海をひどく荒らして漁民に被害をもたらす北西風を、「アナジ」と言っているところが多い。浜田市の漁民は「アナジ」も使用するが、北西の位置が、港から見て沖西に当たるので、「オキニシ」とも呼ぶ。急に腹を立てて怒り出す人を、「アナジ」と言わないで、「オキニシ」と言っているのはなぜだろうか[15]。それは、おそらく、「オキニシ」が秋から冬にかけて特に強く吹く北西風を指示する風名として使用されているからであろう。「エーノカジェ」にしても、「オキニシ」にしても、土地の漁民ならば人との類似性をすぐにも理解でき、共感を覚えるメタファー表現であろう。日本海側とは異なり、潮の干満の差が大きく、潮流が激しく変化する瀬戸内海では、人の性向を潮に見立てる比喩発想が栄えている。長く泣き続ける子を、山口県防府市の沖合に位置する野島や光市の沖合に位置する牛島では、「カタシオナキ」（片潮泣き）と呼んでいる。片潮は6時間で、長く泣く子に手を焼いて、このような誇張比喩を生成したのである。また、気分の変動の激しい人を、広島県呉市の沖合に位置する大崎下島や山口県の野島では、「ジューゴンチ」（十五日）と呼んでいる。十五日になると、潮が小潮から大潮に変わって、干満の差が大きくなり、潮の流れも速くなるからである。大分県姫島では、「ヒヨリモン」（日和者）と呼んでいる。共通語の「お天気屋」と同じ発想である。

　さらに、福井県・島根県・山口県などでは、着替えをしないでいつまでも

同じ衣服を身に付けていることを、「ホッコクノカミナリ」(北国の雷)と言い表している。たとえば、福井県大野市では、「オマエワ　ホッコクノカミナリヤ。キタナリヤ。お前は北国の雷だ。着たなりだ。」のように表現する[16]。北国の雷は「北で鳴る(北鳴り)」から、「着たなり」に「北鳴り」をかけたものである。一種謎解きにも似た比喩表現だが、このような発想はあちこちで成立したものであろう。また、島根県出雲地方では、すでに指摘したように、今にも子どもが泣き出しそうな顔になる様を、「キタヤマガクラム」(北山が暗む)と言っている。宍道湖北岸の島根半島には山が連なり、その山々に雲がかかり、暗くなってくると雨が降る前兆である。子どもが泣き出す前の顔つきを、雨粒が落ち始めるすぐ前の様子に見立てたメタファー表現である。この比喩は、この狭い地域の人びとだけが理解できるものであって、「文化社会環境」による制約が見られる典型的な一例である。このように、人間を自然現象に見立てて意味の拡張を図ったメタファー表現は、「人間の動物化」「人間の植物化」に比べて、あまり栄えてはいない。むしろ、「ニッコリビ」(にっこり日、雲間から太陽が顔をのぞかせること、高知県)のように自然現象を人間に見立てた比喩発想の方が盛んなように思われる。

　以上述べてきた、地域生活者の比喩発想に認められるこの種のパタンを、筆者は、すでに触れたように、「擬自然化の発想法」(人間の自然化)と呼んでいる。「擬自然化の発想法」が、地域生活者の比喩発想による意味の拡張の根底にあって、極めて重要な働きを担ってきた事実を、ここで改めて確認しておきたいと思う。地域社会における新しい意味の創造や認識の造形化が、多く自然を動機づけとして行われてきたということである。

　それでは、このような豊かな「擬自然化の発想」は、一体何をその根源的な力として生み出されたのであろうか。筆者には、地域生活者が日々の生活の場(生活環境)で、身体感覚に貫かれた認識(感覚的理性)によって、自然に親しく接してきたことに最大の要因があるように思われる。しかも、彼らの自然に対する身の処し方は、対立でもなければ別の世界を見るというさめた見方に立っているのでもない。現代の大都市にあっては、自然はかなり

遠い存在になってしまったように思われるが、昔の地域生活者は自然を自分たち人間と同じレベルに存在するもの、人間の世界と大きく重なる世界として見てきたように思われる。漁民にとって、海という自然は、そのまま漁撈の場であり、海にいる多くの魚介類は、生活を営んでいくための漁獲対象物だったのである。また、農民にとって、野山という自然は、農作物を生産し、木を育て、牛馬を飼育する大切な「生業環境」でもあったのである。だからこそ、人間をすぐにも自然の動植物の世界へと連想し、両者に共通する類似性を巧みに、しかも細部にわたって認知し、数多くの擬自然喩を創作し得たのである。仮に、自然を自分たち人間とは別次元の世界と認識してきたのであれば、人間を自然のカテゴリーにおいて理解しようとは思わなかったはずである。彼らが生成したおびただしい擬自然的メタファーは、彼らが生きた歴史を背景とする「環境世界」の中にあって、身近に接することのできる存在への目覚めた関心によるものが中心をなしていることが、特に注目されるのである[17]。地域に生きてきた日本人にとって、自然とは、人間に対立する別種の世界ではなく、まさに生きられる「環境世界」そのものであったと言うことができるだろう。

このように見てくると、近代工業社会において、人間と自然を対立概念として対比させ、人間が自然を創りかえることによって、新しい世界観を構築してきたとする一部社会学者の見方が、西欧はともかく、日本にあっては、むしろ特殊な考え方であることに気づかされるのである。日本の地域生活者たちにとっては、「自然環境」をも含む世界が自分たちにとってのトータルな生活世界であり、「生活環境」であったと考えられるのである。地域生活者にとっては、「自然環境」は、決して「社会環境」の対立概念とはなり得ない。

このように、「人間の自然化」というパタンに属するメタファー表現を見てくると、すでに一部触れたことではあるが、「擬自然喩」による新しい意味の生成、拡張には、基本的に、「自然環境」「生業環境」「文化社会環境」の三者を含む「環境世界の制約」による特性がなんらかの形で反映しているという否定しがたい事実が認められるのである。この点に、文学比喩とは全

く異なる方言メタファーの普遍的な特性が存することを、認めざるを得ないのである。そして、それによって、方言メタファーの地域差も形成されることになる。また、意味の拡張における地域差という点について言えば、喩える対象に何を選ぶかという「選択多様性」の問題もあるが、同じ「カラス」や「ラッキョー」という対象を選んでも、その対象における認知特徴のどこに焦点を当てるかという、「焦点化」の違いによる要因も認められるのである。また、「キタヤマガクラム」といった極めて狭い社会の人びとにしか理解し得ないメタファー表現が生成されていることも、注目される事実であろう。

　それにしても、動物と比べて植物に見立てたメタファー表現があまり多く認められないのはなぜだろうか。これはおそらく、動物が様々な動きを見せて細部の特徴が目にとまりやすいのに対して、植物は動きが小さく、それだけ特徴が認知しにくいからではないだろうか。もし、そうだとすれば、ここに、認知しやすいものが、身近にあっていつも目にとまるものが、まず見立ての対象に選ばれるという基本的な事実を指摘することができる。

　さて、このような各地の方言に定着している多くの擬自然喩は、生活環境を同じくする人びとの共感を喚起する力を備えていたからこそ定着したのであって、言い換えればステレオタイプ化する素質を備えていないメタファーは、理解されにくいし、また定着しにくかったと言ってよいだろう。方言メタファーの生成と定着は、常に、地域生活者が生きてきた「環境世界の同質性」に根ざしていたと考えることができる。地域生活者の想像力、連想力は、あくまでも自らが生きる現実世界の中において発揮されてきたのである。彼らの可能世界と観察される世界、認識される世界は、基本的に同一である。この点にも、文学比喩や共通語の比喩とは異なる、方言比喩の独自の特性が認められるのである。方言メタファーには、「人生は旅である。」といったメタファー表現はそもそも成立し得ないのである。少なくとも、かつての内に向けて閉ざされたムラ社会にあっては、その成員がムラを出て、長い旅を経験することなど、稀なことであった。だからこそ、高知県では、「センチガタビ」（雪隠〈便所〉が旅）といったメタファー表現が生成され、定

着しているのである。昔のムラ社会の成員の日常のことで、外出の機会はほとんどなく、便所へ行くくらいが旅だということである。誇張比喩ではあるが、ここには、ムラ社会が、成員にとって自分たちが生きるミクロコスモスであったことが、明確に理解される証しが存するのである。

Ⅳ. 自然間における想像力の展開

地域生活者の想像力は、「擬自然化の発想」の方向を中心として、それ以外にも実にさまざまな方向へと自在に展開している。その中でも、まず注目されるのが、前節のⅢで見た「人間の自然化」に準じる自然の動植物や現象を、別の動植物や現象に喩える発想の方向である。自然の動植物や現象を、すでに与えられた形で表現したのではおもろしろみに欠けるという心理から、他の動植物や現象との類似性を発見することによって、喩えられる対象を滑稽な世界、笑いの世界に位置づけようとするものであって、そこには新しい意味を創造することを通して、言葉づくりを楽しむ遊び心が強く認められると言ってよかろう。広島県下の例を挙げると、「松かさ」のことを「カラスノキンタマ」（烏の金玉）と言い、「つくし」を「イヌノチンポ」（犬の陰茎）と呼んでいる。群馬県では、「つくし」を「オトーカノチンポ」（狐の陰茎）に見立てている。また、長崎県では、猫柳を「ネコノチンチン」（猫の陰茎）と言っている。自然の動植物や現象を、同じ自然の動植物や現象との間に類似性を発見して、両者を結びつけていく言葉づくりを、方言比喩の実際に即して見てみると、次の六つのパタンが認められる。

1. 動物の植物化
2. 動物の動物化
3. 植物の動物化
4. 植物の植物化
5. 自然現象の動物化
6. 自然現象の植物化

この中では、3の「植物の動物化」の事象の多いことが注目される。これは、Ⅲの「擬自然化の発想法」の中で、「人間の動物化」の事象が栄えてい

たことと軌を一にする事実である。ある対象を別の何かに喩えるという心理は、基本的に、喩えることによって、喩えられる対象の特徴をより効果的に、より印象的に表現しようとするところにあるわけだから、動きのあまり目立たない植物よりも、動きが大きく、しかも表情の個性的な動物に喩える事象が極めて多くなるという事実は、むしろ当然のことと言ってよいだろう。

1. 動物の植物化

　動物を植物に見立てた事象は、極端に少ない。佐賀県で、魚の一種を「ワラスボ」（藁すぼ）と呼んでいる例が認められるが、これは、この魚の細長い体形を藁すべに写像したものである。また、広島県・愛媛県の漁民は、「アイナメ」を「モミダネウシナイ」（籾種失い）とも言っている。この珍しい呼称は、「山村の農民が春においしいこの魚の味にひかれて食べ過ぎ、買うべき籾種の代金まで使い果たしてしまった」という俗話からきている。また、奄美大島では、「イサギ」を「マツ」（松）と呼んでいるが、この魚の枯葉色の体色が松の樹皮に似ているからだという。さらに、静岡県安倍川の近辺では、「ウグイ」を「フジバナ」（藤花）と言っている。土地の古老は、ウグイは藤色をした魚だから、こう呼ぶと説明している。もし、これが確かなら、北九州で「オイカワ」の雄を「ヤマフジバナ」（山藤花）と呼ぶのと同例ということになる。

2. 動物の動物化

　動物を他の動物に喩えた言い方も、さほど多いとは言えない。富山県で、「蚤」を「アカマ」（赤馬）と言っているのは、色が赤馬に似ていることと、ともにピョンピョン跳ねるからであろう。それにしても、今はほとんど見かけることはなくなったが、あの小さな「蚤」を大きな赤馬に見立てているのだから、大変な誇張比喩である。ここには、遊び心の横溢が見て取られる。また、群馬県で、「あめんぼう」を「ウマ」（馬）と呼んでいるのは、どちらも足が長いところに類似性を発見したものだが、これも誇張比喩であ

る。誇張比喩といえば、和歌山県や高知県で、「めだか」を「カワクジラ」（川鯨）に見立てている例が、そのプロトタイプであろう。いずれも小さな動物を、それに対比すると極めて大きな動物に写像していて、自在な言葉遊びの心理が認められる。それによって、意外性や笑いがもたらされることになっている。小さな生き物は、筆者の経験も含めて言えば、昔の子どもたちにとって恰好の遊び相手だったから、おそらく、子どもたちが遊びの空間の中で造りだしたメタファー表現であろう[18]。また、高知県で、「げんごろう」を「スッポンムシ」（すっぽん虫）と呼んでいるのは、色と形に類似性を見出したからである。さらに、全国各地で、「かわはぎ」を「ウマズラ」（馬面）と呼んでいるのは、顔が馬に似ているからであり、山形県で「ウシズラ」（牛面）と言っているのは、「かわはぎ」の頭の上に、角に似た棘があるからだろう。「かわはぎ」の頭の上にある棘は小さなものだが、その特徴に着目し、牛の角との類似性を発見したところには、漁民の鋭い観察力がうかがわれる。同じ山形県で、「鯛」を指して「ツバクロ」と言っているのは、瀬戸内海域の漁民が、ちょうど桜が咲くころに群れを成してやって来る鯛を「サクラダイ」と呼んでいるように、「燕」がやって来るころ、群れを成して海岸近くに寄って来るからである。栃木県で、「とかげ」を「カナヘビ」（金蛇）と呼んでいるのは、色が金色に見えるからであろう。

3. 植物の動物化

山形県で、「みずばしょう」を「ウシノシタ」（牛の舌）と言っているのは、色と形が牛の舌によく似ているからである。「ウシノシタ」は全国各地でさまざまな植物の見立ての対象として選択されているが、これは、牛が、農作業や山仕事に欠かせない家畜であり、農民にとっては最も親しい動物であったからだと考えられる。山口県では「いちじく」に、大阪府、山口県、大分県では「犬枇杷」に、熊本県では「水葵」に、岡山県では「仙人草」に、愛媛県では「藪手鞠」に、静岡県では「姫女苑」に、それぞれ喩えられている。

山形県では、「すぎな」を「ウマノソーメン」（馬の素麺）と呼んでいる

が、これは馬がこの草を好んで食べるのと、形が細長いという特徴に着目した連想である。それに対し、福井県や鳥取県では、「ねむの木」を「ウシノソーメン」（牛の素麺）と呼んでいる。牛がねむの木の葉を好んで食べるのと、葉が複葉で細長いためで、「ウマノソーメン」と同様の発想によるものである。岡山県では、「ねむの木」を「ウシノゴッツォー」（牛のご馳走）と言っている。「つるりんどう」を山形県で「キツネノキンタマ」と言い、山口県で「キツネノションベンタゴ」（狐の小便桶）と呼んでいるのは、色や形が似ていることを発見し、それを踏まえて、滑稽な言葉づくりを存分に楽しもうとする心理がよくうかがえる例である。群馬県で「つくし」を「オトーカノチンポ」（狐の陰茎）と呼び、長野県で「イヌノチンポ」（犬の陰茎）と呼んでいるのも、同様の心理がうかがい知られる。狐といい、犬といい、ともに身近にいる動物なので、これらのメタファー表現には、滑稽味をとおりこして、いささか卑猥な趣が感じられる。「つくし」を山形県で「キツネノローソク」と呼び、島根県・山口県で「日陰蔓」を「キツネノマエダレ」（狐の前掛）と言い、日陰に生えている細い蔓を、鳥取県・島根県で「キツネノタスキ」（狐の襷）と呼んでいるのは、いずれも豊かな想像力を感じさせるが、昔の常民にとって「狐」は現実世界にあっても非現実世界にあっても、よほど身近な存在だったことが知られる。「ローソク」も「マエダレ」も「タスキ」も、かつては女性が家の中で使用するものだったので、これらのメタファー表現には、「狐」のイメージと「人間」、とりわけ「女性」のイメージが濃密に重層化しているように感じられる。

　山形県で、葉の裏表に細い毛のようなものがびっしり生えて、ザラザラしている「雪ノ下」を、「ネゴノシタ」（猫の舌）と呼んでいるのは、猫の舌の表面もザラザラしているからであり、広島県や山口県で「みみなぐさ」を「ネコノミミ」（猫の耳）に見立てているのは、どちらも表面に細い毛がびっしり生えているからである。また、兵庫県・鳥取県・岡山県・広島県で「あけび」の実を「ネコノヘド」（猫の反吐）と言っているのは、色と形が似ているからである。かつて、農業社会や漁業社会にあっては、どの家も鼠の被害を防ぐために、猫を飼っていた。だから、猫は極めて身近な存在で、その

特徴をよく認知していたのである。しかも、寒くなると、猫を膝の上にのせたり、炬燵がわりにしたものである。猫を単に見るだけでなく、触りもしたから、方言メタファーにあっても、視覚を働かせた類似性の認知が根幹を形成する中にあって、例は多くはないが、「ネゴノシタ」「ネコノミミ」のように、触覚を働かせた認識の造形化がなされたのである。例は少ないものの、これは注目してよいことだと思われる。

　また、広島県では「どくだみ」のにおいの臭みに注目して「イヌノヘ」（犬の屁）とか「イヌノヘヒリグサ」と言っている。「イヌノヘ」は青森県・秋田県・長崎県などでも聞かれる。これは、嗅覚によって類似性を発見した例である。「イヌノヘ」は、どこからどこへ伝播したというものではなく、各地で多元的に成立したものが、結果的に、偶然の一致を見たという状況を呈しているものである。方言比喩においては、すでに触れたことではあるが、このような例が極めて多いのである。

　植物を鳥に見立てたメタファー表現も認められる。佐賀県では、「露草」を「トテコッコー」とか「トテッコッコー」と呼んでいる。苞から蕾を出した形が、いかにも鶏が羽毛を立ててふくらんでいるように見えるので、鶏に見立てて、その鳴き声で言い表したものである。島根県では「鬼百合」を「カッコーバナ」（郭公花）と呼んでおり、富山県で「猩々袴」を「ホケキョバナ」（ほけきょ花）と呼んでいるのは、花の色や模様が「ほととぎす」や「鶯」に似ているからである。植物を鳥に写像したメタファー表現が、鳥の鳴き声によっているのは、各地で鳥の呼称を、その鳴き声によって言い表す傾向が著しいためである。

4. 植物の植物化

　植物を別の植物に見立てた例は、相対的に見て極めて少ない。これは、動物の植物化のパタンが栄えていないことと、軌を一にするものである。すでに指摘したように、植物は動物のように動くことがない。また、表情も乏しく目立たない。だから、植物に見立てても、喩えられる対象を印象的に表現することは困難である。しかも、植物の植物化は、意味カテゴリーの転換が

認められないので意外性に欠け、おもしろみが少ない。しかし、そうであっても、地域生活者は、多少のずらしを試みることによって、新しい認識の造形化を楽しんでいる。山口県の高齢者は、「母子草」を「アズキグサ」(小豆草)と言っている。花の色が小豆色に似ているからだろう。「母子草」を全く知らない人も、「アズキグサ」と言われれば、花の色をイメージすることができるだろう。また、同じ山口県の萩市では、「あせび」を指して、「オバンチャ」(お番茶)と言っている。葉が茶の木に似ているところに注目したものである。広島県では、「あせび」を「ムギバナ」(麦花)とか「ムギメシバナ」と呼んでいる。これは、「あせび」の花にある筋が、麦のそれに似ているところに注目したメタファー表現である。「あせび」は近くにたくさん生えており、「麦飯」を食べることの多かったかつてのムラ社会の人びとにとっては、両者の類似性の発見は容易なことであっただろう。また、福島県・茨城県・千葉県・岡山県・広島県などでは、「どくだみ」を「ジゴクソバ」(地獄蕎麦)と呼んでいる。「ジゴク」は、長く伸びる地下茎を「地獄の深さまで届くほど」と見立てたものであり、「ソバ」は、ハート形の葉の形状や花の付き方などが「蕎麦」に似ていると捉えたものである。どくだみは、古来、薬として用いられてきた。しかもどこにでも生えていて、ほっておくとすぐに広い範囲に繁茂する草である。そのため、人の関心をひきやすく、細かな特徴が認知されている。それにしても、地下茎が「地獄の深さに届くほど」と捉えて表現しているのは大変な誇張比喩だが、実際に繁茂した「どくだみ」を苦労して引き抜いた経験のある人なら、その発想の妙がよく理解できると思われる。

5. 自然現象の動物化

このパタンに属するメタファー表現は、たとえば、高知県で「強風がおさまる」ことを「カゼガダマル」(風が黙る)と言うように、自然現象を人間に見立てたパタンに比べて、極めて少ないようである。広島県で「日照り雨」を「キツネビヨリ」(狐日和)と呼んでいるのは、「キツネノヨメイリ」に比べると、「動物の人間化」という連想が含まれていない分、単純なメタ

ファー表現となっている。日が照っているのに雨が降ってくるという不可思議な自然現象を、きっと昔の農民は、狐が人を化かしているのだと想像したものであろう。広島県では、「キチガイビヨリ」（気違い日和）とも言うが、これはごく限られた地域であり、成立も新しいと思われる。また、岡山県・広島県・山口県では、漁民が海に白波が立つのを見て、「シロウサギガハネル」（白兎が跳ねる）と言っている。鳥取県や島根県の漁民も使用するが、波が大きい場合には、「シロウマガハネル」（白馬が跳ねる）とか「シロクマガハネル」（白熊が跳ねる）と言っている。瀬戸内海では台風が来ても、波の高さは2mくらいにしかならないが、日本海側では、7mから8mくらいになる。沖合の白波を見て、「シロクマガハネル」と言っているのは、日本海側や太平洋側の各地に認められる。広島県に限定するならば、「キツネビヨリ」は農民が使用し、漁民は使用しない。逆に、「シロウサギガハネル」は、漁民は使用するが農民は使用しない。

6. 自然現象の植物化

富山県・福井県・京都府・兵庫県但馬地方では、軽くて大きい雪が降るのを見て、「ワタユキガフル」（綿雪が降る）と言う。自然現象の植物化の例は、極端に少ないと言ってよかろう。

V. 擬人化の発想法

ところで、人間を自然の動植物や現象に喩える「擬自然化」の発想とは逆に、自然の動植物や現象を人間に喩える「擬人化」の発想が、地域生活者の豊かな想像力、類推力を源泉として、擬自然化の発想による新しい意味の生成に比べれば劣るものの、強い勢いを示しているのである。

1. 動物の人間化

まず最初に、動物を人間に見立てている例を見てみることにしよう。想像力、連想力を鋭く働かせることによって、生業環境と重なる自然環境の中の動物と人間との間に類似性を発見し、巧みに両者を結びつけている例が各地

に見出されるのである。富山県では、穴蜘蛛という小さな虫を、「サムライ」（侍）と呼んでいる。これは穴蜘蛛が地上に引き出されると、自分で腹を噛み切って死ぬという習性を持っているからである。おそらくは、男の子が穴蜘蛛を土の中の巣から引き出して遊んでいるうちに、この蜘蛛の特殊な習性に気づいて、即座に「サムライ」と名づけたものであろう。子どもたちが遊びの時間と空間の中で、小さな生き物の特徴を微細にわたって鋭く観察し、子どもらしい連想力を働かせて創造したメタファー表現の一例である。このメタファー表現が成立したのは、子どもたちが「侍」をすぐにも連想できる時代であったと考えられる。茨城県・千葉県・埼玉県・神奈川県では、「穴蜘蛛」を「カンベー」と呼んでいるが、これは、『仮名手本忠臣蔵』の登場人物で、切腹した早野勘平に由来するものである。子どもたちは、「カンベー　ハラキレ」（勘平腹切れ）と囃して遊んだという[19]。「サムライ」も「カンベー」も、そこに、歴史的、文化的な背景がうかがわれ、興味深い。その類例として挙げられるのが、「ソートメ」（早乙女）である。これは蟻地獄の呼称である。蟻地獄は、ウスバカゲロウの幼虫で、地面にすり鉢形の穴を掘り、小さな虫が落ちるのを待って食う習性を持っている。それ以上に、子どもたちの目を引いたのは、この虫を地面に引き出すと、前進しないで必ず後退するという習性を持っていることである。蟻地獄と遊びながら、その動作の特徴を認知した子どもたちの頭に瞬間的に浮かんだイメージは、早乙女が後ろに下がりながら早苗を植えていく動作だったと思われる。かつての農業社会の子どもたちにとっては、両者の類似性を発見することは極めて容易だったはずである。蟻地獄を「ソートメ」と呼んでいる地域は、福井県・広島県安芸地方・山口県の西部であり、かつてはいずれも農業が盛んな地域であった。「ソートメ」というメタファー表現は、それぞれの地域で独自に成立したもの、別の言い方をすれば同じ想像力が独自に生起したものが、結果的に一致する状態を示しているものと考えられる。「多元的発生」による偶然の一致であり、この点については、すでに先に触れるところがあった。

　詳しくは、第六章で述べるが、「かまきり」も子どもたちの恰好の遊び相手であった。かまきりを小さな木切れか何かで、つついて遊ぶと、かまきり

は威嚇するように、前肢を交互にすりあわせるようにする。それを見て、子どもたちは、大人が仏壇や神棚に向かって行う拝礼の動作を連想したのであろう。「オガメ」「オガマ」というメタファー表現がほぼ全国的に認められるのである。「オガメ」(拝め)は命令形であって、まさに子どもたちがかまきりをかまって遊ぶ時空間の中で成立したことを表す証しにほかならない。群馬県や千葉県では、かまきりを「ハラタチ」(腹立ち)とか「ハラタチババー」(腹立ち婆)と呼んでいるが、これはかまきりが威嚇する動作を見て、いたずらをするとすぐに腹を立てて怒る老婆を連想したものである。ここには、感覚と感情が交差するイメージの展開があったものと思われる。また、神奈川県では、「ショウリョウバッタ」を「オンメ」(お梅)と呼んでいる。「ショウリョウバッタ」の二本の後ろ足を揃えてつかんで持ち上げると、もがいて体を前後上下に動かす。昔の子どもたちは、この動きを、人が手機織機で機を織る動作に見立てて面白がったものであろう。「オンメハタオレ」(お梅機織れ)はその時の囃し言葉だという。「お梅」はもとより女性の名前であって、昔は、機織は女性の大切な仕事で、人並みに機織ができるようになるまでは嫁にいけないものとされた。具体的な人名が与えられているのは、ショウリョウバッタと遊ぶことがそれだけ日常的で、生活実感が強かったからであろう。以上は、いずれも、子どもたちが「遊び」の環境世界の中で、いかにも子どもらしい想像力を働かせて創作したメタファー表現である。

　それに対し、新潟県の佐渡島に限定して使用される「トンチボ」(頓知坊)は大人の手になるメタファー表現であろう。佐渡の「トンチボ」は狸と貉の双方を指す。佐渡では、狸と貉は霊物とされ、人をばかす伝説が多く残されているという。佐渡の「二つ岩の団三郎」は日本三大狸の一つである。そのような霊物の名を直接口にすることを避けて、忌み言葉として「トンチボ」と呼ぶようになったものと考えられる。佐渡では、「アイツワ　トンチボダ」という言い方があり、これは知恵がある、機転が利くといった良い意味でも、悪知恵が働くという悪い意味でも使用する。「狐」は悪知恵が働く、人を化かすという、もっぱら悪い意味を表すが、「狸」については知恵がある、

機転が利くというように、良い意味で使用されるのは、この土地の「狸」に対する固有とまでは言えないにしても、何らかの文化史的背景があるものと考えられる。また、「日照り雨」を全国各地で「キツネノヨメイリ」とか「タヌキノヨメイリ」などと言うが、ここには、動物の人間化が認められる。獣を人に見立てたメタファー表現は、さほど多くは見られないようである。

　鳥を人間に写像した例としては、主に西日本に広く分布する「シリフリ」(尻振り)がある。「シリフリ」とは、鶺鴒のメタファー表現である。鶺鴒は、水辺でよく見かける鳥で、せわしげに尾羽を上下させる。鳥には、もちろん尻はないから、この鳥の習性を見て、女性が尻を振って歩く様を連想したものである。そのイメージが強化されると、「シリフリオマツ」(尻振りお松、和歌山県)とか「シリフリオマン」(尻振りお万、滋賀県・奈良県)のようなメタファー表現が成立することになる。また、広島県では、「キツツキ」を「キコリ」(樵)と呼んでいる。きつつきは木に穴をあけて巣穴を作るが、それが原因で木が腐り、倒れることが多いという。樵も木を切り倒すのが仕事である。どちらも木を倒すという類似性を発見することによって、「キコリ」というメタファー表現が生成されたものと考えられる。また、ほととぎすを、青森県で「オトトコイシ」(弟恋し)と呼び、島根県で「オトトキタカ」(弟来たか)と呼んでいるのは、ほととぎすの鳴き声を人間のカテゴリーに転写したもので、高尚な喩えとなっている。

　魚を人間に見立てた例としては、まず、「バクチウチ」(ばくち打ち)が挙げられる。「バクチウチ」は、ほぼ全国の漁業社会で聞かれるが、「かわはぎ」のことである。「かわはぎ」は皮が硬いので、皮を剝がなければ食べられない。そこから、「かわはぎ」と命名されたものである。「ばくち打ち」も勝負に負けると身ぐるみ剝がされる。どちらも身を覆っているものをすべて剝がされるところから、このような連想による新しい認識の造形化が成立したのである。また、鳥取県東部地方から兵庫県但馬地方の漁業社会では、「かすざめ」を「エーニョーバー」(良い女房、美しい未婚の女性)と呼んでいる。なぜ、「エーニョーバー」と呼ぶかというと、「かずざめ」は腹鰭が大きくて、それが振袖に似ているからである。だから、「かすざめ」を、まず

「フリソデ」と呼んだものと思われる。この見立ては、島根県にも認められる。「エーニョーバー」は、振袖を着ているのは未婚の美しい女性だから、「フリソデ」を介して生成されたイメージ・メタファーである。「バクチウチ」にしても「エーニョーバー」にしても、大人の豊かな想像力に基づくことば遊びの精神が存分に発揮されている、と言ってよいだろう。また、全国で広く聞かれる「フエフキダイ」（笛吹き鯛）は、口が突きでて、人が笛を吹くときの形に似ているところから名づけられたものである。鳥取県や島根県で、「しまいさぎ」を「ウタウタイ」（歌歌い）と言っているのは、この魚が音を発するからである。堺市では「フエフキ」と呼んでいる[20]。

2. 植物の人間化

植物を人間に喩える事象は、動物の場合よりもむしろ多く認められるようである。これは、自然の動植物を同じ自然の他の動植物に喩えるパタンの中で、植物を動物に喩える事象が、逆に動物を植物に喩える事象よりもはるかに多く認められることと、軌を一にする現象だと解される。動きの小さな植物を、動きが大きく表情も個性的な動物や人間に見立てることによって、より印象的に表現しているのは、地域生活者がいかに自然の植物に強い関心を寄せてきたかということを、如実に物語る事実だと解される。植物のカテゴリーの中には、農民が生産してきた野菜や果物が含まれ、さらに山菜や庭木なども含まれていることを考えれば、むしろ当然のことであろう。

福井県大野市では、山菜の一種を「トーキチロー」（藤吉郎）と呼んでいる。大木の下に生えるので、「木下藤吉郎」をもじって、このように言っているのである。山菜の一種である喩えられる対象と「藤吉郎」という喩える対象の間には、なんら類似性は認められない。この山菜が大木の下に生えるという隣接性（メトニミー）の認識に基づく比喩表現である。ここには、明らかにことば遊びの心理がうかがわれる。山菜取りという農業社会の大切な慣習の中で、誰言うともなくこのような命名が定着したものと思われる。同じ大野市で聞かれる「フタゴ」（双子）や「ナタネカラカブラマデユー」（菜種から蕪まで言う）は、農業社会という「環境世界」を反映するメタファー

表現である。「フタゴ」は、一つの栗のイガの中に、二つ栗の実が入っている場合を指して言うものである。二つ栗を人間の双子に見立てた素朴なイメージ化である。また、「ナタネカラカブラマデユー」は、一部始終を詳しく話す、簡潔に言わずに必要以上に詳しく説明することを、このように誇張して言い表したものである。人の言語行為を農作業のカテゴリーに転写したものだが、このようなメタファー表現が成立したのは、当地が古くから農業社会であったためである。ここには、笑いを誘う効果が認められるが、それはこの表現が事態を誇張した表現になっているからである。この表現が成立した背景には、明らかに笑いと同時に、長話をする人に対する批判意識があったものと思われる。山口県では、結婚式の披露宴などで、長いスピーチをする人のことを、「タマゴカラコケコーロマデユー」(卵から鶏まで言う)と表現する。その長いスピーチを、卵から雛になり、成長してコケコッコーと鳴くまで、それほど長い間という意味である。この批判意識のこめられた誇張した言い方がおもしろい。

　また、高知県では、里芋の親芋にくっついている小さな芋を、「タイモノコ」(田芋の子)と呼んで、母親につきまとって離れようとしない子を指して使用する。福井県や鳥取県では、「イモノコ」さらには「イモノマゴ」(芋の孫)と呼んだりする。「イモノマゴ」は、祖母にくっついて離れようとしない孫を指して使う。さらに、千葉県では、月見草を「ユーゲショー」(夕化粧)と呼んでいる。月見草は夕方になってから黄色い可憐な花を咲かせ、翌朝しぼむ。それを見て、若い女性が労働を終えて、風呂に入った後、薄化粧している姿をイメージしたものであろう。この新しい意味の生成に働いた心理は、単に可憐な美しさに類似性を認知しただけのものではなく、かなり複雑なものであったと推測される。それは、島根県の石見地方で、月見草を「ヨバイバナ」(夜這い花)と呼んでいるからである。これも、昔、若者が夜這いをした時間帯に咲き始める花だからだろうが、「ユーゲショー」も「ヨバイバナ」も、ともに「性」をイメージするものとなっているのである。それに対して、広島県で、「あけび」を「アクビ」と呼んでいるのは、あけびが熟れると口を開くので、それを人間のあくびに写像したものである。実に

分かりやすく、ユーモラスなメタファー表現である。中国地方で、馬鈴薯を「キンカイモ」（きんか芋）と言っているのも、その一例である。また、広島県東広島市では、松茸を「アクネンボーズ」（悪年坊主）と呼んでいる。松茸の笠が開く前の形状が坊主頭に似ていて、松茸がたくさん生える年は、稲の生長が極端に悪くなり、米の収穫が少なくなったからである。今では全く考えられないことだが、昔はこの地域が、広島県下でも有数の穀倉地帯で、いかに強く米作に依存していたかが、このメタファー表現によって知られるのである。それと同時に、昔は松茸が「アクネン」と言われるほどたくさん生え、あまり珍重されていなかったことも驚きである。

　花を人間に見立てたものとしては、まず「スモートリグサ」「スモートリバナ」が挙げられる。これは、菫のことで、全国に広く分布しているメタファー表現である。地域によっては、「すみれ」の鉤形の花の形が力士のまげに類似していることからの発想だと報告する人もいるが、そうではなくて、子どもたちがすみれの花のつけねの鉤形に曲がったところを互いにからませて、ペアーになって引き合って争う遊びを相撲に見立てたことからの名づけである。実は、この比喩発想による造語は、すでに早く室町時代の末期には京の都で成立していて、子どもたちが盛んに使用していたことが、『日葡辞書』の記述によって知られるのである。土井忠生・森田武・長南実編訳『邦訳日葡辞書』(1980、岩波書店) を見ると、次のように記述されている。

　　Sumŏtorigusa. スマウトリグサ（天門冬）　すなわち，Sumire（菫）　菫の花．これは子供の言葉である．

　京の都で一元的に成立したものが、室町末期以降、民間相撲が盛んになり、全国各地で民衆が相撲に興じるようになるという社会現象によって、「スモートリグサ」「スモートリバナ」というメタファー表現が、我々の想像をはるかに超えるスピードで全国に伝播していったものである。菫については、「クビキリバナ」（首切り花）が千葉県・静岡県・奈良県に、「ミミヒキバナ」（耳引き花）が宮崎県に分布しているが、「スモートリグサ」と同様の発想である。しかし、今は、野原で相撲に興じる子どもたちの姿も、菫を使って遊ぶ姿も、全く見かけなくなってしまった。かつて、生業環境と重なる

自然環境は、子どもたちにとって、恰好の遊びの「環境世界」であり、そこに存在する小さな生き物は、極めて親しい遊び相手であった。しかし、今は、子どもたちの日常生活から、自然はかなり遠い存在になってしまっている。また、広島県備後地方南部の高齢者は、早春の丘や山林などにひっそりと咲く春蘭を「ホークロ」と呼んでいる。「ホークロ」と呼んでいる地域は、広島県以外にも石川県・岐阜県・和歌山県の広い範囲に及んでいる。また、石川県・岐阜県・鳥取県・島根県・広島県・山口県・徳島県では「ホークリ」と呼んでいる。これは、花びらの黒い斑点を見て、人間の顔や体にある「ほくろ」を連想したものである。「ホークリ」は、「ホクリ」から変わったもので、正徳二年（1712）に成った寺島良安の『和漢三才図会』巻93に「春蘭　ホクリ　俗云保久利」とある。また、春蘭の花の中が割れ、腰の曲がったお爺さんとお婆さんが抱き合っている様子に見えるところから、鳥取県や大分県では「オノエノジジババ」（尾上の爺婆）、「オノエノジーバー」といったしゃれたメタファー表現が成立している。「ジーバー」「ジジババ」という言い方は、広く全国に点在している。

3. 自然現象の人間化

　自然現象を人間に喩える事象としては、まず、鳥取県下の漁民が使用する「ウマノリガトール」（馬乗りが通る）というメタファー表現が挙げられる。これは、夏、4～5mの大波が沖合をゆっくりとリズムカルに動いていく状態を、馬に乗った人が上下しながらゆっくりと通って行く状態に見立てたものである。瀬戸内海のように、波があまり立たない自然環境では、まず成立を見ることがないと思われる言い方であり、「環境世界の制約」の反映が推定されるメタファー表現である。

　それに対して、流れ星は、どこでも見ることができる。流れ星を「ヨバイボシ」（夜這い星）と呼んでいる地域は、神奈川県以西のほぼ全域に及んでおり、沖縄県石垣島では「ユーバイボシ」とか「ユーバイ」と呼んでいる。長野県や宮崎県では、「ヨーベボシ」とか「ヨベボシ」とか呼んでいる。「ヨバイボシ」の言い方が、こんなにも広い地域にわたって認められるのは、こ

のメタファー表現が古い時代に成立したためである。平安時代に成立した有名な『枕草紙』の254段に、「星はすばる、ひこぼし、ゆふつづ、よばいぼし、すこしをかし」とある。ただ、関東以北に、「ヨバイボシ」の言い方が全く認められないのはなぜであろうか。2の「植物の人間化」で触れた、遅くとも、中世末期には京の都で成立を見、子どもたちが盛んに使用していた「スモートリグサ」は、沖縄地方を除き、東北地方から九州地方にいたる日本本土のほぼ全域に分布している。「ヨバイボシ」は関東以北を除く、神奈川県以西のほぼ全域に分布している。また、「鶺鴒」を「イシタタキ」と呼んでいるところも、ほぼ日本全域に散在している。「イシタタキ」も『日葡辞書』に収載されていることから、すでに室町時代には京都で使用されていたものである[21]。このように、古い時代に中央で成立を見たメタファー表現は、現在も、日本の広い範囲に点在している。しかし、かつて地方のどこか狭い地域で成立を見たものは、現在も狭い地域に認められるだけである。大分県では、「流れ星」を「ワタリボシ」（渡り星）とか「スベリボシ」（滑り星）と呼んでおり、長崎県では「オレボシ」（降り星）と言っている。そして、これらのメタファー表現は、他の地域には認められない。また、「ホシノヨメイリ」（星の嫁入り）という言い方が、岐阜県・三重県・高知県などに認められるが、これも西日本の限られた地域に点在しているだけである。しかも、三重県から高知県に伝播したということは考えられず、たまたまこれらの地域で同じような発想によるメタファー表現が成立したものが、結果的に偶然の一致を見せることになったものと思われる。このように、古い時代に中央で一元的に成立を見たメタファー表現は広域に分布し、地方で多元的に成立したメタファー表現は狭域にしか分布が認められないという、一種の対立現象が指摘されるのである。この現象を、今、仮に、方言メタファーにおける「一元的成立による広域分布」と「多元的成立による狭域分布」と表現することにする。

　また、鳥取県下では、台風が去ることを、「タイフーガニゲル」（台風が逃げる）と表現する。まるで、鳥取県民が力を合わせて台風と戦った結果、台風が敗れて逃げるという発想のように思われるが、しかし鳥取県の高齢者に

はそのような意識はなく、「タイフーガ　ニゲテ　ゴイテ　ヨカッタ　ナー。」（台風が去ってくれて良かったねえ。）のように、単に「去る」という意味で使用している。また、広島県では、垂れた雲の間から太陽が顔をのぞかせることを、「ヒガオガスル」（日顔がする）と呼んでおり、高知県では雲間からたまたま漏れる日光を、「ニッコリビ」（にっこり日）と言っている。

Ⅵ．擬物化の発想法

　地域生活者の想像力は、自分たちが作り出した物、あるいは自分たちのごく身近にある事物へも自由に展開している。その結果としての擬物喩には、大きく分けて、二つのパタンが認められる。一つは、人間を事物に見立てたものであり、他の一つは自然の鳥や魚を事物に転写したものである。

1．人間の事物化

　島根県の隠岐島では、大柄な女性を「オータラ」と呼んでいる。「オータラ」とは大きな和船のことで、漁民にとっては、極めて分かりやすいイメージ・メタファーだったと思われる。大きな和船は自分たちの漁業活動にとって極めて身近なものであり、大柄な女性を見て、すぐにも連想したものであろう。誇張比喩になっているところから、からかいの心理が働いたものと思われるが、それは明るい心の働きだったと考えられる。また、宮城県では、おべっか言いを「アブラモノ」（油物）とか「アブラガミ」（油紙）と言っている。おべっか者が相手にとりいるために、いかにも「油紙」に火がついたように、ベラペラしゃべるから、このように言うとのことである。ここでは、「ペラペラ」という音の類似性が両者を結びつける感覚的な働きを果たしている。また、島根県では、短気な人を「カンス」と呼んでいるが、これは「茶釜」の湯が煮えたぎってカッカと湯気を出す様子を捉えて、巧みに両者を結びつけたものである。つむじを曲げることを、山口県豊浦郡で「ハナグリ」と呼んでいるのは、牛がいったん気分を曲げると、急所である「鼻繰り」につけた綱をどんなに引っ張っても、てこでも動こうとしないことに注目して喩えたものである。また、全国各地で、厚化粧している女性を、「シ

ラカベ」(白壁) とか「カベヌリ」(壁塗り) に見立てたメタファー表現が聞かれるが、これは著しい誇張比喩になっているところから、揶揄の心理や批判意識がこめられているものと思われる。さらに、福井県で、頼りない男を「ホソビキフンドシ」(細引き褌) と言い、全国各地で妻の尻に敷かれている夫を「ザブトン」(座布団) と言っているのは、喩える対象として選ばれている事物から、そのような男性を侮蔑する心理がすぐにも理解できる言い方となっている。さらに、高知県で、背の高い人を「モノホシザオ」と言っているのは、島根県の「カンス」と同様に、ごく身近にあるものだけに、理解しやすいメタファー表現となっている。山口県・愛媛県・高知県の漁業社会では、大仰な物言いをする人を「オーバチ」(大鉢) と呼んでいるが、これは大仰な物言いをする人の口を、大勢の人が皿に取って食べる料理を盛りつけるための特大の皿にイメージ化した誇張比喩である。福井県では、大酒飲みを、液体などを入れる底の深い陶磁器である「甕」(かめ) に見立てて、「ガメ」と言っている。これも、大酒飲みを大きな容器に転写した誇張比喩である。

　また、島根県や山口県では、家にこもって外出しない人を「ミソオケ」(味噌桶) と呼んでおり、長崎県では「ハンドガメ」(水がめ) とか「ミソダル」(味噌樽) と言っている。佐賀県でも「ハンズガメ」(水がめ) の言い方が聞かれる。また、熊本県では「ミソガメ」(味噌がめ) の言い方が行われている。家にこもって外出しない人を、家の外に出ることのない「味噌桶」や「水がめ」に見立てた発想は、中国地方や九州地方に栄えているようで、それ以外の地方には認められない[22]。昔のムラ社会では、つきあい秩序が重視され、家にこもって外出しない人、人づきあいの悪い人は、とかく批判の対象とされがちであった。しかし、東北地方にあっては、このような性向の人を指示する方言も、特定のメタファー表現も認められないことが注目される。この地方に特有の社会構造の特徴がその背景に存したものと思われる (強い同族結合)。さらに、三重県では、大仰な物言いをする人を、単に「フロシキ」(風呂敷) と呼ばないで、誇張化して「イッタンブロシキ」(一反風呂敷) と言っている。

すでに、述べてきたところからも明らかなように、方言メタファーの成立における類似性の発見に関しては、視覚という感覚が圧倒的に重要な働きを果たしている。この事実を、「類似性発見における視覚の圧倒的優位性」と呼ぶことにする。メタファーの成立において、視覚が重要な役割を担ってきたという点については、すでに多くの研究者の指摘がある。たとえば、瀬戸賢一は、『メタファー思考』（1995、講談社現代新書）の中で、次のように述べている。

> 視覚は、五感のなかで他の感覚を圧倒する力をもっている。このことはほとんど自明だといってよい。処理できる情報量が段違いなのである。

このような視覚の圧倒的優位性の中にあって、噂話を人から人へと触れ歩く者を、全国各地で「ホーソーキョク」（放送局）と呼んだり、先に示した宮城県の「アブラガミ」、あるいは石川県で大仰な物言いをする人を「デカラッパ」と呼び、新潟県で「ハッパ」（発破）と呼んだりしているのは、聴覚という感覚を用いて創出されたメタファー表現である。「いさぎ」という魚を「ウタウタイ」（歌歌い）と呼んでいるのもそうである。方言メタファーの中には、聴覚という感覚が類似性の発見に関わっている例が、意外に多く認められることが注目されるのである。

2. 動物の事物化

動物を人間が作り出した事物に見立てているメタファー表現は、先に見た「人間の事物化」に比べるとさほど栄えていない。ただ、獣や鳥の意味カテゴリーにはほとんど見当たらないのに対し、魚の意味カテゴリーに比較的多く認められることが注目される。鳥については、広島県で、胸毛が赤く、黒い羽根の真ん中に白い紋がある「ひたき」を、「モンツキ」（紋付）とか「モンカケ」（紋掛）と呼んでいる例が挙げられる。黒い羽根の真ん中にある白い紋に注目して、人が着る家紋の入った和装の礼服に喩えたものである。また、すでに触れたように、山陰の漁民は、鮫の一種である「カスザメ」を「フリソデ」と呼んでいる。「カスザメ」は着ぶくれて羽織の袖を拡げている

子どものような形をしており、素人目にはサメよりもエイの変種のように見える。「フリソデ」は、「カスザメ」が振り袖姿に似ているところから、このように名づけたものである。また、山口県野島の漁民は、太刀魚の一種で全身が朱色をした「アカタチ」(赤太刀)を、朱色に塗られた宮島の大鳥居や社殿に写像して、「ミヤジマサマノヘコノオビ」(宮島様の褌の帯)と呼んでいる。山口県野島の漁民であれば、宮島の大鳥居や社殿が朱色であることは、昔から知っていたであろうが、それにしても実に壮大な誇張比喩である。富山県では、「カワハギ」を「センバ」と呼んでいるが、「センバ」は「千歯」で、大根などを摩り下ろす下金(おろしがね)のことである。この魚の体皮がザラザラして堅いところから、このように名づけたものである。神奈川県の漁民は、「ウチワザメ」を「カマノフタ」(釜の蓋)と呼んでいる。「ウチワザメ」は鮫の類ではなく、エイの類に属する魚で、体は円形で幅広く、体表は全体黒褐色である。昔の飯炊き釜の蓋は薄黒くて丸かったため、すぐにも両者の類似性に気づいたものと考えられる。

また、同じ富山県では、「ミシマオコゼ」を、「サカンボー」と言っている。「サカンボー」とは尖ったものを意味するこの地の方言である。「ミシマオコゼ」の鰓の後方に大きな鋭い棘があるところから、このように呼ぶことになったのであろう。さらに、山口県熊毛郡で、「オハグロベラ」を「ヤリクサビ」と呼んでいるのは、背鰭の前部の棘が伸びているのを、槍に見立てたのだという。また、広島県で、「コバンザメ」を「ソロバンウオ」(算盤魚)と呼んでいるのは、この魚の吸盤が算盤に似ているからである。魚を事物に見立てたメタファー表現には、このように、魚の体に認められる細部の特徴に着眼して、事物との類似性を発見した例が少なくない。漁民にとって魚は、自らの暮らしを営むための極めて重要な対象であったから、漁民は日々の身体経験を通して、個々の魚の特徴を、常に鋭く観察していたものと思われる。

Ⅶ. 方言メタファーが成立する場

今まで見てきたように、地域社会に認められる方言メタファーには、「イ

ボキリ」(かまきり)、「スモートリグサ」(菫)、「イシタタキ」(鶺鴒)、「アンゴー」(鮟鱇)のように、室町時代以前に京都で成立したものが全国の広い範囲に伝播したものが認められる。しかし、京都で一元的に成立し、それが広域に分布している例はさほど多くはなく、大半は、地域社会のあちこちで多元的に成立を見たものが狭い地域に、あたかも孤立的に分布しているように見えるものである。それでは、地域社会で多元的に成立を見たメタファー表現は、地域社会のどのような生活場面、環境世界の中で創出されたのであろうか。それには、子どもたちの場合と大人の場合を分けて考える必要がある。

1. 子どもたちの場合

　子どもたちの場合は、「オガメ・オガマ」(かまきり)、「サムライ」(穴蜘蛛)、「ソートメ」(蟻地獄)、「タユーサン」(太夫さん、みずすまし)、「ザトーノボー」(かまきり、座頭の坊)、「オウメ」(ショーリョーバッタ、お梅)、「スモートリグサ」(すみれ、相撲取り草)、「ネムレ」(ねむの木)、「チチグサ」(たんぽぽ、乳草)のように、喩えられる対象がいずれも生業環境と重なる身近な自然環境に存在する小さな生き物であり、喩えの対象として選ばれている素材の大半が人間であることが注目される。しかも、「オガメ」(拝め)「ネムレ」(ねむの木)のように、命令形をとっていることから、おそらく、子どもたちがこれらの小さな生き物を相手に遊んでいる、まさにその時空間において成立を見たものと思われる。昔のムラ社会の子どもたちにとっては、自分たちが生きる生活環境は、そのまま「遊びの環境世界」であり、小さな生き物との身体接触を通して、自然に対する濃密な親和感を養っていったものと思われる。広島県の呉市などで開かれる「チチグサ」も、たんぽぽをただ観察するだけでなく、茎を折って遊ぶことによって乳に似た白い液が出ることを確かめるという、対象に対する主体的な働きかけがあって、はじめて成立し得るメタファー表現であると考えられる。

　福井県・広島県・山口県などで開かれる「ソートメ」(早乙女、蟻地獄)にしても、蟻地獄をすり鉢形をした巣から取り出し、この虫と遊ぶことによ

ってはじめて、蟻地獄が早乙女と同じように前進しないで後退しかできない動作の類似性を認知することができたのであって、巣穴を見ているだけでは、蟻地獄の姿を見つけることさえできない。昔のムラ社会の子どもたちは、みな一緒になって遊んだから、自然に対する接触の仕方にはほとんど個人差が見られず、極めて同質性が高かったと言ってよい。しかも、ムラ社会にあって最も忙しい田植の時期は、子どもたちにも一定の仕事が与えられたから、後退しかできない蟻地獄の動作を見て、子どもたちのうちの誰かが早乙女の動作を連想して「ソートメ」と言えば、それは他の子どもたちにもすぐに理解され、共有されることになったはずである。まさに、柳田国男がかつて、「子どもは名づけの天才である」と驚嘆したとおりである[23)]。

このように、昔の子どもたちは、遊びの環境世界の中で、実に多くのメタファー表現を作成し、それがなるほどと納得されるものであれば、大人も使用するようになり、地域社会に定着することになる。こうして、新しい方言が創造され、新しい意味が生み出されることになる。この点に関して、真田信治が次のように述べていることが注目されるのである。

> 子供たちは、遊びの中で自由に語を創造していく。それは各地各地で独自のパタンをもっている。自由な発想、独自な命名、それはまさに俚言発生の元であり、方言の花園にまかれる種子にたとえることができよう。(『日本語のゆれ―地図で見る地域語の生態』45ページ、1983、南雲堂)

事実、「菫」の方言について見てみると、全国に広く分布している「スミレ」の語形を除いても、次に示すように、代表的な事象に限ってみても、子どもたちが創造した実に多彩なメタファー表現の結晶が認められるのである。

 スモートリグサ・スモートリバナ：岩手県・山形県・福島県・栃木県・茨城県・群馬県・千葉県・東京都・神奈川県・新潟県・長野県・山梨県・静岡県・愛知県・岐阜県・富山県・石川県・三重県・兵庫県・和歌山県・鳥取県・島根県・岡山県・広島県・山口県・香川県・愛媛県・福岡県・佐賀県・長崎県・熊本県・大分県・宮崎県・鹿児島県

 スモートリ：京都府・広島県・山口県・高知県・大分県

スモントリ：奈良県
スモントリバナ：兵庫県加西市
スモトリグサ：愛知県・山口県
スモトリ：富山県・石川県・長野県・広島県・山口県・高知県・福岡県
スモトリタロー：福井県
カンコバナ：岩手県・秋田県・福島県
カギバナ・カギノハナ：宮城県・新潟県・香川県・愛媛県
カギヒキバナ・カゲビキ：岩手県・宮城県・秋田県
カギトリバナ：宮城県・香川県
クビキリバナ：千葉県・静岡県・奈良県・広島県
ミミヒキバナ：宮崎県
ジロ（ボ）タロ（ボ）：愛知県・奈良県・和歌山県・広島県
ウマカチカチ類：福岡県・佐賀県・熊本県・宮崎県・鹿児島県
ジーガチバガチ：東京都八丈島
ジジババ：静岡県・岐阜県・広島県
ジーコンバー：広島県
ジジバナ：神奈川県・長野県
ヒンカチ：宮崎県・鹿児島県
ゲゲウマ・ゲゲンマ：熊本県
ゲンペーグサ：岩手県
ケンカグサ：東京都・長崎県・熊本県
ケンカバナ：鹿児島県
ユムヌパギ：鹿児島県

2. 大人たちの場合

　明らかに大人たちの手になると考えられるメタファー表現を見てみると、それが創造されたと思われる場は極めて多様だが、その中でも多くを占めるのは、労働の場とつきあいの場に関するものの二つである。

(1) **労働の場**

　広島県高田郡では、ご飯を食べるのが早い人の様子を見て、「カマデガハヤー」（鎌手が早い）と言う。どちらも手の動きが似ていることに着目したメタファー表現だと考えられるが、この表現が創造される背景には、牛に食べさせる朝草を多く刈り取るためには、ほかの家よりも少しでも早く草刈に出かけなければならない。それゆえ、食事にかける時間を惜しんだという農業社会の厳しい労働の現実があったのである。また、青森県・岩手県・秋田県では、しつこく文句を言ったり、酒に酔ってくだをまく様を、「ゴボホル」とか「ゴンボホル」と言う。ごぼうは細長く、地中に深く伸びているため、これを折らないように掘り出すのは、大変やっかいで面倒なことである。扱いがやっかいで面倒な人の所作を、農業社会の成員が日常的に経験してきた「牛蒡（を）掘る」というやっかいで面倒な農作業に転写したものである。高知県で、母親にまつわりついて離れようとしない子を、里芋の親芋にくっついている小さな芋に見立てて、「タイモノコ」（田芋の子）と呼び、福井県で母親や祖母にくっついて離れようとしない子、孫をそれぞれ「イモノコ」「イモノマゴ」と呼んでいるのも、同じ比喩発想である。このようなメタファー表現は、昔から熱心に里芋の生産に従事してきた農民でなければ、相互の類似性を発見することができず、したがって創造することもできなかったと言ってよいだろう。また、広島県では、太陽が今まさに山の向こうに沈もうとしている光景を見て、「クワノエ」（鍬の柄）と表現している。日が沈むまでのもうわずかの距離というところを「鍬の柄」ほどの長さに喩えているのは、いかにも日が沈むのを労働の一区切りとする農民らしい連想である。

　また、波の高い日本海で、小舟を繰りながら漁撈に従事してきた漁民の眼には、冬季の大波はどのように映ったであろうか。鳥取県東部の漁民は、大波の波頭を「ゼッチョー」（絶頂）と言い、波間を「タニマ」（谷間）とか「ナラク」（奈落）と呼んでいる。5〜6mもある大波の波頭に立てば、文字どおり「絶頂」という思いがしたであろうし、「絶頂」から一気に波間に落ちていくときには、「奈落の底」に落ちるような思いがしたに違いない。ここには、漁民の命がけの労働に基づく身体経験による実感が痛いほど込めら

れていると言ってよいだろう。したがって、たとえ誇張比喩であっても、ここには笑いに通う感覚的理性の働きは全く認められない。あるのは、深刻な感性の拡張だけである。このように、日々の厳しい労働の中から創造された集団的感覚は、子どもたちが遊びの環境世界で創造した認識的造形とは、明らかに質を異にするものと言ってよいだろう。

　さらに、凪のことを、広島県の漁民は「アブラナギ」（油凪）「ベタナギ」などと言う以外に、「ギンギラナギ」「ギンナギ」（銀凪）「カガミナギ」（鏡凪）などといった美しい言い方も使用している。山口県の漁民は、「ヒカリナギ」（光凪）という呼称も使用している。その一方で、「アブラズラ」（油面）「ブタナギ」（豚凪）という言い方も行っている。「ブタナギ」は、鳥取県や島根県でもよく聞かれる言い方である。それではなぜ、「アブラズラ」とか「ブタナギ」といった卑称を創造したかというと、凪が続くと魚が移動しなくなり、船も動かしにくく、網の通りも極端に悪くなるからである。だから、沖へ漁に出ても魚がほとんど獲れない。瀬戸内の漁民はそのことをよく知っているから、夏季に凪が続くと沖合での網漁をほとんど行わない。「カガミナギ」「ヒカリナギ」「ギンナギ」といった美しいことばも使用しているが、だからといってこのような海の状態をプラスに評価しているわけではない。表面的には美しく見える「凪」も、漁民の生業活動にとっては決して好ましいものではないのである。

(2)　つきあいの場

　ムラ社会でのつきあい秩序を維持する意識を背景として創造されたメタファー表現は、実に多く認められるが、ここではそのごく一部を挙げることにしよう。高知県では、いつも家の中にこもっていて人づきあいをしない人を、いつも藪の中に隠れている鼬に見立てて、「ヤブイタチ」（藪鼬）と言う。いつも家の中にこもっていて、人づきあいをしない人を「藪鼬」に写像しているところには、明らかにそのような行動をとる人に対する厳しい批判の眼差しがうかがわれる。一種の運命共同体であったかつてのムラ社会にあっては、人づきあいの悪い人は、ムラ社会のつきあい秩序を乱し、共同労働の和を乱す存在として、厳しい批判の対象とされた[24]ことを物語るメタフ

ァー現象である。この類例は、中国、九州地方にも認められ、鳥取県や大分県では、田の中にいて、いつもしっかり蓋をして外へ出なようとしない「タニシ」（田螺）に転写して、「タニシオトコ」と呼んでおり、島根県・広島県・山口県では家の外に出ることがない味噌を入れた桶に見立てて、「ミソオケ」と言っている。また、九州では「水瓶」に見立てた「ハンドガメ」「ハンズガメ」や味噌桶の蓋に見立てた「ミソブタ」の言い方が盛んである。

　また、すでに指摘した「トナリシラズ」（ぼたもち）も、隣近所とのつきあいを大切にしようとした思いが複雑に込められた言い方である。島根県では、黙ってろくに返事もしない人を「ウンボーズ」（海坊主、海亀）と呼んでいる。また、必要以上に詳しく尋ね聞くことや人の扱いにくい様を、「ゴンボノネオホル」（牛蒡の根を掘る）と言う。牛蒡は細長く、地中に深く伸びていて、これを折らないように掘り出すのは、たいへんやっかいで面倒なことである。必要以上に詳しく尋ね聞かれる立場になれば、たいへんやっかいで面倒なことであろうという思いを、農作業に転写したものである。福井県で、遠慮深い人を「オジギブカイ」（お辞儀深い）と身体動作に転写しているのは、具体的なイメージを喚起しやすいという効果もうかがわれるが、人とのつきあいに心を配ったかつてのムラ社会の成員の思いがしのばれる。また、福島県や栃木県では、長居する人を指して、「ゴザッパタギ」という言い方が用いられている。昔は家の中は畳などなく、板敷きで、お客をする時は茣蓙を敷いたものである。宴会はお開きになったのに、ひとり残ってだらだらと飲んでいる人がいる。家の人たちは早く後片付けをしたい。そこで、見せつけるように膳を持ち去り、最後に茣蓙を端からくるくる巻いていって、その男を追い出し、茣蓙をはたくのである。長居する人は、昔から嫌われたようで、広島県では「ゴザネブリ」と言い、山口県では「ミヤガラス」（宮烏）と呼んでいる。さらに、九州では、言うだけの人を「ウドンヤノカマ」（うどん屋の釜）とか「フロヤンカマ」（風呂屋の釜）と呼んでいるが、これは、うどん屋の釜にも風呂屋の釜にも「ユ」（湯）しか入っていないので、それに「ユー」（言う）をかけたものである。

お わ り に

　今まで見てきたように、地域生活者の想像力、連想力は、自然、人間、事物を中心としながらも、広く自由に自分たちの生活世界における種々の領域に及んでいる。そして、そこには、新しい意味の生成者、認識の造形者としての地域生活者の主体的な表情がよくうかがわれるのである。しかも、注目されることは、彼らが喩えられる対象と喩える対象の間に類似性を発見し、自らが生きる環境世界に豊かな意味的ネットワークを構成しようとするとき、自分たちの環境世界からは遠い存在を選ぼうとしないで、常に身近にあるもの、日常生活においてよく知っているもの、したがって日ごろからなにほどか関心を寄せているものを選択しているということである。文学比喩のように、生きられる環境の時空間から解き放たれた対象を選択する自由はなく、喩えられる対象と喩える対象の全体に、「環境世界」の制約が強く反映しているのである。こうして、彼らが比喩という新しい認識の手段によって新たに構成し、拡張する意味の世界は、彼らが生きる環境世界の拡がりをなぞる形で、形づくられることになる。歴史を背景とする「環境世界」（自然環境・生業環境・文化社会環境）による制約の反映、この点に、方言比喩、とりわけ方言メタファーの重要な特性を指摘することができるのである。言い換えれば、ここに、地域社会に生きてきた人びとの想像力の可能性と限界が知られるのである。

　地域生活者の想像力、類推力の実質とそのパタンは、彼らが生きてきた環境世界の中にあって、極めて幅が広く、しかも奥行きの深いものに思われる。今まで述べてきたことは、その一端を垣間見たに過ぎないが、ここで、方言メタファーの世界に認められる特質を、箇条的に整理してみることにする。

　1．地域生活者の想像力によって展開されてきた環境世界に関する意味の拡張は、主として「人間」と「自然」と「事物」の意味カテゴリーの互換によって図られ、それも文学比喩に盛んな「擬人化」の発想とは異なり、人間を自然の動植物や現象に見立てる「擬自然化」の発想が中心的

な役割を担っている。そこには、自然を細部にわたって観察する鋭い視線が働いており、自然への強い「親和力」、人間と自然との一体的融合化がうかがわれる。

2．地域生活者が、人間と自然の間に認められる類似性を主体的に発見して両者を結びつけようとする場合、対象として選択される自然は、ある特定のカテゴリーに限定されるということはなく、動物、植物、自然現象のあらゆるカテゴリーに及んでいる。なかでも、「擬自然化」の発想においては、人間を動物に喩える例が多く、「擬人化」の発想においては、植物を人間に喩える例の多いことが注目される。見立ての対象となる動物は、身近な家畜、山野の獣、鳥や虫、さらには海や川にいる魚介類までもが広く選択されている。ただ、農業社会にあっては、海の魚介類が喩えの対象として選択されることは極めて少なく、漁業社会にあっては山野の獣や鳥が選択されることが相対的に少ない。

3．地域生活者が自然に着目する場合は、自分たちが生きる生活環境の中に存在する動植物や日常的に経験している自然現象に注目している。しかも、自然を細部にわたって観察する目がよく働いており、自然の特徴を取り立てる着眼点が鋭い。ただ、地域社会に定着している「擬自然化」によるメタファー表現は、地域社会の成員にとって、自然の特徴がすぐにも理解され、人間と自然の類似性を容易に発見することができたと考えられるものが多い。想像力の根底にあって働く感覚、感性の中では、視覚の絶対的優位性を認めることができる。

4．「擬自然化」の発想は、自然と自然との関係においても展開されている。この場合は、自然を自然に喩えるのであるから、価値意識と結びつくことが比較的稀薄で、強調や印象づけの効果を担うことになるため、滑稽味や軽妙な笑いをかもし出すことが多い。これに対して、人間を自然に見立てる「擬自然化」の発想においては、一般に、喩えられることによって、滑稽味を超えた揶揄の心理や、非難、批判の意識が感得される場合が多く、意味上の価値の下落が生じる。また、自然と自然との関係において展開される「擬自然化」の発想においては、植物を動物に見

立てた例が極めて多いことが注目される。これは動きが乏しく、特徴の捉えにくい植物を動きが多様で表情の豊かな動物に喩えることによって、印象効果を高め、言葉造りを楽しむという比喩の心理の一大展開と解される。

5．想像力、類推力の働きは、おのずと「誇張」の方向へとおもむくが、その場合、負の効果と笑いの効果の両面に働く場合がある。また、時代の変化と呼応する形で、比喩の印象づけを維持するために、選択される対象がより程度の大きい誇張の効果を担うものへと変化していく。

6．想像力、類推力は、地域生活者にとって、「ことば遊び」の世界へ展開することも少なくない。その場合、特定の狭い地域に住んでいる成員や特定の職業に従事している人びとにしか、ことば遊びの面白さ、洒落た味つけが理解できない場合がある。また、子どもたちが遊びの「環境世界」の中で、小さな生き物を鋭く観察し、その特徴と人間の特徴の類似性を発見して「擬人化」したメタファー表現が、地域言語の世界にしっかりと根づき、重要な位置を占めている。それらの大半は、極めて多くの地域で「多元的」に生成され、比較的狭い地域に分布しているものである。しかし、室町時代以前に中央で一元的に、子どもたちが遊びの時空間において創造した「擬人喩」は、極めて広域にわたって分布している場合が多い。

7．大人たちが日々の厳しい労働の場面やつきあいの場面で創造したメタファー表現と子どもたちが遊びの環境世界にあって創造したメタファー表現とは、明らかに「感覚的理性」の働かせ方が異なると言ってよい。また、大人の場合には、「擬自然化」の発想や「擬物化」の発想が栄えているのに対し、子どもたちの場合は、自己身体を中心化した「擬人化」の発想が極めて盛んである。

8．喩えられる対象に対して、喩える対象としてどのような素材を選択するかによって、語形や意味の地域差が生じる場合がある。歴史を背景とする「環境世界の制約」を前提とするものの、方言メタファーにおいても喩える対象の「選択多様性」の幅は大きい。また、喩えられる対象と

喩える対象の類似性のどこに注目し、焦点を当てるかによって、意味の地域差が生じる場合がある。しかも、地域社会における方言メタファーの世界に認められるすべての事象は、それぞれの地域における生活史を背景とする生活現実に根ざしている。生活現実に根ざさない方言メタファーは、おそらく一つとして認められないだろう。

9．地域生活者はこのように、想像力、連想力を自在に働かせることによって、多くの新しい意味を創造し、自らが生きる環境世界を内面から主体的に拡張し、日々の生活の活性化に努めてきたのである。

10．文学比喩が抽象度の高い、雅趣に富んだ情緒的な比喩であるのに対し、方言のそれは、即物的、具象的、視覚的なものが多く、滑稽や誇張に赴きやすく、全体として生活臭に富んだものとなっている[25]。別の言い方をすれば、方言比喩による意味の拡張傾向は、「抽象物──→具象化」「具体物──→具象化」の方向をとり、その逆のケースはあまり栄えていない。すなわち、イメージの具象化、具体化という方向性が、常に基本をなす。これは、分かりやすさ・親しみやすさ・面白さ、ときに滑稽さといった効用が、意味の拡張に基本的に求められたものと思われる。そして、それが、日々の精神生活の活性化に生かされることになったと考えられる。

11．我々は、方言のメタファー表現をのぞき窓にして、地域社会に生きた日本人の事物や現象に処しての、感じ方、思い方、考え方──つまり「感覚的理性」に基づく認識の仕方を具体的に知ることができる。それだけではない。多種多様なメタファー表現を通して、日本民衆の豊かな精神、身体のはばたきとその柔軟な規則性を知ることができる。言い換えれば、地域社会に生きた日本人の比喩発想による「想像力」の可能性と限界とを見はるかすことができるのである。

しかし、ここで一転して、現代の時代状況を見てみると、効率主義をモットーとする一元的な伝達言語である共通語の勢いに完全に圧倒されて、方言比喩は急速に消滅の一途をたどっている。しかも、自らが生きる環境世界をなぞる形で、意味の世界を複層的に拡張してきた地域生活者の感覚的理性

も、絶え間ない時代環境の変化を要因として、大きな変質を余儀なくされてきた。近い将来、地域生活者の豊かな感覚的理性を根底として生み出されたおびただしい方言比喩による豊穣な意味の世界が、急速に縮小され、やがて消滅することになれば、日本の複層的で多元的な地域文化は、その中核から極端な痩せ細りの現象を来たすことになるであろう。それによって、日本人の自然観や人間観も、大きく変貌していくことが予測される[26]。自然がただの風景として、日本人の日常世界から遠い存在となれば、「自然環境主義」という大きな物語にくくられて、心の原風景も一元化されることになるであろう[27]。

注

1) 室山敏昭『生活語彙の構造と地域文化―文化言語学序説』(1998、和泉書院)、同『文化言語学序説―世界観と環境』(2004、和泉書院)、同「カテゴリー化の問題をめぐって―経験基盤主義と生活環境主義」(今石元久編『音声言語研究のパラダイム』2007、和泉書院) などを参照されたい。

2) 鈴木孝夫『日本語と外国語』(1990、岩波新書)、松井健『認識人類学論攷』(1991、昭和堂)、野家啓一『言語行為の現象学』(1993、勁草書房)、同『物語の哲学―柳田国男と歴史の発見』(1996、岩波書店)、室山敏昭『生活語彙の構造と地域文化―文化言語学序説』(1998、和泉書院) などを参照されたい。

3) エドワード・サピア『言語―ことばの研究序説』(安藤貞雄訳、1998、岩波文庫)、野林正路『認識言語と意味の領野―構成意味論・語彙論の方法』(1986、名著出版)、中村明『日本語レトリックの体系』(1991、岩波書店)、佐藤信夫『レトリック感覚』(1992、講談社学術文庫)、室山敏昭『文化言語学序説―世界観と環境』(2004、和泉書院) などを参照されたい。

4) 岩田純一「「比喩ル」の心―比喩の発達の観点から」(山梨正明『認知科学選書17 比喩と理解』1988、東京大学出版会)、室山敏昭「民衆の感性と意味の創造―想像的発想を中心に」(室山敏昭編『方言語彙論の方法』2000、和泉書院)。

5) 室山敏昭「方言性向語彙における比喩の生成と構造―山口県防府市野島方言の場合 (1992、『国文学攷』132・133合併号)、方言研究ゼミナール編『方言資料叢刊第3巻 方言比喩語の研究』(1993、広島大学教育学部)、半沢幹一「方言比喩語の地域差―比喩の素材および関係に着目して」(小林隆

他編『方言の発見―知られざる地域差を知る』2010、ひつじ書房）。
6) 中村明『比喩の理論と分類』(1977、秀英出版)、同『比喩表現辞典』(1977、角川書店)、同『日本語レトリックの体系』(1991、岩波書店)、佐藤信夫『レトリック感覚』(1992、講談社学術文庫)、同『レトリックの意味論―意味の弾性』(1996、講談社学術文庫) など。
7) 山梨正明『比喩と理解』(1988、東京大学出版会)、ジョージ・レイコフ『認知意味論―言語から見た人間の心』(池上嘉彦他訳、1993、紀伊国屋書店)、松本曜編『認知意味論』(2003、大修館書店)、ジョン・R・テイラー『認知言語学のための14章』(辻幸夫他訳、2008、紀伊国屋書店)、瀬戸賢一『認識のレトリック』(1997、海鳴社)、楠見孝『比喩の処理過程と意味構造』(1995、風間書房) など。
8) 方言研究ゼミナール編『方言資料叢刊第3巻　方言比喩語の研究』(1993、広島大学教育学部)。
9) 大堀寿夫『認知言語学』(2002、東京大学出版会)。
10) この点については、異論があるかも知れない。たとえば、中村明は、次のように述べている。「《声喩》はオノマトペを用いて感覚的に伝えようとする修辞である。擬声語か擬態語かという違いによって《写声法》と《示姿法》とに二分する場合もある」(『比喩表現辞典』13ページ、1995、角川書店)。しかし、その一方で、中村は、次のようにも述べている。「「比喩」一般を定義するならば、表現主体が表現対象を、慣用的にそれを直接指示する言語形式によらず、語義の上では明らかに他の事物・事象を指示する言語形式を借りて、その言語環境との違和感や意外性などで受容主体の感受性を刺激しつつ、間接的に伝える表現技法である、ということになろう」(『比喩表現辞典』11ページ、1995、角川書店)。また、山梨正明もその著『比喩と理解』(1988、東京大学出版会)の中で、擬音語・擬態語を広い意味の比喩として扱うべきことを主張している。
11) 中沢新一『森のバロック』(1992、せりか書房)、板橋作美「俗信のしくみ」(『岩波講座文化人類学第10巻　神話とメディア』1997、岩波書店)。
12) 土井忠生・森田武・長南実編訳『邦訳日葡辞書』(1980、岩波書店) を見ると、「Ancŏ, 1, Angŏ. アンカゥ. または, アンガゥ. (鮟鱇) 川魚の一種で, 足のある魚. (中略) 川に居る鮟鱇のように, 口をあけてぽかんとしている, 愚かで鈍い人. また, Ancŏ, 1, ancŏna mono. (鮟鱇, または, 鮟鱇な者) あの愚鈍な鮟鱇と同じような阿呆, すなわち, 馬鹿者.」とある。
13) 川崎洋『かがやく日本語の悪態』(1997、草思社)。
14) 室山敏昭「民衆の感性と意味の創造―想像的発想を中心に」(室山敏昭編

『方言語彙論の方法』2000、和泉書院)。
15) 平山輝男編集代表『島根県のことば』(2008、明治書院)の194ページに、「アナジ（名）《隠岐・島前》西北の寒い風。秋から冬にかけてのものはオキニシという。」との説明が見えるところから、「急に怒り出して周りの人に迷惑をかける人」を、特に風力が強く海を荒らして漁民を難渋させる秋から冬にかけて吹くアナジ＝オキニシに喩えたものとも考えられる。
16) 天野義広『福井県大野市の生活語彙』(『大野市史第12巻　方言編』2006)。
17) レヴィ＝ストロースは『野生の思考』(大橋保夫編、1976、みすず書房)の中で、次のように述べている。「職業語の場合がそうであるように、概念が豊富であるということは、現実のもつ諸特性にどれだけ綿密な注意を払い、そこに導入しうる弁別に対して、どれだけ目覚めた関心を持っているかを示すものである」。
18) 室山敏昭『地方人の発想法―くらしと方言』(1980、文化評論出版)。
19) 真田信治・友定賢治編『地方別方言語源辞典』(2007、東京堂出版)。
20) 栄川省造『魚名考』(1974、甲南出版社)。
21) 土井忠生・森田武・長南実編訳の『邦訳日葡辞書』を見ると、次のようにある。「Ixitataqi. イシタタキ（石叩き）　鶺鴒（セキレイ）．」。
22) 注8に同じ。
23) 柳田国男『郷土生活の研究』(1935、筑摩書房)。嘉田由紀子「都市化にともなう環境認識の変遷―映像による「小さな物語」」(『岩波講座文化人類学第2巻　環境の人類誌』1997、岩波書店)。
24) 『島根県のことば』(2008、明治書院)によると、「ことわざ・言い草」の項に、「チキアイナラ　エデモ　ヤケ（付き合いなら家でも焼け）」と、交際の重要性を指摘したいましめが挙がっている。なお、詳しくは、拙著『「ヨコ」社会の構造と意味―方言性向語彙に見る』(2001、和泉書院)を参照されたい。
25) 愛宕八郎康隆「方言研究の心理学的見地―造語・造文の比喩発想の視点から」(広島方言研究所編『方言研究年報通巻第28巻　方言研究の心理学的見地』1985、和泉書院)、同「方言の比喩語について」(方言研究ゼミナール編『方言資料叢刊第3巻　方言比喩語の研究』1993、広島大学教育学部)、岡野信子「山口県萩市大井方言の比喩語・比喩句について」(方言研究ゼミナール編『方言資料叢刊第3巻　方言比喩語の研究』1993、広島大学教育学部)。
26) 山口幸洋の次の一文は、この点に関して極めて示唆的である。
　　昭和6年から9年にかけて女子師範学校生徒を対象として採集した

内田武志『静岡県方言集・第一巻動植物編』には「せきれい」だけでも 72 種が載っている。しかし、その後 50 年を経た昭和 59 年に静岡県方言研究会で全県的に 60 才前後の人達を対象とした調査では「せきれい」方言は 22 種しか記録されなかった。(中略)それにしても 72 種中 50 種の減とは、何と劇的にして象徴的な数字ではないか。その同じ鳥の名を今、前の女子師範と同じ年頃の静岡大学学生に尋ねるとさらに驚く結果が得られる。すなわち、静岡県出身者 60 余名を含む全国出身者 150 名によるアンケートでは、セキレー、シリフリドリと答えた人わずか 4 名で、「鳥は知っている」という人十数名を残し、あとはほとんど鳥そのものを「知らない」という。それを驚くというと、「驚く」が驚くと意外がられる。

　これはもう、方言の減失などというものではなく壊滅である。それは子供達の生活そのものの変化があって、それが言語に影響しているのである。「せきれい」は今でもいるのに、方言どころか言葉がなくなったのである。(中略)方言——地域の言葉は、言葉の背景にある生活を反映するとは言え、人間と自然との交わりを失っているこの事実が気になる。(『日本語学』第 14 巻 9 号、36～37 ページ、1995、明治書院)

27)　嘉田由紀子「都市化にともなう環境認識の変遷—映像による「小さな物語」」(『岩波講座文化人類学第 2 巻　環境の人類誌』1997、岩波書店)。

【補足 1】

長尾真は『人工知能と人間』(1992、岩波新書)の中で、次のように述べている。

　　人間の神経回路網の基本的で最も重要な働きは類似性を認識する働きであり、これが人間の知的活動の根本を支えていると考える(まえがき)。
　　言葉の働きに比喩という機能がなかったとしたら、(中略)新しい発見や創造、新しい世界というものが説明できないということになる。そういった意味でも比喩的な意味という機能は言語の持つ本質的な機能であり、これなくしては言語ということはできないだろう。(190 ページ)

【補足 2】

方言メタファーによる意味の拡張現象には、現在から見て、地域社会の過去の生活様式・生活構造の見られるケースが少なくない。本論でも一部触れるところがあったが、ここで、そのことをうかがわせる事象を、少しく挙げること

にしよう。エドマデハシル（江戸までハシル〈走る＝痛む〉、島根県）、オーズツ（大筒、大仰なもの言いをする人、島根県・岡山県・広島県）、オシャモジモラウ（お杓文字貰う、主婦権を嫁が姑から譲り受ける、福井県）、オンツァ（次男以下、怠け者、福島県）、カゴカキダイ（駕籠かき鯛、全国）、キョーゲンバカマ（狂言袴、イシダイ、和歌山県）、クドフンバリ（竈踏ん張り、結婚適齢期が過ぎても、未婚のまま家にいる女性、鳥取県・広島県）、ケイセイノオビ（傾城の帯、傾城は遊女、アカタチ、新潟県）、コーボーイモ（弘法芋、馬鈴薯、鳥取県・島根県・広島県）、ゴザネブリ（茣蓙ねぶり、長居する人、広島県）、ゴザッパタキ（茣蓙叩き、長居する人、福島県・栃木県）、サムライ（侍、穴蜘蛛、富山県）、サムライバナ（侍花、椿、熊本県）、ジューロクモン（十六文、按摩。昔、按摩をしてもらうのに十六文かかったことから、島根県）、シロメシクイ（白飯食い、財産家、高知県）、シンガイ（新聞、ひそかに貯えた金品、へそくり、石川県・鳥取県・島根県・広島県）、スキクワ（鋤鍬、サカタザメ、静岡県）、ススケアンドン（煤け行燈、ぼんやりした人、島根県）、ヘンジョーコンゴー（南無大師遍照金剛、お節介やきの人、島根県）、センドサン（船頭さん、水すまし、長崎県・熊本県・大分県）、ソロバン（算盤、木出しをする山道に、滑りをよくするために丸太を枕木のように並べたもの、福井県）、タイコーゲナ（太閤げな、大袈裟な様子、鳥取県・島根県）、テンポーセン（天保銭、少し足りない人、ほぼ全国）、トコバリ（床張り、昔の農家は畳の間などはなく、みな板の間だった、怠け者、広島県）、トナリシラズ（隣知らず、おはぎ、ぼたもち、全国）、ドラウチ（銅鑼打ち、放蕩者、青森県）、バクチウチ（ばくち打ち、かわはぎ、全国）、ハンショードロボー（半鐘泥棒、背の高い人、栃木県・群馬県）、ハンドガメ（水甕、家にこもって外に出ない人、福岡県・熊本県）、ヒケシノモモヒキ（火消しの股引、シマイサギ、富山県）、ヒトクワオコシ（一鍬起こし、冒険家、島根県）、ヘッツイサン（竈、結婚適齢期を過ぎても、未婚のまま家にいる女性、福井県）、ミソオケ（味噌桶、家にこもって外に出ない人、和歌山県・鳥取県・島根県・広島県・山口県）、ムギバナ（麦花、あせびの花、広島県）、ムラジュート（村姑、他家のことをあげつらう人、島根県）、ヤリカタギ（槍担ぎ、ハタタテダイ、香川県）、ヨバイボシ（夜這い星、流れ星、島根県・高知県）、ヨロイムシ（鎧虫、かぶと虫、高知県）、ワキロオシ（脇櫓押し、恋愛の手助け、大分県姫島）。

参考文献

秋山正次・吉岡泰夫『暮らしに生きる熊本の方言』（1990、熊本日々新聞社）
愛宕八郎康隆「方言研究の心理学的見地──造語・造文の比喩発想の視点から」

（広島方言研究所編『方言研究年報通巻第28巻　方言研究の心理学的見地』
　　1985、和泉書院）
愛宕八郎康隆「方言の比喩語について」（方言研究ゼミナール編『方言資料叢
　　刊第3巻　方言比喩語の研究』1993、広島大学教育学部）
愛宕八郎康隆「国語方言の発想法（一）」（『長崎大学教育学部人文科学研究報
　　告』第21号、1972）
愛宕八郎康隆「国語方言の発想法（二）」（『長崎大学教育学部人文科学研究報
　　告』第22号、1973）
天野義広『福井県大野市の生活語彙』（『大野市史第12巻　方言編』2006）
新井小枝子『養蚕語彙の文化言語学的研究』（2010、ひつじ書房）
板橋作美「俗信のしくみ」（『岩波講座文化人類学第10巻　神話とメディア』
　　1997、岩波書店）
稲田浩二・福田晃『大山北麓の昔話』（1979、三弥井書店）
岩田純一「「比喩ル」の心―比喩の発達の視点から」（山梨正明『比喩と理解』
　　1988、東京大学出版会）
上野智子『地名語彙の開く世界』（2004、和泉書院）
上村良作『米沢方言辞典』（1969、桜楓社）
大田栄太郎『とやま弁にしひがし』（1975、北日本新聞社）
大野晋他編『岩波古語辞典』（1975、岩波書店）
大橋勝男『関東地方域の方言についての方言地理学的研究第四巻』（1992、桜
　　楓社）
大堀寿夫『認知言語学』（2002、東京大学出版会）
岡田荘之助『但馬ことば』（1977、兵庫県但馬文教府）
岡野信子『福岡県ことば風土記』（1988、葦書房）
岡野信子「山口県萩市大井方言の比喩語・比喩句について」（方言研究ゼミナ
　　ール編『方言資料叢刊第3巻　方言比喩語の研究』1993、広島大学教育学
　　部）
嘉田由紀子「都市化にともなう環境認識の変遷―映像による「小さな物語」」
　　（『岩波講座文化人類学第2巻　環境の人類誌』1997、岩波書店）
川崎　洋『かがやく日本語の悪態』（1997、草思社）
九州方言学会『九州方言の基礎的研究』（1968、風間書房）
楠見　孝『比喩の処理過程と意味構造』（1995、風間書房）
楠見　孝編『メタファー研究の最前線』（1997、ひつじ書房）
国広哲弥『意味論の方法』（1982、大修館書店）
国広哲弥『理想の国語辞典』（1997、大修館書店）

芥子川律治『名古屋方言の研究』(1970、泰文堂)
九門正雄『言葉の自然林』(1974、私家版)
国立国語研究所『日本言語地図』全6巻(1966〜74、大蔵省印刷局)
小林　隆「方言形成における中央語の再生」(小林隆編『シリーズ方言学1　方言の形成』2008、岩波書店)
小林隆・篠崎晃一『方言の発見―知られざる地域差を知る』(2010、ひつじ書房)
佐藤健一「新語論の発想」(関一敏編『現代民俗学の視点第2巻　民俗のことば』1998、朝倉書店)
佐藤義人『駿河岡部の方言と風物』(1967、大学書林)
佐藤亮一編『都道府県別全国方言小辞典』(2002、三省堂)
真田信治『日本語のゆれ―地図で見る地域語の生態』(1983、南雲堂)
真田信治・友定賢治編『地方別方言語源辞典』(2007、東京堂出版)
志津田藤四郎『佐賀の方言』全3巻(1971〜72、佐賀新聞社)
篠木れい子『中里村の方言』(2003、中里村教育委員会)
柴田　武編『方言の旅』(1959、筑摩書房)
柴田　武『お国ことばのユーモア』(1960、東京堂)
柴田　武編『奄美大島のことば―分布から解釈へ』(1984、秋山書店)
柴田　武『柴田武にほんごエッセイ2　地域のことば』(1987、大修館書店)
渋沢敬三『日本魚名の研究』(1959、角川書店)
ジョージ・レイコフ『認知意味論』(池上嘉彦他訳、1993、紀伊国屋書店)
ジョン・R・テイラー『認知言語学のための14章』(辻幸夫他訳、2008、紀伊国屋書店)
鈴木孝夫『日本語と外国語』(1990、岩波新書)
瀬戸賢一『認識のレトリック』(1997、海鳴社)
瀬戸賢一『日本語のレトリック』(2002、岩波書店)
武智正人『愛媛の方言』(1959、私家版)
近石泰秋『香川県方言辞典』(1976、風間書房)
辻　幸夫編『認知言語学への招待』(2003、大修館書店)
寺島浩子『町家の京言葉―明治30年代生まれ話者による』(2006、武蔵野書院)
寺島浩子『町家の京言葉分類語彙篇―明治30年代生まれ話者による』(2010、武蔵野書院)
土居重俊・浜田数義編『高知県方言辞典』(1985、財団法人高知市文化振興事業団)

土井忠生・森田武・長南実編訳『邦訳日葡辞典』(1980、岩波書店)
東条　操編『全国方言辞典 (53版)』(1974、東京堂出版)
東条　操編『標準語引分類方言辞典』(1954、東京堂出版)
徳川宗賢監修『日本方言大辞典』(1989、小学館)
長尾　真『人工知能と人間』(1992、岩波新書)
中右　実『認知意味論の原理』(1994、大修館書店)
中村　明『比喩表現の理論と分類』(1977、秀英出版)
中村　明編『比喩表現辞典』(1977、角川書店)
中村　明『日本語レトリックの体系』(1991、岩波書店)
新妻三男『改定版　相馬方言考』(1973、相馬郷土研究会)
能田多代子『青森県五戸語彙』(1963、私家版)
野内良三『レトリックと認識』(2000、日本放送出版協会)
野家啓一『増補　科学の解釈学』(2007、ちくま学芸文庫)
野林正路『意味をつむぐ人びと―構成意味論・語彙論の理論と方法』(1986、海鳴社)
野林正路『認識言語と意味の領野―構成意味論・語彙論の方法』(1996、名著出版)
栄川省造『魚名考』(1973、甲南出版社)
平山輝男編集代表・室山敏昭担当『鳥取県のことば』(1998、明治書院)
平山輝男編集代表・友定賢治担当『島根県のことば』(1998、明治書院)
平山輝男編集代表・中井精一担当『奈良県のことば』(2003、明治書院)
広島大学方言研究会編『広島大学方言研究会会報第26号　島根県那賀郡金城町今田方言の性向語彙』(1981、広島大学文学部国語学国文学研究室)
広戸　惇『中国地方五県言語地図』(1965、風間書房)
広戸惇・矢富熊一郎編『島根県方言辞典』(1963、東京堂出版)
藤原与一『日本人の造語法』(1961、明治書院)
藤原与一『瀬戸内海言語図巻』(1973、東京大学出版会)
藤原与一『瀬戸内海方言辞典』(1987、東京堂出版)
藤原与一『日本語方言辞書　昭和・平成の生活語　上・中・下巻』(1996、東京堂出版)
方言研究ゼミナール編『方言資料叢刊第3巻　方言比喩語の研究』1993、広島大学教育学部)
牧村史陽編『大阪ことば辞典』(1979、講談社)
馬瀬良雄『上伊那の方言』(1980、上伊那誌編纂会)
馬瀬良雄編『信越の秘境　秋山郷のことばと暮らし』(1981、第一法規)

町　博光「方言の語彙と比喩」(『朝倉日本語講座 10　方言』2002、朝倉書店)
松本多喜雄編『播磨方言集掇』(1983、太陽出版)
松本　曜編『認知意味論』(2003、大修館書店)
宮岡伯人『「語」とはなにか―エスキモー語から日本語を見る』(2002、三省堂)
村岡浅夫編『広島県方言辞典』(1981、南海堂)
室町時代語辞典編集委員会編『時代別国語大辞典　室町時代編四』(1994、三省堂)
室山敏昭『地方人の発想法―くらしと方言』(1980、文化評論出版)
室山敏昭『生活語彙の基礎的研究』(1987、和泉書院)
室山敏昭『生活語彙の構造と地域文化―文化言語学序説』(1998、和泉書院)
室山敏昭『民衆の感性と意味の創造―想像的発想を中心に』(室山敏昭編『方言語彙論の方法』2000、和泉書院)
室山敏昭『「ヨコ」社会の構造と意味―方言性向語彙に見る』(2001、和泉書院)
室山敏昭『文化言語学序説―世界観と環境』(2004、和泉書院)
室山敏昭「カテゴリー化の問題をめぐって―経験基盤主義と生活環境主義」(今石元久編『音声言語研究のパラダイム』2007、和泉書院)
山形県方言研究会編『山形県方言辞典』(1970、山形県方言辞典刊行会)
柳田国男『郷土生活の研究』(1935、筑摩書房)
柳田国男『定本柳田国男集第 22 巻』(1963、筑摩書房)
柳田国男監修『改定綜合日本民俗語彙』(1970、平凡社)
柳田国男『野草雑記』(1940、甲島書林、後に『柳田国男全集 12』1998、筑摩書房に収む)
山口幸洋『静岡県の方言』(1987、静岡新聞社)
山口幸洋「地域言語の五十年」(『日本語学』第 14 巻第 8 号、1995、明治書院)
山中六彦編『山口県方言辞典』(1979、マツノ書店)
山梨正明『比喩と理解』(1988、東京大学出版会)
山梨正明『認知文法論』(1995、大修館書店)
山梨正明『認知言語学原理』(2000、くろしお出版)
吉川利昭・山口幸洋『豊橋地方の方言』(1972、豊橋文化協会)
和田実・鎌田良二編『兵庫の方言・俚言』(1992、のじぎく文庫、神戸新聞総合出版センター)

第二章　方言比喩に見る地方人の想像力

　　　　　　　　は　じ　め　に

　地域社会の人びと、とりわけ高年層に属する人びとは、現在でもなお、方言という地域生活語（地域言語）を用いて、カジュアルな日常生活を営んでいる。日々の暮らしの中で使用されるひとこと、ひとことは、地域社会の「環境世界」と強く結び合って、暮らしの中に深く根を下ろしている。方言という地域生活語は、地域社会に生きてきた、あるいは現に生きている生活者にとって、まさにかけがえのないものである。
　地域社会に生きた人びと、すなわち自らの自然環境・生業環境・文化社会環境の三者を含む「生活環境」（環境世界）を生きてきた人びとは、方言という地域社会の生活語によってものを考え、「環境世界」を自らの立場から独自に分節して認識し、価値づけを行い、また他者とのコミュニケーションを通して、日々、濃密な情報交換を行ってきた。一般に、方言が地域文化のベースであり、表象であると言われてきた最も重要な理由の一つがここにある。したがって、地域社会に行われる生活語の世界に深く分け入ることによって、地域生活者が生きる「環境世界」の認識の仕方や「環境世界」に存在する多様な事物や現象に対する関心の寄せ方、さらには主体的な価値づけなどが、具体的に見えてくるはずである。言い換えれば、彼らが「環境世界」を自らの生活の必要性や経験的な動機づけを通してどのように分節し、どのように範疇化し、また独自の価値づけを行っているかということが、対象世界に対する豊かな命名行為――名づけの行為――のまとまりとしての方言語彙、地域社会の生活語彙の多角的な分析を通して、具体的に見てとることが可能となる。
　たとえば、気象状況に敏感に反応することが要求される漁民は、風や潮に

関する極めて豊かな語彙を駆使しており、漁獲の対象である魚について、実に多くの語彙を所有している。それに対し、農民は牛や田畑に関する豊かな語彙を所有し、生産物に関する多くの語彙を獲得している。漁業社会には漁業社会独自の、農業社会には農業社会独自の生活語彙の世界があり、そのおのおのが差異の体系として存在している。

このような事実は、おそらく地域社会における生活語彙のあらゆる領域について言えることであろう。特定の生活領域や社会状況に対する関心が強ければ強いほど、それに関する生活語彙は多くなり、しかもその全体は細かく分節化しているというのが普遍的傾向と言ってよいだろう。関心の強さは、基本的には、地域社会における生活の必要性（生活の有用性）によって決定され、細分化の原理は擬似科学的な法則性によることは、すでに第一章で指摘したところである。この点に、地域生活者の「環境世界」に対する「認識的理性」の証しが存する（拙著『文化言語学序説―世界観と環境』2004、和泉書院）。

I. 方言比喩への眼差し

ところで、地域生活者が外部世界との相互作用による経験的な動機づけを通して発展してきた生活語彙を見てみると、そこにはまた、彼らが極めて豊かな想像力を不断に駆使して創造してきた比喩表現（比喩語・比喩的イディオム・比喩文の三者を含む）が見出されるのである。それは実に多彩な言語結晶であり、その多くは、ある対象をなんらかの類似性の発見によって別の対象に見立てたメタファー表現である。たとえば、鳥取県で大波がゆっくりと移動していく様を、乗馬との類似性を発見して「ウマノリガ　トール」（馬乗りが通る）と表現したり、長崎県で背の高い人を天井近くに張った蜘蛛の巣に頭がつかえるほどだと見立てて「クモノスハライ」（蜘蛛の巣払い）と呼んだりする誇張比喩や、島根県で態度のはっきりしない人を指して、どちらが表か裏か分からない「蒟蒻」に見立てて、「コンニャク」と呼び、高知県で親にくっついて離れようとしない子どもを「ウシノコ」（牛の子）と呼んでいるような事実である。地域生活者はメタファーによるおびただしい

造語を通して、多くの新しい意味を生成し、それによって「環境世界」に対する認識システムの拡張を図り、より柔軟で多様性に富むシステムへと改変してきた。

　地域生活者の「環境世界」に対する認識システムの拡張は、主として、「人間」と「自然」と「事物」の意味カテゴリーの互換によって図られ、それも、文学比喩とは異なり、「人間」を「自然」の動植物や現象に見立てる「擬自然化」（擬人化に対して）の発想や写像が中心的な役割を担っている。そこには、西日本の各地で、「蟷螂」が前足を合わせて相手を威嚇する様子を人間の拝礼に見立てて「オガメ」（拝め）と呼んでいたり、広島県や山口県で「怠け者」を砂の中に潜って、餌が近づいてきたのを食べる星鮫の怠慢な様に見立てて「ノークリ」と呼んでいるように、自然を細部にわたって観察する鋭い視線が働いており、自然への強い親和力が感得される。これは、「生活環境」を背景とする「人間」と「自然」との一体的融合と呼んでよかろう。また、時代の変化と対応する形で、見立てが変更されたり、転化されたりして、メタファーが担う社会的効果の程度性が強化されることになる。たとえば、大仰なもの言いをする人を、主として、中国地方で、「ホラガイフキ」（法螺貝吹き）──「テッポー」（鉄砲）──「オーズツ」（大砲）──「ラッパコキ」（ラッパこき）のように喩える対象を変化させている例がそのプロトタイプである。しかも、メタファーが担う社会的効果の程度性が強化されればされるほど、喩えられる対象のイメージは負の方向へ拡大していくことが一般的である。そのような中にあって、大分県で背の高い人を「オツキサンアブラサシ」（お月さん油差し）と呼んでいるように、月に向かって人の背丈がぐんぐん伸びていくような、ポエジーにも似たイメージを喚起させるメタファー表現も認められるのである。その一方で、極端に痩せた人を、島根県で「ヒバシニヌレガミオキセタヨーナ」（火箸に濡れ紙を着せたような）のように、思わず笑いを誘うような比喩表現や、京都市で鼻の低い人を「オムロノサクラ」（御室仁和寺の桜、御室仁和寺の境内にある桜は背丈が低く、低い枝にも花が咲くことから）と呼ぶように、謎解きにも似た面白さを感じさせるメタファーも認められる。

このような様々な事実が、ともすれば制度として固定しがちな地域生活者の認識システム（世界観）に、柔軟で多様な活力を付与する「感覚的理性」——「感覚的経験」（主に、視覚）を基盤として類似性を発見し、新しい認識の造形化を生み出す力——として作用することになったのである。地域生活者は、「感覚的理性」を根とする想像力を、遊び心や生活の必要性に基づいて存分に発揮し、新しい「環境世界」の認識の造形化にいそしんできたのである。方言比喩は単なることばのあやではなく、地域生活者の「感覚的理性」を根とする豊かな想像力が形成した独自の世界認識の造形化と拡張化であって、発想の画一化や機械化が顕著なメディアの対極に位置するものであると言えよう。

しかし、生活語彙の個々の要素に顕在化、あるいは潜在化している地域生活者の「感覚的理性」の内実はもとより、その特徴的な傾向性、さらにはその背景に存在する、歴史を後景とする環境的な、あるいは心理的な形成要因などの問題については、さほど多くの研究成果が見られないというのが現在状況である。その理由は、喩えられるものと喩えるものとの類似性を経験的に再発見することのむつかしさと、あまりにも多様で複雑を極める方言比喩の世界から、明確な規則や体系を帰納することの困難さにあったと考えられる。それに加えて、意味論の未発達と比喩を含むレトリックの問題は、修辞論や文体論の領域に属するものであって、方言学の対象からは除外されるものだとする研究者の決定的な事実誤認があった。だが、方言比喩の研究が著しく停滞している最大の理由は、地域生活者の「環境世界」に対する心の働きかけ——想像力の展開の仕方——を、地域生活者と彼らが生きる「生活環境」の拡がりの中で捉え、価値に彩られた「感覚的理性」による言語結晶の全像とそのダイナミズムを明らかにしようとする、より高次の目的意識の欠如そのものにあったと考えられる。

以下には、方言比喩の世界に深く潜入することによって、地域生活者の豊かな想像力の展開のプロセスとその結果を、丁寧にたどってみることにしたい。それは、伝統的な地域文化が日々稀薄化している現在、地域生活者の感性と認識の統合化に関わる「感覚的理性」をキー概念として、歴史を背景と

する彼らの心の働き、とりわけ想像力の豊かさとそれをもたらした生活的要因や環境的要因の解明にアプローチする試みともなるだろう。

「感覚的理性」を根とする伝統的な方言比喩によって創造された新しい意味の拡張——認識の造形化——は、時代環境の急激な変化によって、今日の若者にとっては遥かに遠く隔たったものになってしまった観がある。しかし、C. ギアツが言うように、「遥かにへだたるものへ触れようとすることは、遥かに内なるものへ触れようとする上で、まさに最も有益な方法」である、と筆者も考える（『文化の解釈学』Ⅰ・Ⅱ、吉田禎吾他訳、1987、岩波書店）。ここに、今、方言比喩の世界に深く分け入ろうとすることの重要な意義の一つがあると言ってよいだろう。

Ⅱ．地方人の想像力

1. 類似性を発見する力

地方人の類推力・想像力は、我々の予想を超えて、ことのほか豊かである。その豊かさを支える最も重要な力が、ある対象と別の対象との間に何らかの類似性を発見する能力である。この類似性を発見する能力は、人間の柔軟な認識能力の一面を大きく特徴づけるものであり、この能力がメタファー（隠喩）による意味の創造と理解の背景となっている。類似性を認識するには、豊かな「想像力」が必要とされる。この点について、長尾真が人間の神経回路網の働きの観点から、次のように述べていることは注目されてよい。

　　人間の神経回路網の基本的で最も重要な働きは類似性を認識する働きであり、これが人間の知的活動の根本を支えていると考える。（『人工知能と人間』190ページ、1992、岩波新書）

たとえば、福井県・広島県・長崎県などでは、老衰して亡くなった人を「タチガレ」（立ち枯れ）と呼んでいる。長い間風雨にさらされ、立木の外が腐り中心だけが残っている「立木」（朽木）に写像したものである。「老衰して亡くなった人」のイメージが、長く生き、見る影もなく、骨ばかりになっているという具象化された形で喚起されるメタファー表現である。また、福井県や鳥取県では、じっとしていないで動き回る子どもを、谷川などに生息

する小さな蟹の一種に見立てて、「ガサガニ」（ガサ蟹）と呼んでいる。さらに、佐賀県では、烏合の衆を指して「シガトー」と呼んでいる。「シガ」は椋鳥のことで、この鳥は秋に群集してやって来る渡り鳥の一種であるが、渡り鳥の中では全体の統一を欠く代表的な性質をもつ鳥だといわれている。これらの例は、いずれも、「人間」の容姿や動作や状態を「自然」の中に存在する「木」や「蟹」や「椋鳥」との間に、上に記したような類似性を発見して、意味を拡張した事象である。富山県では、美女を、見た目には美しいが、毒を含んでいる茸の一種に見立てて、「ベニタケ」（紅茸）と呼んでいる。これは単純に、美しさの類似性を強調しているメタファーではなさそうである。そこには、共通語で美女を「バラ」に写像しているのに似た心意が含まれており、棘ではなく毒があると類推しているのだから、さらに強烈である。また、全国の広い地域に、「かわはぎ」を「バクチウチ」（博打打ち）と呼ぶところが散在しているが、この見立ては、「かわはぎ」は皮を剝がなければ食べられないという特徴と、「バクチウチ」は博打に負けて身ぐるみはがされるという特徴に類似性を発見して成立した、新しい意味の創造である。また、新潟県両津市では、ものをいつもがつがつ大食いする人を、「馬」に見立てるだけでは飽き足らず、「ヤセウマ」と表現している。腹を空かして痩せている馬に写像したのは明らかに誇張比喩であるが、そこには揶揄や嘲笑の心意の働きが透けて見える。石川県珠洲市では、人を平気でだますずる賢い人を、昔から人をだますと信じられていた「貉」に転写し、「クソムジナ」（糞貉）と呼んでいるが、ここには厳しい批判意識の働きが感得される。このように、「人間」のカテゴリーに属する対象を「自然」のカテゴリーに存在する対象に転写したメタファー表現を、「擬人喩」に対して「擬自然喩」と呼ぶことにする。「人間の擬自然化」と呼ぶこともできよう。

　これに対して、千葉県では、夕方、薄暗くなった時間から美しい黄色い花を開く「月見草」（宵待ち草）を、「ユーゲショー」（夕化粧）と呼んでいる。日のある間、田畑で働いた若い娘が、風呂をつかった後、鏡に向かって薄化粧をしている顔の様子に喩えたものであろう。また、高知県では、川に中州ができて流れが二つに分かれているのを、「オマタ」（お股）と呼んでいる。

これは、人間の股とその下の両足の状態の間に類似性を連想して、新しい意味を創造したものである。さらに、同じ高知県では、梅雨の時期に、雲間からたまたま漏れる日光を指して、「ニッコリビ」（にっこり日）と呼んでいる。これは、雲間からたまたま漏れる日光と人がにっこり笑っている様子との間に、土地の人が類似性を見出し、このように名づけたものと思われる。「にっこり」という副詞に「日」という名詞が直接、下接している事実も注目される。また、大分県東国東郡姫島では、「かれい」（鰈）を「オヤニラミ」（親にらみ）と呼んでいるが、当地の漁民の話では、親に反抗してにらんだりするような親不孝者は、鰈のように罰が当たって目が横についてしまうことを子どもに教える際に、よく使用するということであった。この説明はそれとして、横に目がついている鰈を「オヤニラミ」と呼んでいるのは、親に反抗してにらむ子どものにらみ方が、面と向かってにらむのではなく、はすかいににらむ点に類似性を見出したからだと考えられる。また、広島県東広島市で、「松茸」を「アクネンボーズ」（悪年坊主、松茸の笠の形を坊主の頭に写像したもの）に見立てているのは、「松茸」がよく取れる年は、きまって米の収穫が少なかったからだという。今では極めて高価な松茸が、昔はたくさんとれてさほど珍重されず、今では減反政策が強力に進められる米が昔は、農民にとって極めて重要なものとされていた歴史の推移が、「アクネンボーズ」というメタファー表現からうかがい知ることができる。また、富山県で、穴蜘蛛を指して「サムライ」（侍）と呼んでいるのは、穴蜘蛛が地上に引き出されると、自分で腹を噛み切って死ぬ習性をもっているからである。穴蜘蛛のこのような習性を、遊びの空間の中での好奇心に満ちた観察を通して発見したのは、おそらく子どもたちであったと思われる。このように、「自然」のカテゴリーに属する対象と「人間」のカテゴリーに属する対象との間に類似性を発見することによって、意味の拡張が図られたメタファー表現を、「擬人喩」と呼ぶことにする。「自然の人間化」と呼ぶこともできる。

　これらのわずかな例から見ても、かつての地域生活者の「感覚的理性」を根とする想像力、創造力は、「擬自然化」の世界と「擬人化」の世界という

二つの世界を自由に往還していることが知られる。しかし、地域生活者の豊かな類似性発見の能力は、「自然の人間化」と「人間の自然化」という二つのパタンを中核とすることは動かないものの、それだけにはとどまらない。人間の性向・状態・行動・感覚などを、人間が作り出した「事物（もの）」に見立てたメタファー表現も数多く見出されるのである。

たとえば、高知県では、全く泳げない人を「ゲンノー」（玄翁）と呼んでいる。「ゲンノー」は大形の鉄の槌で、金槌よりもかなり重い。これは、水に溺れてすぐに沈んでしまう人を、金槌よりも早く水中に沈んでしまう玄翁に見立てた誇張比喩の一種である。また、妻に対して頭の上がらない男を、全国の広い地域で、「ザブトン・ダブトン」（座布団）とか「コシマキ」（腰巻）「コシマキカブリ」（腰巻被り）、福井県では「エモジカブリ」（腰巻被り）と呼んでいる。ここには、明らかに滑稽味や笑いの心意が認められる。奈良県・鳥取県・大分県では、怒りっぽい人を「ヒチリン」に見立てているが、これは七輪がすぐに火が起こり、カッカと熱くなるからである。さらに、福井県・鳥取県・広島県・山口県などでは、8枚輪生する葉の裏に細かな棘が生えており、衣服につけるとすぐにくっつく八重葎を「クンショー」（勲章）と呼んでいるが、これは輪状の八重葎が勲章の形に類似しているからである。昔は、子どもたちが衣服につけて遊んだというから、このメタファーは、子どもたちが遊びの空間の中で創造したものであろう。また、大酒のみを福井県では「ガメ」（液体などを入れる底の深い陶磁器）と呼び、山口県萩市で「シトダル」（四斗樽）と呼んでいるのは、その酒量の多さを、人間が作った「水甕」や「四斗樽」に見立てた誇張比喩である。また、島根県隠岐地方では、大柄の女性を「オータラ」（和船の大船）と呼び、奈良県で女性の大きい尻を「ウス」（臼）と言っているのも、強調的なメタファーであり、明らかに揶揄や笑いの心意の働きが認められる。さらに、厚化粧をしている女性を、全国各地で、「シラカベ・シロカベ」（白壁）とか「カベヌリ」（壁塗り）、あるいは「コテヌリ」（鏝塗り）などと呼んでいる。「シラカベ」と呼んでいるところが多いところから見て、白粉を厚く塗った女性と白くて厚い壁との類似性をイメージし、このようなメタファー表現を創造した

ものと思われる。かつての村落社会にあっては、女性は、朝早くから夜遅くまで野良で働き、仕事の合間を縫って家事をこなすという重労働に従事していた。そのため、普段は、化粧することもなければ、まして厚化粧する必要性も余裕もなかったはずである。そして、それが、村落社会における女性の人並みのあり方(身だしなみ)であったと考えられる。したがって、それから大きく逸脱する「厚化粧をしている女性」は、「シラカベ」とか「カベヌリ」とか呼ばれて、批判の対象となったものと考えられる。ムラの社会的規範を逸脱し、秩序構成を乱す人間は、村落社会の成員から厳しい批判を受けてきたことは、すでに筆者も詳しく検証したところである(拙著『「ヨコ」社会の構造と意味—方言性向語彙に見る』2001、和泉書院)。上に挙げたようなメタファーは、ある対象を人間が作り出した事物に見立てたものであって、これを「擬物喩」と呼ぶことにする。

　地域生活者の豊かな想像力の根源となる類似性の発見は、上に見てきたとおり、

(1)　擬自然喩(＝人間の自然化を中心とする)
(2)　擬人喩(＝自然の人間化を中心とする)
(3)　擬物喩(＝人間や自然の事物化を中心とする)

の三つをベースとして、展開してきたと見られる。ここで断っておかなければならないことは、文学比喩や共通語の比喩表現に盛んな「擬人喩」の前に、「擬自然喩」を位置づけていることである。これは、筆者の見るところ、方言比喩にあっては、文学比喩とは明らかに異なり、人の様態を諸生物に喩える場合が多いからである。このことは、筆者個人の認識に限られることではなく、他の研究者も同様に指摘しているところである(拙著『地方人の発想法—くらしと方言』1980、文化評論出版、愛宕八郎康隆「方言の比喩語について」、方言研究ゼミナール『方言資料叢刊第3巻　方言比喩語の研究』1993)。なお、それぞれの内部は、次の項で示すとおり、さらに細かく分節されることになる。しかし、そこへ進む前に見落としてならないことは、人間の性向や感情を中心とする精神の状態を、身体の部位や状態、あるいは動きに写像する、市川浩のことばを借りるならば「精神としての身体」(精神の身体化)

とでも呼ぶべき見立ての働き——メタファー認識——が、地域生活者の想像力の展開に大きく関わっているという事実である（市川浩『精神としての身体』1992、講談社学術文庫）。

たとえば、島根県石見地方では、楽しみの後に苦労が伴うことを「アトハラガ　ニガル」（後腹が苦る）と言い、出雲地方では「アトハラガ　ネガル」と表現する。精神の状態の変化を、身体の状態の変化に転写した表現である。また、同じ島根県の石見地方や広島県の西部、山口県の東部では、「怠け者」を指して「ズイヌケ」「ズイワル」と呼んでいる。「ズイヌケ」「ズイワル」は、「髄抜け」「髄悪」であって、体の髄（中心）が抜けていて、何をさせても身が入らない人のことである。また、「ホネガ　イター」（骨が痛い）という言い方も使用されている。また、新潟県では、「怠け者」を「イッスンズリ」と言う。体をわずか一寸しか動かそうとしないと言い表すことで、仕事をする能力があるにもかかわらず意欲が全くない人の性向を、具象的にイメージ化しようとしたものである。これも誇張比喩の一例であるが、それをさらに強めたものが、広島県の備後地方で聞かれる「トコバリ」である。これは、親から仕事をするように厳しく言われても、寝床に張りついて全く体を動かそうとしない「怠け者」を指して使用される。「怠け者」を意味するこれらの比喩表現には、人並みの「働き者」を指向価値とするムラ社会の規範から負の方向へ大きく逸脱するものとして、厳しい批判意識がこめられている。そのプロトタイプが福岡県・大分県で使用される「ゴタイシン」（ゴテシニ・ゴテシンとも、五体死に）である。「怠け者」「仕事嫌い」を、頭や手足が死んでしまっているからなのだ、と強く罵倒した表現である。仕事に対する意欲・気力という「精神」のカテゴリーを「五体」という「身体」のカテゴリーに転写することによってイメージを具象化し、「死んでいる」と罵倒して「怠け者」を強く批判する効果をねらった比喩表現である。いずれも誇張比喩になっていることが、批判意識の強さを明確に物語っている。ここに、日本人の共同労働の場面における勤勉主義への志向性がいかに強いものであったかということの一端がうかがわれるのである。また、広島県や島根県石見地方では、人のことを心配してよく世話をする様を、

「キモー　ヤク」（肝を焼く）とか「キモガ　イモニ　ナル」（肝が芋になる）のように表現する。「キモガ　イモニ　ナル」というのは、「肝」を焼いた結果、肝が「焼き芋」になるという洒落た見立てである。高知県では、気をもむ様、心を痛める様を、「ゾー　モム」（臓揉む）と言い表している。さらに、福井県では、遠慮深い人を「オジギブカイ」（お辞儀深い）と呼んでいる。遠慮深いという精神の働きを身体動作に写像することによって、イメージの具象化を図ったものである。これらの例はいずれも、「精神としての身体」（＝精神の身体化）によって、「抽象から具象への特殊化」という意味作用の認められるものである（深田智・中本康一郎「概念化と意味の世界」、山梨正明編『認知言語学のフロンティア3』2008、研究社）。

　このように見てくると、地方人の豊かな想像力の根源をなす類似性発見の力は、次に示す四つのパタンに類別されることになる。
　(1)　擬自然喩（＝人間の自然化を中心とする）
　(2)　擬人喩（＝自然の人間化を中心とする）
　(3)　擬物喩（＝人間や自然の事物化を中心とする）
　(4)　精神としての身体（＝精神の身体化、身体比喩）

2. 類似性を発見する感覚的理性のシステム

　以下には、上に示した四つのパタンのそれぞれについて、方言比喩の実相を踏まえながら細分化を試み、地方人の感覚的理性のシステムの全体像を示してみることにする。なお、細分化した各項の後に、比喩事象を1例ずつ挙げる。
　(1)　擬自然喩
　　（i）一次的擬自然喩
　　　①　人間の動物化（愚か者――アンゴー・アンゴータレ〈鮟鱇〉）
　　　②　人間の植物化（美人――ベンタケ〈紅茸〉）
　　　③　人間の自然現象化（怒りっぽい人――オキニシ〈北西風〉）
　　　④　人間の生業活動化（しつこく文句を言うこと――ゴボホル・ゴンボホル〈牛蒡を掘る〉）

(ii) 二次的擬自然喩
　①　植物の動物化（松かさ――カラスノキンタマ〈烏の金玉〉）
　②　動物の植物化（赤とんぼ――カラシ・カラシトンボ〈唐辛子〉）
　③　動物の動物化（蚤――アカンマ〈赤馬〉）
　④　植物の植物化（どくだみ――ジゴクソバ〈地獄蕎麦〉）
　⑤　自然現象の動物化（白波が移動する――シロクマガハシル〈白熊が走る〉）
　⑥　自然現象の自然地形化（波頭――ゼッチョー〈絶頂〉）
　⑦　事物の植物化（花火――ヒヤナギ〈火柳〉）

(2) 擬人喩
　①　動物の人間化（あめんぼう――アキンド〈商人〉）
　②　植物の人間化（空豆――ホースボリ〈頰すぼり〉、空豆の莢や実の中央がくぼんでいるのを、人の頰がこけた様子に見立てた）
　③　自然現象の人間化（雷雨がやんで晴天になる――ヒガオースル〈日顔をする〉、大波がゆっくりと移動する――ウマノリガトール〈馬乗りが通る〉）
　④　事物の人間化（おはぎ――トナリシラズ〈隣知らず〉）

(3) 擬物喩
　①　人間の擬物化（嫁に頭の上がらない男――コシマキカブリ〈腰巻被り〉、大仰なもの言いをする人――タイホー〈大砲〉）
　②　自然の擬物化（高山の中腹にかかった雲――ハチマキグモ〈鉢巻雲〉）

(4) 精神の身体化
　①　身体の状態（心を痛める――ゾーモム〈臓を揉む〉）
　②　身体動作（怠け者――イッスンズリ〈一寸ずり〉）
　③　身体部位（大胆な人――ハラガイカイ〈腹が大きい、親分肌の人〉）

III. 擬自然喩

1. 一次的擬自然喩
(1) 人間の動物化
i. 獣・家畜への想像力

　人を平気でだますずる賢い人間を、「狐」「狸」「貉」「獺」などの動物に見立てるメタファーは、全国各地に認められる。かつて、日本の地域社会においては、これらの動物は、人間をだますという俗信が広く存在していたためである。とりわけ、「狐」はその代表格である。中村禎里によると、狐が人に付く現象は、『日本霊異記』巻下にすでに記述されており、以降、中世・近世を通じて「狐付き」の事件が、絶えることはなかった。そして、近世、とくに18世紀以後の文献には、「狐付き」の記載が頻出するという。その中で、とりわけ注目されることは、中村が「狐付きは、西国よりも東国とくに江戸においてしばしば発生する」と述べている点である（『狐の日本史―近世・近代篇』251ページ、2003、日本エディタースクール出版部）。それゆえ、この俗信は、共通語の世界にも受容され、筆者の手元にある『国語辞典』の一冊には、「狐」の意味が次のように記述されている。

　　きつね【狐】①全形は日本犬に似て、やや細長い獣。顔は面長で、口が突き出ており、尾は太く長い。（イヌ科）　②（「狐」は人をだますと言われたので）わるがしこい人の称。③油揚げを使った料理に言う。きつねうどんなど。（後略）（『新明解国語辞典第四版』）

第二義（②）に注目されたい。「狐」という獣の意味が、人の性向を表す意味へと拡張しているのである。「狐」と「人間」の間には、直接的には何らの類似性も認められない。にもかかわらず、このような新しい意味が生成されたのは、先にも述べたように、古代から連綿として続いてきた、狐は人に付いてさまざまの害をなしたという俗信である。石川県では、人をだますずる賢い人を「クソムジナ」と呼んで厳しく批判し、山口県防府市では「嘘つき」を「獺」に見立てて、嘲って「カボソ」と呼び、同じく香川県小豆島では「カオソ」、福島県では「カオス」と呼んでいる。

高知県では、母親につきまとう子どものことを、「ウシノコ」(牛の子) と呼んでいる。母親につきまとう子どもと乳をほしがって牝牛につきまとう子牛の間に類似性を見出し、転写したものである。また、女性の器量の良し悪しを、牛の角の形の良し悪しに見立てて、「ツノガエー」「ツノガワリー」のように表現する。さらに、内弁慶を「ウッシャボタエ」と言い表しているが、これは、牛が牛舎の中でさわぐ様に見立てたものである。ともに、「家の中」で威張り、「牛舎の中で」騒ぐ点に、類似性を発見したメタファー表現である。また、これは幼児語であるが、赤子が這うかまえをすることを、牛のように四つんばいになる様に転写して、「ウンモースル」と表現する。四つんばいになる動物は、何も牛にかぎったことではないが、高知県の農民にとって、「牛」という家畜が最も身近で大切な動物だったからだと考えられる。それは、生まれた男児を牡牛に見立てて、「コトイ」と呼んでいることからも、十分理解できることである。しかし、人を牛に見立てた比喩表現が栄えているのは、何も高知県に限られることではない。福井県大野市では、音声による話がうまくできない人を、「ウシゴロ」(牛ごろ) と呼んでいる。牛はあまり鳴かないことをよく認知していたから、このような写像が容易に成立したものと思われる。これとほぼ同じ比喩発想によって成立した語が、島根県石見地方で使用される「ダマリウシ」(黙り牛)、「ダマリウシガヒトーツク」(黙り牛が人を突く) である。前者は「無口な人」を指して使用され、後者は「無口な人が突然口を開きとんでもないことを言う」という意味を表す。また、鳥取県や島根県では「オナミズラ」「ウナミズラ」(牝牛面) という語が、「表面は柔和な面持ちをして人に接するが、内面は性質がねじれている人」を指して、使用される。「ダマリウシ」はおそらく牡牛のことであろう。山口県や大分県姫島で、無口な人を「コッテウシ」(牡牛) と呼んでいることがその証しとなる。「沈黙は金、雄弁は銀」とする価値観が支配していた時代のことである (ちなみに、中国地方のムラ社会には、「おしゃべり」を批判する語が30語近く認められる)。それに対し、牝牛はおとなしそうな顔をしているが、田を耕す際には力が弱く、使いにくいという欠点があった。また、牡牛に比べて病気になることも多かった。そのよう

な特徴を熟知していた農民だからこそ、人の性向と牝牛の性質の間に、類似性を発見することができたものと推測される。さらに、京都市では、「黙々と仕事に励む人」を指して、「ウシ」という語を使用する。このように見てくると、かつて、農業社会に生きてきた人たちと「牛」との間に、極めて親密な関係性が形成されていたことが知られるのである。農民にとって、「牛」は家畜ではあっても、家族の一員に近い存在と認識されていたものと考えられる。ただ、人を牛に見立てたメタファー表現は、西日本のムラ社会には栄えているが、東日本のムラ社会にはあまり認められないことが注目される。しかし、それよりもなお注意しなければならないことは、「牛」を見かけることがほとんどない現在の都市部に生きる若者にとっては、昔の農民が「牛」に寄せた深い愛情は、もはや全く理解することのできない遠い世界のことになってしまったように思われるということである。

　「犬」や「猫」も、古くから、地域生活者にとって身近な存在であった。佐賀県では、人が一度約束したことを次第に曖昧にして逃げ腰になることを、「ネコノホーカブイ」（猫の頰被り）と表現する。猫に紙袋をかぶせると、それを取ろうとして、後ずさりをすることに注目して、そのような行動をとる人に写像したものである。鳥取県では、人前で遠慮する人を指して、「スマネコ」（隅猫）と呼ぶ。部屋の隅にいておとなしくしている猫の様子と、人前で遠慮する人の間に類似性を発見したメタファーである。長野県や佐賀県、熊本県などでは、人前で必要以上に遠慮する人を「ネコジンシャク」（猫斟酌）と呼んでいるが、これも鳥取県の「スマネコ」と同じ比喩発想による造語である。熊本県では、「おとなしい人」を指して、単に「ネコ」と呼んでいる。また、島根県石見地方では、一度出かけた人がすぐに戻って来ることを、「ネコモドリ」（猫戻り）と言い表している。猫の習性に人間の行動を重ね合わせたメタファーである。大分県東国東郡姫島の漁民は、魚の好きな人を、単に「ネコ」（猫）と呼んでいる。「人間」のカテゴリーに所属する対象を「猫」のカテゴリーに転写した事象は、ほかにもまだ見出されるが、滑稽味を見て取る心理、風刺や揶揄の心理の働きが認められるものは少ないと言ってよい。それに対して、「犬」の場合はどうであろうか。福井県

大野市や島根県石見地方では、「そばかす」を指して「インノクソ」（犬の糞）と呼んでおり、佐賀県では「ものもらい」を「インノクソ」と言っている。また、千葉県では、「内弁慶」を「エーノマエノアカイヌ」（家の前の赤犬）と表現している。これは、家の中では威張っているが、外へ出るとからっきし意気地のない人を、家の前ではよく吠えて強そうだが、家を離れてよそへ行くとまるで弱々しい赤犬に見立てたものである。また、山形県東田川郡では、「さほど効果があるわけではないのに、ばか丁寧にゆっくり仕事をする人」を指して、「インクズ」（犬屑）と呼んでいる。いずれも、マイナス・イメージを喚起するものとなっている。滑稽味を見て取る心理、風刺や批判の心理の働きが、明確に認められるものばかりである。ここには、地域生活者の「猫」と「犬」に対する想像力の働かせ方の違いが、なにほどか認められると言ってよかろう。

　京都市では、「無芸の人」を「ゲーナシザル」（芸無し猿）と嘲って呼び、広島県や山口県萩市では「厚化粧をしている女性」を「シロギツネ」（白狐）と呼んでいる。厚化粧をして男性の目を引き、巧みに誘惑する年増の女性を、人をだます白狐に見立てたものであろう。また、島根県石見地方・広島県・山口県などでは、「向こう見ずの冒険家」を、首が極端に短いため一直線にしか走れない「猪」に写像して「イノシシ」と呼んでいる。すぐにも類似性を発見できる対象である。かつての農山村の人びとは、「猪」の首が極端に短いことを周知していたのであろう。そのため、「首の短い人」を、鳥取県・島根県の高齢者は「イックビ」（猪首）と呼び、福井県の高齢者は「シシクビ」と呼んでいる。これらの方言比喩には、滑稽味を見て取る心理の働きがあり、揶揄や批判の心意の働きが感得される。富山県では、「がむしゃらに働く人」を冬眠前の熊が食べ物を求めてあちこち移動する様に見立てて、「クマ」と呼んでいるが、この比喩表現には、マイナス・イメージは看取されない。さらに、島根県出雲地方では、「不美人」を「チンガクシャミシタエナカオ」（狆がくしゃみをしたような顔）、同じ島根県の石見地方では「チンガハクションシタヨーナカオ」（狆がはくしょんをしたような顔）という直喩表現を用いて言い表しているが、ここには滑稽味を見て取る心理

の働きだけでなく、「笑い」の世界を共有しようとする意識の働きも感得される。「ドブス」という女性の人格を全否定するような言い方に比べて、誇張比喩によって明るい「笑い」を共有し、それによって人間関係をより親密に維持しようとした昔の地域社会の人びとの想像力の巧みさに、思わず小膝をたたきたくなるような思いに駆られる。

ⅱ．烏への想像力

今では、「烏」は、記憶力の良い鳥とされているが、昔の人はどうもそうとは思っていなかったらしく、鳥取県や島根県では、多少間の抜けた人、物忘れのひどい人を指して、「カラス」と呼んでいる。筆者がまだ40歳を過ぎたばかりの頃、鳥取県の三朝町で畑を耕していた農民から、生活語の教示を受けていたとき、畑のあちこちから、椎やどんぐりや栗がまとまって出てきた。これは何ものの仕業なのかと尋ねたところ、初老の男性は次のように説明してくれた。

○コリャー　カラスノ　シワザダ。カラスワ　アトデ　クワート　オモッテ　ハタケノ　スミニ　ウメトッテモ　ナー。スグニ　ワスレテ　シマッテ　コギャーニ　ノコットッ　ダー。カラスワ　モノワスレガ　ヒドイ　トリダケー　ナーア。これは烏の仕業だ。烏は後で食べようと思って畑の隅に埋めていてもねえ。すぐに忘れてしまって、このように残っているよ。烏は物忘れのひどい鳥だからねえ。

ところが、愛媛県大三島では、何かあるとすぐに見物に出かけて行く人を指して、「カラス」とか「ミヤガラス」（宮烏）とか呼んでいる。何かあると大声を上げながら見物に出かけていく人と大きな声で鳴きながら群れをなして飛んでいく烏との間に、類似性を発見して成立した新しい意味の創造だと考えられる。また、後に触れるように、山口県下関市では長居する人、酒癖の悪い人を指して、「ミヤガラス」と呼んでおり、意味の地域差が認められる。烏はいつも身近にいて目立つ鳥だから、地域によって特徴認知の仕方に違いが生じたのである。

また、兵庫県の但馬地方では、「おっちょこちょい」を「みそさざい」に喩えて、「チンジャーモン」と呼んでいる。みそさざいがひっきりなしに尾

を動かし、あちこち飛び回る鳥であることに注目して成立した新しい認識の造形である。これと同じ比喩発想が佐賀県にも認められ、すぐに仕事に飽きてしまう人を「シーヤケドイ」(尻焼け鳥)と呼んでいる。「シーヤケドイ」は「キセキレイ」(黄鶺鴒)のことで、今は少なくなったが、昔は川原でよく見かける鳥であった。尾羽根をしきりに上下させながら、一つの石の上に留まらないで、次々に多くの石の上を移動しながら飛び回る習性をもっている。すぐに一つの仕事に飽き、別の仕事に変わっていく人と、すぐに別の石に移動する「キセキレイ」の間に、類似性を発見したものである。「シリヤケドリ」の言い方が福岡県に認められ、「シリヤケ」の言い方が長崎県で使用されている。どちらも、仕事など一箇所に落ち着かず、次から次に変えていく人を指して、用いられている。「みそさざい」や「せきれい」の習性が、人の性向の見立ての対象とされたのは、昔は川の水がきれいだったので、ムラ社会の人びとは川で洗濯したり、野菜を洗ったり、また牛に水を飲ませるために、毎日のように川へ行き、これらの鳥の習性を観察し、その特徴をよく認知していたからだと考えられる。「チンジャーモン」も「シーヤケドイ」も、ともに人の性向をよく見かける鳥の習性に転写することによって、イメージの具象化を図ったものであるが、そこには明らかに揶揄の心意の働きが見られる。また、奈良県や熊本県では尻を振って歩く人を「アヒル」(家鴨)と言っているが、極めて理解しやすいメタファー表現となっている。さらに、よく喋る人を「スズメ」(雀)に見立てたメタファーは全国各地に見出され、鳥取県の西部や島根県出雲地方では、特によく喋る人を、「カンスズメクッチョーヒト」(寒雀を食べている人)のように言い表す。寒雀は特にうるさくさえずるからである。また、中国地方では、「小心者」を小さな鳥であるほおじろに写像して、「ショートギモ」「ショート」と呼んでいる。ただ、漁業社会では、たとえば山口県防府市野島のように、小さな魚である「ダイチョー」に見立てて、「ダイチョーノキモ」(だいちょうの肝)と呼んでいるような例もある。いずれも誇張比喩で、揶揄の心理の働きが認められる。また、鳥取県・島根県・高知県などでは、「偉そうに言ったり、力んだりする人」を「タカニナル」(鷹になる)と言い表している。また、青森県

西津軽郡では、「怠け者」を指して、「モホンドリ」と呼んでいる。「モホンドリ」は梟のことである。なぜ、「怠け者」を梟に写像したかというと、梟は昼間はほとんど動かないからである。だから、梟を指して、「モホットシテル」（怠けている、間抜けな様子をしている）と言ったりする。それに対して、福井県では「夜遊びをする人」を指して「フクロー」と言う。「フクロー」は夜になってから活動するという特徴に注目したメタファー表現であり、青森県の場合とは特徴認知の仕方が異なる。それによって新しく生成された意味に地域差が生じることになったのである。

　島根県では、人がいっせいに席を立って帰ることを、「ガンノソーダチ」（雁の総立ち）と言っているが、イメージは極めて鮮明である。オーバーな表現であって、「笑い」の心意を伴う。そのプロトタイプが、山口県で使用される「タマゴカラコケコーロマデ」（卵から鶏まで）である。簡潔に言わずにいちいち詳しく説明することの喩えである。地域生活者は、このような誇張比喩の表現を創造することによって、「笑い」の空間を共有しようとする指向性をもっていたものと考えられる。それにしても、要領を得ないで長々と話す人は、時代の変化にかかわりなく、昔からいたのであろう。川崎洋は、この誇張比喩について、次のように述べている。「タマゴからヒナになり、成長してコケコッコーと鳴くまで、それほど長い間という意味です。このオーバーな言い方がおもしろい」（『かがやく日本語の悪態』1997、草思社）。

iii．魚への想像力

　鳥取県や島根県の漁業社会では、痩せた人を指して、「ヒガマス」（干鰤）と呼んでいる。「カマス」はもともと、身の少ない魚だが、これを干すとさらに身が少なくなったように見える。そこから、「ヒガマス」への見立てが成立したものであろう。「ヒガマス」は大分県でも使用される。痩せた人については、広島県・山口県に、「イギ」という言い方が行われている。「イギ」は「魚の骨」のことである。広島県や山口県で「怠け者」を「ノークリ」と呼んでいることはすでに触れたが、鳥取県や島根県、さらに長崎県では、「怠け者」を、魚の中でも特に動きの鈍い鱶に見立てて、「ノーソー」と

呼んでいる。「ノーソー」は「ノークリ」と同様に、仕事をする能力があるにもかかわらず、体を動かすことを嫌がる「怠け者」を指して、使用される。近畿地方や中国四国地方の広い地域で聞かれる「アンコー・アンゴー」（鮟鱇）も、「怠け者」や「愚か者」を指して使用されるメタファーである。また、奈良県や広島県では、「怠け者」のことを、「ドンクハゼ」と言う。「ドンクハゼ」とは、「ドンク」（蟇蛙）のように、動きの鈍い「ハゼ」（鯊）のことである。このように、「怠け者」を「魚」のカテゴリーに転写している例が多く認められることが注目されるが、これらはおそらく、もともとは漁業社会で創造された、新しい認識の造形化であったと考えられる。鳥取県の中部地方では、体を動かそうとしない怠け者を指して、「ボッカツー」と呼んでいるが、「ボッカツー」は鯰のことで、この見立ては、農業社会でも成立し得るものである。熊本県では、怠け者を卑小の川魚に見立てて「ドグラハゼ」と呼んでいるが、ここには厳しい批判意識がこめられていると言ってよかろう。また、山口県・大分県では、「怒りっぽい人」を「ハラタテブク」とも「ハラタチブク」とも呼んでいる。「ハラタテブク」は「腹立て河豚」で、河豚を釣り上げると威嚇して、大きく膨れることに類似性を見出した比喩表現である。河豚が「腹を立てる」ととれば擬人喩ということになるが、「怒りっぽい人」の見立てとして使用していることから、ここに位置づけておくことにする。

　さらに、大分県では、大酒飲みを「フカ」（鱶）とか「オーブカ」（大鱶）と言い表している。鱶が酒を飲むのかどうか定かではないが、「深酒」の「フカ」に「フカ」（鱶）をかけたとも考えられる。また、愛媛県では「不美人」を指して、「オコゼガサンバシニブチアタッタヨーナ」と言い、福井県では「オコゼハイニマブシタヨーナカオ」と呼んでいる。大変な誇張比喩であるが、不美人をけなすというよりも、言葉遊びを楽しみ、「笑い」の共有空間を形成しようとする心意の感得されるユーモラスな表現である。個が疎外される現代ではなく、親密な人間関係が構成されていた昔の地域社会ならではの比喩発想であろう。

　また、山形県では、表面は立派に見せかけて実は心の汚い人を、全身桜色

できれいな「鯛」の腸に写像して、「タエノワダ」と呼んでいる。やや高尚なメタファー表現と言ってよかろうか。さらに、福井県大野市では、極めて仲の良い夫婦を指して、「サシサバ」(刺し鯖)と呼んでいる。「サシサバ」は、さばの背を開いて塩漬けにし、2枚重ねたものを一刺しとした乾物で、夫婦の仲が良くていつも一緒に出歩いている姿などを見て、このように評するという。いつも一緒にいる仲の良い夫婦を見て、「サシサバ」を連想したのは、昔から、山地部に位置する福井県大野市では、山地部ゆえにこの乾物が好まれ、多くの人がよく知っていたからであろう。また、熊本県で、妊婦のお腹が大きくなっているさまを、金魚の腹に見立てて「キンギョバラ」と呼んでいるのは分かりやすい誇張比喩である。だが、金魚を喩えの対象として選択しているのは、方言メタファーとしては極めて珍しい例である。

iv．虫への想像力

福井県大野市では、「おしゃれ好きな人」を指して「キドリバチ」(気取り蜂)と呼び、「怒りっぽい人」を指して、「オコリバチ」(怒り蜂)と呼んでいる。また、「おしゃべり」を「シャベリバチ」と言い表している。山口県では、ひどいおしゃべりを、特に羽音がうるさいその年に生まれた蜂に見立てて、「トーネンバチ」(当年蜂)と呼んでいる。かつての地域社会にあっては、「蜂」は極めて身近な存在であり、蜂の子は炒って食べ、蜜蜂の蜜は甘みや栄養を取るのに貴重な素材であった。いきおい、「蜂」に対する関心は強くなったものと思われる。また、「小心者」を佐賀県・長崎県・熊本県では「ノミノキンタマ」(蚤の金玉)に見立てており、大阪府では、「ノミノシンゾー」(蚤の心臓)と呼んでいる。さらに、京都市をはじめ全国各地で、「痩せた人」を指して、「ギス」「ギース」とか「ヤセギース」と呼んでいる。「ギース」は「バッタ」のことである。福島県ではひどく痩せた人を「バッタ」に見立てて、「ヤセハッタギ」と呼んでいる。ハッタギは岩手県でも使用される。また、島根県出雲地方では、「痩せた人」を「カマカケヤナフト」(蟷螂みたいな人)と言い表す。「ギース」も「カマカケヤナフト」も、誇張比喩の一例であるが、高知県で「歩くのが遅い人」を指して、「アリ」(蟻)とか「アリガハウ」(蟻が這う)と言っているのは、さらに誇張の度合が大

きいと言ってよかろう。歩くのが極端に遅い人は、「アリガシンデシマウ」（蟻が死んでしまう）と表現される。いずれも、揶揄や笑いの心意の作用が感得される。

「魚」のカテゴリーにおける「ヒガマス」「イギ」といい、「虫」のカテゴリーにおける「ギス・ギース・ヤセギース」「カマカケヤナフト」といい、「痩せた人」に関する比喩は多く見出されるが、逆に「太った人」に関する比喩はほとんど見出せないことが注目される。この背景には、農作業をほとんど人手だけでこなさなければならなかったかつての地域社会の成員の「価値観」――痩せた人では仕事の役に立たない――が、比喩表現という形をとって、顕在化したものと考えられなくもない。なお、「虫」に対する想像力は、子どもたちの「遊び」の空間、「遊び」の世界において顕著な展開を見せているが、この現象については、節を改めて述べることにしたい。

ⅴ．その他の生き物への想像力

家にこもって外出しない人を、長崎県では「アナガネ」（穴蟹）と呼び、鳥取県・島根県・広島県・高知県などでは「アナガニ」と呼ぶ。穴にこもってなかなか姿を現さない小さな蟹に見立てたものである。また、佐賀県・熊本県・大分県では「タニシ」（田螺）とか「タニシオトコ」（田螺男）と言っている。田螺は蓋を開けて身を出すことが少ないからである。鳥取県では、「小心者」を田螺に見立てて、「タニシオトコ」と呼んでいる。「小心者」は、自然界に存在するさまざまな対象に喩えられており、「鳥」や「魚」のカテゴリーにも認められる。それを、分かりやすく図示すると、次のように表すことができる。

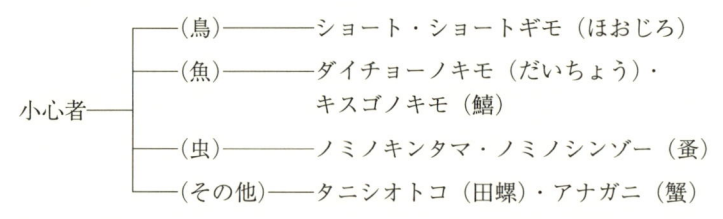

```
           ┌─（鳥）────── ショート・ショートギモ（ほおじろ）
           │
           ├─（魚）────── ダイチョーノキモ（だいちょう）・
小心者─────┤                キスゴノキモ（鱚）
           │
           ├─（虫）────── ノミノキンタマ・ノミノシンゾー（蚤）
           │
           └─（その他）── タニシオトコ（田螺）・アナガニ（蟹）
```

また、体を動かそうとしない「怠け者」を、主に中国地方では、あまり動こうとしない「ひき蛙」に見立てて、「ドンク」と呼んでいる。

以上、一次的擬自然喩のうち、「人間」のカテゴリーを「環境世界」に存在する「動物」のカテゴリーに転写した実態について、素描を試みた。比喩化される対象は諸多にわたるが、とりわけ、「怠け者」「小心者」「おとなしい人」「怒りっぽい人」「家にこもって外出しない人」「おっちょこちょい」「仕事など一箇所に落ち着かない人」「おしゃべり」「長々としゃべる人」「無口な人」「嘘つき」「おしゃれ好きな人」「厚化粧している女性」「ずる賢い人」「黙々と働く人」「がむしゃらに働く人」「向こう見ずの冒険家」「何かあるとすぐに出かけていく人」「表面は立派に見せかけて、実は心のきたない人」などのように、人の「性向」の分野に、比喩語・比喩的イディオム・比喩文が集まりがちなのが注目される。また、喩えの対象に選ばれている動物は、かつての地域生活者が生きた「環境世界」の中で、ごく身近に存在する動物ばかりであって、とりわけ「牛」に写像した事象の多いことが注意を引く。さらに、比喩による新しい意味の創造の中には、農業社会あるいは漁業社会のように、生業との関わりが明確に認められるものが見出される。それは、とりわけ、「魚」への想像力に顕著である。その中にあって、「猪」に見立てた事象は見出されるが、「豚」に写像した事象が全く見出せないのが注意を引く。また、「狐」に代表される、昔の俗信を根とする比喩表現が認められることも注目されるが、いずれにしても、「民俗的な生活臭」に富んだものが大半を占める。
　見立てに働く心意は、滑稽味を見出す心理や揶揄、批判の心理、意識が基調をなすが、誇張比喩によって、「笑い」の共有空間を創造しようとする志向性の認められることも無視することができない。その背景には、内に向けて親密に張られた人間関係のネット・ワークの存在が想定される。その点で、「文学比喩」とは対照的な様相を呈していると見なすことができる。また、比喩表現によって喚起されるイメージは、総体、マイナス・イメージに大きく傾斜していると言ってよい。
　それでは、このように豊かな「人間の動物化」という想像力は、いったい何をその根源として生み出されたのであろうか。それは、地域生活者が日々の生活の場で、「身体感覚に貫かれた精神」（＝感覚的理性）によって、自然

の動物に親しく接し、諸多の動物の習性や形状の特徴をつぶさに観察し、それを共有認識の力としてきたことに、最大の要因が求められると思われる。しかも、彼らの諸多の動物に対する認識の仕方は、さめた眼を基調とするものではなく、親しみをこめた眼差しを基盤とするものである。この豊かな動物への想像力を見るかぎり、地域生活者は、「自然」を「人間」と対立する存在としてではなく、限りなく人間に近いものと見なしてきたことが分かる。それは、「文化としての自然」と言い表すことができるだろう。もっとも、近代産業社会の段階になると、富永健一の言うように、都市部においても「自然は人間にとって単なる与件ではなくなった」ことも、確かである（『社会学講義』46ページ、1995、中公新書）。

(2) 人間の植物化

i．穀物への想像力

　福井県大野市や愛媛県では、体がひ弱くて痩せている子どもを、中に米の入っていない籾に見立てて、「ミオシ」あるいは「ミヨシ」と呼んでいる。また、熊本県では、空しく日々を過ごしている人を籾に写像して、「シーラ」と言い表している。さらに、福島県相馬市では、知能の足りない人を指して、「シーラ」（籾）と言っている。これらのメタファー認識は、おそらく農業社会で成立したものと思われる。さらに、広島県の県北では、「ワセガウレタ」（早稲が熟れた）という言い方が聞かれる。これは、仕事にすぐに飽きてしまう人を指す表現だが、早稲は早く実が「開く」の「アク」を、広島県で盛んな「アグ」（飽きる）にかけた洒落た見立てである。また、奈良県では、流行にすぐ飛びつく新しがり屋を「ワサモン」（早生者）と呼んでいる。

ii．草や菌藻への想像力

　広島県では、年増の美女を指して、「オゴーサンバナ」（彼岸花）と呼んでいる。また、福井県では「美女」を、赤くて見た目には美しいが毒を含んでいる紅茸に写像して、「ベンタケ」と呼んでいることは、すでに述べたとおりである。

ⅲ．木への想像力

　西日本の広い地域で聞かれる「タチガレ」（立ち枯れ）については、すでに何度か触れた。福井県では、同様の発想による「コガレジニ」（木枯れ死に）が使用されている。ただ、前者は老衰して亡くなった人の状態が骨と皮になっている様を、樹皮がすっかり剝げて、幹も細り、芯だけ立っている老木の状態に見立てたもので、結果の類似性に着目したメタファーとなっている。それに対し、「コガレジニ」は木が枯れていくように、自然に衰弱してついに死ぬというプロセスに着目した比喩表現となっているという点で、明らかに異なる。また、京都市では、鼻の低い人を「オムロノサクラ」（お室の桜）と呼ぶことは先に述べた。お室仁和寺の桜は背丈が低く、地面に近い低い枝にも花を咲かせることに着目することによって成立した比喩表現である。この比喩表現は、おそらく京都市で生まれ育った人でなければ理解することのできない狭域比喩であって、このような謎解きにも似た狭域比喩表現は、文学比喩とは無縁のものであろう。さらに、山口県萩市では、背の高い人を「ノナカノイッポンスギ」（野中の一本杉）と呼んでいる。このようなメタファーは、どのような地域においても成立可能な誇張比喩と考えられる。福岡県や熊本県では、図体ばかり大きくて実際には弱い人を「イモガラノタイボク」（芋幹の大木）と言い表しているが、問題は、「芋幹」がどのような芋の幹なのかということである。おそらく、茎が太くて長い「ズイキイモ」（里芋の一種）のことであろう。「ズイキイモ」の茎は、一見太くて硬そうに見えるが、木刀のように振るとすぐに折れてしまう弱いものである。その特徴を認知して、図体ばかり大きくて実際には弱い人を連想したのは、農民であったと思われる。漁民や商人は、里芋は食べても茎は必要のないものであったからである。また、広島県の県北では、体ばかりずんずん大きくなることを「ノダツ」（野立つ）と表現している。これは、木だけでなく草も含む自然景観が見立ての対象となっていると考えられる。さらに、日本で最も養蚕が盛んだった群馬県では、30歳を過ぎても嫁に行かない女性を、剪定をしなかったため葉がぼうぼうと茂った桑の木に見立てて、「タテドーシ」と呼んでいる。かつて養蚕が盛んだったころに成立した新しい認識の造形化

だったと考えられる。また、福井県大野市では、一つの栗のイガの中に、二つ栗の実が入っている場合に、それを「フタゴ」（双子）と呼んでいる。人間の双子を連想した素朴で分かりやすい比喩表現である。

　以上、「人間の植物化」というカテゴリーに関して、ⅰ．穀物、ⅱ．草・菌藻、ⅲ．木の三類に分けて見てきたが、「人間の動物化」のカテゴリーと対比して注目されることは、比喩による見立ての対象（素材）が極めて少ないという事実である。これは、おそらく、「動物」が、「植物」に比べて、形状だけでなく、動きを含む多様な習性をもっているため、人間に見立てる特徴を認知しやすかったからだと考えられる。「植物」には、基本的に形状の特徴しか認められない。これによって、特徴を認知しやすいものがまず見立ての対象として取り立てられるという基本的事実を指摘することができる。また、「花」が見立ての素材としてほとんど認められないことも注目される。その点で、文学比喩とは大きく異なると言ってよかろう。ただ、そのような中にあって、次に示す「野菜」を人の見立ての対象として選んでいる事実の顕著なことが、とりわけ注目されるのである。その背景には、農民の生業活動との深い関わりがあったことが容易に推測される。

ⅳ．野菜への想像力

　愛媛県喜多郡では、少し足りない人を指して、「タランキョー」（足らん＋らっきょう）と呼んでいる。それに対し、大分県では、厚顔無恥な人を「ラッキョーズラ」（らっきょう面）、鹿児島県では「ダッキョズラ」と言い表している。愛媛県では「実」がないことを取り立て、大分県や鹿児島県ではいくらむいても皮ばかりであることに注目しているわけである。また、鳥取県や島根県では、見かけ倒しの人を指して、「ズイキボクタ」とか「ジーキボクタ」と呼んでいる。里芋の茎は太くて木刀のようだが、振るとすぐに折れることから、見かけ倒しの人との類似性を発見し、転写したものである。また、青森県・岩手県・秋田県では、しつこく文句を言うことや酒を飲んでくだをまくことを、「ゴボホル」とか「ゴンボホル」と表現している。鳥取県や島根県では、「ゴンボノネオホル」（牛蒡の根を掘る）と言う。牛蒡は根が深く、これを折らないように掘り出すのには大変手間がかかるからである。

どちらの対象も、手がかかるという点で共通しているが、その類似性にまず気づいたのは、農民であったと思われる。農民は、牛蒡を折らないように掘り出すのによほど苦労したらしく、石川県でも、しつこい人を指して、「ゴボゼホリ」と呼んでいる。また、北海道奥尻島の農民は、駄々っ子を指して、「ゴンボホリ」とか単に「ゴンボ」と呼んでいる。熊本県では、酔ってくだをまく人を「ヤマイモホル」（山芋掘る）と言っているが、山芋を折らないで掘り出すのも手間がかかることである。島根県の石見地方では、小心者を指して、「イモヒキ」（芋引き）とか「イボヒキ」と呼んでいるが、これは小心者・臆病者は気の強い人に文句を言われると後ずさりする様子を、甘藷を収穫する際その蔓を持って後ろに下がる動作に見立てたものである。「イモーヒク」という比喩的イディオムも使用されるが、これは、「遠慮する」「遠慮して駄目な人」の意を表す。長崎県では、小心者を指して、「ダイコンヒキ」と呼んでいる。大きな大根を引き抜くときには、力を入れて後ろに下がらなければならないからである。高知県では、母親につきまとって離れない子を、「タイモノコ」（里芋の子）と言い表しているが、里芋は親芋のまわりに小さな芋がついてできることが多いからである。福井県では、母親につきまとう子を「コイモ」（小芋）と呼んでいるが、比喩発想は高知県の場合と同じである。このような新しい意味の発見が可能だったのは、里芋の特徴を熟知していた農民だったに違いない。また、福井県では、簡潔に言わずにいちいち詳しく説明することを、「ナタネカラカブラマデ」（菜種から蕪まで）と表現する。これは、山口県下で使用される「タマゴカラコケコーロマデ」と趣意を同じくするものである。また、山形県東田川郡では、仕事ができない人・能力のない人を指して、「グズナスヤロ」（愚図茄子野郎）と呼んでいる。さらに、佐賀県では、落ち着きのない人を「ウカレビョータン」（浮かれ瓢箪）に見立てている。瓢箪が風に吹かれてゆらゆら揺れる様子を見て、落ち着きのない人との類似性を発見したものである。また、広島県では、口先だけの人を指して、「ウイタカヒョータン」（浮いたか瓢箪）と呼んでいる。口先だけの軽い人を水に浮く瓢箪の軽さに見立てたものである。このメタファー表現には、明らかに嘲笑のこめられた厳しい批判意識の現れが

認められる。

　上に示した比喩表現は、そのほとんどが、農民が日々の生業活動を営む経験を動機づけとして形成されたものと考えて、まず間違いなかろう。「人間の植物化」のパタンにおいては、農民の眼差しが強く働いていることが見てとれる。それは、至極当然のことであろう。農民は多様な植物の中に身を置き、食べ物として野菜の生産に、日々、従事してきたのである。ここには、農民固有の身体経験を動機づけとする、新しく発見された豊かな意味の世界が横たわっていると言ってよいだろう。

(3)　人間の自然現象化

ⅰ．風への想像力

　鳥取県の東部地方では、遅くなってから仕事に出かける怠け者を、「エーノカゼ」(アイの風) と呼んでいる。「エーノカゼ」は午前10時ごろから吹き始めることが多いので、仕事に出かけるのが遅い人との類似性を連想したものである。この言い方は、漁民しか使用しない。また、島根県石見地方では、気分の変動の大きい人を指して、「オキニシ」(北西風) と呼んでいる。この比喩表現は、漁民だけでなく農民も使用する。しかし、福井県大野市でも、「オキニシ」が使用されているが、山地部に位置するためか、比喩による意味の拡張は認められない。

ⅱ．潮への想像力

　山口県防府市の漁民は、気分の変動の激しい人を、「ジューゴンチ」(十五日) と呼んでいる。月の半ばになると、潮が小潮から大潮に変わり、潮の流れが速くなり、また干満の差も大きくなるからである。「ジューゴンチ」という比喩表現は、広島県下の芸予諸島においても使用されている。

ⅲ．星への想像力

　高知県では、流れ星を「ホシノヨメイリ」(星の嫁入り) と呼んでいる。特に、最初に流れた星の後を追うように流れる星を、「ホシノヨメイリ」と呼ぶことが多い。最初の星が「男」で、後の星がそれを慕って流れる「女」とイメージし、「ホシノヨメイリ」と表現したものである。それとは逆の場合を、「ヨバイボシ」(夜這い星) と呼ぶ。最初に流れる星が「女」で、その

星を追いかけて接近していく星を「男」と見立てたものである。流れ星が見られるのは夜になっからであり、「ヨバイ」も夜になってから行われた。「ヨバイボシ」は静岡県でも聞かれる。

「人間の自然現象化」に関しては、新しい認識の造形化——新しい意味の発見——があまり見られない。

さて、先にも、少し述べたことではあるが、地域生活者が創造したおびただしい「一次的擬自然喩」（人間の自然化）は、彼らが生きた「環境世界」の中にあって、とりわけ生業活動を通じて身近に接することのできた存在への目覚めた関心によるものが中心を成していることが注目されるのである。「一次的擬自然喩」の豊かな展開の世界には、よく言われてきたことではあるが、日本人の「自然観」——人間と自然との一元観（人間と自然との合一的な関係性）——が明確に顕在化していることが知られるのである。日本人にとって自然とは、人間の世界に対立する別種の世界ではなく、まさに生きられる世界——文化にとりこまれた世界——そのものであったと言えるだろう。この点に関して、西村亨の発言は傾聴に値する。少し長くなるが、以下に引用しよう。

> 四季おりおりにつけて、自然が人間の内面世界と密接なかかわりを持っているのが王朝びとの常である。あるいは、王朝びとばかりでなく、それが日本人の伝統的な生活感覚であると言ってよいかもしれない。しかし、王朝びとの秋において、自然と人間生活との融合はみごとな典型を見せているのである。（中略）自然を人間と対立するものと見ないで、人間と同じ側にあるものとして、それを情調的に見る。これが王朝びとの何よりの特徴である。（『王朝びとの四季』38〜39ページ、1979、講談社学術文庫）

地域生活者は、生業環境でもある「自然」を、王朝びとのように「情調的に見る」というよりも、目覚めた感覚と関心——感覚的理性——によって認識していたと考えられるのである。このように見てくると、近代産業社会において、人間と自然を対立概念として捉え、人間が自然を造り変えることによって、新しい世界観を構築してきたとする西欧中心の見方は、日本人には

当てはまらない見方のように思われる。とりわけ、地域生活者にとっては、生業環境としての自然をも含む世界が自分たちにとってのトータルな生活世界であり、「環境世界」ではなかったかと考えられるのである。大人たちは、自然の中で生業活動を営み、子供たちは自然の中でのびのびと遊び回ってきたのである。別の言い方をするならば、地域生活者にとっては、自然をも含む「環境世界」が自分たちの生活世界であり、豊かなことばに表象化し得る心象風景だったのである。

この点について、松井健の文章に見える、次の指摘は重要である。

> 私たちは、「自然＝環境」といい、「四囲の自然」といった表現を、ごく普通に用いる。しかし、自然・環境という表現の内容や、私たちをとり囲む外なる自然というステレオタイプ化したイメージは、それ自体私たちが現在の時点において共有している文化、あるいは私たちが受容していまでは親しいものとなっている西欧的な諸文化に稀有なものではないかと疑ってみることは、必要であろう。(『自然の文化人類学』 x、1997、東京大学出版会)

それともう一つ、ここで指摘しておかなければならないことは、「擬自然喩」が後に述べる「擬人喩」に比べて、はるかに栄えているということである。この点に、文学比喩とは異なる方言比喩の重要な特性が認められるとしなければならない。

2. 二次的擬自然喩

(1) 植物の動物化

山形県で、みずばしょうを「ウシノシタ」(牛の舌) と言っているのは、色と形が牛の舌によく似ているからであろう。「ウシノシタ」は全国各地で様々な植物の見立ての対象として用いられているが、これは、「人間の動物化」のカテゴリーでも指摘したように、農業社会にあって、牛が農作業や山仕事において欠かせない家畜であり、農民にとって最も親しい、身近な存在であったからだと考えられる。しかも、牛の「舌」は、牛の健康や発育のよしあしを判断するための重要な身体部位でもあったのである (拙著『生活語

彙の基礎的研究』1987、和泉書院)。山口県では「無花果」に、大阪府・山口県・大分県では「犬枇杷」に、熊本県では「水葵」に、岡山県では「仙人草」に、愛媛県では「藪手鞠」に、静岡県では「姫女苑」に、それぞれ喩えられている。これに対し、漁業社会では、色と形が牛の舌によく似ている「鰈」を、広い地域で「ウシノシタ」あるいは「ウシノシタガレー」と呼んでいる。また、秋田県や山形県では、すぎなを「ウマノソーメン」(馬のそうめん)と呼んでいるが、これは馬がこの草を好んで食べるのと形が細長いという特徴に注目した見立てである。鳥取県や広島県では、ねむの木の葉を「ウシソーメン」(牛そうめん)と呼んでいるが、同様の発想によるものである。広島県で、松毬を「カラスノキンタマ」(烏の金玉)と呼び、山形県で「つるりんどう」を「キツネノキンタマ」(狐の金玉)と呼んでいるのは、色や形の類似性を発見して、それによって滑稽味を存分に楽しもうという心意がよくうかがわれる。長野県で、つくしを「イヌノチンポ」と呼んでいるのは、滑稽味をとおりこしてやや卑猥なイメージをもたらすものである。だが、これが子どもたちによって創造された比喩表現だとすると、「遊びの空間」の中での明るい「笑い」の共有の力が強く感じられる。山形県で、雪の下を「ネゴノミミ」(猫の耳)と呼んでいるのは、葉の裏表にびっしりと毛が生えているからであり、広島県・山口県で、母子草を「ネコノミミ」と言い表しているのも、同様の特徴認知によるものである。広島県の備北地方では、「みみなぐさ」を指して、「ネコノミミ」と呼んでいる。「みみなぐさ」も母子草と同様、葉の表と裏に柔らかい毛がびっしりついている。類似性の発見に関わる感覚は、大半が視覚であるが、「ネコノミミ」は触覚である点が注目される。福島県飯舘村では蛍袋を「クマクマグサ」(熊々草)と呼んでいるが、これは蛍袋の中に黒い色をした虫が入っていることが多いからだと言う。子どもたちは、色が黒いというだけで、本当に熊にしてしまったのである。福島県相馬市でも同様の事実が認められる。また、熊本県では、「はこべら」を「ヒヨコグサ」と呼んでいるが、これは、その形がひよこに似て可愛らしいからであろう。類似性の発見によって、「植物」を「動物」に転写している例は、かなり多く見出すことができるが、逆に「動物」を

「植物」に転写している例は極めて少ない。これは、「人間の動物化」が極めて多く見出されるのに対し、「人間の植物化」の例が少ない事実と共通する特徴傾向であると言ってよかろう。

広島県の備後地方では、どくだみを指して、「イヌノヘ」(犬の屁) とか「イヌノヘグサ」(犬の屁草) とか「イヌノヘヒリグサ」(犬の屁ふり草) などと呼んでいる。どくだみの特徴は、その独特の臭みにある。その臭みを「犬の屁」に見立てたものである。また、島根県では、鬼百合を「カッコーバナ」(郭公花) と言う。これは、鬼百合の色模様が郭公のそれに類似しているところから、意味の転写を行ったものである。また、同じ島根県では、日陰の蔓を「キツネノタスキ」と呼んでいる。日陰に生えている蔓を、夜、里に出てきて活動する狐の襷に見立てたものである。さらに、島根県では、樹木のざらざらした表皮や樹木から反りかえって離れそうになっている樹皮を指して、「サメカワ」(鮫皮) と呼んでいる。鳥取県では、「はるのげし」を「チチクサ」(乳草) と呼んでいるが、「はるのげし」の葉を切ると、乳のような白い汁が出るからである。問題は、乳が母乳なのか牛の乳なのか、今となっては明確にし得ない点である。もし、母乳との間に類似性を見出したのであれば、擬人喩の一種ということになる。広島県では、たんぽぽを「チグサ」と呼んでいる。たんぽぽの茎を切ると、乳のような白い汁が出る。喩えられる対象は異なるが、乳のような白い汁がでるという特徴に注目している点では同じである。

栃木県塩谷郡や福島県では、田螺を指して、「ツブ」(粒) とか「ツブラッコ」と呼んでいる。東北、関東、中部地方の広い地域で使用される言い方であるが、これがもし穀物や豆類を一つ一つ数える助数詞の「粒」と関係するものであれば、ここに入る。しかし、両者の間には何ら類似性は認められない。同じ栃木県やさらに静岡県では、おおばこのことを「カエルッパ」(蛙の葉) とか「ケーロッパ」と呼び、露草のことを「ホータルグサ」(蛍草) と呼んでいる。もし、「カエルッパ」がおおばこの上に蛙がよく乗っていることに着目して創造された表現であれば、これは、おおばこと蛙が隣接関係にあることによって成立した換喩の例となる。また、群馬県では、木くらげ

を指して、「ネコノミミ」（猫の耳）と呼んでいる。木くらげの形が猫の耳に類似しているからである。また、兵庫県加東郡では、えのころ草を「キツネノオ」（狐の尾）とか「キツネノシッポ」（狐の尻尾）と呼んでいる。

(2) **動物の植物化**

「植物の動物化」に分類される比喩表現は、上に見たように実に盛んであるが、その逆の「動物の植物化」のパタンに属する事象は、ほとんど見出すことができない。鹿児島県で「メダカ」を「タカマメ」（高豆）と呼んでいるのは、このパタンに属する数少ない一例である。丸い目が高く飛び出しているのを見て、豆を連想したものであろう。

(3) **動物の動物化**

高知県では、今ではめったに見ることのできない「メダカ」（めだか）を、「カワクジラ」（川鯨）と呼んでいる。昔は小川にたくさんいて、子どもたちの遊びの対象となっていた最も小さい魚であるめだかを、海にいる最も大きな魚である鯨に転写したものである。典型的な誇張比喩であるが、この誇張比喩によって新しい意味を創造したのは、子どもたちであったと考えられる。めだかは、かつての子どもたちにとって格好の遊びの対象であり、土佐の海（イケ）には鯨がたくさん入ってきていた。土佐の子どもたちは、小川にいる最も小さな魚を、海にいる最も大きな魚に見立てるという、いかにも子どもらしい豊かな想像力を展開したのだろう。ここには、子どもたちの遊び心の飛翔が見られる。また、広島県では、飛魚を「ツバクロイオ」（燕魚）と呼んでいる。海上を飛ぶ魚を鳥に写像した比喩表現であるが、鳥の中でも「ツバクロ」（燕）に転写したのは、古老の漁民の説明では、飛魚が群れをなしてやって来る時期と燕が群れをなしてやって来る時期が重なるからだということであった。また、富山県・福井県・奈良県・和歌山県などでは、「むささび」を「バンドリ」（晩鳥）とか「バンバンドリ」（晩々鳥）と呼んでいる。夜になって、木から木へと飛び移り、若葉を食べたり虫を食べたりする「むささび」を、晩になってから活動を始める鳥と認識したものである。さらに、岐阜県・富山県・石川県・福井県・島根県・高知県・福岡県・長崎県・熊本県などでは、「梟」を「ネコドリ」（猫鳥）と呼んでいる。これは、

梟が猫と同じように鼠を食べるという習性に注目した見立てであるという説もあるが、それ以前に梟と猫の顔、とりわけ目元のあたりがよく似ていることに着目したものであろう。また、山形県や富山県や高知県では、「蚤」を「アカンマ」（赤馬）と呼んでいるが、どちらも色が赤くて跳ぶという類似性に着目したメタファーである。また、福井県では、「貉」の一種を指して、単に、「ハチ」とか「ハチムジナ」と言っているが、これはその貉が犬の足に似た足をしているからである。「ハチ」は飼い犬につけられる名前として、よく使用されていた。島根県出雲地方では、四月ごろに獲れる「鰤」を、「ダージブリ」と呼んでいる。「ダージ」はみみずのことである。四月ごろに獲れる鰤はすでに産卵を終えているため、すっかり痩せており味も劣るところから、「みみず」に見立てた誇張比喩である。けなして言う心意が明確に認められる。また、山形県・富山県・高知県では、すでに述べたように、蚤を「アカウマ」（赤馬）とか「アカンマ」と呼んでいる。蚤と赤馬には、どちらも色が赤く、跳ぶという類似性が認められる。この比喩表現の面白さは、両者の類似性に基づいて小さな蚤を大きな馬に見立てた誇張化にある。そこには、明らかに遊び心の横溢が認められるが、このように柔軟な発想、類推を行ったのは、はたして大人であったのか、それとも子どもたちであったのか。なお、高知県では、火事を指して「アカウマ」とも呼ぶ。

　このように、ある種の動物を他の動物に転写した比喩表現は、方言比喩の世界にはかなり多く認められる。そして、その背景には、特定の生業活動や生活環境が広がっている。また、誇張比喩も数多く認められるが、そこには子どもたちに独自の感性や想像力の働きが関わっていると推測される。

(4) 植物の植物化

　このパタンに属するものとしては、「ジゴクソバ」が目を引く。「ジゴクソバ」はどくだみのことで、東北地方、関東地方、中部地方などに広く分布する言い方である。また、北陸地方の福井県や中国地方の広島県でも聞かれる。どくだみは根が深く、まるで地獄までとどくようだと誇張し、葉が蕎麦の葉によく似ているところから、「ジゴクソバ」と表現したものである。「動物の動物化」のパタンに比べて、このパタンには、比喩表現が極めて劣勢で

ある。福島県相馬市で、「雪柳」を「コメゴノハナ」（米の花）と呼んでいるのは、このパタンに属する数少ない比喩表現の一つである。

(5) **自然現象の動物化**

　中国地方の主として漁業社会では、白波が立つことを、「シロクマガハシル」（白熊が走る）とか「シロウサギガハシル」（白兎が走る）と表現している。「シロクマ」は波が大きい場合を指して使用し、「シロウサギ」はさほど大きくない場合を指して使用する。また、風が落ち、海がすっかり凪ぐことを、中国地方の漁民は、「ブタナギ」（豚凪）と呼んでいる。さらに、瀬戸内海の全域で、「日照り雨」のことを、「キツネノヨメイリ」（狐の嫁入り）と言っている。広島県下では、「キツネノヨメドリ」（狐の嫁取り）の言い方が盛んである。他の地域には、「タヌキノヨメイリ」（狸の嫁入り）、「タヌキノヨメドリ」（狸の嫁取り）、「イタチノヨメドリ」（鼬の嫁取り）などの言い方が行われている。これらはすべて、日が照っているのに雨が降るという不可思議な現象を、狐や狸や鼬が人を化かしているのだと想像して、その視点から造語したものである。たしかに、昔の人たちは、狐や狸や鼬などは人を化かすと信じていたので、自分たちに理解できない不可思議な自然現象を、それらの動物の仕業として理解しようとしたものであろう。しかし、ここで、不思議に思われることは、なぜ、「狐の嫁入り」や「狸の嫁入り」であって、「狐の葬式」や「狸の葬式」ではないのかということである。狐の子が嫁入りするので、子も親もともに涙を流す、その涙雨が「日照り雨」ならば、狐の親が死んで、葬式の際に、残された狐たちが流す涙雨であっても何らおかしくはないと思われる。しかしながら、「キツネノソーシキ」「タヌキノソーシキ」という言い方は、どこにも認められないのである。民間信仰、民間宗教、宗教人類学の研究成果の中に、この謎を解く鍵が潜んでいるように思われるが、この点については後に改めて触れることにする。また、鳥取県では、春先の大雪を「コトリゴロシ」（小鳥殺し）と言っている。春先に大雪に見舞われると餌を見つけることができなくなり、ついには無残にも大雪が小鳥を殺してしまうことになると連想したものである。

(6) **自然現象の植物化**

長野県秋山郷では、雪片の非常に大きい雪を花に見立てて、「オーバナ」（大花）と言っている。雪片の非常に大きい雪と白い花のイメージがあざやかに重層化している。

(7) **自然現象の自然地形化**

鳥取県の漁民は、4m 以上の大波の波頭を山の絶頂に写像して「ゼッチョー」と呼び、波間を「タニマ」（谷間）と言い表している。また、高知県では、十月ごろに立つ大波を「ウネコシ」（尾根越し）と呼んでいる。いずれも、誇張比喩であるが、「ウネコシ」には、すぐにも連想できる共通特徴が見られないので、一種謎解きの面白さや意外性が伴う。

(8) **事物の植物化**

鹿児島県では、花火を「ヒヤナギ」（火柳）と呼んでいる。花火が大きく開いた後、散っていく様子を、しだれ柳に見立てたものであろう。

IV. 擬 人 喩

擬自然喩に比べて、擬人喩がさほど栄えていないというのが、方言比喩の一つの特徴傾向であることは、先にも触れたとおりである。したがって、擬人喩については、擬自然喩のように、喩えの対象として選ばれているものを下位カテゴリーにおいて細分類することは避け、(1) 動物の人間化、(2) 植物の人間化、(3) 自然現象の人間化、(4) 事物の人間化のパタンに類化して、見ていくことにする。

1. 動物の人間化

真田信治・友定賢治編『地方別方言語源辞典』（2007、東京堂出版）によると、新潟県佐渡島では、貉と狸の双方を指して、「トンチボ」（頓知坊）あるいは「トンチボー・トン」のように言う、とのことである。佐渡では、「あいつはトンチボだ」という言い方があって、これは知恵がある、機転が利くといった良い意味でも、悪知恵が働く、人を騙す、といった良くない意味でも使用する。人の性向を、古くから土地の人びとが「狸」について認識して

いる特徴に写像したものである。「狐」は悪知恵が働く、人を騙すというように、もっぱら悪い意味を表すが、「狸」については、知恵がある、機転が利くというように、良い意味で使用されるのは、佐渡の人びとの「狸」に対する固有の認識の仕方、さらに言えば、独自の地域文化が反映していると言ってよいだろう。ちなみに、佐渡の「二つ岩の団三郎」狸は、日本三大狸の一つである。また、福島県の山地部では、「猿」を「ヤマノオッツァン」と呼んでいる。山には猿がたくさんいて、人をあまりこわがらなかったためか、親しみをこめたメタファー表現となっている。これとよく似た発想によるものに、富山県の「ノキバノオバサン」（軒端のおばさん）が挙げられる。これは雀のことである。雀が軒先にたくさんいてよく鳴くことから、このように親しみをこめたメタファー表現を創作したものであろう。

　広島県の安芸地方では、きつつきを「キコリ」（樵）とか「キコリドリ」と呼んでいる。木に穴を開けるきつつきを、樵に見立てたメタファーである。また、同じ広島県では、ひたきという鳥を「モンツキ」（紋付）とか「モンカケ」（紋かけ）と呼んでいる。ひたきは胸毛が赤く、黒い羽根の真ん中に白い紋があり、カチカチと音を立てて鳴く鳥である。黒い羽根の真ん中にある白い紋に注目して、人の紋付姿を連想したものであろう。高知県では、「雄猫」を指して、「タロ」と呼んでいるが、これは、男の子の名前のプロトタイプである「太郎」に転写したものであろう。また、同じ高知県では、生後間もなく死んだ赤子の死体を、「鳥」に見立てて、「トリツバサ」（鳥翼）と呼んでいる。昔は、子どもが100日にならぬうちに死んだら、「トリツバサ」として土に埋めたという慣習に因む造語であるが、両者の間にどのような類似性が認められるか判然としない。さらに、高知県では、よく鼠を取る猫を、「リョーシ」（猟師）と呼んでいるが、これは、「獲物を捕らえる」「獲物は動物である」という共通の類似性によって成立した比喩表現である。鼠をよく捕る猫をほめる言い方として、「リョーヨシ」（猟良し）も使用される。昔の地域社会では、ペットとしてではなく、鼠の被害を防ぐために、ほとんどの家で猫を放し飼いにしていたものである。そのため、猫に対する関心が強く働き、擬自然喩においても擬人喩においても、喩えの対象と

して猫が多く選ばれている。また、すでに触れたように、かわはぎという魚を、「バクチ」(博打)とか「バクチウチ」(博打打ち)と呼んでいるところは、西日本の広い地域にわたる。「カワハギ」も「バクチ」も、ともに皮を剥がされ、身ぐるみ剥がされるからである。おはぎを「ハンゴロシ」(半殺し)と言うのは、広い地域にわたって認められるが、手打ち蕎麦を指して「ハンゴロシ」と呼ぶのは、ほぼ島根県出雲地方に限られる。出雲地方は昔から蕎麦が盛んに食用に供され、有名だったためかと考えられる。これ以外にも、広島県で、かまきりを「チョーナカタギ」(手斧担ぎ)と呼んだり、富山県で、穴蜘蛛を指して、「サムライ」(侍)と呼んだり、福島県相馬市で「おはぐろとんぼ」を「カーラノババハン」(河原の婆さん)と呼んだりしている例が挙げられるが、このような小さな生き物へ、遊びの中で強い関心を寄せたのは子どもたちであったと考えられるので、後の節で改めて述べることにしたい。

2. 植物の人間化

　高知県では、鳳仙花を指して、「ビジンソー」(美人草)と呼んでいる。花の美しさから美人を連想したもので、素朴で理解しやすい比喩表現となっている。「ビジンソー」には、擬自然喩における「ベンタケ」(紅茸)のような皮肉の心意は含まれていない。全国各地で、「ジジババ」(爺婆)、「ジーババ」(同前)の言い方を中心として、広島県では、「ジーサンバーサン」(爺さん婆さん)「ジートバー」(爺と婆)「ジジーババー」(爺婆)、鳥取県や大分県では「オノエノジジババ」(尾上の爺婆)「オノエノジーババ」(同前)「オノエノジーバー」(同前)など、様々な言い方が行われているが、これは、春蘭を指す呼称である。二本、向かい合って立っており、花びらの斑点の大きいものが小さいものを抱いている様を、尾上の爺婆に見立てた洒落た言い方である。山陰地方では、春蘭を指して、「ホークロ」(黒子)と呼ぶことが多いが、これは花びらの斑点を人間の黒子に見立てたものである。また、広島県では、彼岸花を「オゴーサンバナ」と呼んでいる。この花の妖艶さから、「オゴーサン」(年増美女)を連想したものと思われる。広島県の廿

日市市で聞かれる「ヨイバナ」(彼岸花)が、もし「酔い花」を語源とするものであるならば、彼岸花の美しさに酔うという心理の働きがあったものと思われる。ねむの木を、広島県では「ネムリ」「ネムリノキ」「ネブリ」「ネブリギ」(眠り、眠りの木)などと呼び、富山県・石川県・山口県では「ネムリギ」、岐阜県や高知県では「ネブリ」(同前)と呼び、熊本県では「ネムンノキ」と呼んでいるが、これはねむの葉に触れると葉が閉じるので、それを人間の眠り(目が閉じる)に見立てたものである。このことから、昔の人びとは、ねむの葉に触れることが多かったことが分かるが、それは、牛がねむの葉を好んで食べるからである。だから、鳥取県や広島県では、ねむの葉を「ウシソーメン」(牛素麺)と呼び、岡山県では「ウシノコメ」(牛の米)と言っている。また、千葉県では月見草を「ユーゲショー」(夕化粧)と呼んでいる。日暮れ時から大型四弁の白い花を開き、翌早朝にはしぼんでしまう月見草を、若い女性が日中の仕事を終えた後、風呂を使い、その後にする夕化粧に見立てたものである。なんとはかなく美しい喩えではないか。月見草を夕化粧に見立てる感覚的理性の働きは、方言比喩には少なく、むしろ文学比喩に通うところがあるように思われる。

　つくしを、兵庫県・広島県・香川県・愛媛県では「ホーシ」とか「ホーシノコ」と呼んでいるが、これは、その形状の特徴を「法師」に写像したものであり、鳥取県・島根県・広島県・山口県・高知県などで、「ヒガンボーズ」(彼岸坊主)と呼んでいるのも同様の趣意によるものである。当然、彼岸は春の彼岸である。また、福井県勝山市では、形が松茸に似ている苔を、「ボンサンゴケ」(坊さん苔)と呼んでいる。苔の松茸に似た形状と坊さんの頭の形状との間に類似性を発見して成立した比喩である。中国地方では、馬鈴薯を「キンカイモ」と呼んでいるが、これは人間の剥げ頭に見立てたもので、ユーモラスな比喩表現となっている。もし、広島県の県北で聞かれる「アクビ」が「あけび」の音訛形でなければ、あけびが口を開けた状態を人間の「欠伸」に見立てたもので、「キンカイモ」と同様に、ユーモラスな比喩発想と言ってよかろう。また、島根県の石見地方で、はなうつぎを「タウエバナ」(田植花)と呼んでいるが、これは田植をするころに満開を迎え、

美しい花なので、このように言う。昔、石見地方で行われていた田植は「花田植」と呼ばれ、早乙女が美しく着飾って田植を行っていた。時期が重なっていたことと、ともに美しいということで、はなうつぎの満開を見て、すぐにも「花田植」が連想されたものと思われる。福井県大野市や鳥取県・島根県では、アカネ科の二年草で8枚輪生する葉の裏に棘が生えており、輪状のまま衣服にくっつく八重葎を「クンショー」(勲章)、または「クンショーグサ」と呼んでいる。輪状の八重葎が勲章の形と類似していることから、子どもたちが「クンショー」と呼んで、衣服につけて遊んだことから、大人たちも使用するようになった。また、福井県では、山菜の一種を「トーキチロー」(藤吉郎)と呼んでいる。この山菜は大木の下に生えているので、「木下藤吉郎」をもじって、このように言う。ただ、山菜の一種である喩えられるものと木下藤吉郎という喩えの対象との間には、何ら類似性は認められない。この山菜が大木の下に生えているという隣接性の認識に基づいて成立した比喩であると考えられ、明らかに「遊び心」が認められる。山菜取りという農業社会における大切な慣習の中で、誰言うともなく、このような命名が定着したものと思われる。また、広島県の備後地方では、どくだみを「ヘコキグサ」(屁こき草)と呼んでいる。どくだみの特徴は、あの独特の匂いにある。その特徴に焦点を当てた新しい認識の造形化であり、発想である。

3. 自然現象の人間化

鳥取県では、大きな波が沖合から浜に向かってゆっくりと移動して来る様子を、すでに何度も触れたように、「ウマノリガトール」(馬乗りが通る)と呼んでいる。「大波」の移動する様と「馬乗り」が通る様子との間には、「大波」が海で、「馬乗り」が陸であることもあって、すぐに、類似性を感じることはできないが、「ウマノリガトール」と言われてみて、はじめて両者の間に類似性が発見されるような比喩表現となっている。また、広島県では、雷雨がやんで晴天になることを、「ヒガオガスル」(日顔がする)と呼んでおり、鳥取県や島根県では、急に日和の天気(晴天)になることを、「ヒガオ」(日顔)と言っている。共通語の「太陽が顔をのぞかせる」という表現も擬

人喩であるが、「日顔がする」という擬人喩はさらに擬人化の程度が強く、より直接的でもある。高知県では、雲間からたまたま漏れる日光を「ニッコリビ」（にっこり日）と呼んでいるが、これは「ヒガオ」に比べて、人に写像するイメージがより鮮明である。また、島根県では、大雨がやむことを、「アメガダマル」（雨が黙る）と表現する。さらに、山口県萩市では、どしゃぶりの雨を「ダトーノケンカ」（座頭の喧嘩）と呼んでいる。これは、「ツヨーフル」（杖を振る）と「ツヨーフル」（強く降る）の掛け詞で、類似性の発掘がかなり困難な比喩表現となっている。東日本では成立し得ない事象であることは、言うまでもなかろう。また、島根県石見地方では、南の山に出る入道雲を「アキタロー」（安芸太郎）と呼び、出雲地方では「ビンゴタロー」（備後太郎）と呼んでいる。また、秋田県の本庄市あたりでは、冬、軒先にたれ下がる「ツララ」（氷柱）のことを、「ジロゴタロゴ」と呼んでいる。そして、短いのを「ジロゴ」（次郎子）、長いのを「タロゴ」（太郎子）と言って区別している[1]。「自然現象の人間化」のパタンには、さほど多くの比喩事象は認められないが、その大半が、「主語（名詞）＋ガ＋述語（動詞）」という比喩文の形式をとっていることが注目されるのである。

4. 事物の人間化

主に、西日本の広い地域に、「おはぎ・ぼたもち」を指して、「トナリシラズ」（隣知らず）という言い方が盛んである。「おはぎ」は杵で搗かないので、音が隣に聞こえないという見立てである。昔は、餅を搗けば、かならず隣近所に配るという習慣があった。この家と家のつきあい秩序を前提として成立したのが、「トナリシラズ」という発想である。「おはぎ」と「人間」の間には、何ら類似性は認められない。しかし、「餅」と「隣近所」とは、いわば隣接関係にある。メトニミーの一例である。なお、ここでの「人間化」は、正確には家と家の関係性を維持するための「社会的行為」である。また、福井県では、嫁が姑から主婦権を譲り受けることを「オシャモジモラウ」（お杓文字を貰う）とか「シャクシモラウ」とか言い、高知県では姑が嫁に主婦権を譲ることを「シャクシオワタス」（杓子を渡す）と言う。一家

の主婦の権限という抽象的な意味を、台所にある重要な道具である「シャクシ」に表象化して、分かりやすく表現したものである。

　方言比喩による意味の拡張は、共通語の比喩や文学比喩とは異なり、どのパタンにおいても、基本的に、具体化の方向へと展開していく。それは、抽象的な言い方——抽象的な意味の拡張——ではなく、社会の成員に理解されやすい具体的な意味の創造が、基本的に要請されていたからだと考えられる。これは、かつての村落社会の人びとは、日々の生活にあって抽象的な世界認識をさほど必要としていなかったからだ、と言い換えることもできる。

　以上、方言比喩における擬自然喩と擬人喩の実相について見てきた。ここで、それぞれの特徴傾向や両者に共通する特徴を、箇条的に整理しておくことにする。まず、「擬自然喩」について。

〔1〕　方言比喩においては、擬人喩よりも擬自然喩の方がはるかに栄えている。この点で、文学比喩とは対照的な様相を示す。

〔2〕　人間の動物化のカテゴリーにおいて、すべての下位カテゴリーを通じて共通する事実は、喩えられる対象が「人間性向」に関するものが極めて多いということである。「人間性向」についで多いのが、「容貌」や「動作」である。

〔3〕　「人間性向」に関する比喩事象が極めて多いということは、「人間性向」という抽象的な概念を、「環境世界」に存在する動植物や自然現象に写像することによって、より具体的なイメージを喚起しようとする社会意識の働き——指向性——があったものと思われる。そのことから、結果的に、より直接的なイメージを共有するという社会的効果が認められることになる。

〔4〕　しかも、「人間性向」を「環境世界」に存在する動植物に転写することによって、揶揄や批判、卑罵などのマイナス・イメージがより強化されることになるが、その大半はおおらかな「笑いの空間」に収斂されるという傾向性が認められる。

〔5〕　擬自然喩の中には、謎解きに似た高尚な味つけの見られるものも栄えており、そこには「ことば遊び」の心の働きが感得される。

〔6〕　見立ての対象に選ばれている下位カテゴリーは、「動物」が「植物」や「自然現象」を圧倒して多くなっている。これは、動物が多様な形状を示すだけでなく、それぞれに個性的な動作や習性を示すものであり、多くの特徴を認知し、新しい意味を発見しやすかった——感覚的理性が働きやすかった——からであろう。しかも、「動物」の中を細かく見ていくと、いずれも地域生活者の「環境世界」の中で、身近に存在するものが喩えの対象として選ばれている。しかも、生業活動に関わりの深い「家畜（牛・馬）」が、多く取り立てられている。その点では、「植物」も同様で、「野菜」が見立ての対象として選ばれている事実が顕著である。それによって、民俗的な「生活臭」の濃い認識世界の造形化がなされていると言ってよい。その点で、文学比喩とは対照的な様相を示す。

〔7〕　擬自然喩において、「動物」では「豚」、「植物」では「花」、また「鉱物」のカテゴリーが喩えの対象として選択されることは、ほぼ皆無だと言ってよい。

〔8〕　擬自然喩においては、誇張比喩がかなり栄えているが、その大半はユーモラスな表現であり、「笑い」の共有空間を形成する。

〔9〕　二次的擬自然喩においては、「植物の動物化」のパタンが卓越しており、その点では一次的擬自然喩の場合と同様の傾向性が認められる。しかし、一次的擬自然喩のように、誇張比喩による滑稽味や揶揄、批判の心意が感得されるものは、ほとんど認められない。

ついで、「擬人喩」について。

〔1〕　狐、狸、鼬などに対する過去の俗信が、見立ての背景として働いているという点では、擬自然喩の場合と同様である。

〔2〕　擬自然喩には全く出現しない「花」が、擬人喩のカテゴリーには喩えの対象として選ばれている点が注目される。

〔3〕　擬人喩においては、喩えの対象として選ばれている「動物」と「植物」の間に、さほど大きな偏差は認められず、むしろ、「植物」の方が見立ての対象に多く選ばれている。この点が、擬自然喩と比較した場合、大きな特徴となっている。

そして、擬自然喩、擬人喩を通して、方言比喩による新しい認識の造形化は、抽象的な方向へ展開することはなく、基本的に、具体的な方向へと展開しているのである。抽象的で分かりにくい意味の発見は、地域社会では生成されることもなく、また、定着することもなかったと言うことができるだろう。抽象的な世界認識を必要としなかったからである。

　擬自然喩・擬人喩を通して、地域生活者は、自らが生きる「環境世界」の身近に存在する個々の生き物に対して、緻密な感覚的理性を働かせ、細かな特徴を共通して認識していたことが知られる。それは、かつての地域生活者が生きてきた「環境世界」が常に内に向かって固く閉じられていたためである。この点が、文学比喩を創造する背景とは、根本的に異なる。それゆえ、地域生活者は、多くの対象の特徴を細部にわたって共通に認知し、相互の類似性を発見し、豊かな想像力を働かせて、生きられる独自の「環境世界」の意味の網目を、これまた独自に拡張することが可能になったものと考えられる。また、とりわけ、擬自然喩を通して言えることは、地域生活者が「環境世界としての自然」に対して、濃密な親和力を共有していたということである。それは、「人間」と「自然」との一体性、一元的認識が強く働いていたと言い換えることもできる。このことは、おそらく、過去の地域社会に生きた人びとだけでなく、日本人にとって根源的な自然観（文化としての自然）を具体的に示すものであると言ってよいのではなかろうか。

　なお、比喩の形式について言えば、比喩語、比喩的イディオム、比喩文の三種が認められる。このうち、比喩語は、単純語は少なく、大半が複合語や派生語である。また、複合語は、「ネコドリ」（梟）のように、「名詞＋名詞」の形式を基本とするが、「カラスノアシアト」（深くなった目尻）のように「名詞＋ノ＋名詞」や、「シリヤケ」（鶺鴒）のように「名詞＋動詞連用形」の形式も認められる。単純語が極めて少ないという事実も、方言比喩の一つの特徴としてよいだろう。

V. 擬 物 喩

　擬物喩について述べる前に、断っておかなければならないことがある。そ

れは、ここで言う擬物喩が擬人喩に対立する比喩概念ではなく、擬自然喩や人間が生業活動を通じて生産する穀物や野菜を除く狭義の擬物喩だということである。たとえば、山梨正明は、擬物喩を擬人喩に対立する比喩概念として、次のように規定している。

> 人間についての叙述に用いられる表現が、無生物や生き物に適用される言葉のあやが擬人喩ならば、逆に無生物や他の生き物の叙述に用いられる表現が人間に適用される言葉のあやは、擬物化ということになる。いずれも、広い意味での隠喩の言葉のあやであり、そこにはあるものを他の何かに見立てる存在論がはたらいている。(『比喩と理解』128ページ、1988、東京大学出版会)

擬人喩に対して、その逆のケースをすべて擬物化として、二項対立的に扱うのは、いかにも合理的である。しかし、方言比喩について見た場合、擬人喩に対して、その逆のケースをすべて擬物喩として処理することになると、擬物喩の量があまりにも多くなり、意味範疇も多岐にわたることになる。そのため、喩えられるものと喩えるものとの意味的関係性が錯綜を極めることになり、また、擬自然喩と擬物喩における見立ての心意、社会的効果、比喩生成の環境的要因などの違いを、細かく検証することが困難となる。そして、何よりも問題なのは、地域社会に生きてきた生活者の「自然観」を明るみに出すことが、明確に意識化されない結果を招くことになるということである。それゆえ、筆者は、「擬自然喩」と「擬物喩」とを区別し、擬物喩を人間が作り出した事物(ただし、穀物や野菜を除く)を人間や自然に見立てる言葉のあや(新しい意味の生成)に限定することとする。

1. 人間の擬物化

(1) 船

島根県隠岐地方では、大柄な女性を指して、「オータラ」と呼んでいる。「オータラ」は、もともと和船の大船のことで、誇張比喩となっている。和船の大船には何人もの漁民が乗っているわけで、そのような男性の漁民を乗せるだけの大型な女性と揶揄したものである。隠岐の漁民にとって、大きな

和船は、自分たちの生業活動にとって欠かせないものであって、大柄な女性を見て、すぐにも、「オータラ」を連想したものと思われる。また、広島県や大分県では、実力がないのにお高くとまっている人を指して、「タカホオマク」（高帆を巻く）と表現する。和船の大きな帆船が、漁業社会で使用されるようになったのは近代以降のことであるから、これらの比喩表現が成立したのはさほど古い時代に遡るものではないだろう。

(2) 道具

広島県では、全く泳げない人を、「ゲンノー」（玄翁）と呼んでいる。共通語の「金槌」に相当する言い方であるが、「ゲンノー」は「金槌」よりも大きく重いので、より一層明確なイメージを喚起する比喩表現となっている。また、島根県石見地方では、頑固者を「カタクワモン」（片鍬者）と呼ぶ。頑固者は自分の思いを主張するばかりで、他者の言うことに耳を傾けようとしない。それは、近隣の「つきあい秩序」を重視するかつての村落社会にあっては、人間として半人前であるという認識があり、それを半分の大きさしかない「カタクワ」に見立てたものと思われる。また、兵庫県・広島県・高知県では、腕が立つ、思いきりよく物事を処理することを、「カマガキレル」（鎌が切れる）と言う。抽象的な意味を、農民が日常的に経験している「カマガキレル」という具体的な状態に写像した比喩表現であり、これも分かりやすさをねらったものである。さらに、熊本県では、賢くて立派に意見が言え、みんなの代表になれる人を「キレガマ」（切れ鎌）と言っている。「カマガキレル」に比べて、人間の擬物化のイメージがより鮮明に感じられる。

(3) 下着

高知県では、頼りない男を指して、「ホソビキノフンドシ」（細引きの褌）と呼んでいる。普通以上の男性がつける褌よりも細い褌だと表現して、頼りない男を揶揄したものである。また、福島県・福井県・鳥取県・島根県・熊本県などでは、妻に頭の上がらない夫を、「コシマキカブリ」（腰巻被り）と言い表している。福井県では、「腰巻」を「エモジ」と言うので、「エモジカブリ」の言い方も使用される。妻と腰巻は隣接関係にあるので、比喩の種類はメトニミー（換喩）であるが、思わず「笑い」を誘われる表現となってい

る。「フンドシ」といい、「コシマキ」といい、ともに過去の衣生活を反映するものである。

(4) 敷物・莫蓙

関東、北陸、近畿、中国の広い地域で、「ザブトン」（座布団）が妻に頭の上がらない夫に転写されている。広島県・山口県では「ダブトン」の語形も認められる。また、広島県・山口県では、長居する人や酒席で最後まで残って飲んでいる人を指して、「ゴザネブリ」（莫蓙ねぶり）と呼んでいる。「ねぶり」は「舐める」意を表す。莫蓙にしみている酒までも舐めていると表現したもので、明らかに、そのような行為をする人を批判する意識が感じられる。長居する人や酒癖の悪い人は、全国にたくさんいたと見えて、たとえば山口県下関市では、「ミヤガラス」（宮烏）という比喩表現が聞かれる。「みやがらす」は神社やお寺の供物を1時間でも2時間でも貪欲についばむ。その卑しさ、尻の長さが比喩としてはまことにぴったりである。福島県や栃木県では、すでに触れたが、「ゴザッパタキ」という言い方が用いられている。昔は家の中は畳などなく板敷きで、お客をするときは莫蓙を敷いたものである。宴会はお開きになったのに、ひとり残ってだらだらと飲んでいる人がいれば、家の人は早く後片付けをしたい。そこで、見せつけるように膳を持ち去り、最後に莫蓙を端からくるくる巻いていって、その男を追い出し、莫蓙をはたくのである。

(5) 履物

京都市では、寝小便をする人を指して、「コマゲタ」（駒下駄）と言い、娘さんになっても寝小便する人を「タカゲタ」（高下駄）と表現している。「コマゲタ」を便所用の下駄として用いたことから、このような間接的な表現が成立したとされる。擬人喩のカテゴリーには属さないが、長崎県では「舌びらめ」を指して、「クッドコ」（靴底）と呼んでいる。ちなみに、英語に sole（靴底、舌びらめ）があって、発想の一致が見られる。

(6) 文房具

同じく京都市では、門を出たり入ったりして落ち着きのない人を、「アリマフデ」（有馬筆）と表現する。これは、有馬の人形筆の先が出たり入っ

りする様子との類似性に着目したメタファーである。

(7) 釜

　長崎県をはじめ九州地方には、「ウドンヤノカマ」（うどん屋の釜）や「フロヤノカマ」（風呂屋の釜）といった表現が認められる。これは、うどん屋の釜や風呂屋の釜には「湯」しか入っていないところから、口先だけの人、言うだけの人を指して、使用される。「湯」と「言う」をかけた洒落た表現となっている。謎解きの面白さをねらった「ことば遊び」の心意の働きがうかがわれると言ってよかろうか。「ウドンヤノカマ」は奈良県でも聞かれる。

(8) 竈・鍋

　鳥取県・島根県では、結婚適齢期が過ぎても未婚のままで家にいる女性を指して、「クドフンバリ」（竈踏ん張り）と呼ぶ。竈は、かつて女性が煮炊きをする大切な場所であって、そこで踏ん張って外へ出ない様が具体的にイメージされ、揶揄や滑稽味の感じられる表現となっている。なにほどか、批判意識も含まれていよう。福井県では、そのような女性を「ヘツツイサン」（竈）と呼ぶ。面白いことに、広島県では、内弁慶を指して、「クドフンバリ」が使用される。鳥取県・島根県との間に、新しく発見された意味に地域差が認められるのである。また、高知県では、真ん丸い顔をした女性を指して、「ナベフタガオ」（鍋蓋顔）と呼んでいる。この思わず笑いをさそう比喩表現の製作には、明らかに揶揄の心意の働きが認められると言ってよかろう。

(9) 笊

　山形県では、大酒飲みを指して、「ザル」（笊）と呼び、中国地方も同様である。「笊」から水がこぼれるように、酒を飲むという見立てである。青森県では、「ジャル」という言い方が行われている。ところが、兵庫県加西市では、金遣いの荒い人を指して「ザル」と呼び、ここにも意味の地域差が認められるのである。また、山形県では、知識が頭から抜けていく人を、「ザルアダマ」（笊頭）と呼んでいる。笊から水がこぼれるように、知識が頭から抜けていくと見立てたものである。

(10) 甕

　福井県では、大酒飲みを指して、「ガメ」（甕）と呼び、島根県・山口県・福岡県・長崎県・熊本県では、大食漢を指して「ハンドバラ」（水甕腹）と言っている。また、熊本県では、家にこもって外出しない人を、「ハンズガメ」（水甕）と呼んでいる。いずれも誇張比喩で、「笑い」の空間を構成するものである。長崎県では、留守番することを「ハンドガメ」と言い、熊本県では、家にこもって外出しない人を指して、「ハンズガメ」とともに「ハンドカブリ」という言い方も行われている。

(11) 味噌桶

　和歌山市では、家にこもって外出しない人を、「ミソオケ」（味噌桶）と呼んでいる。「ミソオケ」というメタファーは中国地方にも広く行われており、山口市では「ミソダル」の言い方も聞かれる。味噌桶は炊事場にあって外へ出すことはない。揶揄の心意のこめられた見立てとなっている。高知県では、家にこもって外出しない人がたまに外へ出る場合、「ミソオケガデル」と言う。

(12) 樽

　栃木県塩谷郡では、大酒飲みを「ヒスケダル」（干透け樽）と呼んでいる。これは、干いて隙間がたくさんできている樽に酒を注ぐようなものだという誇張した見立てである。誇張の心意は、「甕」よりも大きく、滑稽味の感じられる比喩表現となっている。

(13) 菓子

　長崎県では、よく喋る人を指して「センベーツバ」（煎餅唇）と呼び、島根県では、黙ってものを言わない人を「ダマッタダンゴ」（黙った団子）と呼んでいる。前者は、煎餅を食べるときにはパリパリと大きな音がするところから、よく喋る人を連想したものであり、後者はことば遊びの心意によって成立した表現であろう。また、愛媛県では意地わるくすねる男児を「ネジレダンゴ」（ねじれ団子）と呼んでいるが、これもことば遊びの心意がうかがわれるメタファー表現である。

(14) 白壁

　厚化粧をしている女性を「白壁」に見立てた表現は、全国の各地に認められる。「シラカベ」という語形が多く見られるが、山口県萩市では「シロカベ」という語形が使用されている。また、岐阜県では「シャクシニョライノシロカベ」（杓子如来の白壁）という言い方が聞かれるが、これは、薬師如来をもじったものである。さらに、香川県では「シラカベホドヌットル」（白壁ほど塗っている）という言い方が使用され、長崎県では「シラカベヌッタゴタルヒト」（白壁を塗ったような人）のように言う。また、愛媛県や大分県では、「カベヌリ」（壁塗り）という言い方が聞かれ、熊本県では「コテヌリ」（鏝塗り）と言っている。いずれも誇張比喩で、かなり厳しい批判意識が感得される。昔のムラ社会では、女性も朝早くから日が落ちるまで野良で働き、夕食をとった後も夜遅くまで夜なべ仕事に従事して、化粧する暇もなければ、またその必要もなかった。それがムラ社会の規範であった。その社会的規範から逸脱して、厚化粧をして出かける女性には、厳しい批判の眼差しが向けられたことであろう。それが、厚化粧をしている女性を「白壁」に見立てる様々の誇張比喩を創造する要因になったものと考えられる。

(15) 火箸・火鉢

　島根県では、極端に痩せた人を指して「ヒバシニヌレガミオマイタヨーナ」（火箸に濡れ紙を巻いたような）とか「ヒバシニヌレガミオキセタヨーナ」（火箸に濡れ紙を着せたような）といった誇張比喩が聞かれる。極端に痩せた人の様子をユーモラスに表現したもので、「ことば遊び」の心が存分に発揮されたものである。広島県では、家にこもって外出しない人を、「ヒバチノバン」（火鉢の番）と言う。寒い時季に外出しようとしない老人について使うことが多かったという説明を受けた。「ヒバチノバン」は、島根県石見地方でも聞くことができる。また、福岡県久留米市では、「ヒバチバン」と言う。

(16) 盥

　福井県では、大きな口をした人をからかって、「タライグチ」（盥口）と呼ぶ。この誇張比喩の成立には、笑いの心意の働きが関与していると思われる

が、単純な明るい笑いとは言えないだろう。

⑰ **火吹き竹**
島根県石見地方では、告げ口をする人を「ヒューキンダケ」（火吹き竹）と言っている。また、広島県では話を大きくする人を「ヒフキダケ」と呼んでいる。鹿児島県では、噂話を大きくする人を「ヒオコシ」（火起こし、火吹き竹のこと）と言う。地域社会では、戦後も風呂を沸かすとき、火の勢いを強めるために、火吹き竹を使っていた。

　以上が、「人間の擬物化」に属する事象の主たるものである。「人間の状態」を事物に転写したものも認められるが、多くは「人間性向」を事物に写像したものである。擬物喩は、「人間の擬物化」のカテゴリーが圧倒的に栄えており、他のカテゴリーに属するものは極めて少ないと言ってよい。しかも、喩えの対象として選ばれている事物は、かつての地域生活者の日常生活にとって、いずれも身近なものばかりである。また、擬物喩には、誇張比喩が多く認められ、「笑いの空間」の共有化への志向性がかなり強く働いていると見なすことができる。また、「人間の擬物喩」において注目されることは、喩えの対象となっている事物の大半が、現在の生活環境からすっかり姿を消しているという事実である。これは、別の言い方をすれば、地域社会における過去の日常生活において使用されていた事物のうち、どのようなものに人びとが関心を寄せていたかを、ある程度推測することができるということである。それは、上にも触れたように、いずれも身近にあって、日常生活を営む上で欠かすことのできない事物が中心となっているということである。

2. 自然現象の擬物化

　鳥取県や島根県、さらに高知県では、高い山の中腹を巻くように雲がかかる状態を、「ヤマガハチマキオスル」（山が鉢巻をする）と表現する。ただ、これが人間が頭に鉢巻をした状態を連想して成立した表現ならば、「自然現象の人間化」のカテゴリーに所属する例となる。筆者の手元にある約7000例のデータの中で、「自然現象の擬物化」に所属する例かと思われるのは、

わずかこの1例である。

ところで、兵庫県加東郡では、「かまきり」を「モットイ」（元結）と呼んでいる。これがかまきりの足の細長さと元結の細長さとの間に類似性を発見したメタファー表現であるならば、「動物の擬物化」という項目を新たに設ける必要がある。

以上、「擬自然喩」「擬人喩」「擬物喩」のすべてを通じて、語種の観点から言えば、大半が和語で、漢語は少ない。また、外来語はほとんど喩えの対象として選択されていない。これは、筆者が取り上げた方言比喩が、いわゆる伝統方言に見出されるもので、遅くとも戦前までには成立していた比喩表現であることを物語るものであろう。しかし、成立はそうであっても、ここに取り上げた方言比喩のかなり多くのものが、地域社会の高齢者になお継承されているという事実に注目したいと思う。

VI. 精神の身体化

ここで言う「精神」とは、人間の内面にやどる心・精神だけでなく、精神によって外部に表出される恒常的な行動をも含む、より広い意味を表すものである。方言比喩の世界を見てみると、たとえば、「怠け者」とか「嘘つき」とか「小心者」などのように、人間の生まれつきの性格や日常的な行動癖・態度（いわゆる性向）などを、社会的規範に照らして評価する多くの語が、身体の部位や内部の臓器、さらには身体動作などに転写されたものが多く見出されるのである。また、人間の感情を、身体内部の臓器に見立てた表現も、少なくない。これらの現象を指して、「精神の身体化」と呼んでみたのである。その点で、共通語に多く認められる「機械の心臓部」「都民の足」「熊手」「人手」「手が早い」「足手まとい」「顔が広い」「顔を出す」「人手が足りない」「ギャンブルに手を出す」「足をひっぱる」「肝を冷やす」「面の皮が厚い」「上司の片腕となって働く」などの、いわゆる「身体比喩」と重なる面もあるが、むしろ異なる面の方が大きいことを、最初に断っておきたい。方言比喩の世界には、いわゆる「身体比喩」に関して、さほど多くは注目される事象が見出せないので、以下には、(1)性向の身体化、(2)感情の身体

化の二つのカテゴリーに分節して、具体的に見ていくことにする。

1. 性向の身体化

性向の身体化に関しては、方言比喩の資料に即して、(1)性向の身体部位化、(2)性向の身体臓器化、(3)性向の身体動作・様態化という三つの下位カテゴリーを設定することができる。以下、この順に見ていく。

(1) 性向の身体部位化

島根県の石見地方では、「度胸のよい人」を、共通語の「フトッパラ」（太っ腹）をはじめ、「ドテッパラ」（土手っ腹）、「ハラノフトイヒト」（腹の太い人）、「ハラノイカイヒト」（腹の大きい人）、「ハラクソガエー」（腹糞がよい、プラスの意味で使う）のように表現する。また、「コシノエーヒト」（腰のよい人）、「コシガスワットル」（腰が据わっている）のようにも表現する。このうち、「コシガスワットル」は、「落ち着いた人」を指しても使用される。「度胸がよい」「落ち着いている」という性向を、「腹」や「腰」の状態に見立てたものである。また、福井県大野市では、「落ち着いて度量のある人」を指して、「ハラノフトイヒト」（腹の太い人）のように言う。高知県では、「落ち着いて度量のある人」を「ドテッパラガエー」（土手っ腹がよい）と表現する。「ドテッパラ」は島根県石見地方でも使用されるが、ともに誇張比喩であって、軽い揶揄の心意が含まれている。また、島根県石見地方や広島県安芸地方では、「落ち着いて度量のある人」を指して、「ハラガイカイヒト」（腹が大きい人）とも言う。「イカイ」は「大きい」という意味を表す形容詞で、茨城県・千葉県・福井県などでも使用されている。また、島根県出雲地方では、楽しみの後に苦労が伴うことを、「アトハラガニガル」と言う。「ニガル」はずきずきと痛む意を表す。抽象的な意味を身体化することによって、具体的なイメージを喚起し、分かりやすさをねらった比喩表現である。また、熊本県では、恥かしがり屋のことを「ツラモタズ」（面持たず）と言う。恥かしくて顔が赤くなることを、大分県では「ツラビガモユル」（面火が燃える）といういかにもオーバーな身体化の表現を用いて言い表している。さらに、「何かあるとすぐに飛び出していく好奇心の強い人」を、

鳥取県・島根県・広島県・愛媛県・佐賀県・熊本県などでは「腹」の部位に含まれる出臍に見立てて、「デベソ」と呼んでいる。滋賀県・京都府の「デベスケ」や新潟県の「デベ」は「外出好きな人」を指すが、これらも、「デベソ」と関係する語であろう。「デベソ」は、九州北部にも点在する。どちらも、引っ込めても、引っ込めてもすぐに出てしまうという類似性の発見による比喩表現である。また、福井県大野市では、「性悪な人」を「ハラグロ」（腹黒）とか「ハラワル」（腹悪）と呼んでいる。大分県東国東郡姫島では、人の言うことをよく聞く素直な子を指して、「ミミアキ」（耳開き）と言う。すでに触れたように、福岡県・大分県では、「怠け者」を「ゴタイシン」（五体死に）と表現する。これは、手や足が死んでいるから怠けるのだ、と強く罵倒した表現である。「ゴテシニ」「ゴテシン」などの言い方も聞かれ、典型的な誇張比喩である。また、青森県では、怠け者を「カラボネヤミ」（空骨病み）とか「カラッポネヤミ」と呼んで、強く非難している。しかし、病んでいて死んでいるとは言っていないので、まだいくらか救われる。東北地方に分布する「カバネヤミ」「カバネヒキズリ」は怠け者という性向を「カバネ」（身体）の状態に写像したものである。「怠け者」が社会から強い批判の対象とされることは、今も昔も変わりがないが、昔はコミュニティー、とりわけムラ社会や個々の家を維持するために批判の対象になったものが、今は企業や様々な組織を維持するために批判の対象とされている。

(2) **性向の身体臓器化**

島根県石見地方では、「怠け者」を「ズイヌケ」「ズイヌケシ」「ズイワル」「ズイワルモン」などと呼んでいる。「ズイヌケ」「ズイワル」の「ズイ」は「髄」で、脊髄や脳髄など、身体の中心をなす器官である。仕事に対する意欲のない人を、身体の中心をなす器官が抜けている、あるいは悪いと見立てた表現で、怠け者を強く非難し、罵倒する心意の働きが認められる。怠ける程度がさほどひどくない場合には、「コズイガワリー」（小髄が悪い）と言い表す。また、同じ島根県石見地方では、「小心者」を「キモガコマー」（肝が小さい）「キモガワリー」（肝が悪い）「キモガスワットラン」（胆がすわっていない）のように表現する。気の弱い様を、肝の状態に見立てたものであ

る。逆に、「大胆な人」は、「キモガイカー」（肝が大きい）と表現される。新潟県では、「キモッタマガフテー」（肝っ玉が太い）と言い表すことが多い。また、鳥取県や広島県では、「キモボソ」（肝細）の言い方が聞かれる。「コシヌケ」（腰抜け）は、共通語では、「気力に欠け、いざという時になんの役にも立たない人」の意を表すが、中国地方では「小心者」「気の弱い人」を指して、使用されることがある。島根県石見地方では、「性悪な人」を指して、「キモガワルイ」（肝が悪い）と呼んでおり、また、「怠け者」を「ホネガイターモン」（骨が痛い者）とも表現する。体のあちこちが痛いと言って、仕事をしようとしない人を、「ホネ」に表象化して表現したものである。新潟県では、「厚顔無恥な人」を指して、「シンゾーガツエー」（心臓が強い）と表現する。また、広島県では、「気前のよい人」を「キモガキレル」と言い、特に金品を気前よく出すさまに使用されることが多い。それに対して、群馬県では、短気な人を指して「キモッキレ」（肝切れ）と言う。前者は「肝が切れる」ことをプラスの意味に使用し、後者はマイナスの意味に使用しているのである。ここにも意味の地域差が認められる。

(3) 性向の身体動作・様態化

　新潟県では、仕事を言いつかっても、動くふりをちょっとするだけという「怠け者」を、「イッスンズリ」（一寸ずり）と表現する。「ズル」は座ったまま移動することである。体をわずかに動かすだけで、結局立ち上がろうとしない「怠け者」の様態が、具体的にイメージされる。誇張比喩で、批判意識を超えて、滑稽味さえ感じられる表現となっている。「イッスンズリ」よりもさらにひどい怠け者、すなわち全く体を動かそうとしない「怠け者」を指して、広島県では「トコバリ」（床張り）と呼んでいる。寝床に張りついて、全く動こうとしない怠け者の様態が鮮明にイメージされて面白い。また、福井県では、「目立ちたがり」を、「トビアガリ」（飛び上がり）とか「トビアガリモン」、さらには「トビスケ」（飛び助）のように表現する。素朴で分かりやすい身体動作化の表現と言ってよかろう。新潟県では、「横柄・尊大な人」を指して、「ズンノボル」（ずん上る）、「ズンノボセル」（ずん上せる）のように言う。さらに、青森県・秋田県では、「生意気な人・見栄っ張り」

を指して、「エーフリコギ」(良い振りをする人)と呼ぶ。この言い方は、周りから「エーフリコギ」と言われないように、堅実に振る舞うという、地域の人びとの行動を規制する表現となっている。

　以上が、「性向の身体化」に属する比喩事象である。このようなわずかな事象を踏まえて、何か特定の傾向性を導くことは危険であることを十分承知した上で、あえて言えば、「怠け者」を身体化して表現している事象が多く認められるということである。これは、「怠け者」にも様々な怠け者がいるが、このような身体化の比喩表現を創造することによって、その様態や程度を、細かく具体的に分節して認識し分けようとした社会意識の強い働きがあったものと思われる。つまり、「性向の身体化」を通して言えることは、地域社会の成員が「怠け者」に対して強い関心を寄せ、常に厳しい批判意識の込められた眼差しを向けてきたということである。

2. 感情の身体化
(1) 感情の身体部位化

　感情を、身体部位に転写した、方言に特徴的な比喩表現は少なく、わずかに「立腹」の感情を「ハラ」(腹)によって表現したものが認められるだけである。「腹を立てる」「立腹する」という共通語の言い方とは、発想を異にするものとして、次のような表現が見出される。青森県西津軽郡では、「怒りっぽい人・気の短い人」を「タンバラ」(短腹)と表現している。また、栃木県や埼玉県では「タンパラ」と言っている。これは、「腹を立てる」のではなく、「腹が短い」と見立てたもので、共通語とは全く発想を異にするものである。また、長崎市では、「ハラカキボー」(腹掻き坊)と呼んでいる。こちらは、「立てる」のではなく「掻く」と見立てたものである。さらに、発想は、共通語の「腹を立てる」と同じであるが、広島県・山口県では、「ハラタチ」(腹立ち)という名詞形が行われている。

(2) 感情の身体臓器化

　たとえば、島根県石見地方・広島県・山口県などでは、「人の世話をよくする、心配する」ことを、「キモーヤク」(肝を焼く)と表現することが多

い。また、「キモガイモニナル」(肝が芋になる) とも言う。肝を焼いた結果、肝が焼き芋になると類推して成立したユーモラスな表現である。焼き芋になるほどの心配は、やがて「キモガヤケル」(肝が焼ける、腹が立つ) ことになる。また、「キモガイル」(肝が煎る)、「キモオイル」(肝を煎る) という言い方も使用され、「ムネガヤケル」(胸が焼ける)、「ムネオヤク」(胸を焼く) とほぼ同じ意味を表す。また、青森県津軽地方では、「腹を立てる、腹が立つ」という立腹の感情を、「キマグ」とか「キマグル」ということばを用いて表現する。「キマグ」は「肝を焼く」で、「キマグル」は「肝が焼ける」である。新潟県でも、立腹の感情を、「キモイレル」(肝煎れる) と表現する。また、長野県秋山郷では、すぐにつむじを曲げる人を「チモヤケ」(肝焼け) と言っている。共通語にもわずかに、「肝を冷やす」とか「肝を潰す」「肝を抜かす」などのように、「肝」が人の感情を表すことばとして使用されるが、方言比喩においては、「肝」が人の内面の多様な感情を表すことばとして、多く使用されているのである。それが最も顕著に認められるのが琉球方言である。

中本正智は、「チム (肝) は容器のようにとらえられ、広い、狭い、大きい、小さいなどの形容詞とともに用いられる。容器のひろがりは、感情や精神のひろがりを表すわけである。」と述べて、次のような例を挙げている。

チムピルサン (肝広い) は、心が広いことで、度量があって、包容力に富んでいることである。チムヌ ヒルサン (肝が広い) ともいう。

チムイリ (肝入り) は、親切心を表すが、チムピルサンは、この親切心を広くほどこすことである。

チムナガサン (肝長い) は、のんびりしていて、気が長いことを表す。

チムマギサン (肝大きい) は、度胸のあることで、マギジム チカユン (大肝を使う) は、小心者であるにもかかわらず、大胆なことをやる意を表す。

チムグーサン (肝小さい) は、内気であるとか、小心であるとかの意。

チムアッサン (肝浅い) は、浮気で貞操観念が乏しいことを表す。

チムダカサン (肝高い) は、気品のある、あるいは品位の高い意であ

る。チムのはたらきが常に高いところにあるという表現である。

また、中本は、「肝が感覚的に感じとるような表現をすることで、感情を表すのである。たとえば、感覚を表すヒジュラサン（冷めたい）と複合してチムヒジュラサン（肝冷めたい）というと、危険なことを予感して、感情が硬直することを表す。（中略）カナサン（愛し）は、「かわいい」の意である。容姿を見て「かわいい」と感じることもあるが、心のやさしさや気立てなどから「かわいい」と思うこともある。これをチムガナサン（肝愛し）という。チムガナサスン（肝愛しさする）は、心からいとしいと思うことである。」と説いている。そして、「チム」（肝）を根幹として派生した様々な感情を表す語を示し、その意味用法を詳しく説明した上で、共通語と比較して、次のように述べている。

　　内面を表すのに共通語では「心」が多く使われ、「肝」は「肝をつぶす」などわずかに使われているのだが、琉球では逆に「肝」が多く使われ、「心」の例が少ない。（以上、「琉球方言の感情語・形容語——沖縄県玉城村奥武方言」、佐藤喜代治編『講座日本語の語彙8　方言の語彙』1982、明治書院、による）

また、町博光は、同じ琉球方言圏の奄美諸島の一つ与論島方言を例にとって、「肝」（キム）の意味用法を詳しく記述し、次のように述べている。

　　与論島方言の kimu は本土語の肝とかなりその用法を異にする。身体部位としての肝臓を意味するのは同様であるが、本土語が慣用的な用法に固定されるのに比べ、与論島方言では人間の内面を表す語として多彩な意味用法を有している……。（「方言の語彙と比喩」、江端義夫編『朝倉日本語講座10　方言』99～101ページ、2002、朝倉書店）

「肝」を容器のように見立てる「感情の身体化」は、琉球方言に限られることではないが、「肝」が「感覚的に感じとるような表現をすることで、感情を表す」身体化は、他の地域にはあまり多く認められないのではなかろうか。いずれにしても、「肝」が人間の性向や感情を支配する重要な身体臓器であるとする認識の仕方は、早くから日本の地域社会の人びとの間に浸透していたものと思われる。

Ⅶ. 方言比喩と子どもたちの想像力

1. 子どもたちの想像力と「遊びの空間」

　岐阜県・兵庫県但馬地方・鳥取県・広島県・愛媛県・高知県、さらには九州の佐賀県・熊本県・長崎県・鹿児島県などでは、「かまきり」（蟷螂）を指して、「オガメ」（拝め）と呼んでいる。かまきりにいたずらをしかけると、威嚇するように、しきりにあの大きな前肢（鎌）を上下に動かす。その様子を見て、人間の拝礼の姿を連想したものであろうが、「オガメ」と命令形をとっているところに、子どもたちがかまきりをからかって遊んでいるそのさなか（遊びの空間）で創造された比喩表現である秘密が隠されているように思う。今から30年ほど前になるが、兵庫県但馬地方のある農業集落に方言調査に行ったとき、数人の子どもたちが路傍に腰を下ろして、小さな木切れを手にもって、しきりにはやしながら何かをからかっているのを眼にしたことがある。傍に寄って見ると、「オガメ　オガメ」とはやしながら、かまきりを木切れでつついて遊んでいたのである。今も、こうした世界が子どもたちの遊びの空間に生き続けていることを知った筆者は、自分の幼少期の体験と重ね合わせて、感慨を覚えたものである。また、中国四国地方の広い地域で、「ねむの木」を「ネムレ」（眠れ）と呼んでいる。兵庫県加西市では「ネンネノキ」（ねんねの木）と言い、「ネムリギ」（眠り木）、「ネムリソー」「ネムリグサ」（眠り草）、「ネブリンボー」（眠り坊）、「ネムンノキ」（眠りの木）などの言い方も各地で使用されている。「ねむの木」も、やはり「ネムレ」と命令形をとっており、「ネンネノキ」という幼児語を思わせる形式で表現されているところから、子どもたちが「遊びの空間」で使用したものと思われる。なぜ「ネムレ」と表現しているかというと、ねむの葉に手を触れると葉が閉じ合わさることから、人の眠る様子、すなわちまぶたを閉じる様子を連想し、ねむの葉が閉じ合わさることを認知しようとしたのである。かまきりやねむの木を相手に、身体接触をとおして、「オガメ」「ネムレ」とはやしながら遊んだのは子どもたちであったはずである。朝早くから日が落ちるまで、野良や山や海で働いていた昔の大人たちには、そのような時間的余裕は

全く無かったからである。群馬県や千葉県では、「かまきり」を「ハラタチ」（腹立ち）と呼んでいるが、これは、かまきりがしきりに威嚇する様子を、人と同じように「腹を立てている」と見立てたものである。「オガメ」「ネムレ」「ハラタチ」などが、子どもたちが「遊びの空間」の中で、いかにも子どもらしい素朴な想像力を働かせて創り出した擬人喩であることは疑いないとしても、これらの比喩表現がいったい、いつごろ成立したかということを確定するのは困難である。また、島根県石見地方・広島県・山口県には、「チョーナカタギ」（手斧担ぎ）の呼称が認められる。これは、かまきりが前肢を上げた様子を見て、大人が手斧を肩に担いだ姿を連想したものである。

「かまきり」「ねむの木」に類するものとして、「すみれ」の方言がある。関東・中部・北陸・近畿・中国・四国・九州という実に広い地域に、「スモートリグサ」（相撲取り草）、「スモートリバナ」（相撲取り花）というメタファーによる新しい意味の創造が認められ、千葉県・静岡県・奈良県には、「クビキリバナ」（首切り花）の呼称が行われている。また、「ジロ（ボ）タロ（ボ）」（次郎太郎）という言い方が愛知県・奈良県・和歌山県・広島県などに分布している。また、長野県・静岡県では、「ジジババ」（爺婆）の言い方が行われている。さらに、「ウマカチカチ」（馬かちかち）や「ゲゲウマ」（げげ馬）という名づけも、九州各地に見られる。「スモートリグサ」は、すみれの花を互いにからませて引きあって争う遊びを相撲に見立てた命名であり、すでに中世末期には京の都の子どもたちが使用していたことが、『日葡辞書』（1603）の記述によって知られる。「クビキリバナ」もまた、首を引きあって切りあう遊びに由来するものである。すみれを、「スモートリ」に見立てたのは、２人の子がペアになって勝ち負けを争ったからであろう。その点では、「タロ（ボ）ジロ（ボ）」や「ジジババ」も、太郎対次郎、爺対婆という連想によるもので、互いに争って遊んだからであろう。

子どもたちが遊びの空間の中で、子どもたち独自の想像力を働かせ、新しい認識の造形化を行ってきたことは、筆者も早く指摘したところであるが（拙著『地方人の発想法―くらしと方言』1980、文化評論出版）、真田信治が次のように述べていることは、とりわけ注目されてよかろう。

子供たちは、遊びの中で自由に語を創造していく。それは各地各地で独自のパターンをもっている。自由な発想、独自な命名、それはまさに俚言発生の元であり、方言の花園にまかれる種子にたとえることができよう。(『日本語のゆれ―地図で見る地域語の生態』45 ページ、1983、南雲堂）

「春蘭」も、子どもたちの関心を引く草花であった。春蘭は、林の中などに自生し、また庭などに植えられる小さな草花で、2本が一対となって寄り添うように立っている。その様子を見て、子どもたちはすぐにも仲の良い祖父母の姿を連想したものと思われる。東北から九州までの広い地域で、「ジジババ」（爺婆）という言い方が使用され、神奈川県では「ジージーバーバー」が、兵庫県加東郡では「ジーババ」が、岡山県新見市や福岡県では「ジーサンバーサン」が、山口県山口市では「ジーノホングリバーノホングリ」が、熊本県では「ジートババ」が、鳥取県・大分県では「オノエノジジババ」「オノエノジーバー」が、それぞれ使用されている。また、和歌山市では「オキクトボーズ」（お菊と坊主）の言い方が行われている。いずれの呼称も、擬人喩になっていることが注目される。

2. 小さな生き物への関心

　子どもたちの遊びの対象になった小さな生き物は、ほかにも多く認められる。その一つを挙げると、「蟻地獄」がある。福井県下や広島県・山口県では、「蟻地獄」を「ソートメ」と呼んでいる。「ソートメ」は、田に早苗を植える「早乙女」である。蟻地獄という小さな生き物を相手に遊んだのは子どもたちであったことは、まず間違いなかろう。それでは、なぜ子どもたちが「蟻地獄」を「ソートメ」と呼ぶようになったかというと、どちらも前に進むことをしないで、後ろに下がるという類似性を発見したからである。蟻地獄を相手に遊びながら、後ろにしか下がらないという動きの特徴に気づき、すぐにも「早乙女」を連想したのは、かつての農業社会にあって、猫の手も借りたいといわれた「田植」の忙しい時期にあっては、子どもたちも重要な役割を果たしていたからである。子どもたちは、自らの身体経験を通して、

早乙女が後ろに下がりながら早苗を植えていくことを熟知していたのである。もう一つ例を挙げよう。広島県備後地方の山地部では、「みずすまし」や「あめんぼう」を指して「タユーサン」（太夫さん）と呼んでいる。みずすましは全身が黒っぽく、左に回りながら移動する。秋祭りの日に、神社の舞台で舞う太夫さん（神主）も、黒装束で左に回りながら舞を舞う。みずすましも子どもたちの遊びの対象であったが、子どもたちは秋祭りの日にも様々な役割を担った。それゆえ、みずすましも太夫さんも、ともに全身が黒っぽく、左に回りながら移動するという共通の特徴を認知し、みずすましを「タユーサン」に転写したのである。

さらに1、2の例を加えると、新潟県・富山県で「穴蜘蛛」のことを、「サムライ」（侍）と呼んでいる。「穴蜘蛛」は土台石や木の根元などに細長い袋を作って地中にすむ、赤黒い蜘蛛のことである。子どもたちは、この「穴蜘蛛」を木切れや紐などを使って、地上に引き出す遊びを楽しんだものだが、穴蜘蛛は地上に引き出されると自分で腹を嚙み切って死んでしまう習性をもっている。地上に引き出されて日に当たると、次第に弱って死んでしまうので、弱る前に潔く自分で腹を嚙み切って死んでしまうと想像した子どもたちは、すぐにも「侍」の切腹を連想したものと思われる。

子どもたちが、「穴蜘蛛」と「侍」との間に類似性を発見して、「穴蜘蛛」を「サムライ」と呼んだとき、おそらく「穴蜘蛛」と「侍」の意味やイメージはかなり濃密に重なり合っていたものと思われる。言い換えれば、「サムライ」という語の中で二つの意味は重層化していたものと考えられる。さらに言い換えれば、「穴蜘蛛」が腹を嚙み切って死ぬ様を見て、「サムライ」と呼んだのは、ソシュール, F. de の言う、特定の子どもの一回的なパロール的行為であったと考えられる。それが、多くの子どもたちが「穴蜘蛛」の習性を知るに及んで、共鳴、共感を喚起し、子どもたちの新しい認識の造形化として、子ども社会に定着したものと思われる。子どもたちが類似性の発見によって新しい認識の造形化に成功した「サムライ」は、その意外性によって、やがて大人たちにも承認されることになり、年層の区別を超えて、地域社会の成員全員の共有財となっていったのであろう。

また、神奈川県では、「バッタ」の一種である「ショウリョウバッタ」を、「おんめ」と呼んでいる。「おんめ機織れ、麦飯やるぞ」というはやしことば聞かれることからも明らかなように、「おんめ」も子どもたちの遊びから生まれた比喩表現である。ショウリョウバッタの二本の後ろ足を揃えてつかんで持ち上げると、もがいて体を前後上下に動かす。昔の子どもたちは、この動きを、人が手機織機で機を織る動作に見立てておもしろがったという。「おんめ」は女性の名前の「お梅」に由来するものである。昔は、機織は女性の大切な仕事で、人並みに機織ができるようになるまでは、嫁に行けないものとされた。関東地方で、「おそめ」「おまん」など別の女性名で呼ぶところもあるという。具体的な人名が与えられているのは、それだけ日常的で、子どもたちにとっても生活実感が強かったということだろう。また、茨城県・栃木県では、とんぼの一種を「ゲンザ」とか「ゲンゾ」と言っている。すばやく飛び回るとんぼを山野を駆け廻って修行する「山伏」に見立てたものである。これも子どもたちの手になる造語であろうか。
　ところで、「かまきり」や「蟻地獄」、また「穴蜘蛛」や「みずすまし」「ショウリョウバッタ」、さらには「すみれ」のどれをとっても、子どもたちが生きる「環境世界」の遊びの空間に存在する小さな生き物である。彼らは、自らが生きる「生活環境」の中で身近に存在する小さな生き物に強い関心を寄せ、遊びの対象としているのである。しかも、彼らの観察眼は鋭く、小さな生き物の動作や状態の特徴を的確に捉え、その特徴認知を起点として、多くの場合、それと同様の類似性を有する人間の動作や状態に写像しているのである。「遊びの空間」での主体的な遊び体験を通して、子どもたちは独自の感性を育み、独自の想像力を獲得していったのである。子どもたちの「遊びの空間」は、言うまでもなく、「生活環境」の中での「自然環境」である。子どもたちは、所与の自然環境の中でのびのびと遊びながら、強い好奇心をもって小さな生き物との身体接触を重ね、独自の感性を育み、自然への「親和力」を身につけていったのである。
　それは、現在、実施されている幼少児を対象とした「自然観察」の教育とは、全く質を異にするものである。昔の子どもたちは、「遊び」の環境の中

で、独自の想像力を育み、小さな生き物との身体接触を通して、意外性に富んだ比喩表現を創造し、子どもたち独自の「意味の世界」を形成してきたのである。そうなってはじめて、子どもたちと自然との感覚的理性による濃密な関係性が形成されることになる。

　高知県で、「めだか」を「カワクジラ」（川鯨）と呼び、山形県や富山県で「蚤」を「アカウマ」（赤馬）と呼んでいるのも、やはり子どもたちの手になる比喩表現であると考えられる。これらはともに、誇張比喩であって、子どもたちの名づけにおける「遊び心」が横溢していると言ってよいだろう。なお、高知県で、川にいる最も小さな魚を海にいる最も大きな魚へ転写し得た環境的要因については、すでに詳しく説明した。なお、島根県出雲地方では、「鳶」を「メエヨ」（舞えよ）と表現するが、これも命令形であるだけに、子どもたちが創造した比喩表現の一つと考えることもできようか。

3. 擬人喩への傾斜

　さて、上に述べてきた、子どもたちが「遊びの空間」の中で独自に創造した新しい意味の事象を見てみると、「オガメ」「オガメタロー」「チョーナカタギ」（かまきり）、「スモートリグサ」「タロ（ボ）ジロ（ボ）」「ジジババ」（すみれ）、「ソートメ」（蟻地獄）、「タユーサン」（みずすまし）、「サムライ」（穴蜘蛛）、「オンメ」「オソメ」「オマン」（ショウリョウバッタ）、「ジジババ」「ジートバー」「ジーサンバーサン」「ジージーバーバー」「オキクトボーズ」（春欄）のように、身近にいる小さな生き物を、人に見立てた擬人喩が栄えていることに気づく。方言比喩一般について言えば、すでに詳しく見てきたように、擬人喩ではなく、擬自然喩、擬物喩の方がはるかに盛んである。そのような状況の中にあって、子どもたちの手になる比喩表現が、なぜ擬人喩に大きく傾斜しているのであろうか。この問題について、現在、筆者は、子どもたちが自己中心的に、身近にいる小さな生き物と密接に関わってきた、という以外に明確な解答を持ち合わせないが、次に引用する岩田純一の指摘は極めて示唆的である。

　　興味深いのは、子どもにとっては（自己を中心化した）擬人的な重ね

合わせが使いやすい、理解しやすいということである。子どもの絵本を分析したことがあるが、絵本で見られる比喩の特徴の一つは擬人的な比喩が多いということである。自己身体を基点として対象に重ね合わせる投影的なやり方が、子どもにとっても容易であり、比喩ル認識法の原点にあるように思われる。(「補稿「比喩ル」の心―比喩の発達の観点から」、山梨正明『比喩と理解』1988、東京大学出版会)

4. 想像力の拡張

「かまきり」に向かって、直接「オガメ」(拝め)と命令する発想による語形は、先に述べたように、東北地方と関東地方を除く、日本の広い地域に認められるものである。長崎県では、「オガメタロー」(拝め太郎)の言い方が聞かれ、岐阜県では「オガンタニ」(拝み太郎)という語形が行われている。「オガメ」という語形以外には、「オーガメ」が高知県・大分県・熊本県に、「オンガメ」が高知県・大分県・熊本県・鹿児島県に認められる。「オガメ」の語源が曖昧になると、「蟷螂」との複合形を創造することになり、兵庫県には「オガメトーロ」が、高知県には「オガメチョーロ」が認められる。また、少しの時間だけ「拝む」ことを命令するのではなく、長い時間にわたって「拝む」ことを要求する気持ちからか、滋賀県では、「オガミドーセ」(拝み通せ)という言い方が行われている。

「オガメ」と直接的に命令するのではなく、いくらかやさしく命令する言い方として、次のようなものが各地に行われている。

 オガモ(拝もう) 兵庫県美方郡・同養父郡・和歌山県・愛媛県・高知県・大分県・宮崎県・熊本県

 オガマー(拝もう) 兵庫県美方郡

 オガマ(拝もう)「オガマー」の語末長音が脱落した語形 兵庫県美方郡・同養父郡

さらに丁寧にすすめかける発想によって成立した言い方としては、次のようなものが認められる。兵庫県美方郡・広島県・島根県石見地方で使用される「オガミ」は、「オガミソーロー」＞「オガミソー」＞「オガミ」の変化

を経て成立した語形であると考えられる。

　　オガミソーロー（拝み候）　兵庫県美方郡・同養父郡

　　オガミソー（拝み候）「オガミソーロー」の省略形　広島県芸北地方・島根県石見地方

　　オガミ（拝み）　兵庫県美方郡・島根県石見地方・広島県・愛媛県大三島

　一方、「かまきり」に向かって、「拝め」と命令する思いがさらに強くなると、「オガマニャトーサン」（拝まねば通さぬ）とか「オガマナコロス」（拝まねば殺す）のような言い方を生み出すことになる。このような発想に立つ造語は、各地に、次のように行われている。

　　オガマニャトーサヌ（拝まねば通さぬ）　熊本県

　　オガマナトーサン（拝まねば通さん）　岐阜県・福岡県・大分県・熊本県

　　オガマニャトーラセン（拝まねば通らせん）　大分県

　　オガマニャトーセン（拝まねば通せん）　熊本県

　　オガマノトーサン（小鎌の父さん）　高知県

　　オガマントンサン（小鎌の殿さん）　熊本県

　　オカマノトーサン（小鎌の父さん）　滋賀県

　　オカマトーサン（小鎌父さん）　滋賀県

　　オガマ（拝ま）　愛媛県・徳島県・高知県

　　オンガマ（拝ま）　鹿児島県

　高知県の「オガマノトーサン」は、もとは「オガマナトーサン」であったものが、語源が不明瞭になり、子どもたちが「トーサン」を独自に「父さん」と解釈し、「おがまの父さん」を連想することによって成立したものであろう。その際、子どもたちの意識の中には、「おがま」は、「拝ま」ではなく、「小鎌」がイメージされ、「な」が連体格助詞の「の」に変化したものと考えられる。また、滋賀県の近江一帯に認められる「オカマノトーサン」も、「鎌」を連想することによって「オカマ」（小鎌）となったものと思われる。また、熊本県の「オガマントンサン」の「トンサン」は、「トーサン」

の長音が撥音の「ン」に変化したとも考えられるが、筆者は子どもたちが「かまきり」の「鎌」（前肢）の大きさに注目して、「殿様」（トンサン）を連想したものと考えたい。愛媛県・徳島県・高知県で使用される「オガマ」、鹿児島県で聞かれる「オンガマ」は、「オガマナトーサン」の著しい省略形である。

　また、「オガマニャコロス」の言い方は、次のように行われている。
　　オガマニャコロス（拝まねば殺す）　兵庫県美方郡・同養父郡
　　オガマナコロソ（拝まねば殺そう）　和歌山県
このように、子どもたちは、その豊かな想像力、類推力を存分に発揮して、「かまきり」を人に見立てた新しい認識の造形化を試みているのである。各地で、このように多くの言い方が創造されていることを見ても、子どもたちが「かまきり」にいかに強い好奇心と親しみの感情を寄せていたかが分かるだろう。子どもたちは、「遊びの空間」の中で、「かまきり」と身体接触を重ねることによって、このように多くの擬人喩を創り出すことができたのであって、それは、単なる一過性の「自然観察」という教育では、とうていかなえられない濃密で主体的な行為であったと言ってよいだろう。

　ところで、日本の諸方言に認められる「拝む」（拝礼する）と類似の発想が、外国語にも認められることは、興味深い。フランス語では、「かまきり」を mante religieuse と呼んでおり、これを日本語に訳すと、さしずめ「尼さん（祈る人）蟷螂」ということになろう。また、英語では praying mantis で、「合唱蟷螂」という訳があたる。スペイン語の predicador（説教師）やドイツ語の Gottesanbetrin（神の崇拝者）も、同じ発想に基づくものであろう。これらは、いずれも「かまきり」の鎌の動かし方から、人間の祈る動作を連想したものであり、日本の諸方言に認められる「拝む」系の言い方と発想を一にする。

5.「遊び」の力

　最後に、子どもたちが幼いころに身につけた「遊び」の力が、高齢者になっても、なお鮮明に記憶され続け、それが「生きる力」の一つになっている

ことを物語る事実を、少し長くなるが、嘉田由紀子の文章から引用することにしよう。

「子ども時代に、水辺でどんな遊びをしましたか？」という質問をさせてもらうと、ひとりふたりであっても、大変克明に、どんな場所で、どんな生き物がいて、どんな取り方を工夫していたのか、ということを記憶していて、語ってくれる。特に「生き物つかみ」の話は熱が入る。その語り口がいかにも楽しそうで、うれしそうなのだ。そして自信に満ちている。これこそ「生きる力」を感じさせてくれる語りであった。そのようなことに気づいてから、改めて、グループで活動している人たちの会合の折などにも、遊びの話題をもちださせてもらった。すると座がいっせいににぎやかになって、あちこちで、おしゃべりがはじまることに何度も遭遇した。（『都市化にともなう環境認識の変遷——映像による「小さな物語」』、『岩波講座文化人類学第2巻　環境の人類誌』65〜66ページ、1997、岩波書店）

高齢者が今も、「遊び」の空間の中で創造され、使用されてきた多くの比喩表現をしっかりと記憶し、なぜそのように呼ぶのかを詳しく説明してくれるのも、幼いころの「遊び」の力が、「生きる力」を呼び起こしてくれるからであろう。

なお、「子どもたちの想像力」については、第六章でさらに詳しく論証することにする。

Ⅷ. 方言比喩の生まれる場

1.「生業活動」の場

子どもたちの手になる比喩表現が、基本的に、「生活環境」の中の「遊びの空間」において創造されたものであることは、すでに詳しく述べたところである。それでは、大人たちの手になると思われる比喩表現は、「生活環境」の中のどのような場で創造されたのであろうか。それには、大きく分けて二つの場が考えられる。一つは、「生業活動」の場であり、他の一つは「つきあい」の場である。

第二章　方言比喩に見る地方人の想像力　141

　まず、「生業活動」の場から見ていくことにしよう。風が落ち、海がすっかり凪ぐと、漁のことがよく分からない人は、漁民に向かって「良い凪ですねえ。」などと声をかけたりするが、凪は漁民にとって決して好ましいものではない。広島県の漁民は、普通、「凪」のことを「ベタナギ」「アブラナギ」（油凪）などと言うが、それ以外にも「ギンギラナギ」「ギンナギ」（銀凪）「カガミナギ」（鏡凪）などといったしゃれた言い方も使用する。山口県の漁民は「ヒカリナギ」（光凪）という呼称も使用している。その一方で、「アブラズラ」（油面）とか「ブタナギ」（豚凪）といった言い方も用いている。「ブタナギ」は、鳥取県の漁民もよく使用する。それではなぜ、「アブラズラ」とか「ブタナギ」といった卑称を造りだしたかというと、凪が続くと魚がほとんど移動しなくなり、船も動かしにくく、網の通りも極端に悪くなるからである。したがって、沖へ漁に出ても魚がほとんど獲れなくなる。こうした日が続くと、「リョーノ　ナツガレ」（漁の夏枯れ）ということになる。漁民の、こうした状態への思い入れがさらに強くなると、「ダラシオ」「バカシオ」と表現することになる。「ダラシオ」は山陰で、「バカシオ」は瀬戸内海域で聞かれることばで、ともに「馬鹿潮」という意味である。これは、「馬鹿な潮」と客観的に捉えているのではなく、「漁師を馬鹿にする潮」と主観的に捉えたことばである。
　また、波の高い日本海で、小舟を操りながら漁をしてきた漁民の目には、冬季の大波はどのように映ったのであろうか。鳥取県下の漁民は、大波の波頭を「ゼッチョー」（絶頂）と言い、波間を「ナラク」（奈落）とか「タニマ」（谷間）と呼んでいる。小舟に乗って4〜5mもある大波の波頭に立てば、文字どおり「絶頂」という思いがしたであろうし、「絶頂」からいっきに波間に落ちていくときには、「奈落の底」へ落ちるような思いがしたに違いなかろう。ここには、漁民の厳しい身体経験に基づく生活実感がこめられていて、決して単なる誇張比喩ではない。これらのメタファーには、もはや「笑い」にかよう感性の働きは全く認められないと言ってよかろう。あるのは、深刻な感性による認識の造形化だけである。このように、漁民の日々の厳しい労働の中から生み出された共同感覚は、子どもたちの「遊びの空間」

における「遊び心」とは、明らかに質を異にするものである。
　また、「ノークリ」（星鮫、怠け者、広島県・山口県）、「アンゴー・アンゴータレ」（鮟鱇、怠け者・愚か者、中国地方）、「ノーソー」（鱶、怠け者、鳥取県・島根県）「キスゴノキモ」（鱚の肝、小心者、島根県石見地方）、「ダイチョーノキモ」（だいちょうの肝、小心者、山口県防府市）のように、漁獲物が見立ての対象に選ばれていることも注目される。さらに、「エーノカゼ」（北東風、怠け者、鳥取県東部地方）や「オキニシ」（北西風、気分の変動の激しい人、島根県石見地方）のように、風が喩えの対象となっている事実も注目される。
　それでは、農民の場合はどうであろうか。農民の生業活動は、漁民とは異なって、命を落とすような危険に日々、直面していたわけではない。したがって、深刻な感性による認識の造形化は、ほとんど見られない。しかし、農民が創造した比喩表現の多くが、生業活動と関わるものであったことは確かである。農民が田畑の耕作を行う際、欠かせない動物は「牛」であった。すでに、先に見たように、人間を「牛」に見立てた比喩表現が栄えているのは、それゆえである。高知県で、生まれた男児を牡牛に写像して、「コトイ」と呼んでおり、母親につきまとう子どもを、「ウシノコ」（牛の子）と呼んでいる。さらに、女性の美醜を牛に見立てた「ツノガエー」（角が良い）「ツノガワリー」（角が悪い）という言い方が、高知県で聞かれる。中国地方の鳥取県や島根県では、「表面は柔和な顔をしているが、内面は性質がねじれている人」を、「オナミズラ」「ウナミズラ」（牝牛面）と呼んでいる。これは、すでに述べたように、牝牛は性質はおとなしいが、田を耕す際には力が弱く、使いにくいという欠点を持っており、しかも牡牛に比べて病気になることが多かったからである。「牝牛」について、このような特徴を熟知していた農民だからこそ、人の複雑な性向と牝牛の性質の間に、類似性を発見し、比喩表現を創造することができたものと考えられる。京都市では、「黙々と仕事に励む人」を指して、単に「ウシ」と呼ぶが、これはかつて、地域社会が男性に求めた一つの理想像を表すものである。島根県石見地方で聞かれる「ダマリウシ」（黙り牛）も理想的な男性像を形成する一つの要素である。現

在は、「沈黙は無能の証」とされるが、昔は「沈黙は金、雄弁は銀」とされていた。このような人間を牛に転写して認識する比喩表現は、農民が愛情を注いで牛を育て、耕作に使用するという身体経験を通して創造されたものと考えて、まず間違いないだろう。なお、牛に関しては、中国地方に「ウシソーメン」（牛素麵）という言い方が行われており、山形県では「ウマソーメン」（馬素麵）という言い方が聞かれる。「ウシソーメン」「ウマソーメン」は、ともにねむの木の葉を指すことばである。前にも述べたように、子どもたちは、「遊び」の空間の中で、ねむの木の葉に触りながら、「ネムレ、ネムレ」と言って、複葉の長い葉が閉じるのを見て楽しんだのである。しかし、大人たちは、牛や馬が、ねむの葉を好んで食べることに着目し、「ウシソーメン」「ウマソーメン」と名づけたのである。大人たちが、牛や馬がねむの葉を好んで食べるのを認識したのは、牛や馬を追って田畑へ向かう途中か、あるいは田畑での耕作を終えて家に帰る途中のことであったと思われる。「ウシソーメン」「ウマソーメン」という比喩表現が成立したのは、生業活動の場であったと考えて、まず間違いないだろう。なお、ねむの葉を「ソーメン」に見立てたのは、見ればすぐ分かるようにねむの葉が長い複葉だからである。

　次いで、注目されるのが、人間を野菜や野菜の収穫に見立てた比喩表現が栄えていることである。青森県・岩手県・秋田県では、しつこく文句を言うことや酒を飲んでくだをまくことを、「ゴボホル」とか「ゴンボホル」と表現する。また、石川県でも、しつこい人を指して、「ゴボゼホリ」と呼んでおり、鳥取県や島根県ではしつこく聞くことを「ゴンボノネオホル」と言っている。「ゴボ」「ゴンボ」「ゴボゼ」は「牛蒡」のことで、牛蒡を、根を折らないように掘り出すのには大変手間がかかることから、人間の性向の見立てに選んだものである。また、福井県大野市や鳥取県東伯郡では、成長するにつれて成績の下がる人を、「ナスビノナリサガリ」（茄子の成り下がり）と呼んでいる。茄子は大きくなるにつれて、その重みで下に下がるからである。さらに、高知県では、母親につきまとって離れようとしない子を「タイモノコ」（里芋の子）と呼び、福井県大野市では「コイモ」（里芋の子芋）と

呼んでいる。里芋には親芋の下に小さな芋がついていることが多いところから、見立ての対象としているのである。また、見かけ倒しの人を、鳥取県では「ズイキボクタ」（里芋木刀）と言い、島根県では「ジーキボクタ」と言っているが、これは、里芋の一種である「ズイキイモ」の茎はまるで木刀のように太いが、振るとすぐに折れてしまうところから、このように表現したものである。福井県や愛媛県では、ひ弱で頼りない子どもを「ミオシ」と呼んでいるが、「ミオシ」は実の入っていない籾のことである。ともに、肝心の実がないという見立てである。また、熊本県では、空虚に日々を過ごしている人を「シーラ」（籾）と呼んでいる。

　これらの類似性の発見による見立ては、農民が日々の生業活動を営む経験を動機づけとして形成されたものと見なして、まず間違いないだろう。このように、大人の手になる比喩表現には、子どもたちの「遊びの空間」とは異なり、「生業活動」の場が重要な関わりをもっていたと考えられる。日々、生業活動を営む身体経験を通して、類似性の共通認識を獲得し、自らが生きる「環境世界」の意味の網目を、より豊かなものに改変していったのである。子どもたちが「遊びの空間」で「遊び心」をもって形成した比喩表現には、誇張の心理はともかく、揶揄の心理や批判意識は全くと言ってよいほど認められないが、大人が「生業環境」の場で形成した比喩表現の多くは、深刻な感性による認識の造形化や滑稽味が見てとられ、揶揄の心理や批判意識の働きが感じ取られるのも、両者の顕著な差異であると言ってよかろう。

2.「つきあい」の場

　おはぎ（ぼた餅）を「トナリシラズ」（隣知らず）と呼んでいるところは、全国の広い地域に認められる。おはぎは、杵で搗かなくてもよいから、隣近所に音が聞こえない。ところが、餅は杵で搗くから、その音が隣近所の人の耳にとどく。昔は、餅を搗けば、必ず隣近所に配るという慣習が、広い地域に行われていた（阪本寧男『モチの文化誌—日本人のハレの食生活』（1989、中公新書）。「おはぎ」を「トナリシラズ」と言うのは、おそらく「餅」との対比で発想された造語だと考えられる。昔の地域社会では、家と家との「つ

きあい」が重視された。家と家とのつきあいをほどよく保つことが、ムラ社会の秩序を維持する上で、重要な働きをしたかである。「トナリシラズ」という発想は、かつて地域社会に暮らした人びとが、「つきあい秩序」を維持することにいかに心を配ったか、それを如実に物語るものである。そのため、ムラ社会の成員とつきあおうとしない人や、かたくなに自分の考えを主張する頑固者は、「つきあい秩序」という社会的規範を逸脱する成員として、厳しい批判の対象とされたのである。

そのためか、家にこもって外出しない人を表す比喩表現は、西日本の各地に栄えている。石川県では「ヒーミズ」(日を見ず)という言い方が聞かれ、和歌山市では「ミソオケ」(味噌桶)という言い方が行われている。味噌桶はいつも家の中の暗い所に置いてあるからである。鳥取県や島根県、さらに九州地方では、穴の中にこもって外へ出ない小さい蟹に見立てて、「アナガニ」とか「アナガネ」と呼び、また、鳥取県や島根県では、蓋を覆ってめったに中身を出さない「タニシ」(田螺)に転写して、「タニシオトコ」とも言っており、岡山県新見市では、めったに外に姿を見せない蟻地獄に見立てて、「コモコモ」と呼んでいる。島根県出雲地方や広島県・山口県でも、和歌山市と同様に、「ミソオケ」の言い方が行われている。また、島根県の石見地方では、いつも炊事場の棚の下にいて、外へ出ようとしない蛙に写像して、「タノモトガエル」と呼んでいる。山口県では、「ミソオケ」とともに「ミソダル」(味噌樽)という言い方も聞かれる。福岡県では「ヒバチバン」「ヒバチノバン」(火鉢番)の言い方が使用され、「ハンドガメ」(水甕)という言い方も聞かれる。福岡県の「ヒバチノバン」は、おそらく寒さに弱い年寄りをイメージしたものであろう。長崎市では、「ハンドガメ」以外に、「アナガネ」(穴蟹)、「タニシオトコ」(田螺男)という言い方も聞かれる。福井県でも、家にこもって人づきあいをしない人を、「アナガニ」とか「タニシ」と呼ぶ。大分県では、じっとして動かない猫に見立てて、「ウドネコ」と呼んでいる。佐賀県では、福岡県や長崎県と同様、「ハンズガメ」が使用される。また、熊本県では「ミソブタ」(味噌蓋)や「ミソガメ」(味噌甕)、さらには「ハンドガメ」という言い方も使用される。鹿児島県の与論島では、

家にこもって外出しない人を「ヤーニバイ」と呼んでいるが、これは、珊瑚礁の穴にこもってなかなか外へ出ない「ニバイ」（めばる）に見立てたものである。「ヤー」は家を意味する。

　西日本の各地には、このように多様な比喩表現が認められるのに対し、東日本の東北地方や関東地方には、全くと言ってよいほど認められない。これは、おそらく西日本が講組を中心として、家と家との緊密な関係性を重視する社会であったのに対し、東北地方は同族を中心とする「本家」と「分家」との関係性を重視する社会であったことに由来するものであろう。講組結合の社会では、「つきあい秩序」が極めて重視されたが、同族結合の社会では「本家」と「分家」との関係が重視され、集落における他家とのつきあいは、さほど重視されなかったものと考えられる（竹内利美「ムラの行動」、福田アジオ「民俗の母体としてのムラ」、坪井洋文編『日本民俗文化大系8　村と村人—共同体の生活と儀礼』1995、小学館）。

　生業活動の場やつきあいの場で生成された比喩表現は、地域社会の成員にとって、いずれも極めて身近なものであり、身体経験の共有化に支えられたものである。そのため、文学比喩と比較した場合、地域社会の生活色、生活臭に彩られている。しかも、そこには、ムラ社会の生活史の反映も認められるのである。

　また、「頑固者」を表すことばは、どの地域社会でも栄えている。島根県石見地方には、「カタクワモン」（片鍬者）という語が認められるが、これは他者とうまくやっていけない頑固者を意味することばである。人並みの人に比べて半分の長さしかない鍬に見立てたもので、「頑固者」は半人前の人間だとする認識が、根底にあったものと思われる。また、鳥取県では、人の言うことに全く耳を傾けないで、頑なに行動する人を「イノシシ」（猪）と呼んでいる。「イノシシ」は、広島県でも聞くことができる。また、広島県では、「カタイキモン」（片行き者）という言い方が行われている。これは、他人の意見を聞こうとしないで、意地を張って自分の思うように行動する人を表す比喩表現である。

　「頑固者」はムラ社会の「つきあい秩序」を乱す性向の一つと認識されて

第二章　方言比喩に見る地方人の想像力　147

いたせいか、少なからぬ語彙が認められるのである。たとえば、岡山県小田郡矢掛町では、今でも高齢者が、以下に示すように、20語もの語彙を獲得しているのである。

　①イッコクモノ（一刻者、強情な人、頑固者）、②イッコクモン（一刻者、強情な人、頑固者）、③イチガイモノ（一概者、強情な人、頑固者）、④イチガイモン（一概者、強情な人、頑固者）、⑤ゴージョッパリ（強情張り、強情な人、頑固者）、⑥イジッパリ（意地っ張り、意地を張って他人の意見を聞こうとしない人、頑固者）、⑦ガンコモノ（頑固者）、⑧ガンコモン（頑固者）、⑨コクレ（屁理屈を言ってでも自分の考えを曲げようとしない頑固者）、⑩コクレモノ（屁理屈を言ってでも自分の考えを曲げようとしない頑固者）、⑪コクレモン（同前）、⑫ワカラズヤ（分からず屋、融通の利かない頑固者）、⑬イッコクナヤツ（一刻な奴、強情な人、頑固者）、⑭ガンコナヤツ（頑固な奴）、⑮コクナ（強情なさま）、⑯イチガイナ（一概な、頑固なさま）、⑰イコジナ（依怙地な、ひどく頑固なさま）、⑱エコジナ（依怙地な、⑰と同義だが古老が使う）、⑲モノワカリガワリー（物分りが悪い、融通が利かないさま）、⑳モトーラン（全く融通が利かない）

　「頑固者」がムラ社会における成員間の人間関係の円滑な運営に、大きなマイナスの作用を及ぼすことになったのは言うまでもあるまい。したがって、「つきあい秩序」を著しく乱す要因となる性向として認識されているわけだが、この「つきあい秩序」には、個々の成員のつきあい以外に、集落の会合（＝寄合）における行動も含まれていることに注意しなければならない。

　子どもたちが、「遊びの空間」の中で、自然への濃密な親和力をもとに、豊かな想像力をはばたかせたのに対し、大人たちは日々営む「生業活動」とムラ社会が要請する「つきあい秩序」の維持の場で、「笑い」に収斂される揶揄や批判の心意をこめて、数多くの比喩表現を創造してきたのであろう。そのことは、「人間性向」のカテゴリーにおいて、多くの擬自然喩や擬物喩が栄えていることによっても理解することができる。それゆえ、大人たちの

手になる比喩表現は、マイナス・イメージを喚起するものが多く認められ、その点においても子どもたちが創造した比喩表現とは、対照的な様相を呈していると言ってよい。

IX. 数への類推力

　地方人の想像力は、数に基づく類推、数に対する想像力をてこにした新しい認識の造形化へも展開している。甘藷のことを「ハチリ」（八里）と呼んでいるのは、九州の大分県や長崎県だが、石川県では、「ハチリ」が馬鈴薯を指すことばとして使用されている。広島県や島根県石見地方では、馬鈴薯を「ヒチリ」（七里）と呼んでいる。甘藷のことを「ハチリ」と呼んでいるのは、「栗」を「九里」に見立てて、それよりも一里甘みが劣るという認識の仕方であり、馬鈴薯は甘みがさらに一里劣るという捉え方である。それに対して、熊本県では甘藷を「ジューサンリ」（十三里）と言っている。「栗より」（九里四里）うまいという意で、長崎県の「ハチリ」に比べてかなりひねった言い方となっている。また、少し知恵の足りない人を、「ハチモン」と呼んでいるところは、全国に広く認められ、福井県では「ハチブ」とか「テンポハチ」（天保八）と言っている。これは、十文に二文足りないという発想である。これらは、甘みの少なさとか知恵の足りなさといった、その状態を客観的に認識しにくい——ということは表現もしにくい——ところを、十を基準にして一ないしは二足りないと、具体的かつ軽妙に表現したものである。思わず、なるほどと軽い笑いを催し、小膝を叩きたくなるような喩えの妙である。富山県で聞かれる「イッショーニタラン」（一升に足らん、少し足りない人）や佐賀県・長崎県に認められる「ニトハッシュー」（二斗八升、一俵に二升足りない、少し足りない人）も、同様の発想に基づくものである。福井県勝山市の「テンポハチ」は、天保銭が八厘に通じ、一銭に二厘足りないという捉え方である。

　また、近畿地方をはじめとして瀬戸内海域のほぼ全域に、嘘つきのことを「センミツ」「センミー」とか「マンミツ」「マンミー」という言い方が、かなり盛んに行われている。これは、千に三つ、万に三つしか本当のことを言

第二章　方言比喩に見る地方人の想像力　149

わないと見立てたものである。これよりもかなり控えめな言い方として、「ヒャクイチ」が山形県・新潟県・富山県・群馬県・長野県・滋賀県・三重県・熊本県などに認められる。方言比喩の一つの特徴として、比喩の誇張化という現象が指摘できるので、これらの言い方も、もとは「ヒャクイチ」に始まって「センミツ」、さらには「マンミツ」へと誇張化を強めたと考えることができる。そうすることによって、嘘つきに対する批判を強めると同時に、「ことば遊び」を楽しんだものと思われる。広島県や山口県では、「センスラ」という言い方が聞かれるが、これは、千くらいの嘘をすらりと言ってのけるという捉え方によるものである。山口県光市では、「センスラマンミー」という言い方も行われている。大分県では、「マンスラ」の言い方が聞かれる。また、鳥取県や広島県の古老が使用する「トッパチ」は十のうちの八が嘘であるという発想によるものである。このように、「嘘つき」について、数を基準とする様々な言い方が栄えているのは、「ことば遊び」の心のなせる業であろう。ということは、昔から現在に至るまで、日本人は「嘘」を言うことに対する倫理的叱責観がさほど強くはなかったと考えることができる（吉村公宏『認知意味論の方法―経験と動機の言語学』1995、人文書院）。今日、若者、特に若い女性が、「信じられない」という意味で「ウソー！」と言うことが多いが、これはおそらく、英語やヨーロッパの諸言語に訳すことのできないことばであろう。数への類推力とは直接関係ないが、「嘘つき」のことを、「テッポー」（鉄砲）＞「オーズツ」（大筒）＞「タイホー」（大砲）＞「ダイナマイト」【広島県】と比喩の対象を拡張し、また、「ホラガイフキ」（法螺貝吹き）＞「ラッパフキ」（ラッパ吹き）【鳥取県】と拡張したところにも、「ことば遊び」の心意をうかがうことができるだろう。それと同時に、時代環境の変化に巧みに対応する形で、喩えの対象を変えていることも興味深い。

　さらに、熊本県では、あばた面を「ヒャクエクボ」（百えくぼ）と言う。えくぼは二つまでに限り、百にもなると、えくぼ変じてあばた面になるという、かなり辛辣な笑いのこめられた比喩表現になっている。しかし、「～エクボ」とあるところに救いを残すという、かつての地域生活者の大らかな心

意を見てとることができる。また、高知県では、仕事などを少しずつやっていくことを「イッスンヤリ」（一寸やり）と言っており、赤蛙を「イッケントビ」（一間跳び）と呼び、それが「ハッケントビ」（八間跳び）に拡張され、さらには「ヒャッケントビ」（百間跳び）ともなっている。また、新潟県では、すでに触れたように、親に仕事を言いつけられても体を動かそうとしない怠け者を「イッスンズリ」（一寸ずり）と言っている。「ヒャッケントビ」も「イッスンズリ」も明らかに誇張比喩であるが、数を基準としていることには違いない。数への類推においても、地域生活者は、比喩の誇張による「ことば遊び」の心を存分に発揮しているのである。さらに、寺島浩子によると、京都市では、鶏の腸を「ヒャクヒロ」（百尋）と呼び、祭りのときに担いで歩く提灯を、「ジューニ」（十二）と呼んでいたとのことである（『町家の京言葉分類語彙篇―明治30年代話者による』66ページ、2010、武蔵野書院）。また、高知県では、おたふく風邪を「ホーハッチョー」（頬八町）と言う。おたふく風邪で頬がはれている状態を、誇張して表現したもので、笑いを誘う比喩表現となっている。また、富山県では、気兼ねの要らないことを「ハチハン」と言っている。その意味は「八半で九（苦）にならない」ということで、謎解きの面白さを伴う。

おわりに

　比喩表現を創出するのは、あくまで個人の比喩発想、個人の感覚的理性に関わるものである。しかし、創出された比喩表現が一つの地域社会に定着するには、その比喩表現に対する地域社会の成員の強い共鳴、共感が必要とされる。強い共鳴、共感がなければ、せっかく個人の感性によって造りだされた新しい比喩表現も、個人の域にとどまって、地域社会の共有財になることは決してない。したがって、比喩表現製作の活動が、社会の産物となるときには、その社会化に必ず社会の成員が参画している。
　個人の手になる比喩表現を社会化させる、成員共有の共鳴力・共感力を「社会意志」ないしは「集団意志」と呼ぶことにすれば、個人の意志によって製作された比喩表現は、成員がほぼ均質的に共有している身体経験、生活

経験をベースとした、「社会意志」・「集団意志」の力によって地域社会の共有財になると言うこともできる。

　農業社会段階における村落共同体は、閉鎖的で濃密な社会関係を形成していたので、噂がパッと広がるように、新しい意味の発見も短期間に多くの成員の耳に達したものと考えられる。その意味では、村落共同体は極めて濃密な情報化社会であったと言うことができよう。新しい比喩表現を社会化する「社会意志」・「集団意志」は、このような濃密な情報化の機能に支えられて、強い力を発揮することができたと考えて、まず間違いないであろう。

　さて、増田義郎は、E. R. サーヴィスの『民族の世界』（1991、講談社学術文庫）の邦訳の最初に、「エルマン・サーヴィスの社会進化説について」と題する文章を記している。増田はその中で、農村の性格を都市のそれと対比する形で、次のように述べている。

> 農村は閉ざされた社会である。農村には、生活の安定と、互助と、規律的な生活のリズムがある。しかし、べつな表現でいえば、そこにあるものは、くりかえしの生活のパターンと、退屈と、他人の私生活への干渉と、新しいものの生まれる余地のない保守的なメンタリティーである。（8ページ）

農村のメンタリティーに関する、この増田の指摘は、農村の生活様式や社会構造といった基本的な事柄に問題を限定するならば、誰しも納得し得る妥当な見解と言ってよいだろう。しかし、農村における歴史の厚みを背景とする豊かな言語表現活動、とりわけ、比喩表現の生成という問題に焦点を当てるならば、それは、決して、「新しいものの生まれる余地のない保守的なメンタリティー」と規定することはできない。「くりかえしの生活パターンと、退屈」から自分たちの心を解放し、活性化するために、農民だけでなく漁民も、積極的に比喩表現製作の営み——豊かな想像力をベースとする多様な意味の発見——を展開してきたのである。もし、比喩発想の方法を存分に活用してこなかったとすれば、地域言語はその豊かな多様性を大幅に欠くことになったであろう。

　筆者は、地域言語は「地域文化」の表象であり、地域生活者の「環境世

界」に対する認識システム（＝世界観）と考えているので、農民や漁民は、絶えずことばという新しい価値をめざした意味と形式を生成してきたこと、そしてその営みを通して、常に自らが生きる「環境世界」を再解釈してきたことを強調しないわけにはいかない。これはまさしく、ことばによる不断の新しい認識価値の創造にほかならない（拙著『文化言語学序説―世界観と環境』2004、和泉書院）。

　とりわけ、比喩という表現行為は、早くは波多野完治が『国語文章論』（『国語科学講座9』1933、明治書院）で、中村明が『比喩表現の理論と分類』（1977、秀英出版）において、山梨正明が『比喩と理解』（1988、東京大学出版会）において、近くは佐藤信夫、中村明、山梨正明、大堀寿夫などが、それぞれ、『レトリック感覚』（1991、講談社学術文庫）、『日本語レトリックの体系』（1991、岩波書店）、『認知言語学原理』（2000、くろしお出版）、『認知言語学』（2002、東京大学出版会）などにおいて述べているように、現実を新しく解釈し、日常の固定的な経験をのりこえ、新しい世界を創造していくための生きた表現行為なのである。これを、やや強調的な形で表現するならば、Xという意味的カテゴリーに属する対象をYという意味的カテゴリーにおいて理解するという行為を通して、「環境世界」の意味を新しく再構成し、再布置する、極めて創造的で革新的で、しかも柔軟な表現行為ということになる。

　この章においては、この表現行為が、方言の山野に生きる人びとによって、日本人の伝統的な「感性と認識」（＝感覚的理性）を継承しつつ、しかも、それを地域社会という独自の「環境世界」の中で、より現実生活に即した形で拡張されてきたことを、具体的に述べてきたつもりである。

　知識人が、ともすれば増田のような解釈に傾くのは、目に見える科学的合理主義というイデオロギーに絶対的な価値を付与し、その立場から世界を解釈しがちだからである。耳に聞こえる地域生活者のことばを深く理解し、彼らの認識世界を生活に即して掘り下げていくならば、そこには一見非合理に見えて、実は生活史を背景とする多様で豊かな生活的論理と創造的感性の世界が大きく横たわっていることが、理解されるのである。

注

1) 柴田武はこの事実を指摘したあとで、次のように述べている。「秋田市をはじめこの付近では、ツララのことは「タロンペ」——これは「タルヒ」（垂氷）から変わったことば——というが、それを「タロゴ」と変え、太郎子に合わせて次郎子を作り出したのである。すばらしい言語創作ではないか」（『柴田武にほんごエッセイ2　地域のことば』1987、大修館書店）。

第三章　方言比喩の創造と環境世界

は　じ　め　に

　山梨正明は、『比喩と理解』(1988、東京大学出版会）の中で、次のように述べている。「比喩によって関連づけられる領域は、あらかじめ決められているわけではない。比喩を通しての理解は、あらゆる対象にむかって開かれており、原理的には、どのような対象が他のどの対象に関連づけられるかに関する制約は存在しない。比喩という言葉のあやを通して、可能世界のどのような知識も関連づけていくことが可能となる」(viii)。また、次のようにも述べている。「比喩の認知のプロセスには、すくなくとも次のような特徴がみとめられる。第一に、比喩のたとえに援用される情報は無限に開かれており、基本的には、可能世界のどのような知識も関連づけていくことができる。また、比喩の見たてによって関連づけられる領域は、あらかじめ決められていない。比喩を介しての理解は、領域固有の情報をこえてあらゆる知識に向かって開かれており、どのような対象が他のどの対象に関連づけられるかに関する制約は存在しない」(158ページ)。この中で、「比喩と理解」に関して、山梨が重ねて強調していることは、「比喩を通しての理解は、あらゆる対象にむかって開かれており、基本的には、可能世界のどのような知識も関連づけていくことができる」ということである。

　しかし、断定的な形で述べられているこの山梨の指摘は、必要とされる多くのデータの緻密な解析を通して導かれたものではなく、可能性に基づく一つの仮説を提起したものと、理解すべきであろう。また、言うまでもないことではあるが、一人の人間の知識にはおのずから限界があって、「比喩のたとえに援用される情報は無限に開かれて」いるわけではない。ただ、文学作品に次々と出現する多様な比喩の創作に限って言うならば、山梨の指摘は、

客観的な検証を抜きにしても、一般的な常識に照らしてほぼ妥当なものと受けとめられるであろう。

しかしながら、地域社会という特定の環境世界の中で、たとえば農業や漁業という生業活動に従事して生きてきた人びとが創造し、受容してきた比喩については、山梨が言うように、「比喩があらゆる対象にむかって開かれており、基本的には、可能世界のどのような知識も関連づけていくことができる」という指摘を、そのまま当てはめるわけにはいかないように思われる。地域社会という特定の環境世界の中で生きてきた人びとが創造し、継承してきた比喩を、「文学比喩」に対して「方言比喩」と呼ぶならば、その世界は実に豊かであり、多様でもあるが、以下に具体的に見ていくように、あらゆる対象に向かって開かれているわけでもなければ、可能世界のどのような知識も関連づけていくことができるわけでもないのである。

Ⅰ．生業環境の反映と制約

1．漁業環境と比喩の創造

たとえば、広島県から山口県にかけて、地域の高齢者は、体を動かそうとしない怠け者を指して「ノークリ」と呼んでいる。「ノークリ」はもともと星鮫のことで、星鮫は砂に潜って頭だけ出し、近寄ってくる小魚を餌として食べる習性を持っている。このように、星鮫も体を動かそうとしない習性を持っているところから、体を動かすことを嫌う怠け者を星鮫に写像し、「ノークリ」と呼んでいるのである。この両者に共通する類似性に着目したメタファーは、今は職業の区別なく、広く高齢者が使用している。しかし、最初に、両者の類似性を発見したのは漁民であったと考えられる。そもそも、星鮫を見たこともなく、またその習性を全く知らない山地部の農民が、両者の類似性を発見できるわけはないであろう。

また、鳥取県東部の漁民は、遅くなってから仕事に出かける怠け者を、「エーノカゼ」（アイノカゼ）と呼んでいる。「エーノカゼ」は、もともと北東風を指すことばである。なぜ遅くなってから仕事に出かける怠け者を「エーノカゼ」と呼ぶかといえば、この風は午前10時ごろから吹き始めること

が多いからである。この両者の類似性に気づいたのも、やはり漁民だったと考えられる。このメタファーは、「ノークリ」とは異なり、今も、高齢の漁民しか使用しない。さらに、島根県石見地方の漁民は、日干しになることを「ホシカニナル」と言う。これは、乾してからからに乾燥した鰯に見立てた誇大比喩である。人が日干しになった際、すぐにも「ホシカ」(乾鰯)を連想したところに、漁民独自の認知の仕方がうかがわれると言ってよかろう。その類例を挙げると、高知県の漁民が使用する「ウルメガトレル」(うるめ鰯が獲れる)がある。これは、子どもが泣こうとして、目に涙が浮かぶ前の状態になるのを指して言う。子どもが泣こうとして目を潤ませているさまが、「うるめ鰯」の潤んだ目に似ているところから、このような比喩表現が成立したものである。現在は、漁民、農民の区別なく広く使用されるが、子どもが泣こうとして目を潤ませているさまとうるめ鰯の潤んだ目との類似性に、まず気づいたのは漁民だったと思われる。「～トレル」(獲れる)と言っていることから、そのことが明らかである。

　さらに、高知県下で聞かれる、「小心者」を指して使用する「キスゴノキモ」(鱚の肝)も、小心な人を「鱚」という小さな魚の肝に転写したメタファーで、漁民の手になる比喩表現であると考えられる。これと同様の連想は、山口県防府市野島という漁業社会にも認められ、小心者を「ダイチョー」という小さな魚の肝に見立てて、「ダイチョーノキモ」と呼んでいる。この種の写像関係による新しい意味の生成は漁業社会に特有のものであって、農民には、想像することさえ不可能であっただろう。島根県隠岐地方で、もっぱら網を曳く労働に従事する漁民を指して使用される「アトスダリ」(後ずさり)も同様である。

　上に挙げた野島では、長く泣き続ける幼児を「カタシオナキ」と呼んでいる。片潮は6時間で、いくら長く泣くからといって、6時間も泣き続ける幼児はいないだろうから、このように誇張して表現することによって、内部に向けて固く閉ざされた野島集落の成員は、互いに遊び心を満喫したものと思われる。そして、朝早くから漁に出る漁民は、近所に長く泣き続ける幼児がいれば、睡眠が不足して漁に支障をきたすことにもなりかねない。そのた

め、長く泣かせないように、親を間接的にいさめる効果を、「カタシオナキ」という誇大比喩の使用に求めたものと思われる。これに対して、「カタシオ」という語やその時間の長さを知らなかった農民は、長く泣き続ける幼児と「カタシオ」の間に類似性を発見する能力を、全く持ち合わせていなかったと考えられるのである。言い換えれば、両者の間に類似性を認知し、新しい意味の発見に成功する環境的な動機づけを、最初から持ち合わせていなかったということである。また、大分県姫島で内弁慶を「ミナトベンケー」（港弁慶）と呼んでいるのは、港では大きなことを言っていても海に出るとからっきり駄目な人を指して使用される。このようなメタファー表現が成立したのは、姫島が典型的な漁業社会であったからに違いない。

2. 農業環境と比喩の創造

　これとは逆に、福井県・広島県・山口県の農民は、蟻地獄を「ソートメ」と呼んでいる。これは、蟻地獄も早乙女も、前に進むことをしないで、後ろに下がるからである。ともに後ろに下がるという類似性を認知し、蟻地獄を「ソートメ」に写像したのは、農民であったと考えられる。漁民は、基本的に、稲作に従事することはなかったからである。しかも、蟻地獄という小さな虫の動作の特徴を発見したのは、もともと、農業社会における子どもたちであったと思われる。大人たちは、朝早くから日が沈むまで、牛に食べさせる朝草刈りや野良仕事、さらには成員が共同で営む道普請、屋根の葺き替え、田植、稲刈りなどに忙殺され、蟻地獄を相手に遊ぶ時間など持ちあわせていなかったからである。子どもたちは、蟻地獄という小さな虫を相手に遊ぶ一方で、田植の時期には、幼児の守りをし、握り飯やお茶を、田植をしている場所まで運ぶ重要な役割を担っていた。だから、蟻地獄も早乙女も後ろにしか下がらない（下がれない）という共通特徴を発見したのであろう。子どもたちが「早乙女」と「蟻地獄」の間に類似性を発見し、「ソートメ」と呼んだとき、おそらく「早乙女」と「蟻地獄」のイメージはかなり密接に重なり合っていたものと思われる。言い換えれば、「ソートメ」という語の中で二つの意味は重層化していたものと考えられる。しかし、蟻地獄を指して

「ソートメ」と呼ぶ習慣がすっかり定着すると、新しい意味の拡張が成立して、「ソートメ」は多義語となったわけである。したがって、たとえば広島県千代田町の「ソートメ」の意味は、次のように記述されることになる。

> ソートメ【早乙女】（名詞）　①田植仕事をする女性。②蟻地獄（早乙女も蟻地獄もともに後ろにしか下がらないという動作の類似性に着目して成立した比喩による派生義。類似性に気づき、新しい意味を発見したのは、おそらく子どもたちであったと思われる）。〇ソートメト　ヒトツデ　ウシロニ　イケケン。早乙女と同じで後ろに行くから。（老男）

また、福井県下の農業社会では、「ムギノフンドシ」（麦の褌）というメタファーが使用されている。これは、麦の実の片側にある縦溝の黒い筋を、細長い布である「褌」に見立てて呼んだ、ユーモアー溢れるメタファー表現である。麦の実の黒い筋を、「褌」に見立てているのは、かつて農作業に従事していた男性の「褌」が土や泥がついて汚れ、洗濯してもなかなか白くならなかったからであろう。もし、「褌」が白ければ、麦の筋と褌はどちらも細長いという共通性には気づいても、麦の「黒い筋」との類似性を発見することはなかったと思われる。さらに、広島県の農業社会では、馬酔木の花を「ムギメシ」（麦飯）と呼んでいる。この場合は、麦の縦溝の黒い筋と馬酔木の花の縦の黒い線の間に、小さな類似性を見出したものである。さらに、高知県では、男の子を「コットイ」「コトイ」と呼んでいる。「コットイ」は牡牛のことで、ややおどけて、「おまんか　コットイ　できたつ　かよ」（お前のところは男子ができたのかよ）のように使用する。かつて、西日本の農業社会にあっては、農耕をはじめ農作業の全般にわたって牛が重要な働きをし、農民も牛を大切に飼育した。産まれた男児を「コットイ」に見立てているところには、農民と牛との極めて親密な関係性がうかがわれるのである（網野善彦『東と西の語る日本の歴史』164～165ページ、1998、講談社学術文庫、徳川宗賢・佐藤亮一編『日本方言大辞典』1989、小学館）。

しかしながら、同じように農業社会であっても、昔から、畑作が盛んで、農耕に馬を使用していた関東地方や東北地方には、当然のことながら、「コ

トイ」系の語形はほとんど分布していない。そのため、男児を「コトイ」に見立てるような風土性は全く存在していなかったと言ってよいだろう。ここには、方言比喩の地域性（東西対立）とその形成要因という重要な問題の一端を見てとることができる。また、東北地方の青森県・岩手県・秋田県では、「ゴボホル・ゴンボホル」（牛蒡を掘る）という言い方が聞かれる。島根県では「ゴンボノネオホル」（牛蒡の根を掘る）と言う。これは、しつこく文句を言う、あるいは酒に酔ってくだをまくことを指して使用される比喩表現である。牛蒡は細長く、地中に深く伸びているため、これを折らないように掘り出すのは、大変やっかいで面倒なことである。農業社会の成員が日常的に経験してきたたいへんやっかいで面倒な農作業の意味が、手におえない、やっかいで面倒な人の行為に写像された比喩的イディオムである。このイディオムが農業社会の人びとに容易に理解され、定着したのは、両者の類似性を、日常の生業活動の経験を通じて明確に認識していたからにほかならないだろう。

　ところで、農民は、夏に晴天が続き、田の水が枯れそうになったとき、たまたま「にわか雨」が降ると、次のように喜びの気持ちを表す。

　○ソラカラ　カネガ　フッテキタヨーナ　モンデ　ガンス　ノー。空から金が降ってきたようなものですねえ。（広島県東広島市八本松町飯田、古老）

　しかし、「雨」を「金」に見立てる新しい認識の発見は、漁業社会においては全く見出すことができない。漁民にとって、「雨」は、どのような漁業活動にとってもマイナスに作用する現象だからである。

　○アメゴチニ　ナルト　ツリワ　オキー　デン。アミニモ　ヨーナー　ノー。雨を伴う東風が吹くと釣漁は沖へ出ない。網漁にもよくない。（広島県豊田郡豊町大長）

　このように、「雨」に対する農民と漁民の全く相反する、価値を伴う認識の仕方は、生業環境の内実の違いがもたらしたものである。

3. 生業活動の対象と比喩化

　ところで、同じ比喩語が、農業社会と漁業社会とでは、異なる意味に使用されているという事実も認められる。その１例を挙げると、福井県大野市や広島県の農業社会、林業社会では、山の伐採した木を下に移動させる際、山道に滑りをよくするために丸太を枕木のように並べたものを、「ソロバン」（算盤）と呼んでいる。丸太は半分ほど埋め、その上をそりで運ぶ。この枕木のように並べた丸太の状態と算盤との間に類似性を発見して、「ソロバン」と呼ぶようになったものと考えられる。おそらく、「ソロバン」という比喩による新しい認識の造形化が成立する前には、山の伐採した木を下に移動させる際、山道に滑りをよくするために丸太を枕木のように半分土に埋めて並べたものには、それを指す特定の名が無かったのであろう。この「ソロバン」という語が、島根県石見地方や高知県の漁業社会では、舟を浜から海に出したり、逆に海から浜に上げたりする際に用いられる、枕木のように並べられた丸太を指して使用される。福井県大野市や広島県の農業社会では、丸太の上を移動する対象は山で伐採された「木」であるのに対し、島根県石見地方や高知県の漁業社会では「舟」である。

　また、山口県山口市の農民は、気分の変動の激しい人を「ジューゴンチ」（十五日）と呼んでいる。なぜ、「ジューゴンチ」と呼ぶかと尋ねると、満月は翌晩にはすぐに欠けるので、そう呼ぶのだという答えが返ってきた。気分の変動の激しい人が「月」に写像されているのである。ところが、同じ山口県の防府市野島の漁民は、気分の変動の激しい人を、山口市の農民と同様に「ジューゴンチ」と呼んでいるが、見立ての対象は「月」ではなく「潮」である。十五日になると、小潮から大潮に変わるので、潮の流れが急に速くなり、干満の差も大きくなるから、「ジューゴンチ」と呼ぶのだという。「気分の変動の激しい人」という人間の性向が同じ「ジューゴンチ」という語形で表現されていても、その見立ての対象や認識の仕方が農民と漁民とでは全く異なるのである。

　このようなわずかな例からも知られるように、方言比喩については、農業社会には農業社会独自の、漁業社会には漁業社会独自の比喩表現が創造され

ており、比喩のたとえに援用される情報が無限に開かれているわけでもなく、また可能世界のどのような知識も関連づけられているわけでもない。どのような生業環境の中で生きてきたかというフィルターが方言比喩の創造を制約すると同時に特徴づけてもいるのである。別の言い方をするならば、方言比喩の多くは、地域社会における環境世界の独自性に深く根ざしているということである。環境世界に深く根ざしていたからこそ、比喩による創造的な認識——新しい意味の発見——が、地域社会の成員に容易に共有されることになったのである。

II. 自然環境の反映と制約

　方言比喩の創造に制約を及ぼすのは、何も生業環境の特性だけではない。自然環境の特徴もそうである。島根県出雲地方の象徴のような宍道湖の南に広がる地域では、子どもが泣き出しそうな顔になるのを、「キタヤマガクラム」（北山が暗む）と言い、たとえば次のように使用する。
　○キタヤマガ　クランデ　キタ　ガネ。ソゲニ　オコラデモ　エダ　ネカ。（泣き出しそうな顔になってきたぞ。そんなに怒らなくてもいいじゃないか。）
　これは、宍道湖北岸の島根半島には山が連なり、その山々に雲がかかって暗くなってくると、雨が降る前兆である。子どもが泣き出す前の顔つきを、雨粒が落ち始めるすぐ前の様子に見立てたメタファー表現である。このメタファー表現は、宍道湖の南に広がる地域（斐川町など）でしか使用されない。ここには、明らかに、比喩による新しい認識の成立に、自然環境の特性の反映、言い換えれば自然環境の制約が認められると言わなければならない。しかも、この比喩表現の背景には、子育ての共同性という生活史が存在したことを見過ごしてはならない。この点について、友定賢治は次のように述べている。「叱られる子どもの様子を静かに見守る目があり、このような比喩によって、柔らかく叱る親をとどめ、叱られる子を救ってやるのである。そして、この言葉が地域の言葉であるのは、子育ての共同性があったからである。子や親を見守る地域の支えがあったことをうかがわせる」（真田

信治・友定賢治編『地方別方言語源辞典』2007、東京堂出版)。

　これに関連する例を、もう1例挙げると、島根県下や京都府奥丹後地方の高齢者は、少しのことにもすぐ機嫌を損ねて怒り出す性向の持ち主を、「オキニシ」(沖西、北西風) と呼ぶ。北西風は主に晩秋から冬季にかけて吹く風で、急に強く吹き出して海を荒らし、漁民がひどく難渋する風である。現在は、漁民、農民の区別なく広く使用されるが、もともとは漁民の手になるイメージ・メタファーであったと考えられる。「北西風」を「オキニシ」と呼ぶのは、島根県や京都府奥丹後地方では、海の「沖」が「北」に相当するからである。少しのことにもすぐ機嫌を損ねて怒り出す人を「オキニシ」に見立てた背景には、そのような自然環境・地理的環境の特徴が認められるからである。先に触れた「エーノカゼ」についても、同様のことが言える。

　さらに、鳥取県赤崎町の人びとは、伯耆大山の山頂近くに輪状にかかる雲を見て、「ダイセンガハチマキオスル」(大山が鉢巻をする) と表現する。人が頭に鉢巻をする状態に写像した擬人喩であるが、この自在な想像力には感嘆させられる。山頂近くに輪状にかかる雲は、山が高くなければ見られない。したがって、このような比喩表現が成立するためには、近くに高山があるという自然環境の特徴が前提とされるだろう。低い山に囲まれた盆地に暮らす農民ならば、「〇〇山がハチマキオスル」といった比喩表現を創造することはできないはずである。そのような身体経験──視覚経験──をすることが全くないからである。

　さらに例を挙げれば、福井県や石川県では、人が雪の上で滑って転んでできる大きな凹を「オカマ」(大釜) と表現する。大きなくぼみの形状がいかにも「大きな釜」に似ているところから、このように呼んだものである。一見、イメージを誇張して表現しているメタファーのように思われるが、かつて一晩に60cm以上も雪が積もることの少なくなかった当該地域にあっては、大人が雪の上で転ぶと大きな凹のできることがよくあったという。雪の上で滑って転んでできるくぼみに、イメージ・メタファーによる意味の拡張が認められるのは、当該地域が日本でも有数の豪雪地帯に属していたからであって、関東以西の太平洋側や、九州、沖縄に暮らす人びとには、全く創造

することのできない比喩表現である、と言ってよかろう。

Ⅲ. 文化社会環境の反映と制約

1. 文化社会環境と比喩の創造

さらに、文化社会環境の影響も、見逃すことができない。山口県萩市では、「どこへでも顔を出す人」を「ジョーキマンジュー」（蒸気饅頭）と呼んでいる。祭りの時の出店には、かならず蒸気饅頭屋が出ていたため、「どこへでも顔を出す人」を「蒸気饅頭屋」に見立てたものである。祭りの時の出店にかならず蒸気饅頭屋が出ていた時代には、「ジョーキマンジュー」というメタファーが笑いを誘った。しかし、「蒸気饅頭屋」なるものを見かけない現在にあっては、若い人びとには、この比喩の面白さが全く理解されなくなっているのである。「ジョーキマンジュー」という比喩語によって創造された新しい意味を発掘するための文化社会環境が存在しなくなったからである。この現象について、岡野信子は「比喩語の生命は日常生活のテンポと歩みを一にするようである」と述べている（『方言資料叢刊第3巻』200ページ、1993、方言研究ゼミナール）。

また、高知県下では、「空豆の粒の大きいものを煎ったもの」を「オタフクマメ」（お多福豆）と言っている。大正時代、袋に入れて売っていて、袋に「お多福」の絵が描いてあったという。それが、昭和に入ってからは全く見かけることがなくなったという。しかし、今日、若い人びとも、「オタフクマメ」が「空豆」を指すことは、山口県萩市の「ジョーキマンジュー」の場合とは異なり、容易に理解することができるのである。それは、もともと「空豆」の形が「お多福」の面の形に似ているからである。現に、「空豆」を「オタフク」とか「オタフクマメ」と呼んでいる地域は、広い範囲にわたる。また、同じ高知県では、「女性がひとりで村の外へ出ること」を「センチガタビ」と言い表している。「センチ」は「雪隠」で便所のことである。昔の農業社会や漁業社会の女性にとっては日常のことで、外出の機会はほとんどなく、便所へ行くくらいが旅だと誇張して表現したものである。確かにオーバーな表現ではあるが、この背後には哀れみの心意、はかない願望のような

ものが感じられる。昔の女性にとって――多くの男性にとってもそうであったが――、自分たちの生きる村社会が内に向けて完結した小さな環境世界であり、ミクロコスモスであったことが、この比喩表現によっても明確に理解されるのである。「センチガタビ」と発想を同じくする言い方として、香川県中部地方の「ユルリミヤコノセチンタビ」（囲炉裏都の雪隠旅）がある。家を出て旅をしたことがない人びとにとっては囲炉裏ばたがすでに都であり、旅といえば便所に行くことだけと誇張して表現したものである。それにしても、見事な言語創作ではないか。

さらに、生業環境と文化社会環境の両者の特徴が反映したものとして、石川・鳥取・島根・広島・高知などの各県に認められる「シンガイ」（新開）、「シンガイダ」（新開田）を挙げることができる。これは、「へそくり」や「隠し財産」を指す比喩語である。江戸時代に、各藩で、農民たちが新しく開墾した（新開の）田畑を、藩の役人に申告しないで年貢を免れたことがあった。つまり、それは「カクシダ」（隠し田）であることから、「へそくり」や「隠し財産」との類似性を発見し、「シンガイ」と呼ぶようになったものである。ここには、江戸時代における農民の生活史の一端が色濃く反映している、と言ってよかろう。

2. ミクロな文化社会環境と比喩の創造

文化社会環境の特性が反映し、影響を及ぼした比喩表現の中には、文化社会環境の空間領域が極めて狭い場合も認められるのである。その1例を挙げるならば、高知県南国市十市で使用されている「セイキサンノモチ」（せいきさんの餅）がある。これは、あてのはずれたときの喩えとして用いられる。昔、この地に、せいきさんという人がいて、隣で餅を搗く音を聞き、田舎のこととて当然配ってくれるだろうと期待していたところ、その音は漆喰を搗く音だったという。それ以来、期待はずれの時、「ソリャ　セイキサンノ　モチジャ。」（それはせいきさんの餅だ。）と言い出したという。このような、特定の地域社会における故事に基づく意味の一般化も認められるのである。このような故事に基づく意味の一般化は、つきあい秩序が極めて濃密

であった昔の近隣社会がベースとなって成立したものである。しかし、家同士のつきあいが極端に稀薄化した現代の近隣社会にあっては、もはやこの種の比喩表現が成立することは、ほとんど期待できないであろう。また、同じ高知県の香北町では、「ショーダノソーメン」（庄太のそうめん）という言い方が聞かれる。食わずぎらいで有名な庄太という者の名が、食わずぎらいの人を指して広く一般に用いられるようになったものである。しかし、「ショーダノソーメン」は、現在も香北町だけに通用する比喩表現であって、まさにミクロな文化社会環境に閉ざされていると言ってよい。

　さらに、一島一集落からなる離島である山口県防府市野島集落では、詳しくは次の章で説明するが、怠け者を「チューゾー」と呼び、ひどくきれい好きな人を「ロクオジー」と呼ぶ事実が認められるのである。「チューゾー」（忠蔵）も「ロクオジー」（六之丈）も、ともに昔、この島に実在した人物であるという。「チューゾー」は大変な怠け者であり、「ロクオジー」は大変なきれい好きであったと、野島の古老はいささかの疑いをはさむことなく説明する。これらの事象も、固有名詞の意味が一般化して、「怠け者」や「きれいずき」という人間性向を表す比喩語となったものである。この事実もまた、高知県下の「セイキサンノモチ」と同様に、昔のミクロで濃密な近隣社会がベースとなっていることは確かであろう。

　ところで、鳥取県下の古老は、「台風が去る」ことを、次のように表現する。

　　〇ヨーヤット　タイフーガ　ニゲタ。（ようやく台風が逃げた。）
　　〇ガイナ　タイフーダッタガ　ニゲテゴイテ　ヨカッタ　ナー。（大きな
　　　台風だったが、去ってくれて良かったねえ。）

「タイフーガ　ニゲル」（台風が逃げる）というと、まるで鳥取県下の人びとが力を合わせて台風と闘った結果、台風が負けて去っていくというイメージが喚起される。実際、台風が来れば、それに備えていろいろと対策を講じなければならないのは事実であるが、鳥取県のように「台風」を擬人化した表現は、他の地域ではほとんど聞くことができない。また、京都市では、「鼻の低い人」を指して、「オムロノサクラ」（お室の桜）と呼ぶ。これは、

御室仁和寺の桜は背が低く、地面に近い低い枝にも花を咲かせることから、「低い鼻」と「低い花」をかけたものである。この洒落た味つけの認められる比喩表現は、間違いなく京都で成立したものであり、京都に暮らす人びとでなければ、「低い鼻」と「低い花」の類似性を理解することは、極めて困難だったはずである。

このように、方言比喩の生成、創造には、人びとが生活を営むミクロな生活環境（＝自然環境、生業環境、文化社会環境の三者を含む）の特性が反映し、同時に制約をもたらしてもいるのである。決して、比喩のたとえに援用される情報は「無限に開かれている」わけではない。と言うよりも、比喩のたとえに援用される情報を無限に求めなくても、日常生活の中で、環境世界に存在する濃密な人間関係や人間と自然との稠密な関わりを緻密に観察すれば、自分たちの暮らしの周りに極めて豊かな情報——人と人の関係性、人間と自然との関係性をベースとする情報——が存在したということではなかろうか。そして、その核にあったものが「生業活動」であったことは、改めて指摘するまでもないだろう。

Ⅳ．身近なものへの関心

このことを示す極めて多くのデータの中から、ここでは、植物・動物・食生活、自然現象の諸カテゴリーに属する事象のうち、「ジゴクソバ」、「ネコドリ」、「キドリバチ」、「ニシメゴンボ」、「オチャヅケ」、「ホッコクノカミナリ」というわずか5例の事象に限って検討を加えてみることにしよう。まず、「ジゴクソバ」であるが、これは「どくだみ」のことであり、青森・福島・茨城・栃木・千葉・愛知・岡山・広島の各県に分布している。なぜ、「どくだみ」を「ジゴクソバ」（地獄蕎麦）と言い表したかというと、長く伸びる地下茎を「地獄の深さまで届くほど」と見立て、ハート形の葉の形状や花の付き方などが「蕎麦」に似ていることに着目したからである。地下茎が地獄の深さまで届くというのは、誇大比喩（誇張比喩）には違いないが、あちこちに生えている「どくだみ」を引き抜こうとした経験のある人なら、すぐにも連想できることだろう。

また、「ネコドリ」は「梟」のことであり、岐阜県・富山県・石川県・福井県・島根県・高知県・福岡県・長崎県・熊本県という広い地域において使用される言い方である。梟を「ネコドリ」（猫鳥）と言うのは、梟が猫と同じように鼠を食べる習性を持つからだとされる。しかし、それだけではないだろう。梟の顔をよく見てみると、とりわけ目やそのまわりの様子が猫に似ているように思われる。事実、島根県の高齢者男性から、「顔つきが猫に似ているから、ネコドリと呼ぶ」という説明を聞くことができた。また、福井県大野市では、「むささび」を指して、「ネコドリ」と言うこともある。「むささび」の顔が猫に似ているところから、猫に写像したものであろう（ちなみに、むささびは鼠を食べない）。以前は、大野市の農業集落の奥に聳える山々に、「むささび」がたくさんいたから、「むささび」の顔が「猫」に類似していることに容易に気づいたものであろう。

　「猫」も「蕎麦」も、また、「どくだみ」や「梟」「むささび」も、さらには「蜂」もかつての地域生活者にとっては、ごく身近な存在であって、その特徴を認知することは極めて容易であったと考えられる——もっとも、今の都市生活者にとっては、「猫」はともかく、他の動物や植物は目をこらしてもすぐには見当たらない縁遠いものになってしまったのだが——。福井県大野市に認められる「カラスノアシアト」（烏の足跡）も、そうであろう。これは、年をとると、目尻が深くなり、特に3本の線が目立つことから、烏の3本の足跡に見たてたメタファーである。この誇張比喩には、揶揄や哀れみの心意よりはむしろ、「笑い」の心意の働きの強さがうかがわれる。鳥の中でも大きな鳥に属する烏に写像したところに、その心意の働きが理解され、烏が昔から現在まで、人間にとって身近な存在であったことは言うまでもなかろう。かつての地域生活者の日常において極めて身近な存在としては、「蜂」も見逃すことができない。

　福井県大野市では、おしゃれ好きの女性を「キドリバチ」と呼んでいる。人のさまざまな性向を「蜂」に写像した例は、各地に多く認められる。たとえば、「ハタラキバチ」（働き蜂、仕事に精を出す人）、「シャベリバチ」（うるさくしゃべる人）、「トーネンバチ」（当年蜂、その年に生まれた蜂は元気

第三章　方言比喩の創造と環境世界　169

がよくて特に羽音がうるさい、うるさいほどによくしゃべる人）、「オコリバチ」（怒り蜂、すぐに腹を立てる者）など、枚挙にいとまがないほどである。ただ、「ハタラキバチ」「シャベリバチ」「トーネンバチ」「オコリバチ」などと人の性向特徴との類似性はすぐにも理解することができるが、「おしゃれ好きの女性」と「蜂」との類似性はすぐに発掘することができない。「蜂」の色模様を「おしゃれ」と認識したものであろうか。

　さらに、福井県大野市で使用される「ニシメゴンボ」（煮しめ牛蒡）は、手足が汚れている状態を指して使用され、また皺をよく伸ばさずに洗濯物を干した際にも、「ニシメゴンボ　ホイタヨーナ」と、「ニシメゴンボ」が使用される。「ニシメゴンボ」は灰色に近い色をしていて、細長い。その特徴に着目して、汚れた手足を写像したものである。また、「ニシメゴンボ」の表面には多くの皺があることから、皺をよく伸ばさずに干した洗濯物を指して使用されるようになったものと思われる。大野市内という狭い地域で、「ニシメゴンボ」という喩える対象が二つの異なる喩えられる対象の見立てに使用されている珍しい例であるが、写像の手法としては、いつも食べているものに見立てた素朴なイメージ・メタファーによる新しい意味の創造である。

　また、高知県下で聞かれる「オチャヅケ」だが、これは、極めてたやすくできることを意味する比喩語である。「お茶漬け」は確かに極めてたやすく出来るものである。極めてたやすくできることを、誰もがすぐに理解できる言葉で簡単に言い表そうとすれば、比喩による意味の限定化が最も効果的な手段となる。「極めてたやすくできること」という漠然として、しかも抽象的な意味を、極めてたやすく出来る「お茶漬け」という具体的なものを連想して言い表した比喩表現は、実に見事な出来栄えと言ってよい。ただ、ここで注意しなければならないことは、高知県の「オチャヅケ」と福井県の「ニシメゴンボ」とは、比喩の性質が異なるということである。「ニシメゴンボ」の場合は、喩えるものと喩えられるものとの間に明確な類似性が認められるが、「オチャヅケ」の場合は、抽象的な意味を具体的なものに限定することによって、意味の分かりやすさを図っているのであって、直接的な類似性は認められない――「きわめてたやすくできること」は何も「オチャヅケ」に

限られたことではない——。「きわめてたやすくできること」を「オチャヅケ」と表現したときから、両者の間に類似性が成立しはじめた、あるいは両者が似始めたと言うことができようか。

「オチャヅケ」に類するものとしては、福井県下で使用される「ナスビノナリサガリ」（茄子の成り下がり）がある。これは、業績や成績が次第に下がる一方の人を指す比喩表現である。茄子は大きくなるにつれて重くなり、下に向けて下がるところから、人の状態を茄子の状態に写像したものである。茄子の栽培に熱心に従事してきた土地の人びとが、茄子が大きくなるにつれて示す特徴を認知し、「業績や成績が次第に下がる一方の人」という抽象的な意味を具体的にイメージできる対象に転写することによって、鮮明なイメージを喚起しようとしたものであろう。そこには、明らかに揶揄や皮肉の心意の働きがうかがわれる。

最後に、「ホッコクノカミナリ」（北国の雷）であるが、この比喩表現は島根県石見地方や山口県の高齢者が用いているものである。一枚着しかもたないため、いつも汚れた服装をしている人を指してこのように言う。「ホッコクノカミナリ」は北で鳴るので、「着たなり」を「北鳴り」にかけた洒落た比喩表現である。「北国の雷」と「着たなり」の間には、直接的には何らの類似性も認知できない。そのため、一種謎解きにも似た面白さを伴う高尚な比喩表現となっている。この類例としては、長崎県で使用される「ヤマザクラ」（山桜）がある。これは、「出っ歯の人」を指して言う比喩語である。山桜は、染井吉野などとは異なり、葉が先（前）に出て、花が後に咲くことから、「歯が先（前）に出る」と「葉が先（前）に出る」とをかけた高尚な比喩発想となっている。この高尚な比喩発想が成立したメカニズムと環境的要因については、後に改めてやや詳しく検討することにしたい。

V. 環境認識の制約と更新

方言比喩の発想能力は、換言すれば、豊かな連想能力であり、日常世界の中での緻密な観察に基づいて異なるカテゴリーに属する対象との間に類似性を発見する能力であり、多様なイメージを創造する能力であると言えよう。

方言の比喩発想は、先にも、その一端を垣間見たように、いかにも柔軟自在であり、地域生活者は比喩語、比喩文の創作を楽しんできたかのように思われる。しかしながら、いかに柔軟自在であるといっても、特定の生活環境に生きてきた地域生活者ゆえ、自らが生きる環境世界から大きく逸脱した比喩発想はさほど多くは見られない。意味のずらしや意味カテゴリーの転換、比喩を通しての世界理解が、上に具体的に見てきたように、無限の対象へ向けて開かれているわけではない。その点――想像力の制約あるいは有限化が認められるという点――では、文学比喩に比べていささか劣ると言わなければならないだろう。

　だが、具象的な生活の匂いや地域の生活史を背景としている点で、独自の特性を見せているのである。地域生活者は、大略、既成の環境認識のシステムに従いながらも、常に、それに制約され、束縛されて生きてきたわけではない。比喩による意味の拡張と弾性によって、自らが生きる環境世界の認識システムを更新し、意味の網目をより凋密なものへと改新していったものと思われる。それは、基本的に、自らが生きる環境世界がムラ社会に閉ざされていたからである。その閉ざされた環境世界の中で生きなければならなかったからこそ、人びとは、日常生活のなかで目に触れる多くの具体的な対象に強い関心を寄せ、相互の多様な類似性を発見し、豊かな連想力を働かせながら、より豊かで濃密な意味の網目に覆われた環境世界の中で生きていきたいと強く願ったに相違ない。それは、古今東西の別を問わず、人間の本性に根ざすことである。

　先に、方言比喩には、自らが生きる環境世界から大きく逸脱した比喩発想はさほど多くは見られないと述べた。そのような中にあって、大分県で使用される「オツキサンアブラサシ」（お月さん油差し）という誇張比喩あるいは誇大比喩（＝強意比喩）は、自らが生きる環境世界を大きく逸脱した数少ない例の一つである。「オツキサンアブラサシ」は、痩せて背の高い人を指して使用されるものである。この比喩表現について、川崎洋は『かがやく日本語の悪態』（1997、草思社）の中で、次のように述べている。

　　「お月さん油さし」〈大分県〉は抜きん出てすてきな言い方で、わたし

はこの語にポエジーを感じます。雑誌『言語生活』1978年6月号で大分大学名誉教授・方言学の松田正義先生の「豊後のヨダーキズム」という一文でこの語と出会い、胸が鳴りました。月に油をさすほどの背の高い人というわけです。地球の中心と月の中心との距離は38万4400キロですから、その形容の大げさかげんといったら「白髪三千丈」どころの騒ぎではありません。いったいいつ、どんな人が初めて言い出したのでしょう。その人の言語感覚には脱帽です。頭の中に、月に向かって伸びているヒトの絵のような美しいイメージが浮かびます。

　痩せて、背の高い人を、「クモノスハライ」（蜘蛛の巣払い）とか「デンキンバシラ」（電気の柱、電信柱）に見立てた表現は全国の広い地域に認められるが、これらに比べて「お月さん油さし」がいかに桁違いの誇張比喩であるかが容易に理解されるだろう。このように、地域生活者の比喩力の旺盛さは、ときに、想像を絶する認識の造形化を見せてくれるのである。

　これに類する比喩発想として、鳥取県下の漁民が使用する「ツキノヨ」（月の夜）がある。これは、腹の部分に灰色で丸い形をした紋があり、他の部分は黒い色をした「マトオダイ」（的鯛）を、満月の夜の光景に見立てたものである。さほど大きくもない「マトオダイ」を見て、「満月の夜」という極めて広い空間の光景を連想した、漁民の豊かな想像力には感嘆のほかはない。「マトオダイ」を見て、満月の夜を連想し得たのは、漁民は夜も漁に従事し、「満月の夜」は魚が獲れないという漁民が共有している生活知が背景にあったのではなかろうか。このような垂直空間を見立ての対象に選んで、誇大なイメージを喚起させる比喩表現に対して、水平空間を対象として誇大比喩表現を創造し、言葉遊びを楽しんだものに、島根県石見地方で使用される「エドマデハシル」（江戸まではしる）がある。「ハシル」は歯や切り傷などが激しく痛む意を表すが、その「ハシル」に「走る」をかけて、江戸までと表現する——ハシル時間の長さも含意——ことによって、痛みの程度を大げさに言い表した誇張比喩（誇大比喩）である。このようなイメージを即座に想起し、当意即妙に言い表したところには、自在な造文心意と言葉遊びの心が存分に発揮されていることがうかがわれると言ってよかろう。ま

た、「東京」ではなく「江戸」とあることから、おそらくこの比喩表現が創造されたのは、近代以前のことであったと考えられる。

　次に挙げる例は、自らが生きる環境世界から逸脱したものではないが、とうてい文学比喩には現れそうもない誇大比喩表現である。愛媛県南部で、不美人を「オコゼノヨーナ」と言い、さらにエスカレートして「オコゼガサンバシニブチアタッタヨーナ」（おこぜが桟橋にぶち当たったような）と言ったりするということを、現地の人から聞くことができた。これは、単にブスなどという言葉のカスみたいな悪態より、ずっとユーモラスで言葉遊びのセンスが働いている比喩表現である。また、福井県では「オコゼハイニマブシタヨーナカオ」（おこぜ灰にまぶしたような顔）という言い方が行われている。さらに、島根県の出雲地方や隠岐地方では、「チンガクシャミオシタエナカオ」（狆がくしゃみをしたような顔）という言い方が聞かれ、同じ島根県の石見地方では、「チンガハクションシタヨーナカオ」（狆がはくしょんしたような顔）という比喩表現が聞かれる。これは、目、鼻、口を一箇所に集めたような不美人を指して使用する比喩表現である。この比喩表現には、揶揄や蔑みの心理だけでなく、ユーモアー精神や遊び心、とりわけ「笑い」の心理が含まれているように思われる。

Ⅵ．文学比喩との断絶性

　しかし、方言比喩の世界には、次に示すような文学比喩に類似した比喩表現が現れることはほとんど皆無である。

○パリの老いぼれた馬車馬が、悲嘆にくれたクリスチャンのような、大きな美しい眼をよくしている事に気がついたことがありますか。
　　　　　　　　　　　　　　　　　　　　（小林秀雄『ゴッホの手紙』）
○そういう古い憶い出が、東京の友人宅での冗談話に誘発され、帰りの電車の中で私をちくりと刺したのだった。　　（尾崎一雄『まぼろしの記』）
○だが、ラジオやテレビはおろか電報も電話もなかった江戸期以前においては、事件は人の背中に背負われてひろまっていくほかはなかった。そしてこれが時代小説を書くとき（このような単純なことで悩んでいるの

は、わたしぐらいかもしれないが)、問題になってくるのである。
　　　　　　　　　（井上ひさし『新東海道五十三次』「噂のはやさについて」）
○道は凍つてゐた。村は寒気の底へ寝静まつてゐた。　　（川端康成『雪国』）
○長屋の生垣を入って、自分の家の戸をあけた。ただいまもどりましたと、土間から声をかけるとすぐに母が出て来た。
「小柳のふくさんが、たったいま帰ったばかりだけど……」
と母は言った。おちつかない顔いろをしている。
「そのあたりで出会いませんでしたか」
「いや」
文四郎の胸にあかるいものがともった。ふくの名前を聞くのはひさしぶりだった。
「ここに来たのですか」　　　　　　　　　　　（藤沢周平『蟬しぐれ』）
○「危ないじゃない。」
律子は自分の声が楔形に時彦の背中に突きささっていくのを感じた。
　　　　　　　　　　　　　　　　　　　　　　（黒井千次『走る家族』）
○駒子の唇は美しい蛭の輪のやうに滑らかであつた。　（川端康成『雪国』）
○小さくつぼんだ唇はまことに美しい蛭の輪のように滑らかで……
　　　　　　　　　　　　　　　　　　　　　　　（川端康成『雪国』）
○晩秋の夜、音楽会もすみ、日比谷公会堂から、おびただしい数の烏が、さまざまの形をして、押し合い、もみ合ひしながらぞろぞろ出て来て、やがておのおのの家路に向かつて、むらむらぱつと飛び立つ。
「山名先生ぢやありませんか？」
呼びかけた一羽の烏は、無帽蓬髪の、ジャンパー姿で、痩せて背の高い青年である。
「さうですが……」
呼びかけられた烏は中年の、太つた紳士である。青年にかまわず、有楽町のはうに向かつてどんどん歩きながら、「あなたは？」
　　　　　　　　　　　　　　　　　　　　　　　（太宰治『渡り鳥』）
かつてのムラ社会にあっては、事件は人の口から口へとひろまっていくほ

第三章　方言比喩の創造と環境世界　175

かなかったし（ツバクロ・ユービンハイタツ）、「村の人びと」が第三者（他者）の目で捉えられることは決してなかったからである。むろん、寒気の底にあっても、村の成員が明るいうちから「寝静まる」こともなかった。さらに、『蟬しぐれ』に見られる、いわく言い難い複雑で微妙な心のあや、それを、あえて特定化しない余情性、——かつての地域生活者は、このような複雑で微妙な心のあやを表現する技法を必要としなかったのである。また、おびえ、いらだった女性の声が、楔形に男性の背中に突きささっていくのを、経験したことも感じたこともなかったし、そのような新しい意味の発見を全く必要としなかったのである。また、昔の農民にとって、蛭は、田の雑草を取るときに、すぐに足にくっついて血を吸う小さな虫で、血を吸われた後はかゆみをともなう痛さが続き、——これは筆者の少年期における経験に基づくものであるが——赤黒い全体の姿とともに、忌み嫌われる存在であった。そんな農民にとって、形の類似性——そう言われれば似ていなくもないといった程度の類似性で、あらかじめ似ていたなどということは信じがたい——はともかく、「唇」と「蛭」が〈美しい〉という類似性によって結びつけられることなど、決してなかったと断言してよい（佐藤信夫『レトリック感覚』79～80ページ、1992、講談社学術文庫、野内良三『レトリックと認識』2000、日本放送出版協会）。

　『雪国』に出てくる「蛭」と「唇」の類似性については、中村明が次のように述べている。「初めから存在する両者の類似性を利用した比喩表現ではなく、むしろそう表現した時から両者は似始めたのではないか。その類似性は表現とともにこの世に出現したのではないか」（『比喩表現辞典』1995、角川書店）。最初に挙げた小林の『ゴッホの手紙』に見える比喩表現は、決して方言比喩には出現しないものである。昔の地域生活者たちは、パリに行ったこともなければ、まして、老いぼれた馬車馬の眼など見たこともなかったからである。しかし、最後の『渡り鳥』に出てくる「烏」は、地域生活者にとってもよく理解できるメタファーである。ただし、その「烏」は日比谷公会堂から出てくるものではなく、集落や山野の中にいて大きな声で鳴く「烏」である。

Ⅶ. 近隣社会における「人」への関心

かつての地域生活者にとって「烏」は、物忘れのひどい人に転写される対象であった（中国地方）。方言比喩を見てみると、人は実にさまざまな対象に転写されている。筆者の手元にあるデータの中から、恣意的にその一部を取り上げ、おおまかな意味分類を施して、以下に掲げてみることにしよう。データの大半はメタファーであり、それぞれの地域において意味の拡張が定着しているものである。別の言い方をすれば、人（X）と喩えるもの（Y）との間に、「X＝Y」という等式が形成されている事象である。それは、共通語において、例えば「狐」という語について、以下に示す意味記述に見られるような、

きつね【狐】①全形は日本犬に似て、やや細長い獣。顔は面長で、口が突き出ており、尾は太く長い。［イヌ科］　②（狐は人をだますと言われたので）わるがしこい人の称。（『新明解国語辞典第四版』）

きつね【狐】（名）①（動）日本犬に似てほっそりした野獣の名。俗に、人をだますと言われた。②わるがしこい人。③あぶらげを使った料理につける名。（『三省堂国語辞典第四版』）

第2義（②）として記述されている意味と、同じ資格をもつものであると言ってよい。なお、以下に示すデータにおいて、喩えられるもの（人）と喩えるもの（さまざまな対象）との間に、どのような類似性が認められるかという点については、あまり詳しい解説を施していないが、それは読者のみなさんに大いに想像力を発揮してもらい、類似性の発掘を楽しんでほしいと思うからである。

(I) **生活環境**

1. 天地

   1) 天象——オツキサンアブラサシ（お月さん油差し、背の高い人、大分県）、ジューゴンチ（十五日の月、気の変わりやすい人、島根県・山口県）、エーノカゼ（北東風、仕事に取りかかるのが遅い怠け者、鳥取県）、オキニシ（北西風、ささいなことで急に怒りだす人、鳥取

県・島根県)、クモツッポカシ(雲突き破り、背の高い人、長崎県)、テリフリ(照り降り、気むらな人、全国各地)、テリフリサン(照り降りさん、時によって気分がよく変わる人、京都市)、ナカビヨリ(中日和、重病人が一時的に快方に向かうこと、山口県)、ニッチューノカゲボーシ(日中の影法師、背の低い人、熊本県下益城郡)、シケル(時化る、不機嫌になる、怒る、島根県石見地方)

2) 山野

　ⅰ．洞穴――ウド(洞穴、人づきあいをしない人、社交性のない人、洞穴の中にいて、外に出て来ない、大分県)

3) 河川

　ⅰ．川――カモガワノゴモク(鴨川の塵芥、食い意地のはっている人、鴨川のごもく〈塵芥〉のように杭〈食い〉にかかったら離れないから、京都市)

　ⅱ．土手――ドテオキル(土手を切る、酒を飲みすぎて嘔吐する、川が増水して堤が破れ、濁流が外へ溢れ出たことに見立てた、島根県隠岐地方)、ドテッパラ(土手腹、土手のように前に突き出た腹、愛媛県・高知県)

2．動物

1) 獣類――タヌキ(狸、悪知恵が働く人、広島県・山口県)、ムジナ(貉、悪知恵の働く人、島根県・広島県)、トンチボ(狸・貉、悪知恵の働く人、機転の利く人、新潟県佐渡島)、カオソ(獺、嘘つき、香川県・山口県)、カワウソ(獺、嘘つき、福井県)、ネゴニキマシダ(猫に気増しだ、仕事が一人前でない人、することが猫よりは増しだということから、栃木県塩谷郡)、ネコ(猫、しごく温和な人、高知県、おとなしい人、熊本県)、ネコサク(猫作、隠微のうちに女性をものにする男性、広島県)、シシクビ(猪首、首の短い人、福井県・奈良県・広島県)、イックビ(猪首、鳥取県・島根県)、エーノマエノアカイヌ(家の前の赤犬、家の中では元気でも人前に出るとからっきし意気地がない人、千葉県)、インノクソ(犬の糞、そばかす、福井

県大野市・島根県石見地方)、インクズ(犬口、さほど効果があるわけではないのに、ばか丁寧にゆっくりと仕事をする人、山形県東田川郡)、ネコノシッポ(猫の尻尾、末っ子、長野県松本市)、ネコジンシャク(猫斟酌、人前で必要以上に遠慮する人、佐賀県)、スマネコ(隅猫、部屋の隅にいる猫のように、人前で遠慮する人、鳥取県)、ネコモドリ(猫戻り、一度出かけた人がすぐに引き返して来ること、島根県出雲地方)、イノシシ(猪、冒険家、向こう見ず、島根県石見地方・広島県・山口県)、イノシシノヨメイリ(猪の嫁入り、子どもをたくさん連れた嫁入り、兵庫県但馬地方)、キツネオウマニノセタヨーナ(狐を馬に乗せたような、狐を馬に乗せたようなありもしないことをつくって言う嘘つき、島根県石見地方)、シロギツネ(白狐、厚化粧をしている女性、広島県・山口県萩市)、ゲーナシザル(芸なし猿、無芸の人をあざけって言う、京都市)、チンガクシャミシタエナカオ(狆がくしゃみをしたような顔、目と鼻と口が一箇所に集まったような不美人、島根県出雲地方)、チンガハクションシタヨーナカオ(狆がはくしょんをしたような顔、目と鼻と口が一箇所に集まったような不美人、島根県石見地方)

2) 鳥類

　ⅰ. 鳥一般——スズメ(雀、よくしゃべる人、雀は人の身近にいてよく囀ることから、全国各地)、モズ(百舌、よくしゃべる人、鋭い声でうるさく鳴くから、兵庫県河西市)、カラス(烏、もの忘れのひどい人、中国地方)、トビ(鳶、人を騙したりごまかしたりする人、福井県・広島県・山口県)、ショートギモ(ほおじろの肝、小心者、鳥取県・広島県・山口県)、ショート(ほおじろ、小心者、鳥取県・島根県・広島県)、ツバクロ(燕、燕のようににぎやかに喋り歩く人、島根県石見地方・広島県)、フクローノヨイダクミ(梟の宵工、できもしない不相応なことをたくらむこと、またその人、京都市)、カンスズメクッチョーヒト(寒雀を食っている人、おしゃべり、寒雀はうるさくさえずるので)、タカニナル(鷹にな

る、偉そうに言う人、力んだりする人、鳥取県・島根県・高知県高岡郡佐川町）、ガンノソーダチ（雁の総立ち、いっせいに座を立ち帰ることを、いっせいに群れをなして飛び立つ雁の様子に見立てたもの、島根県）、ツネナリスズメ（常鳴雀、怒りっぽい人、熊本県）

ⅱ．鶏——タマゴカラコケコーロマデ（卵から鶏まで、簡潔に言わずにいちいち詳しく説明すること、山口県）、メンドイノトキッグゴトユー（雌鳥の時を告げるように言う、村の会合などで女性が意見を言うこと、佐賀県）、メンドリャウタウ（雌鳥は歌う、妻が夫より家の実権を握っている、福井県）、ハブテル（羽ぶてる、女児が膨れ面をする、腹を立ててすねる、鶏が羽を膨らませてひたすら卵を抱く様子から、島根県石見地方・広島県・山口県・愛媛県越智郡）、ホンソノタマゴ（ほんその卵、最愛の孫、最愛の孫には元気に成長してほしい。その思いを、大切な卵から無事雛が孵ることに写像したもの、鳥取県・島根県出雲地方）

3）虫類——キドリバチ（気取り蜂、おしゃれ好きな女性、福井県）、トーネンバチ（当年蜂、おしゃべり、声高くしゃべる人、その年に生まれた蜂は元気で羽音がうるさいことから）、オコリバチ（怒り蜂、怒りっぽい人、福井県）、クモノスハライ（蜘蛛の巣払い、背の高い人、長崎県）、アリガハウ（単に「アリ」とも、蟻が這う、歩くのが遅い人、高知県）、ギス・ギース（きりぎりす、痩せた人、全国各地）、ヤセギース（きりぎりす、バッタ、特に痩せた人、京都市をはじめとして全国各地）、シラミダユー（しらみ太夫、不潔な人、熊本県）、コモコモ（蟻地獄、家にこもって外出しない人、兵庫県但馬地方・鳥取県・島根県・岡山県）、アリガシンデシマウ（蟻が死んでしまう、歩くのが極端に遅い人、高知県）、カマカケナヤナフト（蟷螂のような人、蟷螂のように痩せた人、島根県出雲地方）、オコリトンボ（怒りとんぼ、怒りっぽい性の人、愛媛県大三島）

4）魚類——ノークリ（星鮫、身体を動かそうとしない怠け者、広島県・山口県）、ドンクハゼ（鯊、何をさせても手際が悪い愚鈍な人、

広島県)、アンコー・アンゴー（鮟鱇、怠け者、馬鹿、身体を動かそうとしない怠け者、近畿地方・中国四国地方）、ノーソー（鱗、ぼんやりしている者、鳥取県・島根県・香川県）、ハラタテブク（腹立て河豚、ハラタチブクとも、怒りっぽい人、山口県・大分県）、イギ（魚の骨、痩せた人、広島県・山口県）、ヒガマス（干鱒、痩せた人、鳥取県・島根県・大分県）、キスゴノキモ（鱚の肝、鱚は小さな魚、小心なさま、またその人、高知県）、ボッカツー（鯰、あまり身体を動かそうとしない怠け者、鳥取県）、フカ（鱶、大酒のみ、大分県）、オーブカ（大鱶、大酒飲み、大分県）、サイラ（秋刀魚、サイラが安い魚なので、転じて頭の足りない人のことを言う、京都市）、オコゼガサンバシニブチアタッタヨーナ（おこぜが桟橋にぶち当たったような、不美人、愛媛県）、オコゼハイニマブシタヨーナカオ（おこぜを灰にまぶしたような顔、不美人、福井県）、カワハギ（かわはぎ、仕事の役に立たない人、島根県出雲地方）

5) その他——カラスグチナワ（烏蛇、怒りっぽい人、すぐに腹を立てる人、島根県石見地方）、シマヘビ（縞蛇、怒りっぽい人、熊本県）、アナガネ（穴蟹、家にこもって外出しない人、長崎県）、サワガニ（沢蟹、落ち着きのない人、福井県）、ワニッコ（鰐子、恥かしがり屋、山形県・福島県）、アナガニ（穴蟹、家にこもって外出しない人、島根県・広島県・高知県）、エンコー（河童、他人を上手に騙す人、広島県・山口県）、エンコーハダ（河童の肌、河童の肌はつるつるすべると信じられていたことから、お金が身につかない人を言う、山口県）、ドンク（蝦蟇蛙、体を動かそうとしない怠け者、鳥取県・島根県・広島県）、ホスカラビッキ（干からびてからからになった蛙、痩せ細っている人、山形県）、ドンガメ（鈍亀、動作の鈍い人、仕事の遅い人、熊本県）、ノミノキンタマ（蚤の金玉、小心者、佐賀県・長崎県・熊本県）、ノミノシンゾー（蚤の心臓、小心者、大阪府）、タニシ（田螺、田螺は蓋をしていてなかなか中身を出さないことから、家にこもって外出しない人、佐賀県・熊本県）、タニシオトコ（田螺男、

家にこもって外出しない男、鳥取県・島根県・熊本県)、サザエ(さざえ、さざえは固い蓋をしてなかなか中身を出さないことから、家にこもって外出しない人、鳥取県)、ドーカン(ドーカンアタマとも、ドーカンはくらげのこと、頭の大きい人をくらげに見立てた、島根県出雲地方)

2. 植物
  1) 穀物
    i. 籾——ミオシ(ミヨシとも、体がひ弱くて痩せている子ども、福井県大野市・愛媛県)、シーラ(空虚に日々を過している人、熊本県)、コメマゴ(米孫、内孫を米に見立てた、広島県)
  2) 野菜——ズイキボクタ(ジーキボクタとも、里芋の木刀、里芋の茎は太くて木刀のようだが、振るとすぐに折れる、見かけ倒しの人、鳥取県・島根県)、イモガラボクト(芋穀木刀、大きいばかりで役に立たない人、熊本県)、ゴボホル・ゴンボホル(牛蒡を掘る、しつこく文句を言う人、酒を飲んでくだをまく人、青森県・岩手県・秋田県)、ゴンボホリ(牛蒡掘り、単にゴンボとも、だだっ子、北海道奥尻島)、ゴボゼホリ(牛蒡掘り、しつこい人、石川県)、イモヒキ(芋引き、小心者、遠慮する人、島根県石見地方)、イモーヒク(芋を引く、遠慮する、遠慮してだめな人、島根県石見地方)、イボヒキ(芋引き、臆病者、臆病者は気の強い人に文句を言われると後ずさりすることから、甘藷を引く際、その蔓を持って後ろに下がる動作に見立てたもの、島根県石見地方)、ダイコンヒキ(大根引き、小心者、長崎県)、タイモノコ(里芋の子、母親につきまとう子、高知県)、コイモ(里芋の子、親芋の周りについてできる小さい芋、親につきまとう子、福井県)、マグソダケ(まぐそ茸、まぐそ茸はどこにでも生えているから、どこにでも顔を出す人、栃木県芳賀郡)、ナタネカラカブラマデ(菜種から蕪まで、簡潔に言わずにいちいち詳しく説明すること、福井県)、ズグナスヤロ(ずぐ茄子野郎、仕事ができない人、能力のない人、山形県東田川郡)、ウカレビョータン(浮かれ瓢箪、瓢箪が風

にゆらゆら揺れるところから、落ち着きのない人、佐賀県)、アオビョータン（青瓢箪、病気がちで顔色の悪い人、全国各地）、スカブラ（スの入った蕪、中身がつまっていない怠け者、福岡県）

3) 草本・菌藻——オゴーサンバナ（彼岸花、年増の美女、広島県）、ベンタケ（紅茸、美人、福井県）

4) 木本——タチガレ（老衰して亡くなった人、北陸地方・中国地方・九州地方）、コガレジニ（木枯れ死、木が枯れていくように、自然に衰弱しついに死ぬこと、福井県）、ドラッポ（腐って中ががらんどうになっている木、体が弱くて仕事の役に立たない人、石川県）、オムロノサクラ（お室の桜、鼻の低い人、御室仁和寺の桜は背が低く、地面に近い、低い枝にも花を咲かせるところから、「低い花」と「低い鼻」をかけている、京都市）、ノナカノイッポンスギ（野中の一本杉、背の高い人、山口県萩市）、イモガラノタイボク（芋茎の大木、図体ばかり大きくて弱い人、福岡県）、ヒカゲンモモノキ（日陰の桃の木、弱くてよろよろしている人、熊本県）

5) 竹——タカンポ（竹の筒、竹の中は空だから抜けている人、熊本県）

3．鉱物

1) 岩石——イシ（石、頭の固い頑固者、山口県）

(Ⅱ) **生業環境**

1．職業

1) 農業

ⅰ．耕作・収穫

a．家畜——ウシ（牛、文句も言わずに黙々と仕事をする人、京都市・京都府与謝郡）、ウシノコ（牛の子、母親につきまとって離れようとしない子、高知県）、ベッチャー（牛の子、母親につきまとって離れようとしない子、兵庫県美方郡・鳥取県）、ハリマウシ（播磨牛、よく太った人、高知県）、ウマガマルアンドンオクワエタヨーナ（馬が丸行灯をくわえたような、長い顔をした人の様子、島

根県石見地方)、ウッシャボタエ（牛舎ぼたえ、内弁慶、高知県）、ダマリウシ（黙り牛、無口な人、島根県石見地方）、ダマリウシガヒトーツク（黙り牛が人を突く、無口な人が突然口を開きとんでもないことを言う、島根県石見地方）、オナメ（牝牛、男らしくない人、高知県）、ウナミ（牝牛、おとなしい人、鳥取県）、オナミズラ（牝牛面、表面は柔和な面持ちをして人に接するけれども、内面は性質がねじれていること、島根県石見地方）、ゾーヤク（雑役、牝馬のこと、女性の意にも使用する、山形県・愛媛県・高知県）、ダバ（駄馬、雌牛のこと、身体の弱い女性、群馬県）、コッテウシ（牡牛、無口な人、大分県、働き者、山口県）、ツノガエー（牛の角が良い、女性の器量が良い、高知県）、コッテー（牡牛、コッテとも、産まれた男子、鳥取県・島根県・高知県）、コッテウシーンゴタル（牡牛のようだ、動作の鈍い人、熊本県）、ジラウシ（じら牛、怒りっぽい人、島根県石見地方）、オーマグレ（大馬食らい、大食漢、青森県西津軽郡）、オーマグライ（大馬食らい、大食漢、山形県東田川郡・秋田県）、イッポンズナジャーオワレン（一本綱では追えない、頑固者、二本綱をつけなければ追っていけないような気性の荒い牡牛に見たてたもの、島根県石見地方・広島県）、ゴテウシ（ごて牛、ごてごて文句を言う人、京都市）

b．農具——カマガキレル（鎌が切れる、腕が立つ人、思い切りよく物事を処理する人、兵庫県川西市・高知県）、キレガマ（切れ鎌、賢くてみなの代表になれる人、熊本県）、カマデガハヤー（鎌手が早い、仕事の速いさま、腕が立つさま、岡山県・広島県・山口県）、カマガキレン（鎌が切れない、思い切りの悪い人、高知県）、カマガキレヘンヒト（思い切りのよくない人、兵庫県川西市）、ゲンノー（玄翁、大形の鉄の槌、金槌より重い、全く泳げない人、高知県）、ヒトクワオコシ（一鍬起こし、誰も鍬を入れて土を起したことのない土地に鍬を入れて起こすことから、冒険家、島根県石見地方）、カタクワモン（片鍬者、頑固者、島根県）、サイズチ（才槌、

おでこの張った頭。後も出ている、京都市）

　ⅱ．養蚕

　　ａ．熟蚕——ズー（年老いた人、今にも立ち上がろうとしている赤子、群馬県）

　　ｂ．桑の木——タテドーシ（立て通し、剪定をしなかったため、ぼさぼさに茂っている桑の木、30歳を過ぎても嫁に行かない人、群馬県）

2) 漁業

　ⅰ．漁撈

　　ａ．船——タカホオマク（高帆を巻く、実力がないのにお高く留まっている人、広島県・大分県）、オータラ（和船の大船、大型の女、島根県）、ワキロオシ（脇櫓押し、恋愛の手助け、大分県）

3) うどん屋——ウドンヤノカマ（口先だけの人、うどん屋の釜には「湯」だけ入っている、その「湯」に「言う」をかけた、長崎県・九州地方）

4) 蒸気饅頭屋——ジョーキマンジュー（蒸気饅頭、どこにでも顔を出す人、山口県萩市）

⑶　**衣食住**

1．服飾・敷物

　1) 衣服

　　ⅰ．下着——ホソビキノフンドシ（細引きの褌、頼りない人、頼りない男、高知県）、コシマキカブリ（腰巻被り、妻に頭の上がらない夫、福井県・鳥取県・島根県・熊本県）、ユモジカブリ（湯文字被り、妻に頭の上がらない夫、京都市）、エモジカブリ（腰巻被り、妻に頭の上がらない夫、福井県）

　　ⅱ．座布団——ザブトン（座布団、妻に頭の上がらない夫、尻に敷かれるものは座布団、群馬県藤岡市・栃木県・近畿地方・北陸地方・中国地方）、ダブトン（座布団、妻に頭の上がらない夫、広島県・山口県）

ⅲ．敷物──ゴザネブリ（茣蓙舐り、長居する人、酒席で最後まで残って飲んでいる人、島根県・広島県）
　2）履物
　　　ⅰ．下駄──コマゲタ（駒下駄、寝小便する人、「コマゲタ」を便所用の下駄に用いたことから、京都市）、タカゲタ（高下駄、娘さんになっても寝小便する人、京都市）
2．文房具──アリマフデ（有馬筆、門をよく出たり入ったりする落ち着きがない人、有馬の人形筆の先が出たり入ったりすることから、京都市）
3．飲食・嗜好
　1）炊事・調理
　　　ⅰ．クドフンバリ（竈踏ん張り、結婚適齢期が過ぎても未婚のままで家にいる女性、竈は女性が日常の煮炊きをする大切な場所だった、島根県）、クドフンバリ（竈踏ん張り、内弁慶、広島県）、ヘッツイサン（竈さん、結婚適齢期が過ぎても未婚のままで家にいる女性、福井県）
　　　ⅱ．ザル（笊、大酒のみ、山形県・中国地方・愛媛県・福岡県）（金遣いの荒い人、兵庫県加西市）、ザルアダマ（笊頭、笊から水がこぼれるように、知識が頭から抜けていく人、馬鹿、山形県）、ジャル（笊、酒がいくらでも入る人、青森県西津軽郡）
　　　ⅲ．テブラゾーケ（手ぶら笊、笊から水がこぼれるように、大胆で金遣いの荒い人、高知県）
　　　ⅳ．ガメ（甕、大酒飲み、福井県）、ハンドバラ（水甕腹、大食漢、島根県・山口県萩市・福岡県・長崎県・熊本県）、ハンズガメ（飯胴甕、家にこもって外出しない人、佐賀県・熊本県）
　　　ⅴ．ミソオケ（味噌桶、味噌桶は炊事場にあって、外へ出すことがない、家にこもって外出しない人、和歌山市・鳥取県・島根県・山口県・福岡県）、ミソダル（味噌樽、出無精な人、山口県）、ミソニホネノアルヨーナ（味噌に骨のあるような、柔らかいものの中に固い

ものがあるようにチクリと皮肉を言う人、島根県石見地方）
- vi. サラネブリ（皿舐り、勤め先を転々と変わる人、尻の軽い人、京都市）、サラネブイ（皿舐り、おべっかを言う人、佐賀県）
- vii. ダオケデクーゴタル（駄桶で食うようだ、大食漢、牛や馬の餌を入れる桶で食べるようだ、福岡県久留米市）
- viii. ヒスケダル（干透け樽、大酒飲み、干いて透間ができている樽に酒をつぐようなものだから、栃木県塩谷郡）
- ix. ビンズメ（瓶詰め、頭の悪い人、瓶は普通八分目しか中身を入れないことから、兵庫県川西市）

2) 食品
- i. 主食——シロメシクイ（白飯食い、財産家、庄屋、高知県）、コメノメシガアタマニツイトル（米の飯が頭についている、ぜいたくを言う人、島根県石見地方）
- ii. 副食類——ラッキョ（らっきょう、皮ばかりで実がない、誠実さに欠ける人、実のない人、愛媛県）、ラッキョズラ（らっきょう面、鉄面皮、宮崎県）、ダッキョ（らっきょう、厚顔無恥な人、皮ばかりで面の皮が厚い、鹿児島県）、ジーキノニーフトリ（里芋の煮太り、里芋を煮ると水分を含んで太くなる、知恵がなくて身体ばかり大きいこと、島根県）、ジュンサイナ（じゅん菜な、人の言いなりになる人、和歌山市）、ヒガマス（干がます、痩せた人、鰤はもともとあまり身のない魚だが、それを干すとさらに薄くなってしまう、鳥取県・島根県・大分県）、コンニャク（蒟蒻、どちらが表か裏か分からない、態度の変わりやすい人、態度の曖昧な人、島根県石見地方）
- iii. 菓子——センベーツバ（煎餅唇、煎餅を食べるときにはパリパリと大きな音がするところから、よくしゃべる人、長崎県）、ダマッタダンゴ（黙った団子、黙ってものを言わない人、島根県）、ネジレダンゴ（ねじれ団子、意地わるくすねている男児、愛媛県）

3) 炊具・容器

ⅰ．徳利——トックリ（徳利、酒の燗をする時間ほどの長さしかお風呂に入っていない人、風呂の短い人、群馬県藤沢市）、サキザラヒキ（先皿引き、何事でも人の先に立って、したり言ったりしたがる人、島根県石見地方）
4．住居・坐臥
　1）家屋
　　ⅰ．壁——シラカベ（白壁、厚化粧をしている女性、昔は庄屋や財産家の土蔵は白壁だった、全国各地）、シロカベ（白壁、厚化粧をしている女性、山口県萩市）、シラカベホドヌットル（白壁ほど塗っている、厚化粧をしている、香川県）、カベヌリ（壁塗り、厚化粧をしている女性、愛媛県・大分県）、シャクシニョライノシロカベ（杓子如来の白壁、杓子如来は薬師如来をもじったもの、厚化粧をしている女性、岐阜県不破郡）、シラカベヌッタゴタルヒト（白壁を塗ったような人、長崎市）、コテヌリ（鏝塗り、厚化粧をしている女性、白粉を鏝で塗ったように厚いから、熊本県下益城郡）
　　ⅱ．火気・炉辺——ヒバシニヌレガミオマイタヨーナ（火箸に濡れ紙を巻いたような、極端に痩せた人、島根県）、ヒバシニヌレガミオキセタヨーナ（火箸に濡れ紙を着せたような、極端に痩せた人、島根県石見地方）、ヨコザベンケー（横座弁慶、「横座」は囲炉裏の座名で、家長が座る場所、家の中では威張っているが外へ出るとからっきし意気地のない人、鳥取県・島根県・広島県備北地方）、ヒバチバン（火鉢の番、外出しない人、福岡県久留米市）、ヨコザフンバリ（横座踏ん張り、結婚適齢期が過ぎても親の言うことを聞かないで、結婚しようとしない娘、家長である父親の言うことを聞こうとしない気の強い娘の様子が透けて見える、鳥取県・島根県・広島県備後地方）、クドフンバリ（竈踏ん張り、結婚適齢期をすぎても親の言うことを聞かないで、結婚しようとしない娘、鳥取県・島根県・岡山県・広島県）、ナマキニヒガツク（生木に火がつく、仕事をし始めたらなかなかやめない、高知県）

2）洗濯・入浴——タライグチ（盥口、大きな口、高知県）、ヒフキダケ（火吹き竹、火吹き竹は火をおこして大きくする道具、話を大きくでっちあげる人、嘘つき、鳥取県・島根県石見地方・広島県）

(Ⅳ) 社会・交際・交通

1．電気

　1）電信柱——デンキンバシラ（電気の柱、背の高い人、全国各地）、デンシンバシラ（電信柱、全国各地）、デンシンバシラニオビシメタヨーダ（電信柱に帯をしめたようだ、背の高い人、長野県）

　2）半鐘——ハンショードロボー（半鐘泥棒、背の高い人、栃木県塩谷郡、大声で話をする人、奈良県吉野郡）

2．交際

　1）金銭——テンポーセン（天保銭、十文に二文足りない、知恵の足りない人、全国各地）

(Ⅴ) 習俗信仰

　1）年中行事

　　ⅰ．祭り——オミコシサンアゲル（お御輿さんを上げる、長居する客が帰る、京都市）

　2）神仏

　　ⅰ．仏——カナブツ（金仏、金銅造りの仏様のように堅い人、堅物、島根県石見地方）、イシボトケサン（石仏さん、沈着な人、鳥取県・島根県石見地方・広島県）、エベッサン（恵比寿さん、にこやかな人、兵庫県明石市）、オイベッサン（お恵比寿さん、いつもにこにこしている人、静岡県）、ホトケワライ（仏笑い、赤子が眠りながら笑顔をすること、福井県大野市）、ホトケサンワラワセナハル（仏さん笑わせなさる、子が生まれたすぐからでも寝ているときににっこりと微笑を浮かべることがある、この時に言う、福井県大野市）

　　ⅱ．神社——ワニグチ（神社の拝殿に吊るされている鈴、よくしゃべる人、声高にしゃべる人、山口県防府市）

このことから何が分かるかというと、人間、すなわち日本人が生きる環境世界の中で、日本人が古くから最も強い関心を寄せてきた対象は、やはり同じ近隣社会に生きる人間（他者であると同時に自分）であったということである。しかも、人間のどのような点に、とりわけ強い関心を寄せてきたかというと、身体や生死ではなく、「怠け者」とか「おしゃべり」とか「小心者」のように、社会的な規範に照らして評価の対象とされる「性向」のあり方である。どの地にあっても、多くの性向語彙が栄えており、しかもその中に多くの比喩語彙が認められるのは、かつて地域社会に暮らしてきた人びとが、性向語彙を世間体の具体的な指標とし、また行動モラルの具体的な記号システムとして生きてきたことを意味するものにほかならない。これによって、地域生活者は、「労働秩序」と「つきあい秩序」を中心とする秩序構成を樹立し、ムラ社会の存続を至上価値として生きてきたのである（拙著『「ヨコ」社会の構造と意味—方言性向語彙に見る』2001、和泉書院）。ちなみに、上に示したデータのうち、人間性向を人間以外の対象に転写した事象が、実に、全体の69.2％を占めている。しかも、そのほとんどはマイナス性向に関するもので、プラス性向に関するものは「カマガキレル」（鎌が切れる、腕が立つ人、思い切りよく物事を処理する人、兵庫県川西市・高知県）、「カマデガハヤー」（鎌手が早い、仕事が速いさま、腕が立つさま、岡山県・広島県・山口県）、「キレガマ」（切れ鎌、賢くてみなの代表になれる人、熊本県）の3語に過ぎない。

Ⅷ．人に見立てられる対象の特徴

1.「牛馬」への強い関心
　また、恣意的に抽出したデータをもとに、一定の傾向性を導き出すことはあまりにも無謀であることを承知した上で、いくらかのことを指摘するならば、まず、人間の見立ての対象として、「牛」が多く選択されているという事実が注目される（17語、「動物」と「家畜」の2つのカテゴリーに属する事象全体の20.0％を占める）。すでに触れたことではあるが、昭和40年代まで、西日本の農業社会にあっては、どの家でも牛を飼育しており、牡牛（コ

トイ・コテー・コッテー）は耕作や物の運搬などに利用し、牝牛（ウナミ・オナミ）は子牛を出産させるために、それぞれ大切に扱っていたのである。農民が朝起きて、まず、最初にしなければならない仕事は、牛に与える朝草を刈りに行くこと（アサクサガリ、朝草刈）であった。牛に餌を与えた後に、農民は朝食をとったのである。かつての農民にとっては、「牛」は動物のカテゴリーの中にあって、最も人間のカテゴリーに近い存在として認識されていたものと思われる。生まれた男子を「コトイ」あるいは「コッテー」（牡牛）と呼び、若い女性の器量のよいことを「ツノガエー」（角が良い）と呼ぶ例などを見ると、西日本の農業社会にあっては、「人間」と「牛」とは、まさに隣接する関係にあったと言ってよいだろう。また、大食漢を、「オーマグライ・オーマグレ（大馬食らい）」に見立てていることからして、東北地方の農民の「馬」（コマ・ダバ）に対する認識も同様であったと思われる。ちなみに、高知県や兵庫県但馬地方、鳥取県八頭郡では、生まれた男子を「牛」に見立てて、次のように言う。

○オマンカ　コットイガ　デキタツ　カヨ。お前のところは男子が生まれたのかね。（高知県、老男）

○アンタゲニワ　ウナミガ　デキナハッタサーナダ　ナー。あなたの家には女子がお生まれになったそうだねえ。（兵庫県但馬地方、老男）

○アンタゲニワ　コッテーガ　ウマレナハッタサーナデ　ホンニ　ヨカッタ　ナー。あなたの家には男の子が生まれなさったそうで、本当に良かったねえ。（鳥取県八頭郡郡家町、老男）

また、人を「牛」に見立てた比喩表現が西日本に多く認められ、「馬」に見立てたそれが東日本に多く認められることも注目される。これは、民俗学や村落社会学の成果からも明らかなように、西日本では古くから稲作が盛んで「牛」を使用することが多かったのに対し、東日本では畑作が盛んで「馬」を使用することが多かったことと関係する事実であろう（宮本常一『日本文化の形成』2005、講談社学術文庫、『季刊東北学』第18号、2009、東北芸術工科大学東北文化研究センター）。「牛馬」に比べると語数が少なくなるが、「猫」に見立てたものが7語認められることも注目される。昔のムラ社会で

は、鼠の被害を防ぐために、どの家でも猫を飼っていた。また、ムラ社会のあちこちに、野良猫がたむろしていた。そのような環境世界の中にあって、人びとの猫に対する関心がおのずから強化されたものと見なすことができるだろう。

ところで、「牛」「馬」以外に、現在盛んに飼育されている「豚」が、人間の見立ての対象として全く選択されていないのはなぜだろうか。「猪」については、「イノシシ」（冒険家、向こう見ずな人）とか「イックビ」「シシクビ」（首の短い人）「イノシシノヨメイリ」（多くの子どもを連れての嫁入り）のような例が認められるにもかかわらず、「豚」に見立てた例は見当たらない。この点については、江上波夫が次のように語っていることが注目されるのである。

> 日本には猪がいたから豚がなかなか家畜にならなかったのだと思うのです。猪は飼育も容易で、繁殖することもできる。もっとも、壱岐の遺跡からは豚も出ている。九州の一部では弥生時代にすでに豚を飼っていたとしても、全国的に考えれば、やはり猪でしょう。（江上波夫他『日本人とは何か』239ページ、1980、小学館）

とすれば、日本全国における、改良される前の「豚」が出現したのは、かなり遅れることになったのであろう。しかも、亀井が言うように、「ブタとは、野猪を飼育した家猪をスペシフィクに指示し、それに言及するまさにそのためのことばとして作りだされたゆえんのかたちであったはず」（かめいたかし『ことばの森』39ページ、1995、吉川弘文館）。だとすれば、かつての村落社会における人びとの「豚」に対する関心は稀薄で、「猪」に対する関心の方がはるかに強かったと推測される。それが、人間の見立ての対象として「豚」が出現しない重要な根拠だと考えられる。

ところが、文学比喩には、以下に示すように、人の見立ての対象として、「豚」が登場するのである。

○この女自体が豚そのものだと伊沢は思った。　　　　（坂口安吾『白痴』）
○骨ばったマネキン人形とそっくり同じ流行の衣装をつけた豚のような女たち
　　　　　　　　　　　　　　　　　　　　　　　　　（安部公房『他人の顔』）

○丈が低く、横にでぶでぶ太って、豚の体に人の首がついているようだ。

(岩野泡鳴『耽溺』)

○皮膚が厚すぎる、しろくて厚い、豚の顔みたいだ。

(大江健三郎『セブンティーン』)

○孤独はどんどん太った。まるで豚のように。　　(三島由紀夫『金閣寺』)

　文学比喩に登場する「豚」の多くは、よく太った醜い女性の見立てとして使用されているので、体はよく太り、鼻は突き出て、先が平たい、改良された品種の「豚」に間違いないだろう。これは、古くから飼われていた「家猪」とは、全く違う「豚」である。ただ、方言比喩に登場する「イノシシ」と同様、著しいマイナス・イメージを喚起する点では同様である。

　それでは、日本人は、いつごろから「豚」の原種である「猪」の狩猟を行い、その美味とされる肉を食べていたのであろうか。白水智によると、それは平安時代の末期まで遡るようである。しかも、「猪」の狩猟・肉食は、「本格的な山岳地帯のみならず、山のあるところであれば各地で行われていた」ことが知られるのである(『知られざる日本―山村の語る歴史世界』64ページ、2005、日本放送出版協会)。それゆえ、山村に暮らす人びとは、「猪」の首が極端に短く、そのため走る方向を途中で変えることができなかったという特徴を熟知していたものと思われる。「猪」の首が極端に短いことを認識していたかどうかは疑問だが、文学比喩にも、人の状態を「猪」に見立てた比喩表現が現れる。

　○葉子は手傷を負った猪のように一直線に荒れて行く(有島武郎『或る女』)
　○毛の抜けたいのししのようなむさ苦しい御亭主(森田たま『もめん随筆』)
　○手おいの猪のような、こぼれそうな鈴なりの汽車(小島信夫『汽車の中』)

2. 生活史の反映

　さらに、上記のデータを見てみると、家畜としての「牛」「馬」(古くは「猪」も)、漁撈を営むための「帆船」、下着の「褌」「腰巻」、炊事場(昔はほとんど土間であった)にある「竈」「水甕」「味噌桶」「樽」「笊」「笊」、食品の「シロメシクイ」(財産家、庄屋)「コメノメシガアタマニツイトル」

第三章　方言比喩の創造と環境世界　193

（ぜいたくを言う）、家屋の「ヨコザ」（囲炉裏の座名で、家長が座る場所）、「ヒバシ」（火箸）「ヒバチノバン」（火鉢の番、昔は「ヒバチ」で暖をとった）、風呂を沸かすとき火の勢いを強めるために使用した「ヒフキダケ」（火吹き竹）、明かりをとる「マルアンドン」（丸行灯）、土蔵の「シラカベ」（白壁）、お金の「テンポーセン」（天保銭）、下駄の「コマゲタ」（駒下駄）、「タカゲタ」（高下駄）、蒸気饅頭屋の「ジョーキマンジュー」、「チンドンヤ」（ちんどんや、厚化粧をしている女性）のように、地域社会の生活史の一端を物語る比喩表現が見出されることも注目されるのである。とりわけ、「シロメシクイ」「コメノメシガアタマニツイトル」は、近代以前の農民や漁民の食生活の貧しさを端的に示すものであろう。また、村の会合などで女性が意見を言うことを、「メンドイノトキッグゴトユー」（雌鳥が時を告げるように言う）と表現しているところには、かつての村社会における、公の場での女性の立場の低さに関する共通認識を如実に物語るものであると言ってよかろう。また、かつての地域社会にあっては、女性の家の中での実権や発言力が弱かったことは、「メンドリャウタウ」（雌鳥は歌う）というメタファー表現が認められることによってもよく理解される。また、すでに触れたように、「センチガタビ」（便所へ行くのが旅）という言い方も、女性がひとりで旅（村の外）に出かけることのなかった近世までのムラ社会の状況をよく物語るものであろう。さらに、河童（エンコー・エンコーハダ）といった架空の存在が、人の属性の見立てに現れることも、過去の地域社会に生きた人びとが共有していた俗信を顕著に示すものとして注目される。しかも、筆者の経験によると、今から30年ほど前までは、広島県下の山地部で、「エンコーニダマサレタ」ことを実体験として語る古老に、何人も会ったのである。

　ここで、「ヨコザフンバリ」「クドフンバリ」（適齢期になっても、親の言うことに従わないで、嫁に行こうとしない娘）について、少し詳しい説明を施すことにする。「ヨコザ」は「横座」で、囲炉裏の座名であって、全国の広い範囲に分布している。ここは、その家の戸主が座る場所であり、横座に連なる奥の座には神棚があって、家の繁栄を護る神々が祀られていた。それではなぜ、戸主が座る奥まった上座を「ヨコザ」と呼ぶようになったかとい

う点については、坪井洋文の説が参考になる。坪井は、おおよそ、次のような解釈を提示している。「家の神の祀りを司る者」として主婦の座（カカザ）を中心としたとき、その横に、戸主の座が位置付けられるからで、もともと主婦は家の祭祀とともに、実質的に世帯を支え、つかさどる者として、戸主よりも優位の立場にあったという見方を前提としている。それが、次第に、「横座」扱いの戸主が、家での権力を強くしていったというのである（「生活文化と女性」、『日本民俗文化大系 10　家と女性』1987、小学館）。ここでは、その史的推移は、さほどの関心事ではない。

　かつて、結婚は親同士（戸主同士）が決めるのが当たり前であって、それが社会的規範として広く定着していた。ところが、「ヨコザフンバリ」は、戸主である父親の言うことに従わないで、結婚しようとしない娘のことである。「ヨコザ」で踏ん張るという比喩発想は、「戸主の考え」を全く無視して、平然と家に居座る気の強い娘を連想させる。昔は、社会的規範に反する行動をとる、そのような娘は、あまりいなかったと思われるが、それだけに戸主は困惑し、またミクロな地域社会にあっては、たちまちそのことが噂にもなり、批判や同情の眼が向けられたことであろう。「結婚適齢期になっても、戸主の言うことに耳を貸さず、結婚しようとしない娘」を「ヨコザフンバリ」という誇張比喩によって表現したところには、長く定着していた社会的規範に反する行動をとる若い娘に対する厳しい批判意識と、そのような娘を持った親に対する同情のこめられた「笑い」の心意がうかがわれるのである。

　その点では、「クドフンバリ」も同様である。「クド」は「かまど」のことで、西日本に広く分布する言い方である。「クド」は居間と土間との境に、土間に迫りだすようにしつらえてあり、日常の主な煮炊きはここで行われていた。「クド」の煮炊きは女性が行うもので、「クド」はいわば女性の権利の象徴のような存在であった。しかも、「クド」は「ヨコザ」と同様、家の奥にあって、外に出ることは決してないものである。「クドフンバリ」には、娘の主張の強さとともに、「家の外へは出ない」＝「結婚しない」という見立てもこめられているように思われる。「クドフンバリ」には娘（女性）の

主張の強さが含意され、「ヨコザフンバリ」には戸主の言いつけを無視する態度が含意されていて、比喩表現の味つけに多少の違いが認められると言ってよかろう。「結婚適齢期」ということばがほとんど死語に近い状態になった現代の日本社会にあってはおよそ想像もつかないような規範意識が、少なくとも戦後になってもまだ続いていたのである。なお、「クド」は、「ヨコザ」と異なり、それ自体が神体の、土着の神、とりわけ「火を司る神」と信じられていたようである（上野和男「家族の構造」、坪井洋文編『日本民俗文化大系第8巻　村と村人―共同体の生活と儀礼』1984、小学館、今和次郎『日本の民家』1989、岩波文庫）。

3. 「動物」のカテゴリーの優位性

さらに、人を動植物のカテゴリーに転写した比喩表現を見てみると、動物に見立てたものが95語、植物に見立てたものが30語（野菜類を除けば、わずか9語）で、動物に見立てたものが植物に見立てたものに比べて、約3.2倍の語数が認められるのである。その要因は、おそらく、すでに何度も指摘したように、動かないものよりも動くものの方が対象の特徴を認知しやすいということと、顔つきや体つきなどに人間を連想しやすい特徴が多く認められるという点に求められるであろう。

ところで、これらのメタファーは、「狸」「貉」「獺」「雀」「猫」「猪」「烏」などを除くと、おそらく文学比喩には出現しようもないものであろう。それは、いずれも地域社会の言語に特有の語形と意味からなるものであって、普遍性に欠けるからである。また、いずれの方言比喩も、あまりにも身近で、即物的で、多様なイメージを喚起し得ない対象である。しかも、同じ生活環境の中に身を置かなければ、新しく生成された意味――新しく造形化された認識――を発掘することが容易ではない存在ばかりだからである。また、先に示したかなり多くのデータやその意味分類からも知られるように、文学比喩が抽象度の高い、雅趣や意外性に富んだ情緒的な比喩であると言われるのに対し、方言のそれは、即物的、具象的なものが多く、滑稽さや批判、さらには誇張の方向への展開が著しく、全体として環境世界を背景とする生活臭

に富んだものになっているように思われる。そして、その生活臭は、地域生活者が生きてきた環境世界の特性を色濃く反映すると同時に、環境世界の制約をかなり顕著に受けるものである。だからこそ、比喩による新しい意味の生成、拡張が地域社会にしっかりと根づき、人びとが日々の生活を営む上での知恵として、存分に機能したのであろう。しかも、人間の多様な特徴を、身の周りにいる動物の多様な習性に写像するという行為は、揶揄、滑稽、笑いという世界へ人びとを誘うと同時に、マイナスのイメージを喚起することにもつながる。動物という対象があまりにも具体的な存在であって、その特徴が分かりやすいからである。人間という存在を、より分かりやすい対象に転写することによって、マイナス・イメージをより鮮明に浮かび上がらせ、滑稽、笑い、揶揄、批判の効用を地域生活者は存分に楽しみ、自らが生きる環境世界の「生身の認識」の拡張にしたがったものと思われる。方言比喩は、文学比喩の雅趣におもむく比喩に対して、俗の世界に息づく比喩であるが、環境世界を背景とする「生身の思考」に根ざしていたものだけに、手離すことのできない生活知であった、と見なすことができよう。

　そのような環境世界の中にあって、人のカテゴリーを「鉱物」のカテゴリーに転写した事象が、方言比喩の世界に、全くと言ってよいほど見出すことができない事実を、ここで指摘しておきたい。その理由は、おそらく、地域生活者にとって鉱物は、環境世界の中で自然性・生命性を最も認知しにくい対象だったからであろう。別の言い方をすれば、人びとの生業活動との関わりが最も稀薄な存在だったからであろう。これに対し、文学比喩には、人を鉱物のカテゴリー、とりわけ岩石のカテゴリーに写像した事例が、以下のように多く認められるのである。この点にも、方言比喩との断絶性・差異性を指摘することができる。

　○石をよけるように私をよけて迂回した。　　　（三島由紀夫『金閣寺』）
　○庄崎トリは、柘榴石のように、鋭く、輝いていた。

（獅子文六『沙羅乙女』）
　○この女とはとても一緒について行けない、石のようなものを感じた。表
　　面も中身もかんかんの石みたいで、片っ端から弾き返されるばかりだっ

た。　　　　　　　　　　　　　　　　（室生犀星『杏っ子』）
○丘の家々は、石のように雪の下に埋れていた。
　　　　　　　　　　　　　　　　（黒島伝治『渦巻ける烏の群』）
○むくつけき顔貌は、風化した石のように、あたりのざわめきに無関心である。　　　　　　　　　　　　　　　　　　（武田泰淳『風媒花』）
○岩のような男……　　　　　　　　（徳永直『太陽のない街』）
○老人は山の老樹のように、あるいは苔むした岩のように、この景色の前にただそこに置かれてあるのだ。　　　　　　（志賀直哉『暗夜行路』）
○利助さんは、岩のように黙っていました。
　　　　　　　　　　　　　　　　（新美南吉『牛をつないだ椿の木』）
　また、植物のカテゴリーの中で、人（とりわけ女性）を「花」に転写した事象が全く認められないことも注目される。文学比喩や共通語による比喩表現の中には、女性を「花」に見立てた事象は数多く見出されるが、方言比喩にはほとんど姿を現さない。これは、文学比喩が主に「美」に主眼点が置かれるのに対し、方言比喩は「笑い」や「俗」に主眼点が置かれることを反映する事実であろうか。共通語における「職場の花」をはじめとして、
○なぎさでは、真珠のレース編みのように、みなわが花をさかせていた
　　　　　　　　　　　　　　　　　　　　　　（庄野英二『星の牧場』）
○藤木は弱々しく、風に吹かれて花が花冠を垂れるように、頷いた
　　　　　　　　　　　　　　　　　　　　　　（福永武彦『草の花』）
○自分だけが受粉を待っている花のようにだらしがないのはどうした事だろう　　　　　　　　　　　　　　　　　　　（林芙美子『女性真髄』）
○ひどいお仕置きをされた。紫色のあざが牡丹の花のいれずみのように、半年経っても消えなかった程ひどく　　　　（森田たま『もめん随筆』）
○改札の眼の先きで花が咲いたように微笑んでみせた。
　　　　　　　　　　　　　　　　　　　　　　（有島武郎『或る女』）
○加奈子は、美しい花が、あやぶい風に吹き廻されるような美観で
　　　　　　　　　　　　　　　　　　　　　　（岡本かの子『春』）
といった文学比喩の例を挙げるまでもなく、誰が見ても、「花」は、「笑い」

や「滑稽」の対象になりにくいものであることは確かであろう。それに加えて、かつての村落社会にあっては、女性が「花」に見立てられるような地位を獲得していなかったということも、要因の一つとして挙げられるかも知れない。

4. 地域生活者の知恵

　ところで、藤原与一は、方言比喩について、「比喩は、民間造語界でたいせつな手段である。なにげなくたとえを用いて、ずばりとたいせつなことを言いあらわしている。ここに民衆の生活の知恵のすばらしさ・おそろしさも光っていると見ることができよう。」（『民間造語法の研究』248 ページ、1986、武蔵野書院）と述べている。藤原は具体的な事象を何ひとつ挙げていないので、彼の深意を正しく理解することは困難であるが、「民衆の生活の知恵のすばらしさ・おそろしさも光っていると見ることができる」のは、方言比喩が常に特定の環境世界を背景として生成されてきたためだと考えられる。「おそろしさ」が何を意味しているかを明確に解説するのは容易ではないが、おそらく他者の眼差しに強く捉われて生きてきた民衆にとって、世間が定めた行動モラルから逸脱する振舞いを、即物的、具体的に厳しく言い表す多くの方言比喩が果たす機能を指しているものと思われる。たとえば、「ドンクハゼ」「ノークリ」（怠け者）、「アナガネ」（家にこもって外出しない人）、「ウカレビョータン」「ウイタカヒョータン」（落ち着きのない人）、「シロギツネ」（厚化粧した女性）、「ズイキボクタ」（見かけ倒しの人）、「テブラゾーケ」（金遣いの荒い人）、「ホソビキノフンドシ」（頼りない人、頼りない男）、「ネゴニキマシダ」（仕事が一人前でない人）、「ゴボゼホリ」（しつこく文句を言う人）ドラッポ（体が弱くて仕事の役に立たない人）などのように。このようなマイナス・イメージをより鮮明に喚起するメタファーを差し向けられれば、村落社会の成員はいやがおうでも成員全員に課せられた社会的規範を強く意識せざるを得なかったものと推測される。

5. 方言比喩と文学比喩の断絶性と連続性

　以上、述べてきたように、文学比喩と方言比喩との間には、確かに、断絶性が見出されるが、その一方で、メタファーに限って言えば、強い連続性も認められる。それは、「2つの事物・概念の何らかの類似性に基づいて、一方の事物・概念を表す形式を用いて、他方の事物・概念を表す」意味の拡張であり、「類似性に基づく」というのは、「2つの事物・概念に類似性が内在しているというよりも、人間が2つの対象の間に主体的に類似性を見出すことを表している」(籾山洋介・深田智「意味の拡張」、松本曜編『認知意味論』76ページ、2003、大修館書店)ということである。そして、類似性を発見する主体は、文学比喩の場合は作家であり、方言比喩の場合は地域生活者である。しかも、類似性を発見する主体は、ともに、常にある特定の個人である。ただ、作家が発見する類似性には、意外性に富むものが極めて多いのに対し、地域生活者が発見する類似性には、一部の例外を除き、同じ環境世界に生きる成員にとって、意外性に富むものはさほど多くはなく、すぐにも共鳴・共感し得るものが多かったに違いない。だからこそ、拡張された意味が地域社会にしっかりと定着し、現在に至るまで継承されてきたのである。

　さらに、文学比喩と方言比喩の間に認められるもう一つの共通性を指摘すると、類似性の発見に働く感覚は、「視覚」が圧倒的な優位性を示しているということである。もっとも、その中にあって、わずかではあるが、「スズメ」(よく喋る人)、「ツバクロ」(にぎやかに喋り歩く人)、「トーネンバチ」(声高くしゃべる人)「センベーツバ」(よく喋る人)のように、聴覚を媒体として類似性を発見した事象が認められることが注目される。

6. 誇張比喩・誇大比喩の生成基盤と社会的効用

　見立てられる対象と見立てる対象を通観して、見落としてならない特徴としては、「オツキサンアブラサシ」(背の高い人)、「タマゴカラコケコーロマデ」「ナタネカラカブラマデ」(簡潔に言わずに一々詳しく説明するさま)、「ヤセギース」(痩せた人)、「ノナカノイッポンスギ」(背の高い人)、「ゴザネブリ」(長居する人)、「ザル」(大酒飲み)、「シラカベ」「カベヌリ」(厚化

粧をしている女性）、「ヒバシニヌレガミオマイタヨーナ」（痩せた人）、「タライグチ」（大きな口をした人）、「オミコシサンアゲル」（長居した人が帰る）、「ショートギモ」（小心者）、「キスゴノキモ」（小心者）、「オーブカ」（大酒飲み）、「ハリマウシ」（よく太った人）、「オーマグライ」（大食漢）、「ハンドバラ」（大きな腹をした人）「オータラ」（和船の大船、大型の女）などの例に見られるように、喩えられる対象を誇張して表現した比喩——これを、「誇張比喩」または「誇大比喩」と呼ぶ——による新しい認識の造形化が、かなり多く認められるという事実を挙げることができる（佐藤信夫は単に、「誇張法」とよんでいる）。この事実については、すでに第V節で一部触れたところである。

　このような誇張比喩が、いかなる社会意識、社会心理によって生成されたかを、一口で規定することは困難でもあり、また乱暴でもある。そのことを十分承知した上で言えば、それは「ことば遊び」を楽しむ心理であり、意識であろう。「ことば遊び」の遊び心は、「チンガクシャミオシタエナカオ」（狆がくしゃみをしたような顔、目、鼻、口を一箇所に集めたような不美人）、「ヒバシニヌレガミオマイタヨーナ」（火箸に濡れ紙をまいたような、痩せた人）、「オツキサンアブラサシ」（お月さん油差し、背の高い人）「ホッコクノカミナリ」（北国の雷、着たなりの人）などをプロトタイプとするように、基本的には、「笑い」の効果をねらったものが多い。だが、「シラカベ」「カベヌリ」（厚化粧をしている女性）のように批判、皮肉の効果をねらったものもあり、「ショートギモ」「キスゴノキモ」（小心者）、ユモジカブリ（湯文字被り、妻に頭の上がらない夫）のようにけなし、そしりの効果をねらったものもある。また、「オミコシサンアゲル」（長居する人が帰る）のようにからかい、諧謔の効果をねらったものもあって、その内実は多様である。しかし、これらも、結局のところ、広い意味での「笑い」の世界に収斂されていったものと考えられる。

　それは、かつての地域社会、とりわけミクロなムラ社会にあっては、成員相互の人間関係が極めて親密で、しかもおおらかであったために、そもそも誇張比喩・誇大比喩を生成することによって、他者を傷つけたり、人格を否

定したりするという意識が稀薄だったからである。それゆえ、誇張比喩を生成し、他者だけでなく、それを自らに向けても使用することによって、成員相互の親しさが一層増し、ミクロな地域社会に生きる人びとの精神世界を活性化するという「社会的効果」(＝生活の有用性)をもたらしたのではないだろうか。このような点に、方言における誇張比喩のダイナミズムが認められると言ってよかろう。今日のように、人間関係が稀薄で、個の物象化が進む社会にあって、上記のような誇張比喩・誇大比喩を面と向かって使用すれば、どのような事態が発生するかを想像してみただけで、それは容易に理解されるであろう。かつて、「方言における誇張比喩・誇大比喩」を指して、「方言における事大主義」と呼んだ研究者がいるが、この判断は、全く当を得ないものと言わなければならない。

　ところで、誇張比喩がもたらす「笑い」「揶揄」「批判」「そしり」「皮肉」といった効果も、日常生活において比喩表現の慣用化が進めば、次第にそれが比喩であることが意識されにくくなり、それに伴って効果も稀薄化される。そのため、地域生活者は、誇張比喩をさらに拡張し、その効果を維持することにつとめているのである。1例を挙げれば、「嘘つき」に見られる、「ヒャクイチ」(百一、百に一つの本当しかない)──「センミツ」「センミー」(千三つ、千に三つの本当しかない)──「マンイチ」(万一、万に一つの本当しかない)のような拡張である。その類例として、「背の高い人」を「イッケン」(一間)──「クモノスハライ」(蜘蛛の巣払い)──「デンキンバシラ」(電信柱)──「クモツッポカシ」(雲突き破り)──「オツキサンアブラサシ」(お月さん油差し)を挙げることができよう。なお、すでに述べたことではあるが、「嘘つき」について、上記のような誇張比喩の拡張を行い、強い批判よりはむしろ笑いや揶揄の対象としているところに、古くから、日本人の「嘘つき」に対する倫理的叱責観がさほど厳しいものではなかったことがうかがわれるように思われる(吉村公宏『認知意味論の方法──経験と動機の言語学』1995、人文書院)。なお、従来の修辞学では、「オツキサンアブラサシ」のような比喩表現を「過大誇張法」と呼び、「ヒバシニヌレガミオマイタヨーナ」といった比喩表現を「過小誇張法」と呼んで区別してい

る。この点について、佐藤信夫は、「「烈しい寒気があなたを冷凍し、あなたの内臓まで氷漬けにする……」というのは過小誇張であり、「烈しい暑気があなたを火あぶりにし、内臓まで焼きつくす……」と言えば過大誇張だ、ということになるのだろうか。あるいは、「一日千秋」は過大型で、「十年一日」は過小型だ、ということになるのだろうか。無用の区別である」と述べている（『レトリック感覚』250ページ、1992、講談社学術文庫）。筆者も佐藤の意見に同感である。「オツキサンアブラサシ」も「ヒバシニヌレガミオマイタヨーナ」も、ともに比喩の意味を強めて表現した過大な誇張比喩であることに何ら変わりはなく、「誇張比喩」を、無理に「過大」と「過小」に区別してみたところで、何の意味もないのである。

7.「人間のカテゴリー」に見られる認識の造形化

　以上、先に挙げたデータに認められる特徴的な事柄について、ざっと検討を加えてきたが、ここで改めて、人間のカテゴリーに属する対象を人間以外のカテゴリーに転写した対象が属する意味カテゴリーの総体を見てみると、その多様で複雑な構造に目がとまるのである。それは、村落社会に生きてきた人びとが、日常生活の中で、互いに他者の属性を綿密に観察し、それと同時に「環境世界」に存在する実に多くの事物の特徴をも観察して、両者に認められる類似性を発見してきた営み——新しい認識の造形化——の結果を意味するものにほかならない。その営みに、子どもたちも関与したことは、「家に閉じこもって外出しない人」を砂の中に隠れていてなかなか外に出てこない蟻地獄に見立てて、「コモコモ」（兵庫県・鳥取県・島根県・岡山県）と呼んでいる例が認められることからも、容易に想像されることである。朝早くから夜遅くまで必死に働いていた大人には、蟻地獄を相手にして遊ぶ余裕は全くなかったはずである。すでに指摘したことだが、「コモコモ」とは逆に、「蟻地獄」を人間のカテゴリーに転写した「ソートメ」（早乙女、ともに後ろにしか移動しないという類似性の発見によるもの、福井県・広島県・山口県）も、子どもたちの手になるメタファーと考えて、まず間違いないであろう。このような例は、第六章で改めて取り上げるように、かなり多く認

められるのである。

　そして、意味カテゴリーの多様で複雑な総体を彩る特性は、かつて、村落社会に生きてきた人びとの長い歴史環境を背景とする「生活文化」をベースとした「生身の思考」「生身の認識」の結晶の一端である、ということである。換言すれば、方言比喩は、長い歴史と独自の環境を背景として形成された地域文化の重要な「構成原理」の一つであるということである。これは、一部、文化人類学や認知意味論におけるメタファー論とも重なる原理であると言ってよいだろう（大堀寿夫『認知言語学』2002、東京大学出版会）。

　ところで、大堀寿夫は、メタファーを、「抽象的な概念と明確な形をもった具体的な概念との間に成り立つ一定の対応関係」と規定している（『認知言語学』74ページ、2002、東京大学出版会）。もちろん、一定の対応関係が成り立つためには、両者の間に認められる類似性の発見が前提となる。大堀の規定は、そのことを踏まえた上でのものであろう。しかし、メタファーは、大堀が言うように、常に抽象的な概念と具体的な概念との間に成り立っている関係と捉えることには、問題があるのではなかろうか。上に挙げた「家に閉じこもって外出しない人」と「蟻地獄」、「蟻地獄」と「早乙女」の間には、「抽象的：具体的」という対応関係は認められない。どちらも視覚によって容易に認知し得る具体的な対象である。方言メタファーにおいては、人間のカテゴリーに属する対象を人間以外のカテゴリーに属する対象に写像・転写した多くの事象を見ても分かるように、「具体的：具体的」という対応関係の認められるものが大半を占めており、「抽象的：具体的」という対応関係を示すものはさほど多くない。そもそも、村落社会に生きてきた人びとは、「人生とは何か？」「愛とは何か？」「議論とは何か？」「ことばとは何か？」といった日々の暮らしに直結しない抽象的な問題が、成員共有の意識にのぼることはほとんど無かったのである。彼らの日常生活にとって重要なことは、すべてが今、ここにある現実的で具体的な問題であった。

　また、具象的・即物的比喩が多く認められ、それによって新しい認識の造形化——新しい意味の発見——が「分かりやすさ・理解のしやすさ」をもたらすという基本的なアプローチの中にあって、「誇張比喩」が少なからず認

められることが注目される。「過大」「過小」に関係なく、「誇張比喩」が栄えていることは、それによって「笑いの共同空間」を構成し、人間関係をより親密な状態にしようとする意識が地域社会に働いていたこと、言い換えれば「つきあい秩序」をより堅固な形で維持しようとする明確な意識が地域社会の中に存在したことを意味するものと考えられ、注目されるのである。

8. 謎解きの面白さと環境世界

そのような中にあって、先にも記したことであるが、長崎県や熊本県で聞かれる、「出っ歯の人」を「山桜」に見立てたメタファーについて、どのように考えたらよいのだろうか。「出っ歯」も「山桜」も、ともに視覚的に認知し得る具体的な対象であることは明らかである。そうであっても、両者の間に類似性を発見することは、現代の都市社会に生きる人びと——に限られることではないが——にとっては至難の業であろう。現代の都市社会に生きる人びとは、桜といえば「染井吉野」のように、花が先に咲いて、花が散った後、葉が出てくる桜を、まずはイメージする、というよりも、それ以外の桜をイメージできないからである。だから、「葉桜」ということばもある。

それでは、「出っ歯の人」と「山桜」の間には、どのような類似性が見出されるのであろうか。両者の間には、実は、次に示すような洒落た味つけの類似性の認識が仕組まれているのである。

① 「出っ歯の人」の「歯」(ハ) ———↑——— 「山桜」の「葉」(ハ)
　　　　　　　　　　　　　　　　同音

② 「出っ歯」は「鼻より歯が前に出る」——→「山桜」は「花より葉が先に出る」
　　　　　　　　　　　（空間的）　　　　　　　　　　　　　　　　（時間的）

「出っ歯」と「山桜」の類似性を発見するためには、「山桜」が染井吉野などとは異なり、「花」より先に「葉」が出ることを認識していなければならない。言い換えれば、「山桜」の特徴を熟知している必要がある。そして、そのための動機づけがなければならない。それは何であろうか。古くから、西日本の農民は、「山桜」の開花を待って田の耕作にとりかかったのである。

牛を使い、何度も田を鋤いたのである。農民にとって、「山桜」は「田仕事」を始める農事暦の指標とされてきたのである。そのような農民にとって、「山桜」が花より先に葉が出る桜であることは周知の事実だったはずである。だからこそ、「出っ歯の人」を「山桜」に写像することが容易にできたのであり、それが成員共有の新しい認識の造形として定着したのである。ここには、明らかに、「生業環境」の反映と制約が認められると言わなければならない。しかも、「出っ歯の人」と「山桜」の類似性の発見には、「空間的」──→「時間的」という「具体」を「抽象」によって理解するという仕組みが認められる。これは、人間は「時間」という抽象的な対象を「空間」という具体的な対象によって理解するという、レイコフやジョンソンの規定に反する事例となる（渡部昇一他訳『レトリックと人生』1986、大修館書店）。「出っ歯の人」を「山桜」に見立てた、判じ物めいた洒落たメタファーが成立した背景には、上に述べてきたような事実があるのである。

　また、かつて、京都の人たちが、「鼻の低い人」を「お室の桜」（御室仁和寺の境内にある背丈の低い桜の枝に咲く「花」）に見立てたところには、次のようなメカニズムが認められるはずである。

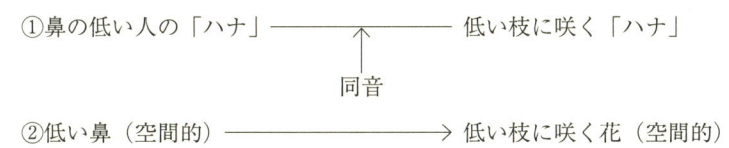

　①鼻の低い人の「ハナ」　─────↑─────　低い枝に咲く「ハナ」
　　　　　　　　　　　　　　　　同音

　②低い鼻（空間的）　────────→　低い枝に咲く花（空間的）

佐藤信夫は隠喩について、次のように述べている。「隠喩は、まぎれもなく、類似性《にもとづき》、類似性《に依存し》ている。すぐれた表現者はいつも斬新な隠喩を──つまり斬新な類似を──を発見するものだが、たとえ新発見であっても、その類似性は、聞き手になるほどと納得させるものでなければなるまい」（『レトリック感覚』1992、講談社学術文庫）。しかし、「出っ歯の人」と「山桜」の間に類似性を発見することはもとより、発見された類似性を、今の時代と環境を生きる聞き手になるほどと納得させることは、極めて至難であろう。同じ時代と同じ地域に生き、同じ生業環境の中で獲得した経験知を共有していないかぎり、「出っ歯の人」と「山桜」の間に類似

性を発見することはまず無理であろう。言い換えれば、この謎解きに成功する人は、たとえ感性が鋭い若者であっても、そう多くはないものと思われる。したがって、「類似性を発見する可能性」も「なるほどと納得する可能性」も、ともに時代や地域や文化などによって拘束される側面を持っていると考えざるを得ないことになる。また、先に示したように、京都市で、「鼻の低い人」を指して、「オムロノサクラ」（お室の桜、御室仁和寺の桜は背丈が低く、低い枝に花が咲く、すなわちともに「ハナガヒクイ」ところから）と呼んでいるのも、京都市に住んでいる人でなければ、この見立ての意味を理解することは不可能であろう。それゆえ、他の地域に住んでいる人が「なるほどと納得」し、思わず「笑い」をもよおすことも期待できそうにない。ただ、ここで、注意すべきことは、「鼻が低い人」と「オムロノサクラ」の場合は、「出っ歯の人」と「ヤマザクラ」の場合とは異なり、ともに空間的な見立てであるということである。先に示した、かなり多くの方言比喩のデータの中には、このような性格を示すものが少なからず見出されるのである。

　たとえば、口先だけの人、言うだけの人を、「ウドンヤノカマ」（うどん屋の釜）〈山口県・熊本県・長崎県〉と表現しているのは、「ユー」（言う）にうどん屋の釜には「ユ」（湯）しか入っていないことをかけたものである。熊本県で使用される「フロヤンカマ」（風呂屋の釜）も同じ趣向のものである。また、京都市でしか使用されない「カモガワノゴモク」（鴨川の塵芥）は、「食いにかかったら離れない人」の見立てであるが、これは「（杭）にかかると離れない」と「（食い）にかかると離れない」をかけたものである。前者の謎解きには「環境」の制約はさほど関係ないように思われるが、後者の謎解きには「環境」の制約が強く働くものと考えられる。「鴨川の杭」がどのようなものかイメージできなければ、「杭」と「食い」の類似性が発見できないからである。さらに、愛宕八郎康隆によると、長崎県川柳町では、「耳の遠い人」を「コンピラサン」と呼ぶという。これは、金毘羅さんの縁日が10日であるところから、「遠か」にかけたメタファーである（方言研究ゼミナール『方言資料叢刊第3巻　方言比喩語の研究』1993）。ただ、このよう

なメタファーは、「遠い」「近い」のイ語尾を「遠か」「近か」とカ語尾に実現する福岡県・佐賀県・長崎県・熊本県などでしか成立し得ないものである。ここには、「言語環境」による方言比喩の地域性が認められるのである。

ただし、ここで注意しなければならないことは、「言うばかりの人」と「ウドンヤノカマ」、「食いにかかったら離れない人」と「カモガワノゴモク」、「耳の遠い人」と「コンピラサン」においては、喩えられる対象と喩える対象の間に、意味や認知における類似性は全く認められないということである。類似しているのは——あるいは一致しているのは——、「ユー」「クイ」「トーカ」という「音」である。方言比喩表現にあっては、このような謎解きに似た洒落た味つけがなされたものが、かなり多く認められるのである。だが、類似——より正確に言えば一致——しているのが「音」であるだけに、これらの比喩表現の謎解きは困難を極めるであろう。困難を極めるだけに、謎解きに成功したまさにその瞬間には、現代を生きる人びとも、きっと、思わず膝をたたきたくなるような思いにかられるのではなかろうか。それは、かつて地域社会に生きてきた人びとが、ミクロコスモスにおける共同の「笑い」の世界（笑いの空間）を形成するために、工夫に工夫を凝らした——あるいは一瞬の感覚的理性によって生成した——伝統的な「言語芸術」の結晶であると言えよう。これは、単なることばのあやといったようなものではなく、地域生活者の想像力・創造力の豊かさを彷彿とさせるものだからである。

メタファーは、確かに人間の想像力・創造力の現れではあるが、方言比喩、とりわけ方言メタファーにあっては、ここまでかなり詳しく検証してきたように、無制限に意味の拡張や新しい認識の造形化がなされるわけではなく、その背景には、「時代」や「地域」や「環境世界」（自然環境・生業環境・文化社会環境の三者を含む）、さらには「生業活動」などの制約が存在することは、否定できない事実である。

IX. 地域生活者の新しい発見による認識の獲得機構

ところで、最初に引用した山梨の論述の中には、重要な問題が欠落してい

る。それは、あらゆる語彙カテゴリー・意味カテゴリーにひとしなみに比喩語が認められるかという問題である。ひとしなみにという事には、二つの事柄が含まれている。一つは、比喩語の等量性ということであり、他の一つは喩えられる意味の領域性ということである。これを、具体的に言い換えるならば、語彙カテゴリー・意味カテゴリーの違いによって、比喩語の出現率に違いは認められないのかということであり、喩えられる意味カテゴリーに有意な偏差は認められないのかということである。このような問題がとりわけ重視されるゆえんは、地域生活者が、自らが生きる環境世界のどのような領域に強い関心を寄せてきたか、そしてその要因は何であったのかという問いに対して、科学的な方法によって答えを見出す可能性が期待されるからである。また、「比喩を介しての理解は、領域固有の情報をこえてあらゆる知識に向かって開かれており、どのような対象がどの対象に関連づけられるかに関する制約は存在しない」とする山梨の指摘（これを、比喩理解・比喩化対象の無限的可能性と呼ぶことにしよう）が本当に正しいものかどうかを、検証・反証することが可能になるからである。はたして、語彙カテゴリー・意味カテゴリーの違いによって、比喩によって関連づけられる対象に何らの制約や偏差も認められないのであろうか。

　この問題を明らかにすることは、何も山梨の指摘を検証し、反証を試みることにとどまらず、地域生活者が自らが生きる環境世界の中で、どのようにして新しい意味の発見による認識を獲得し、知識を共有化するかという、その「獲得機構」のあり方を、客観的に解明することにもなるのである。さらに言えば、方言比喩への着眼は、地域に生きてきた日本人が能動的に新しい意味を生み出してきた「創造的認識」の軌跡をたどることであり、新しい知識を獲得しそれを共有化するための「環境的要因」を解明することにつながるものである。これは、総合科学としての「地域文化学」、さらには時間を超えた「人間研究」の中心テーマに位置づけられるものである。先に述べた「意味を生み出す」行為の中には、発信者としての意味を「作り出す」ことも、受信者としての意味を「理解する」ことも、いずれもが含まれていることは、言うまでもない（佐藤信夫『レトリック認識』300〜301ページ、1992、

講談社学術文庫に付された池上嘉彦の解説、拙著『文化言語学序説―世界観と環境』2004、和泉書院)。

　語彙カテゴリー・意味カテゴリーの違いによって比喩語の出現率に違いは認められないのかという点に関しては、愛宕八郎康隆が「比喩化される分野は多面にわたるが、人の性向分野に比喩語、比喩文の集まりがちなのは注目される。比喩でする批評、批判にはおもしろさをまといながらも、そこに手きびしい道徳意識が感得される」と述べている（方言研究ゼミナール『方言資料叢刊第3巻』1993)。これは、一定の具体的なデータ分析を通してなされた指摘ではないが、筆者がかつて試みた研究によっても、客観性の高い指摘であるように思われる。筆者は、かつて、山口県防府市野島という漁業社会で使用される性向語彙について質問調査を行い、634語の語彙を採録することができた。そして、634語の性向語彙のうち、実に101語が比喩発想によって生成された語彙であることを確認し得たのである。出現率は、15.9%である。また、比喩語のすべてを対象化して、意味分類を行った結果、人間のカテゴリーに属するものが全体の53.0%を占めているのに対し、自然のカテゴリーに属するものはわずか19.0%に過ぎない。これに対して、鳥取県気高郡気高町の魚名語彙の場合は、自然のカテゴリーに属するのが全体の60.0%を占め、人間のカテゴリーに属するものはわずか10%に過ぎないことが明らかとなったのである（拙著『生活語彙の構造と地域文化―文化言語学序説』1998、和泉書院)。さらに、詳しくは、次章で検証する。

　語彙カテゴリー・意味カテゴリーごとの比喩表現の出現率、喩えられる対象と喩える対象との意味的連関性、意味的制約などに関する事実、語におけるメタファー的意味の実現と制約などに関する事実の客観性を、さらに強固なものにするためにも、今後、より多くの地域言語（＝地域生活語）を対象化して、分析と解釈を深めていく必要があるだろう。

X．比喩とイメージ

　さらに、山梨の指摘には、もう一つ重要な課題が欠落している。比喩におけるイメージの価値づけという問題である。ある対象を別のカテゴリーに属

する対象に写像して、新しい意味を創造する際、創造された意味がプラス、マイナスのどちらのイメージを喚起することが多いか、また、その傾向性と語彙カテゴリー・意味カテゴリーとの間にどのような相関関係が指摘されるかという問題性である。ただ、比喩によって新しく創造された意味がプラス、マイナスのどちらのイメージを喚起するかという問題については、その判断基準を客観的に設定することが難しい。そのため、話者や個々の研究者によって、判断の揺れることが当然予測される。

　今、試みに、広戸惇・矢富熊一郎編『島根県方言辞典』(1963、島根県方言学会、東京堂出版)に収載されている「身体語彙」のカテゴリーに所属する比喩語・比喩的イディオムのいくつかについて見てみることしよう。島根県石見地方では、極端に痩せた人やその様子を、「ヒバシニヌレガミオキセタヨーナ」(火箸に濡れ紙を着せたような)と表現する。この直喩表現において、「火箸」はおそらく「骨」の喩えであり、「濡れ紙」は「薄くついた皮」を写像したものであろう。痩せた人の様子を誇張して表現したものであるが、この直喩には明らかに揶揄の心意の働きが認められ、マイナスのイメージを喚起する。同じ石見地方では、極端に痩せた人を「ヤセギース」(痩せギース)とも呼んでいる。「極端に痩せた人」を「痩せたきりぎりす」に見たてたイメージ・メタファーであるが、ここには誇張した表現に、単なる揶揄を超えた嘲りのイメージが随伴する。「痩せた人」を、出雲地方では、「カマカケナヤナフト」(蟷螂のような人)と呼ぶ。誇張した表現になっているところに、痩せた人を揶揄したり蔑んだりする心意の働きを見てとることができる。農業社会の比喩表現には、とかく「痩せた人」を揶揄したり蔑んだりする表現が多く認められる(ギース・ヤセギース・イギ・ホネオカワガマク・ヒバシニヌレガミガマイタヨーナ・ヒガマスなど)。この背景には、おそらく痩せた人は力がなく、そのため共同労働の役に立たない、女性の場合は病気がちであって家の役に立たないといった社会共有のマイナス評価意識があったものと考えられる。これに対して、大食漢で腹がつき出た人を、「ハンドバラ」と言う。大食漢の腹を、「ハンド」(大きな水瓶)に見たてた誇大比喩であるが、ここには明らかにからかいを含む笑いの心意がうかがわ

れる。出雲地方では、大食漢を「マヤノオッツァンミタエナ」(厩の叔父さんみたような)と言い表している。牛馬のように食欲が旺盛な人の状態を、まるで厩にいる叔父さんのようだと誇張して表現したものであり、マイナスのイメージとともに、「笑い」や「親しみ」の濃い味つけが感得される。また、同じ出雲地方では、尻の大きい女性を「ハットジリ」(八斗尻)と呼んでいる。尻の大きさが八斗分の米ほどあると誇張して表現したもの——「八斗分の米」と表現したところがいかにも農業社会らしい——であるが、ここには痩せた人とは違って、明るく揶揄する心意の働きが認められる、と言ってよかろう。しかし、決してプラスのイメージを喚起するものではない。

　さらに、島根県の出雲地方・隠岐地方では、すでに取り上げたように、「チンガクシャミオシタエナカオ」(狆がくしゃみをしたような顔)という直喩表現が行われている。また、同じ島根県の石見地方では、「チンガハクションシタヨーナカオ」という直喩表現が聞かれる。これは、目、鼻、口を一箇所に集めたような醜い顔を指して使用するものである。誇張した比喩表現であるが、単に揶揄の心理だけでなく、笑いを伴うユーモアー精神やことば遊びの心理も含まれているように思われる。要するに、「笑い」の精神である。しかし、喚起されるイメージはプラスの作用をもたらすものではない。石見地方では、「イクビ」(イックビとも、猪頸)というメタファーによる新しい認識の造形が認められるが、これは、頸の短い人を、極端に頸の短い猪に見立てた比喩語である。また、出雲地方では、「オーゾーキノヤナカオ」(大笊のような顔)という直喩表現が行われている。これは、女性の怒った膨れっ面を指して使用される。女性の怒った膨れっ面を見て、大きな笊との類似性を発見し、それに見立てた誇大比喩である。この比喩表現には、明らかにからかいや卑しめのイメージが感得されると言ってよかろう。さらに、これは、「身体語彙」のカテゴリーに属するものではないが、島根県では、態度のはっきりしない様、ぐずぐずしている様子を、「ニエタトモスエッタトモワカラン」と表現する。これは、共通語の「煮え切らない」に相当する言い方である。共通語にくらべてひとつひねった表現となっており、ユーモアーが感じられる。共通語より色合いの濃い表現がある一例である。

上に、ざっと見てきたように、マイナスのイメージをもたらす比喩表現はかなり多く見出されるが、逆にプラスのイメージを喚起する比喩表現は、あまり見出すことができないのである。これが、他の語彙カテゴリー・意味カテゴリーについても同じことが言えるのかどうか、また、他地域、他地方ではどうなのか、まさにわからないことだらけである。ちなみに、福井県大野市や熊本県下益城郡では「そばかす」を「インノクソ」（犬の糞）と表現しており、高知県では極端に痩せた人を「ホネオカワガマク」（骨を皮が巻く）、広島県では「太く短い頸」を「シシクビ」（鳥取県・島根県・広島県では「イックビ」）、高知県では「大きな口」を「タライグチ」、京都市では「おでこが張り、後も出ている頭」を「サイズチ」（サイズチアタマとも）、福井県や愛媛県では、体がひ弱くて痩せている子どもを、実が不十分、あるいは全く入っていない籾に見立てて、「ミオシ」または「ミヨシ」と言い表し、熊本県ではくしゃくしゃとした整髪していない頭髪の様を、「スズメンス」（雀の巣）と表現し、高知県では腹が前に大きく突き出ている様を土手に見立てて「ドテッパラ」と表現し、栃木県では背の高い人を「ハンショードロボー」（半鐘泥棒）、山形県東田川郡では痩せた人を「ヤシェハッタギ」（痩せたバッタ）「ホスカラビッキ」（干からびてからからになった蛙）に見立てて表現していることを記しておく。

　言うまでもなく、方言比喩がもたらすイメージは、プラス・マイナスという評価の観点だけで整理できるものではない。個々の比喩表現がそれを受け取る人びとの心の中に、どのように豊かなイメージを構築する力をもつかということを、詳しく検討する必要があるだろう。ただ、この点について、方言比喩は文学比喩とは異なり、多様で豊かなイメージを喚起する力はさほど強くなかったものと考えられる。それは、方言比喩の創造が、基本的に、ミクロでリアルな「環境世界」を、常に基盤としていたからである。そのため、比喩によって生成された新しい意味の理解は、ほぼ一義的に収斂し、文学比喩、とりわけ小説に見られるように、多義的に拡散することは少なかったと思われる。言い換えれば、比喩によって生成された新しい認識の仕方は、地域社会の成員が喩えの対象に取り立てられた対象の特徴を経験知とし

て共有していたので、容易に理解され、共感を呼び、それによって地域社会にしっかりと根ざすことになったのである。すでに触れたように、「出っ歯の人」を「ヤマザクラ」(山桜)に見立てた、一種謎解きに似たメタファーも、山桜は花より先に葉が出ることを、農業社会の成員ならば誰もが知っていたからこそ、地域社会に定着したと考えられるのである。それに対し、文学比喩の場合は、読者によって意味が多義的に拡散していくため、新しい特定の語義として定着しにくかったものと思われる。

XI. 方言比喩における象徴能力と認知能力の制約関係

　山口県防府市野島方言の性向語彙に現れる比喩表現の分析を通して、筆者は、「比喩による創造的な象徴能力の働きやすい意味カテゴリーとそうでない意味カテゴリーがあり、また、喩えられるものの基本的意味特性と比喩による認知能力ならびに知識の獲得との間には、ある種の制約関係が存する」という仮説を提示したのである(拙著『生活語彙の構造と地域文化—文化言語学序説』1998、和泉書院)。しかしながら、上に示した仮説を検証し、さらに普遍性の精度を高めていくためには、まずミクロな地域社会の生活語彙の全体を対象化して語彙分類、意味分類を行った上で、詳しい分析を行う必要があるだろう。次いで、ミクロな地域社会で明らかにし得た事実を、より多くのミクロな地域社会を対象にして、その普遍性・一般性を明らかにしていくことが必要とされよう。その上で、はじめて、山梨の指摘していることがはたして妥当性の高いものかどうかについて、明確に解答することが可能になるものと思われる。また、類似性の発見に基づく新しい認識の獲得や知識の獲得に関する「獲得機構」と人間が生きる「環境世界」との相関性という問題についても、その歴史を背景とする生活文化的要因を含める形で、一定の見通しをつけることができるものと期待される。

　また、地域生活者の知識構造は、今まで見てきたとおり、明らかに「環境世界」における経験的な基盤に支えられており、基本的には、「ソロバン」(木出しをする山道に、滑りをよくするために丸太を枕木のように並べたもの)、「オチャヅケ」(簡単にできること)、「アナガニ」(恥ずかしがって人前

に出て来ない子ども、社交性のない人)、「ダイチョーノキモ」(小心者)、「ヒフキダケ」(話を大きくでっちあげる人、嘘つき)、「ニエタカスエッタカワカラン」(ぐずぐずしていて態度のはっきりしないさま)、「ズイキボクタ」(見掛け倒しの人)、「ジューゴンチ」(気分の変動の激しい人)、「コンニャク」(態度のはっきりしない人)、「ノークリ」(怠け者)などに見られるように、メタファーによる意味の実体化(＝意味の具象化)の力が強く働いていることを確認することができる。そして、それを基盤にしながら、「オツキサンアブラサシ」(背の高い人)、「カラスノアシアト」(目尻にできる3本の深い皺)、「ヒバシニヌレガミオマイタヨーナ」(極端に痩せた人)、「ハットジリ」(大きな尻)、「チンガクシャミシタエナカオ」(目、口、鼻が一箇所に集まったような不美人)、「ヤセギース」(痩せた人)、「オコゼガサンバシニブチアタッタヨーナ」(不美人)などのように、誇張比喩が生成され、「笑い」の共有空間が醸成されている。それに加えて、「ヤマザクラ」(歯が前に出ている人)、「ウドンヤノカマ」(言うばかりで頼りにならない人)、「オムロノサクラ」(鼻が低い人)、「コンピラサン」(耳の遠い人)などのような一種謎解きにも似た、洒落た味つけのなされた比喩表現が認められる。このような、「①意味の実体化(意味の具象化)──→②誇張比喩の展開──→③謎解きにも似た、洒落た味つけ」という三層構造が、「人間」のカテゴリーを超えて、多くのカテゴリーに広く一般的に見出される方言比喩の特徴傾向かどうかを、検証する必要性も残されている。すなわち、地域生活者が展開してきた象徴能力や共感覚的認識の基本構造はどのようなものであったのかという問題を解明することである。

さらに、地域社会に生きてきた人びとが、自らが生きる環境世界の中で、「人間」と「自然」との関係性をどのように捉えていたかという問題も、検証可能な形で明らかにすることが可能になるだろう。言い換えれば、かつて、地域社会に生きてきた人びとが、「人間」と「自然」との関係性をどのように認知し、「生業環境」でもある自然に対していかに強い親和性を形成しながら、独自の環境世界の認識システムを形成し、かつ更新してきたかという問題である。「人づきあいをしない人」を田螺のように戸を閉めて中に

閉じこもっていることから「タニシ」に見立て、また「生まれた男児」を「コトイ」(牡牛)に見立て、さらには「老衰して亡くなった老人」を、枯れた老木に見立てて「タチガレ」と呼んでおり、背の高い人を「クモツッポカシ」と言っているのは、「人間」を「自然」に写像したプロトタイプである（＝「人間の自然化」という認知活動）。一方で、子どもたちが、遊びの空間の中で、「蟻地獄」と「早乙女」の間に、ともに後ろにしか移動しないという類似性を直感的に発見し、「蟻地獄」を「ソートメ」と呼んだのは、「自然」を「人間」に写像したものである。その類例としては、関東以西に広く分布する、「菫」を指して「スモートリグサ」（相撲取り草）と呼んでいる事実を挙げることができる。それではなぜ、子どもたちは「菫」を「相撲取り」に写像したのであろうか。その点について、真田信治は、「子供たちが、この花の首を互いにからませて引きあって争う遊びを相撲に喩えたことからの命名であろう」（『日本語のゆれ―地図で見る地域語の生態』47ページ、1983、南雲堂）と述べている。この遊びが大勢で行うあそびではなく、まさにペアーで行う遊びだったから、一対一で勝負を競う「相撲」を連想したというわけである。これも、子どもたちの遊びの世界において創造された新しい認識の造形化であることは、真田が「注目すべきなのは、（中略）子供たちの遊びの世界において創造されたであろうと推測される点である」（上掲書）と指摘しているとおりである。岐阜県以西に広く分布する、「かまきり」を人間の拝礼に写像した「オガメ」（拝め）も、子どもたちの遊びの世界において創造された比喩表現である（＝「自然の人間化」という認知活動）。なお、この点については、後の章で、改めて考察をほどこすこととする。

　こうして見ると、地域生活者――日本人――は、すでに早くから指摘されてきたことではあるが、「人間」というカテゴリーと「自然」というカテゴリー――人間が構築した「文化」というカテゴリーと「自然」というカテゴリー――を、相互に対立する二元的存在とは見なさないで、双方向的に、自在に交流する環境的存在――ひと続きの一元的な環境世界の存在――であったと認識していたらしいことが、上に挙げたわずかな比喩表現の例を通しても、うかがい知ることができるように思われる（松井健『自然の文化人類学』

1997、東京大学出版会)。すなわち、第二章でも指摘したように、「文化としての自然」という認識の仕方である。これは、直喩や隠喩や換喩といったレトリックが、「人間が自らの置かれた環境世界に存在するさまざまな事物に対する理解や認識がどのように言語に反映されるのか」という問題意識に対する一つの、中心的な解釈を提示するものであると言ってよかろう。それは、実は、人類言語学や文化言語学、さらには認知科学に見られる中心的な問題意識と密接に関連するものである。

方言比喩は、「環境世界」に規制される点が認められるとしても、豊かな共感覚的認識に支えられており、地域生活者の感性(＝感覚的理性)がじかに「環境世界」に存在するさまざまな事物に相対して、自在な見立てが行われている。この点に、方言比喩の特性を見ることができる。しかも、見立ての構えが現実の「生活世界」をベースとしているため、俗の趣意に傾くものが多いと言ってよい。それに対して、文学比喩、とりわけ小説においては、「環境世界」のしばりがなく、しかも共感覚的認識への志向性が弱いため、意外性に富んだメタファー表現が数多く出現する。しかし、文学比喩の中でも、和歌や俳句に現れる見立ての趣向はどうであろうか。この点について、川田順造は次のように述べている。

　　『古今集』となると、もうそこに描かれているものは、大部分約束事による「文化としての自然」ではないかと思われる。六歌仙の一人在原業平の「千早ふる神代もきかず竜田川からくれなゐに水くくるとは」という有名な一首など、紅葉の名所竜田川の水流に散る紅葉を、絞り染めに「見立てた」おもしろさがすべてであるといってもいいだろう。(中略)。極言すれば、この種の「趣向」の秀抜さを競うためには、「所与としての自然」を目の前にする必要さえなく、見立ての技巧に通じれば、机上でいくらでも「文化としての自然」を制作できるともいえるかも知れない。(『コトバ・言葉・ことば―文字と日本語を考える』132ページ、2004、青土社)

ここには、「見立て」がまさに文化による自然の切りとりであり、「文化としての自然」の創出であることが強調されている。しかしながら、方言比喩

においては、「見立て」は「文化としての自然」だけでなく、「タチガレ」（立ち枯れ、老衰して死ぬこと）、「ノークリ」（星鮫、怠け者）、「トーネンバチ」（当年蜂、よくしゃべる人）、「アリガシンダ」（蟻が死んだ、特に歩くのが遅い人）などに見られるように、「自然としての文化」の創出も多く見出されるのであって、すでに触れたように、「文化としての自然」と「自然としての文化」の関係性は、前者に重点が置かれているものの、双方向的である。その意味では、小説も同様であるが、方言比喩が、地域生活者が生きる「環境世界」を基盤として創造されたものであるのに対し、小説は「虚構世界」を背景としている点で、大きく異なる。

おわりに

　以上、「方言比喩による創造的な象徴能力の可能性」、「喩えられるものと喩えるものとの意味的関係性」といった問題をはじめとして、方言比喩における「環境認識の制約とその更新」、また、「方言比喩とイメージの問題」、さらには「方言比喩の地域性」（ⅰ．意味の地域性、ⅱ．形態の地域性、ⅲ．発想の地域性、ⅳ．風土性）、「方言比喩と子どもたちの想像力」、「方言比喩の社会的効果」、そして、これらの問題の全体に、どのような生活文化史の反映が認められるかといった問題群については、今まで筆者が指摘してきた事実や方向性にさほど大きな誤りがあるとは思われない。だが、それらが方言比喩における普遍的な特性と見なせるかどうかといった点については、なお多くの方言社会を対象として、客観的な手法で検証を行っていかなければならないだろう。もとより、共通語の比喩表現や文学比喩との比較も、同じレベルで比較することが可能かどうかという問題も含めて、欠かすことができない重要な課題である。これらの諸問題については、別の章で、再度改めて、筆者の能力に可能な限り取り上げることにしたいと思う。

第四章　方言性向語彙における
　　　　比喩表現の生成と構造

はじめに

　すでに、今まで見てきたように、方言生活語彙には、比喩発想によって造語された多くの語彙が認められる。それらが地域社会に生きてきた人びとの旺盛な想像力と比喩心理の活動の所産、別の言い方をすれば、「感覚的理性」の活動の所産であることは、改めて指摘するまでもなかろう。

　この、地域社会における造語に働く豊かな想像力の展開——比喩発想の展開——の問題は、早くから研究者の注目するところとなったが、今日までさほど多くの成果が蓄積されているわけではない。さらに強く言えば、方言比喩に関する研究は、文学比喩に関する研究とは異なり、ほとんど手つかずのまま放置されているというのが現在状況である。しかし、そのような状況下にあっても、注目される研究成果が全く存しないわけではない。早い時期に属するものとしては、藤原与一の『日本人の造語法―地方語・民間語』(1961、明治書院) や、愛宕八郎康隆の「国語方言の発想法(1)」(『長崎大学教育学部人文科学研究報告』第21号、1972) があり、近年に属するものとしては、愛宕の「方言研究の心理学的見地―造語・造文の比喩発想の視点から」(広島方言研究所編『方言研究年報第28巻　方言研究の心理学的見地』1985、和泉書院) や、上野智子の『地名語彙の開く世界』(2004、和泉書院)、さらには真田信治・友定賢治編の『地方別方言語源辞典』(2007、東京堂出版) などがある。

　いずれも、方言の造語に見られる比喩心理の働きと見立ての内実（喩えられる対象と喩える対象との関係性）を究明しようとした優れた成果であるが、しかし、問題とされる点が全く存しないわけではない。筆者の見るとこ

ろ、上野（2004）を除けば、それ以外の成果にほぼ共通して指摘される問題点として、次の4点が挙げられる。

(i) データが各地の方言からアトランダムに抽出されているため、質・量の二つの側面からの分析に客観性を欠くこと。

(ii) 調査項目や地点の偏り、調査方法の不統一などの問題点が認められること。

(iii) 方言比喩の意味カテゴリー（見立てのカテゴリー）と個別の地域社会における「生活環境」、とりわけ「生業環境」によって規定される文化社会的背景との関係が不分明であること。

(iv) 比喩発想によって生成された新しい意味の発見や認識の造形化が、すべての語彙カテゴリー・意味カテゴリーにひとしなみに開かれていることを前提として、研究が行われていること。

　このうち、(iv)について見れば、確かに、文学比喩においては、山梨正明が言うように、「比喩によって関連づけられる領域は、あらかじめ決められているわけではない。比喩を通しての理解は、あらゆる対象にむかって開かれており、原理的には、どのような対象が他のどのような対象に関連づけられるかに関する制約は存在しない」（『比喩と理解』 x、1988、東京大学出版会）ように見える。しかし、筆者の現在までの経験によると、方言語彙に見られる比喩発想による新しい意味の生成の出現状況は、語彙カテゴリーの違いによって異なりを見せるだけでなく、特定の語彙カテゴリー（たとえば「自然環境語彙」）とその語彙カテゴリー内部（たとえば「動物語彙」「植物語彙」「鉱物語彙」など）においても、分布の異なりが認められるのである。また、喩える対象の意味的カテゴリーの種類や量的構造も、語彙カテゴリーの違いによって異なりを見せる。方言比喩においては、「比喩を通しての理解は、あらゆる対象にむかって開かれており、原理的には、どのような対象が他のどのような対象に関連づけられるかに関する制約は存在しない」という一般則を、そのまま適用することにはかなり問題がありそうである。

　方言比喩にあっては、比喩による新しい想像的な象徴能力の働きやすい意味カテゴリーとそうでない意味カテゴリーがあり、また、喩えられるものと

第四章　方言性向語彙における比喩表現の生成と構造　221

喩えるものの特徴認知と比喩による連想能力および表現との間には、ある種の制約関係が存するように思われる。しかし、それが具体的にどのようなものであり、制約関係をもたらす要因としてどのようなことが考えられるのかといった問題については、ほとんど何も明らかになっていないというのが現状である[1]。方言比喩に関する研究は、半澤幹一も言うように、「ほとんど未開拓な状況にある」のである（「方言比喩語の地域差―比喩の素材および関係に着目して」、小林隆・篠崎晃一編『方言の発見―知られざる地域差を知る』2010、ひつじ書房）。その大きな理由の一つは、各地の方言からアトランダムにデータを抽出し、個別のデータに即して分析を行うという手法がとられてきたことにある。

したがって、方言語彙に見られる比喩発想による造語の諸特徴、すなわち喩えられる対象と喩える対象との意味的関係性、喩えの対象として選ばれた事物や現象の特徴、新しく創造された意味と「環境世界」との相関性、比喩のイメージなどの諸問題を、客観的に解明するためには、まず、ミクロな特定の地域社会における個別の語彙カテゴリー・意味カテゴリーを対象とする微視的な研究を行う必要があると考えられる。

そこで、以下には、山口県防府市野島方言における「性向語彙」というカテゴリーを対象として、そこに見られる比喩発想によって造語された語群の構造的特徴を明らかにし、併せて、性向語彙における基本的意味特性と比喩による想像的認知との関係についても、いささか考察を加えてみることにする。ここで、性向語彙における基本的意味特性というのは、概略、次のような内容を指すものである（詳しくは、拙著『「ヨコ」社会の構造と意味―方言性向語彙に見る』2001、和泉書院を参照されたい）。

（ⅰ）人間の精神のカテゴリーに包含される下位カテゴリーである。
（ⅱ）「怠け者」「小心者」「嘘つき」のように、人間の生まれつきの性格や日常的な行動パタンを、社会的規範に照らして評価の観点から表現する語のまとまりである。そして、個々の語は他者へ向けられると同時に、自らへも向けられる双方向的な社会的機能を担うことになる。
（ⅲ）西日本における大半のミクロ社会では、プラス性向を表す語彙量に対

して、マイナス性向を表す語彙量が名詞に限定するならば、約7倍量見出され、顕著な「負性」の原理が認められる。

(iv) いわゆる「世間体」の実体性を示すものであり、「労働秩序」と「つきあい秩序」の二つを基軸とする「人並み」(「ヨコ」性) の行動モラルを、村落社会の成員に強く要請する、社会的価値を含む記号的表象である。

なお、「性向語彙」を対象化するのは、他の意味カテゴリーに比べて、比喩による新しい認識の造形化が多く見出されることが次第に明らかになってきたからである[2]。

I. 野島の地理的・社会的環境と調査の概要

野島方言の性向語彙における比喩表現について見てみるまえに、野島の地理的・社会的環境の特徴と調査の概要に関して、簡単に説明しておくことにする。

1. 野島の地理的・社会的環境の特徴

野島は、防府市から東南の方向へ約15km離れた海上に位置する一島一集落からなる離島である。一般に、野島と称される地域には、野島・平島・沖の島の三島が存するが、野島を除く他の二島は無人島である。野島の主な産業は漁業で、小型底引網漁を中心とする瀬戸内海沿岸漁業の典型的なものであるが、経営規模は小さく、家族労働を主体とした零細漁業である。しかし、以前は集団をなして愛媛県佐田岬の沖合まで出かけ、帆船によるかなり大規模な網漁を行い、また島の前方に広がる海で共同で網漁を営んでいたという。農業は自家用の野菜を栽培している程度で、水田稲作は全く行われていない。人口は、昭和30年の1050人をピークに年々減少の一途をたどり、現在では400人(男子176人、女子224人)、169戸となっている。島民は、野島の北側の入江にある野島漁港の周囲の限られた平地に、極めて高密度な形で居住している。また、以前から防府市や徳山市の中心部との交易が盛んで、漁獲した魚介類は主に、防府市や徳山市の魚市場へ出荷し、買い物も防

府市や徳山市へ出かけることが多いという。なお、岡野信子によると、野島の人びとは、この島の草分けは「八姓株」だと言う。祝島からやって来た八人がこの島に住み着き、田畑を開いたのがこの島の始まりだと言い伝えているのである。この言い伝えは、江戸期の『防長地下上申』(1727〜53) にも見えているが、来島の時期は「中古大島の百姓八人」とあるばかりで、明らかでないとのことである（『山口県の家名・門名・屋号』1995、民俗部会報告書第二号、山口県史編さん室）。

2. 調査の概要

調査者は、浜田実佐子と筆者の2名である。浜田は、昭和58年8月から59年8月までの実質11日間、老・中・青・小の各年層の男女15名について調査を行い、筆者は昭和61年8月に3日間かけて中年層の男女各2名について、浜田の調査結果の確認・補充調査を行った。調査方法は、浜田は「島根県那賀郡金城町今田方言の性向語彙」（『広島大学方言研究会会報』第15号、1981）の分類体系を参照して独自に調査票を作成し、それによって主に質問調査を行って、634語（ただし、連語、慣用句を含む）の性向語彙を採録することに成功した。筆者は、それらの語彙について、主として使用頻度と語源意識を確認し、併せて、「広島県方言の性向語彙資料」（『内海文化研究紀要』第15号、1987）の基礎資料を用いて質問調査を行い、新たに22語を補充した。下って、平成9年8月に2日間かけて、筆者は、野島方言の性向語彙のうち、明らかに比喩による新しい意味の創造と見なせる語彙に限定し、古老層の男性2名について、比喩としての意識が明確に認められることを確認した。

II. 野島方言の性向語彙における比喩の生成

野島方言の性向語彙における比喩表現について、まず注目されることは、以下に示す例によっても知られるように、喩えるものの取り立て方、言い換えれば、喩えの対象として選ばれているものに認められる特異性である。これを、仮に、「見立ての特異性」あるいは「類似性発見の特異性」と呼ぶこ

とにすると、この「見立ての特異性」(「類似性発見の特異性」)は、現在までの調査結果によるかぎり、当該社会を中心とするごく狭い地域にしか認めることのできない「方処性」にそのまま重なるものである。つまり、大半の比喩表現が野島というミクロ社会の内部に閉じられているということである。なお、上で、「類似性の発見」と呼んだのは、喩えられる対象と喩える対象との間に、あらかじめ類似性が内在しているわけではなく、基本的に、野島社会に生きてきた人びとが、二つの対象の間に主体的に類似性を見出した(発見した)ものと考えるからである。

(A) 海の動物に喩えたもの(6語)

　a．魚──①ノットクノトーゴロイワシ(ノットクの藤五郎鰯)、②トーゴロイワシ[3](藤五郎鰯、トーゴロイワシは鱗が多く、しかも固くて煮ても焼いても食えない、副食物としては全く役に立たない魚である。そこから、全く仕事の役に立たない怠け者の見立てに選んだ)、③トーゴロー(藤五郎)、④ダイチョーノキモ(だいちょうの肝、ダイチョーは磯辺にいる小さな魚で、当然肝も小さい。そこから小心者の見立てに選んだ)、⑤アオチャンギリ(アオチャンギリは釣りをしていても巧みに餌だけとってなかなか針にかからない魚である。そこから意地汚くがつがつ食べる人の見立てに選んだ)

　b．貝──⑥センジマサザエ(せんじまさざえ、センジマという野島の沖合にあるごく小さな無人島の近くで獲れるサザエは口が大きいわりに中身が小さい。そこから口は達者だが中身の伴わない人の見立てに選んだ)

　c．空想上の動物──⑦エンコーハダ(河童肌、河童の肌はぬるぬるしていて、何でもするっと落ちてしまう。そこからお金が身につかない人の見立てに選んだ)

(B) 海の現象に喩えたもの(2語)

　a．潮──⑧カタシオナキ(片潮泣き、片潮は6時間。長くなき続ける子どもをカタシオに見立てた誇張比喩)、⑨ジューゴンチ(十五日、月の半ばになると、小潮から大潮に変わり、潮位や潮速が急に変化す

る。そこから気分の変動の激しい人の見立てに選んだ)
(C) 人名・屋号に喩えたもの (7語)
　　a．人名——⑩チューゾー（チュードーとも言う。忠蔵か？　昔、この島にいたひどい怠け者の名を、怠け者を意味する普通名詞に転用した意味の拡張）、⑪ロクオジー（昔、六之丈というたいそうきれい好きな人がいた。その人の名を、必要以上にきれいずきな人を意味する普通名詞に転用した意味の拡張）、⑫モンコージー（昔、モンコーという自分のことはしないでも他人の世話をしていた人の名を、世話好きを意味する普通名詞に転用した意味の拡張）、⑬キンペーサー（昔、キンペーといういつも汚くしていた人がいた。その人の名を、汚くしている人を意味する普通名詞に転用した意味の拡張）、⑭サヘー（昔、佐兵衛というよく冗談を言う人がいた。その人の名を、冗談言いを意味する普通名詞に転用した意味の拡張）、⑮ヨモー[4]（昔、与茂兵衛といういつもぶつぶつ不平ばかり言っていた人がいた。その人の名を、不平言いを意味する普通名詞に転用した意味の拡張）
　　b．特定の屋号——⑯ウスヤ（臼屋、昔、いつも汚くしていた臼屋という屋号の家があった。その屋号を、いつも汚くしている人を意味する普通名詞に転用した意味の拡張）
(D) 社会生活に喩えたもの (3語)
　　a．本土の人間のもの言い——⑰ロクグチイー（陸口言い、本土の人間はよく陰口や悪口を言うところから、陰口・悪口を言う人の見立てに選んだ）、⑱ロクグチ（陸口、同前）、⑲ロクグチオユー（陸口を言う、陰口・悪口を言う）

　これらの比喩表現は、⑦の「エンコーハダ」と⑨の「ジューゴンチ」を除けば、いずれも成立時期を確定することはできないものの、基本的には、野島集落の人びとが独自に製作し、使用してきたものと考えてよいだろう。「ジューゴンチ」は、筆者の調査結果によれば、岡山県笠岡市真鍋島、広島県安芸津町三津、広島県豊田郡大長、山口県光市牛島、大分県姫島などでも聞くことができる。

さて、これらの比喩表現に関して、先に、「見立ての特異性」を指摘したが、それは、語数の多い(A)、(C)について言うと、(A)がいずれもあまり名の知られていない海の動物であり（センジマサザエはそのプロトタイプ）、(C)がいずれもかつてこの島に実在した人の名や屋号であるという事実である。このような特異な比喩表現が、当該社会において生成され、継承されてきた理由は、比較的容易に理解することができる。(A)に関しては、当該社会が昔から現在に至るまで、典型的な漁業社会として存立してきたという点に、その理由を求めることができるだろう。野島集落が離島に存する集落であっても、農業社会であったならば、仮に、「トーゴロイワシ」「アオチャンギリ」「ダイチョー」「センジマサザエ」などの魚名や貝の名を知っていたとしても――まず、その可能性は限りなくゼロに近いが――、その形状や習性の特徴を精確に認知することは極めて困難だったと考えられる。ましてや、これらの魚介類の形状や習性の特徴を、相互の類似性の発見によって人間の性向の特徴に転写し、新しく意味を拡張することなど、ほとんど不可能であっただろう。野島集落の成員の大半が、魚介類に精通している漁業社会であったから、このような創造的な連想を働かせ、新しい意味を獲得し、それがいちはやく社会の共通認識となって、今日まで継承されてきたと考えられるのである。さらに強く言えば、そのようにしか解釈することができないのである。(B)の「カタシオナキ」も、同様であろう。ここに、造語に働く比喩心理や想像力、喩えの対象として何を選択するかという点での漁業社会独自の均質性を認めることができる。また、「センジマサザエ」が性向の喩えの対象として選択されていることから、現在は全く行われていないが、かつては野島集落の漁民が潜水漁にも従事していたことが知られる。
　一方、(C)に属する比喩表現は、一島一集落という極度に閉鎖的で求心的な社会において形成される、極めて濃密な人間関係のネットワークがその生成要因であることは、ほとんど説明を要しないところであろう。それにしても、このように多くの人名や屋号が性向語彙に転換されている社会は、筆者の狭い経験によるかぎり、ほかにはほとんど見当たらない。木村礎によると、「漁村の社会的特色として、共同労働の緊密性がことに高いことがあげ

られる。漁業労働のもつ特質は村内の社会関係にも強く反映した」(『近世の村』1980、教育社歴史新書)とのことであるが、野島が離島で、しかも一島一集落であったことが、大きく関与しているものと思われる。なお、「ヨモー」は、井上博文によると、大分県東国東郡の離島である姫島村でも、野島と同じ意味で使用されているということである。また、(D)に関しては、野島集落の若者が本土の生活に憧れを抱き、次々に島を離れてしまうことになると、一年にほぼ200日、共同で行う網漁が衰退し、ひいては野島集落の存続に関わる深刻な事態が生じることを懸念して、老人が若者を戒める意識で使用されてきたということである。ここには、野島集落の存続を強く願った社会意識の具体的な現われを、明確に見てとることができる。

なお、(A)に属する「エンコーハダ」であるが、これが「お金が身につかない人」の見立てとなっている理由について、土地の古老が説明してくれた「エンコー(河童)の肌はぬるぬるしていて、なんでもするっと落ちてしまう」という俗信が、いつごろどこで成立したものかは定かでない。「エンコー」(エンコとも)という呼称は、静岡県や大阪府、さらには、島根県・広島県・山口県など中国地方の西部から、四国の愛媛県・徳島県・高知県、九州の大分県などの広い範囲にわたって分布しているので、野島集落で成立したものとはとうてい考えがたい。また、石田英一郎の『新版河童駒引考』(1994、岩波文庫)をひもといても、「河童」の形状の特色に言及した箇所は見当たらない。すでに、「エンコー」が遠い存在になってしまった現在、「河童の肌がぬるぬるしていて、なんでもするっと落ちてしまう」という俗信の由来を確かめることは、もはや不可能であろう。ただ、「エンコーハダ」が「お金が身につかない人」の見立てとして使用されているのは、野島社会だけでなく、広島県高田郡や愛媛県大三島などにも認められるので、中国地方や四国地方の瀬戸内側では、かつてこのような俗信が行われていたものと推測される。

先にも指摘したように、比喩表現は、原理的には、どのような対象が他のどのような対象に関連づけられるかに関する制約は存在しないとされてきた。文学比喩に関しては、確かにそのように言うことができるかも知れな

い。だが、野島方言の性向語彙に認められる比喩表現には、すでに見たように、当該集落の歴史を背景とする「生業環境」や「文化社会環境」の特性が明確に反映しており、その意味で一種の「社会的制約」、さらに広く言えば、「環境的制約」が認められるとしなければならない。喩えられる対象と喩える対象の関係性に、「環境世界」の独自の特性が反映して、総合的な「生活環境的制約」をもたらしているということは、もはや否定しがたい事実であると言ってよいだろう。ここで、「喩えられる対象」「喩える対象」「生活環境的制約」という三者の関係性を、分かりやすく図示すると、次のように示すことができる。

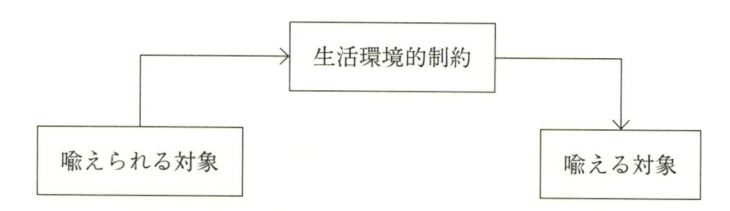

```
            ┌─────────────┐
     ┌─────→│ 生活環境的制約 │─────┐
     │      └─────────────┘     │
     │                          ↓
┌─────────┐                ┌─────────┐
│喩えられる対象│              │ 喩える対象 │
└─────────┘                └─────────┘
```

ところで、「トキワ」（常盤御前）「トモエゴゼン」（巴御前）「サラシナ」（更級）、さらに後に示す「サムライ」（侍）、「ブシ」（武士、以上、頑固者の見立てに用いる）、「キョーキャク」（俠客）、「キョーキャクモノ」（俠客者）、「キョーキャクハダ」（俠客肌、以上、親分肌の人の見立てに用いる）は、土地の古老の説明によると、野島から東南東の方向へ約25km離れた山口県長島の上関に、年に1度旅役者がやってきて芝居を演じるのを、集落の人びとがこぞって舟を出して見に行ったことから、芝居に登場する主要な人物の性格が話題にのぼり、自然に土地の人びとの性向を評価するのにも用いられるようになった、ということである[5]。この点に関連して、沖浦和光は、『瀬戸内の民俗誌―漁民史の深層をたずねて』（1998、岩波新書）の中で、次のように述べているのである。「近世の代表的な民俗誌である『淡路草』によれば、近世後期には四十数座あって、人形遣いの総数は900人をこえた。その全盛期は、竹豊両座が栄えた18世紀ごろで、これらの一行が瀬戸内の賑わった港に立ち寄って興行したのである。」（229ページ）「この一座（長州藩の御前座であった長門国の若島座、筆者注）は瀬戸内の各地の港でしばしば興行し

第四章　方言性向語彙における比喩表現の生成と構造　229

ている」(233 ページ)。上に挙げた比喩表現を通して、近世以降、野島集落の人びとが長島の上関と密な接触・交流を重ねていたことが知られるのである。

　ここには、生活様式と生業活動に限って言えば、離島に暮らす人びとの日々の営みが、いかに刺激と楽しみに欠けるものであったかが如実に投影されていると言ってよかろう。このように、野島方言の性向語彙に出現する比喩表現の上には、野島集落に生きた人びとの生活史の一端が明確に反映しているのである。

　これらの比喩表現のうち、「トモエゴゼン」は瀬戸内海のかなり広い地域で聞くことのできるものであるが、他は野島方言以外にはほとんど耳にすることのできないものである。野島集落の人びとは、芝居に登場する主要人物を成員の性向の見立てに用いることによって、日々の生活を活性化していたものと見なすことができる。離島の性格と直接関係するものではないが、増田義郎は、サーヴィスの『民族の世界』(1991、講談社学術文庫) の邦訳の最初に、「エルマン・サーヴィスの社会進化説について」と題する文章を記している。増田はその中で、農村の性格を都市のそれと対比する形で、次のように述べている。

　　　農村は閉ざされた社会である。農村には、生活の安定と、互助と、規律的な生活のリズムがある。しかし、べつな表現でいえば、そこにあるものは、くりかえしの生活のパターンと、退屈と、他人の私生活への干渉と、新しいものの生まれる余地のない保守的なメンタリティーである。(8 ページ)

　増田のこの指摘は、生活様式や社会構造に問題を限定するならば、農村だけでなく、漁村についても当てはまるだろう。だからこそ、野島集落の人びとは、「くりかえしの生活パターンと、退屈と」いう日常生活に、芝居に登場する主要な人物を取り入れるという「非日常性」を獲得することによって、日々の生活を活性化しようと試みたのである。ここには、増田の指摘とは異なり、新しいものを生み出そうとする社会意識の働きが明確に認められるのである。別の言い方をするならば、かつて野島集落に生きた人びとは、

「くりかえしの生活パターンと、退屈」から、自分たちの日常性を改変し、日々の暮らしの営みをより活性化するために、想像力を駆使し、比喩というツールを用いて新しい意味の世界を構築しようとしたのである。これは、増田が言うところに反して、かつての農村や漁村は、決して、「新しいものの生まれる余地のない保守的なメンタリティー」ではなかったということである。

Ⅲ. 野島方言の性向語彙における比喩の造語法

ついで、野島方言の性向語彙における比喩表現について、造語法の観点から検討を加えることによって、その特徴傾向を明らかにすることとする。比喩発想によって成立をみた要素は、語形成と意味の二つの側面から見るとき、大きく、(1)「転成法」と(2)「複合法」の二つに分節される。

1. 転成法

まず、転成法について、見てみることにする。転成法は、

A. 数詞から転成を見たもの
B. 意味の転成を見たもの

の二類に分類できる。言うまでもなく、性向語彙（性向語彙に限られるわけではない）における比喩表現は、すべて、喩えられる対象と喩える対象の間に認められる共通の属性（類似性）を認知することにより、喩える対象に選ばれた語が本来もっている中核概念が消去されることを通して、性向語彙の要素になっているわけだから、すべての要素に意味の転成が認められるとしなければならない。これを少し具体的に説明すると、次のようである。たとえば、島根県浜田市の漁民は、「怠け者」を指して、「ドチザメ」（鮫の一種）と呼んでいる。「ドチザメ」は動きが鈍くいつも藻の中に隠れているという習性（属性）をもっている。浜田市の漁民は、「怠け者」と「ドチザメ」の間に、動作が鈍く仕事を言いつけられないようにどこかに隠れているという、両者に共通する属性を発見し、「ドチザメ」の中核概念である「魚」を消去することによって、「怠け者」という人間のカテゴリーに転写している

のである。こうして、「ドチザメ」は「怠け者」の意味を獲得することになる。また、福井県や愛媛県の農民は、「ひよわな子、意気地のない子」を指して、「ミオシ」とか「ミヨシ」と呼んでいる。「ミオシ」は肝心の米が入っていない籾のことである。どちらも中身が「から」であるという共通の特徴を発見することによって、「ミオシ」の中核概念である「籾」を消去し、人間のカテゴリーに転換したものである。

ただ、数詞から転成を見たものの要素を見ると、数詞そのものには意味の転成が認められず、しかもその数詞がある基準的なものから外れる点に、性向との共通の属性（一種の類似性）が認知されることになるわけで、Bのグループよりも抽象度（間接性）の高い比喩表現と言える。したがって、このグループをBとは区別して、一つの類として立てることにする。

A. 数詞から転成を見たもの（15語）

この類には、次に示す15語が認められる（[ ]は、性向語彙の意味項目を表す）。

①センミツ（千三つ、千に三つしか本当のことがない）、②センミー（千三つ、同前）［以上、嘘つき］、③ハチモンセン（八文銭、十文に二文足りない、少し足りない人）［馬鹿者］、④ニマイジタ（二枚舌）［どちらにでも付く人］、⑤マンネンゴヨミ[6]（万年暦、何でもよく知っている人）、⑥マンネンジビキ（万年字引、何でもよく知っている人）［以上、見識の広い人］、⑦サンパチタロー[7]（三八太郎、何もかも身につけていて手際よくやる人）［仕事を手際よくやる人］、⑧サンパチ（三八、同前）、⑨サンジューバライ（三十払い、毎月三十日になってから家や仕事の片付けをする人）［後片付けの悪い人］、⑩ジューゴンチ（十五日、この日に小潮から大潮に変わり、潮の流れが急に速くなり、干満の差も大きくなるところから、気分の変動の激しい人の見立てに用いた）［気分の変動の激しい人］、⑪ニフンフダ（二分札、二分で買える下級の女郎を全く仕事の役に立たない知恵の足りない人に見立てた）、⑫ニフン（二分、ニフンフダの省略形）、⑬サンプンフダ（三分札、⑬は⑪に比べて程度が小）、⑭サンプン（三分、同前）［以上、馬鹿者］、⑮

ロクジューオユー（六十を言う、年寄りじみた生意気なことを言う若者、あるいは少年、単に「ロクジュー」とも）［生意気な人］

このうち、①、②、③、④、⑤、⑥は、いずれも発想上、基準的なものが意識されており、それに外れるところに「おかしさ」（①、②、③）、「畏敬」（⑤、⑥）、「揶揄」（④、⑨）、「侮蔑」（⑪、⑫、⑬、⑭）、「批判」（⑮）などの心意の働きが認められる。特に、①、②は千と三という数の大きな差を対比することによって、誇張比喩となっている点が注目される（ただし、「マンミツ」の言い方は認められない)[8]。また、⑤、⑥も一年と対比した誇張比喩だが、これには「笑い」や「揶揄」の心意の働きは全く認められない。これらに対して、⑩は「ジューゴンチ」そのものが基準となっており、しかも漁業社会ならではの比喩表現となっている。さらに、⑦、⑧はもともと「下男」の比喩であり、⑪、⑫、⑬、⑭は「下級の娼婦」の比喩であって、いずれも比喩の転換を見せるものである。このように、「数詞から転成を見たもの」には、発想、認識の造形化を異にする三つのタイプの比喩表現が認められることになり、その内実は決して単純ではない。

ところで、野島という離島に暮らしてきた人びとが、かつて他の地域とどのような接触・交流を形成してきたかという観点から見て、特に注目される事実は、性向の比喩の対象として「ニフンフダ」「サンプンフダ」ということばが選択されていることである。「ニフンフダ」「サンプンフダ」は、もともと「二分」や「三分」で買える下級の娼婦を意味することばである。しかし、野島には遊郭はない。それではなぜ、これらの比喩表現が野島集落で形成されたかどうかは別にして、現在まで継承されてきたのであろうか。それは、土地の古老の説明によると、近世期の後半ごろから、夏や冬の魚があまり獲れない時季に、若者が舟を漕いで、そろって上関にある遊郭へ遊びに出かけたという習慣があったからだという。筆者も、40年ほど前に上関でフィールドワークを行ったことがあるが、そのときお世話になった土地の古老に、すでに廃業して久しい遊郭へ案内していただいた記憶がある。その古老の説明では、今は観光資源の一つとして町役場が管理しているとのことであった。3、4軒並ぶ遊郭の構えはいずれもかなり大きく、内部は近世後期に

隆盛を極めた当時の様子を偲ばせる様々な道具が置かれ、装飾が施されていたのを、今でも鮮明に記憶している。すでに述べた、上関で行われた芝居見物といい、また遊郭通いといい、野島集落の成員の上関への一方向的な接触・交流が、近世後期以降盛んに続いたことが知られるのである。

B. 意味の転成を見たもの

　野島方言の性向語彙には、数詞から転成を見たものを加えれば、比喩発想によって造語された要素が 147 語認められ（ただし、連語、慣用句を含む）、実に、性向語彙全体の 22.4％強を占める。比喩発想を生起させるのは、喩えられる対象と喩える対象との間に存する類似性の発見であるが、比喩が成立するためには、喩えられる対象の中核概念が喩える対象の中核概念へ転写されなければならない。語彙に認められる比喩は、このようなプロセスの慣習化を通して、意味の転成、拡張を見たものである。

　そこで、野島方言の性向語彙が、全体としてどのような意味の転成、拡張を見せているかを明らかにするため、個々の比喩表現の中核概念を確定し、それによって意味カテゴリーの体系を明らかにし、併せて量的構造を示すこととする。そのためには、分析の対象を、中核概念を単一の意味カテゴリーに分属することが可能な要素に限定する必要があると考えるのが筋というものであろう。しかし、野島方言に限らず、広く、方言比喩においては、これまでの章でも見てきたように、複合語（ただし、ノットクノトーゴローのように、「名詞＋ノ＋名詞」の連語形式も含む）が多く認められ、その複合語の中に、独自の「環境世界」を背景として成立した興味深い比喩表現が見出されるのである。したがって、以下には、複合語を排除しないで、「ⅰ. 単純語（派生語、比喩的慣用句を含む）」と「ⅱ. 複合語」を別途に扱うことにする。

　ただ、複合語の場合、たとえば「コシカケオンボー」（腰かけ隠亡、墓守）を例にとると、後部要素の「オンボー」によって、中核概念を「職業」と規定することはできない。なぜなら、「コシカケ」という前部要素の中核概念である「身体動作」と結合することによって、「腰かけたままで少しも働こうとしない怠け者」という性向に転写されるからである。しかし、この場合

はまだよい。なぜなら、「オンボー」だけで「怠け者」の意を表すからである。その「怠け者」の状態を限定するために、あるいは強調するために、「コシカケ」を添加したと考えることができるからである。しかし、「カタシオナキ」（片潮泣き）の場合はどうであろうか。「ナキ」という後部要素だけでは比喩にならない。「カタシオ」と結合することによって、はじめて長く泣き続ける子どもの習性を指す誇張比喩となるのである。したがって、複合語の場合は、意味の中心が前部要素と後部要素のどちらにあるかによって、中核概念を決定することにする。「コシカケオンボー」は意味の中心が後部要素である「オンボー」にあり、「カタシオナキ」は意味の中心が前部要素である「カタシオ」にあると判断して処理するわけである。なお、以下の意味分類は、方言比喩においては、1.擬自然喩、2.擬人喩、3.擬物喩の三喩が中心を占めるところから、そのことを重視して、一般に通用している語彙分類、意味分類の枠組み（たとえば、『分類語彙表』など）には従わないことを、断っておく。

　ⅰ．単純語
　(A)　自然（20語）
　　　a．自然現象――①ヒヨリ（日和、日和はよく変わることから、気分の変わりやすい人の見立てに用いた）、②ヒヨリモン（日和者、同前、老年層）、③テンキヤ（天気屋、気分の変わりやすい人、中・青年層）、④オテンキヤ（お天気屋、同前、主に女性が使用する）、⑤オテンキモン（お天気者、同前）
　　　b．動物
　　　　(a)　海の動物
　　　　　ア．魚――①トーゴロイワシ（藤五郎鰯、鱗が多くて厚く、しかも少しもおいしくない。副食物として何の役にも立たないことから、全く仕事の役に立たない人の喩えに用いた）、②トーゴロー[9]（藤五郎、同前）、③アンコー（鮟鱇、鮟鱇は体を動かさず、口を空けたまま餌が入ってくるのを待っているので、体を動かそうとしない怠け者の喩えに用いた、野島ではアンゴーと発音され

第四章　方言性向語彙における比喩表現の生成と構造　235

ることはない)、④アンコータレ(鮟鱇たれ、同前、アンコーよりも批判意識が強い)［以上、怠け者］、⑤アオチャンギリ(餌だけ巧みに食べ、なかなか針にかからないため、食いしん坊の喩えに用いた)［食いしん坊］、⑥イヨーサク(魚作、「イヨー」は「イオ」の音訛形、魚はすぐに逃げようとするところから、小心者に喩えた)［小心者］

　　イ．貝──⑦ホラガイ(法螺貝、法螺貝を吹くと大きな音がするところから、ものを大仰に言う人の喩えに用いた)［誇大家・大仰者］

　(b)　陸の動物

　　ア．獣──⑧カオソ[10](獺、人をだます動物だと信じられていたところから、嘘つきの喩えに用いた、老年層)［嘘つき・油断のならない人］

　　イ．鳥──⑨トビ(鳶、他の鳥が苦心して獲った獲物を横からさらうことから、人を騙したり誤魔化したりするような人の喩えに用いた)［嘘つき・油断のならない人］、⑩サイドリ(鳥の囀り、語源は「サエズリ」、よくしゃべる人)、⑪ウトーサイドリ(同前、⑩よりも程度が大)［以上、おしゃべり］

 c．植物

　(a)　木

　　ア．渋柿の渋──①シブ(渋、渋柿を食べると、無愛想な顔つきになるところから、無愛想な人の喩えに用いた、以前は網漁に使用する網を長持ちさせるため、渋柿の渋を網に塗ったという)［無愛想な人］、②イガ(栗の毬、触るとチクチクして痛いので長く持っておれないところから、気の短い人の喩えに用いた)、③イガサー(同前、サーは「作」の音訛形)［以上、短気な人］

 d．鉱物

　(a)　岩石

　　ア．石──①イシ(石、石は硬いので、頭の固い頑固者の喩えに用

いた）［頑固者］

(B) 人間（56語）

a. 人名——①チューゾー（怠け者）、②キンペーサー（いつも汚くしている人）、③ロクオジー（きれい好きな人）、④モンコージー（世話好きな人）、⑤サヘー（冗談言い）、⑥ヨモー（不平言い）、⑦トモエゴゼン（巴御前、勝気な女性）、⑧サラシナ（更級、同前、女性に対して使うことが多い）［以上、気の強い人］、⑨トキワ（常盤御前、気分の変わりやすい女性）［むら気な人］

b. 屋号——①ウスヤ（臼屋）［いつも汚くしている人］

c. 職業・身分——①アナウンサー、②ベンシ（弁士）、③ベンゼツカ（弁舌家）［以上、話し上手な人］、④ツカサ（司、人格者、昔、野島に人格のすぐれた役人がいたという）［人柄の良い人］、⑤コーシャクイー（講釈言い）［理屈っぽい人］、⑥サムライ（侍）、⑦ブシ（武士）［以上、頑固者］、⑧キョーキャク（侠客）、⑨キョーキャクモノ（侠客者）、⑩キョーキャクハダ（侠客肌）［以上、親分肌の人］、⑪ハカセ（博士）、⑫ガクシャ（学者）［以上、見識の広い人］、⑬ホイトー（ほいとう、食べ物に卑しい人）、⑭アカボイトー（同前、⑬よりも程度が大）［以上、食いしん坊］、⑮オンボー（隠坊、墓守はあまり仕事をしようとしないところから、怠け者の見立てに用いた）［怠け者］

d. 異人——①トージン（唐人）、②アカトージン（赤唐人、同前、①よりも程度が大）、③ウトートージン（同前、②よりも程度が大）［以上、馬鹿者］

e. 動作・行為——①ニギリ（握り、握ったものを出さないことから、けちの意を表す）［けちん坊］、②ナキテ（泣き手、不平ばかり言う人）、③ホイキチ（ほえ吉、よく泣く子）、④アカホイキチ（赤ほえ吉、同前、③よりも程度が大）［以上、泣き虫］、⑤イキスギモノ（行き過ぎ者、でしゃばり過ぎる者）、⑥イキスギモン（同前、⑤よりもよく使う）、⑦カラゲヤ（からげ屋、自慢ばかりする人）、⑧カラゲル（自慢する）［以上、自慢する人］、⑨テガサバケチョル（手が捌けて

いる、仕事を手際よくこなす）、⑩ヌクテサステガナイ（抜く手差す手がない、過不足なく何でもできる）［以上、仕事を手際よくこなす］、⑪クチガサエル（口が冴える、口が達者だ）、⑫ベンガタツ（弁が立つ、口が達者だ）［以上、口の達者な人］、⑬ホラガイフク（法螺貝を吹く、大袈裟に言う）、⑭フロシキオヒロゲル（風呂敷を広げる、大袈裟に言う、嘘をつく）、⑮オーブロシキオヒロゲル（大風呂敷を広げる、大袈裟に言う、嘘をつく、⑭よりも程度が大）、⑯オーバチオユー（大鉢を言う、大袈裟に言う）［以上、誇大家］

f．態度──①アタマガタカイ（頭が高い、威張っている）［威張った人］、②コシガオモター（腰が重たい、何か仕事を言いつけられても腰を上げようとしない怠け者）、③コシガモター（腰が重たい、同前、こちらの言い方が盛ん）［以上、怠け者］

g．精神・感覚・知識──①キモーヤク（肝を焼く、人の世話をよくする）［世話好きな人］、②ハラガスワッチョル（腹がすわっている）、③キモガフトイ（肝が太い）、④ドーギモガフトイ（肝が太い、③よりも程度が大）［以上、度胸の良い人］、⑤キモガヨワー（肝が弱い）、⑥キモッタマガヨワー（肝っ玉が弱い）、⑦シンドーガヨワー（心臓が弱い）［以上、気の弱い人］、⑧カンドリガワルイ（堪取りが悪い、仕事の要領が悪い、仕事の飲込みが悪い）［仕事の要領の悪い人］、⑨カオガヒロイ（顔が広い）［見識のある人］

(C) 事物（16語）

a．製品──①キカイ（機械、機械のように休まずに働く人、少年層だけが使用）［働き者］、②ヒコーキ（飛行機、仕事をするのが特別速い人の喩えとして用いた、少年層が連想した誇張比喩）、③タイホー（大砲、タイホーは大きな音を立てるところから、ものごとを大仰に言う人の見立てに用いた、「テッポー」〈鉄砲〉「オーヅツ」〈大筒〉の言い方は認められない）、④バクダン（爆弾、ものごとを大仰に言う人、「タイホー」よりも程度が大、③、④は、老年層は使用しない）［以上、誇大家］、⑤テレビ（人の噂話をよくする人、青年層以下が使

用する)[評判言い]、⑥クドロ(語源意識は「崩れ」、傷があって使い物にならない品物、意地の悪い人)、⑦ヒチクドロ(同前、⑥よりも程度が大)、⑧ウトークドロ(同前、⑦よりも程度が大.)[以上、性根悪・意地悪]

 b．道具——①フロシキ(風呂敷、大袈裟に言う人)、②オーブロシキ(大風呂敷、同前、①より程度が大)、③オーバチ[11](大鉢、大仰なもの言いをする人を、獲れたばかりの魚を料理して盛りつける大きな鉢に見立てた)[以上、誇大家]、④パイプレンチ(何にでも使える道具であることから、出しゃばりの見立てに用いる、青年層が使用する)

 c．事物の状態——①シメンガアウ(四面が合う、仕事がきちんとしている)[仕事を丁寧にする人]、②シメンガアワン(四面が合わない、仕事がきちんとしていない)[仕事が雑な人]、③ヨリガアマイ[12](縒りが甘い、網にとりつけた綱の縒りが甘いと、網をうまく上げることができず、漁をするときに全く役に立たないところから、何の役にも立たない馬鹿者の見立てに用いた)、④ヨリ(縒り、単にヨリとも言う、また、アマヨリとも言う、同前)[以上、馬鹿者]

(D) 社会・文化(9語)

  a．社会——①セケンガヒロイ(世間が広い、世の中のことをよく知っている、見識がある)、②ショケンガヒロイ(世間が広い、同前、老年層は②の方をよく使う)[以上、見識のある人]、③セケンガセバー(世間が狭い、見識がない)、④ショケンガセバー(同前、老年層が使用する)[以上、見識のない人]、⑤セケンオセル(世間をする、見識を広める)[見識のある人]、⑥ショーヤクセル(世話役をする、人の世話をよくする)[世話好きな人]

  b．文化——①デンポー(電報、他人の噂話をよくする人)、②デンポーハイタツ(電報配達、同前)、③ホーソーキョク(放送局、同前、中年層以下)[評判言い]

(E) 神仏(3語)

  a．仏——①ジドー(地蔵、地蔵は表情が変わらないところから、何が

あっても感情を顔に出さない人の見立てに用いた)、②ジドーサマ（地蔵さま、同前）[以上、何があっても感情を顔に出さない人]、③ホトケサマ（仏さま、いつも穏やかでゆったりとしている人）[人柄の良い人]

(F) 食（2語）

　a．料理――①ヨマシ（裸麦を米に混ぜて炊くとき、裸麦がぶつぶつ音を立てて煮えるので、ぶつぶつ不平ばかり言う人の見立てに用いた）[不平言い]、②スガスギチョル（酢が過ぎている、人並み以上に何でもできる）[仕事を手際よくやる人]

　以上が、単純語について、中核概念の細分化と語彙量の多さを基準として帰納した野島方言の性向語彙における比喩表現の意味カテゴリーのシステムである。と同時に、これは、性向に即して言うならば、喩える対象への想像的認知のカテゴリー化の体系を示すものである。

　喩える対象への想像的認知に関して注目されることは、自然の意味カテゴリーに属する動物の意味枠において、海の動物の語数が陸の動物の語数よりも多くなっているという事実である。これは、すでに前の節でも触れたように、野島集落の生業の特性が、想像的認知に対してなにほどか規制を及ぼしていることの現れと解することができるであろう。もし、野島集落が水田稲作を営む社会であったならば、人間性向の見立ての対象として、当然、「牛」が選択されていたはずである[13]。これに関連して、「植物」のカテゴリーに「シブ」（渋柿の「シブ」）が見出されるのも、網の補強に欠かせないもので、漁業社会ならではの、喩える対象の選択傾向を示すものである。それとは逆に、人間性向の喩えに「野菜」が全く出現しない事実も、野島集落の「環境世界」の特色を反映するものと考えられる。農業社会であれば、当然「野菜」が見立ての対象として選択されたはずである[14]。また、事物の意味カテゴリーにおける「道具」の中に、主に、漁村で使用されてきた「オーバチ」（大鉢）という比喩表現が見出され、「事物の状態」の中に、漁撈に関連する「ヨリガアマイ」（単に、ヨリとも、またアマヨリとも）という比喩表現が見出されるのも、漁業社会における比喩表現の創出を特色づけるものと言って

よかろう(「ヌクテサステガナイ」も、漁撈活動と関係があるか?)。それに反して、島根県石見地方や山口県東部の農業社会において、かつての農作業にとって重要な道具であった「鍬」や「鎌」を見立ての対象とする比喩表現(たとえば、「カマデガハヤー」〈鎌手が速い、仕事が速い〉、「カタクワモン」〈片鍬者、頑固な人〉、「ヒトクワオコシ」〈一鍬起こし、冒険家・大胆な人〉など)が全く認められないことが注目されるのである。

また、「自然現象」のカテゴリーにおいても、同様の現象が認められる。野島社会の漁民は、気分の変動の激しい人を、月の半ばに小潮から大潮に変わり、それによって潮の流れが急に速くなり、潮位の変化も大きくなることに着目して、「ジューゴンチ」(十五日)と呼んでいる。これは、かつて、この野島社会に生きた漁民が、漁撈という日々の身体経験を通して創造した比喩表現であり、それを、現代を生きる漁民が日々の身体経験を通して、確かに継承しているものである。ところが、同じ防府市であっても、本土部の農業社会の高齢者は、気分の変動の激しい人を指して、「ジューゴンチ」と呼んでいるが、これは「潮」の変化ではなく、「月」の変化に着目したものである。防府市の本土部に位置する農業社会の古老は、「満月の翌晩にはすぐに欠けるので、十五夜の月を気の変わりやすい人に喩えた」と説明している。喩えられる対象も語形も同じでありながら、防府市の漁民と農民とでは、喩える対象——見立ての対象——が、明確に異なるのである[15]。また、「ヒヨリ」(「ヒヨリモン」)は、防府市の本土部における農業社会では、何かをするのに好都合な天候とか晴天を意味する語として使用され、喩えの対象として用いられることはない。野島社会における老年層の漁民が、「ヒヨリ」「ヒヨリモン」を「気分の変わりやすい人」の見立てとして使用しているのは、日々営む漁撈にとって、「ヒヨリ」の変化が大きな影響を及ぼしたからである。天候が急変して大雨にでもなれば、漁を中止して港へ引き返さなければいけない。雨に加えて、風が強くなれば、潮の流れも速くなり、網が流されるおそれもある。また、船が転覆しないために、せっかく漁獲した魚をすべて海に捨てなければならない。そのため、漁民は日々の天候に細心の注意をはらってきたのである(拙著『文化言語学序説——世界観と環境』2004、和

第四章　方言性向語彙における比喩表現の生成と構造　241

泉書院)。

　要するに、「性向語彙」というカテゴリーにおいても、比喩による新しい意味の生成——意味の拡張——に、「生業環境」の特色の反映が明確に見られるのである。別の言い方をすれば、比喩による見立ての対象の選択において、「生業環境」を背景とする明確な制約と限界、ならびに独自の連想の働きが見られるという事実である。これは、比喩による新しい意味の生成においても、漁民は漁民独自の色眼鏡をかけて、自らが生きる「環境世界」を認識してきたことを意味する事実にほかならないであろう。

　注目される第二の点は、すべての意味カテゴリーにおいて、接頭辞・接尾辞をとる比喩表現が栄えているという事実である。方言性向語彙には、そのような性向の人であることを明示したり、性向の程度性を強調するために、多様な接頭辞や接尾辞をとる多くの派生語の存在が認められるのである。野島方言の性向語彙には、29種の接尾辞と11種の接頭辞が認められるが、比喩表現には、そのうち、「モノ・モン・ヤ・テ・キチ・サク・タロー・カ・ジン・シ・ハダ・サン・イー」の13種の接尾辞をとる派生語の総数は28語となる。この事実も、性向語彙における比喩表現の一つの特徴傾向と見なすことができるだろう。

　注目される第三の点は、「製品」「道具」の意味カテゴリーに、「パイプレンチ」「キカイ」「ヒコーキ」「テレビ」「バクダン」などの若年層しか使用しない比喩表現が認められるという事実である。これらは、野島集落における伝統的な方言比喩に対して、若者が独自に生成した比喩表現である。いずれも、漁業社会における日常経験や身体経験とは全く関係のない、ごく一般的な製品であって、独自の生活臭は全く感じられないものである。この現象を、若者の「環境世界」に即した類推力、想像力の著しい衰退と見なすか、それとも今後の比喩表現の創出における新しい胎動の兆しと見なすかは、今後の追跡調査の結果を俟たなければならないだろう。いずれにしても、野島集落の性向語彙における伝統的な比喩表現は、今後、急速に消滅の一途をたどることは否定しがたい事実であろう。この事実は、とりわけ、野島方言における「見立ての特異性」を表すカテゴリーに顕著に認められ、また今では

目にすることのできなくなった対象について著しいものがある。それは、生活様式や生活環境の急激な変化によって、若者が、自らが生きる「環境世界」の中で、身体経験を媒体として創造された伝統的な比喩表現を維持、継承することが極めて困難な状況に置かれていることを物語るものであろう。それは、なにも野島方言の性向語彙における比喩表現に限られることではない。山口市や山口県萩市において、家にこもって外出しない人を指して、「ミソオケ」（味噌桶）とか「ハンドガメ」（水甕）と呼び、怒りっぽい人を「ハラタテブク」（腹立て河豚）と呼び、厚化粧をしている女性を「シロギツネ」（白狐）と呼ぶような、伝統的な「擬自然喩」や「擬物喩」が、若者にはほとんど継承されていないという事実とも重なることである。

　第四点として、人間の意味カテゴリーに属する「動作・行為」「態度」「精神・感覚・知識」の意味枠に、身体語による比喩的慣用句が多用されている事実が注目されるが[16]、性向や感情といった抽象的な意味、あるいはイメージを、身体比喩を用いて具体的な意味、あるいはイメージに転換する技法は、すでに多くの研究者が指摘しているように、文学比喩や共通語の比喩表現においても盛んに認められることである（国広哲弥『意味論の方法』1982、大修館書店）。

　最後に、とりわけ注目されることを指摘するならば、当該社会の性向語彙における比喩表現において、「自然」のカテゴリーに属する要素が33語しか認められず、「人間」のカテゴリーに属する要素の65語を大きく下回っているという事実である。一般に、方言比喩においては、擬人喩は意外に振るわず、むしろ逆に、人事を自然物や自然現象に見立てた「擬自然喩」（擬人喩に対して）とでも呼ぶべきものが目立つ。しかし、野島方言の性向語彙における比喩表現にあっては、「人間」のカテゴリーに関するものが、49.2％を占めるのに対し、「自然」のカテゴリーに関するものは25.0％にとどまる。しかも、「人間」に関する意味カテゴリーが最も細分化しており、語彙量、意味システムの両面において、「擬人喩」の方向への著しい展開が認められるのである。この事実は、筆者の経験によると、野島方言に限られることではない。ここに、方言性向語彙における比喩表現の最も重要な特徴傾向の一

つが認められると言ってよい。これは、方言性向語彙が果たす社会的機能の重要性が、比喩による「自然」のカテゴリーへの転換を制約していることを意味するものと解されなくもない。それは、後に見るように、漁業社会における共同労働を円滑に営むことに、最も大きな支障をきたす「怠け者」の意味項目に、実に、20語もの比喩語が認められるにもかかわらず、「自然」のカテゴリーに属するものは、わずか４語しか見出せないという事実に端的な形で現れていると言ってよいだろう。

2. 複合法
B. 意味の転成をみたもの
ⅱ. 複合語

次に、複合語について見てみることにする。野島方言の性向語彙における比喩発想による造語には、複合名詞に限定しても、11種の語詞形成のパタンが認められるが、語数の多さから、[1]「名詞＋名詞」、[2]「名詞＋ノ＋名詞」、[3]「名詞＋動詞連用形」、[4]「動詞連用形＋名詞」の四つが、基本的なパタンと見なされる。この四つのパタンで、全体の実に80.0％を占めるのである。以下には、この四つのパタンのおのおのに所属する比喩表現を、先に規定した方法、すなわち前部要素と後部要素のどちらに意味の重点があるかという方法によって意味分類して示すことにする。

[1] 「名詞＋名詞」(17語、42.5％)

 (A) 自然──①ヤマカワ（山川、人が山と言えば川と言うようなひねくれ者）[ひねくれ者]、②トビタカ（鳶鷹、人を騙したり人の物をかすめとったりする人）、③トビカラス（鳶烏、同前）[以上、油断のならない人]、④センジマサザエ（せんじまさざえ）[口は達者だが中身が伴わない人]、⑤エンコーハダ（河童肌、お金が身につかない人）[浪費家]

 (B) 人間──①ホイトボーズ（ほいとう坊主）[食べ物に卑しい人]、②カンシャクダマ（癇癪玉、怒りっぽい人）[怒りっぽい人]

 (C) 事物──①ヒルアンドン（昼行燈、昼に灯す行燈は明るくないこと

から、ぼんやりして気の利かない人の見立てに用いた）［気の利かない人］、②マタクラコーヤク（股ぐら膏薬、そのときの気分によってあちらについたりこちらについたりする人）、③マタグラゴーヤク（股ぐら膏薬、同前、③の方をよく使う）［以上、どちらへでもつく人］、④キカイニンゲン（機械人間、機械のように休まず働く人、青年層）［働き者］、⑤ネッテツ（熱鉄、人一倍仕事に打ち込む人、青年層）［必要以上に仕事に精を出す人］

(D) 社会・文化——①ロクグチ（陸口）［油断のならない人］、②ショーヤク（世話役、人の世話をよくする人）［世話好きな人］、③ホーソーキョク（放送局、いろいろな情報に解説をつけて流すところから、評判言いの見立てに用いた）［評判言い］

(E) 神仏——①ワニグチ（鰐口、仏堂・拝殿の前面につるされた大きな鈴の下に広い裂け目があるところから、口が達者で必要以上によくしゃべる人の見立てに用いた、野島の老人は、この島に古くからある矢立神社の大きな鈴を連想するという）、②ワネグチ（鰐口、同前、老人が使用する）［以上、口の達者な人］

「ロクグチ」「ワニグチ」「ワネグチ」「ホイトボーズ」「キカイニンゲン」「エンコーハダ」においては、前部要素と後部要素の間に比喩の「の」が予想され、直喩的である。また、「ヒルアンドン」「マタクラコーヤク」「マタグラゴーヤク」にも「の」助詞が予想されるが、こちらは単純な連体格の助詞であって、全体、隠喩的である。一方、「トビタカ」「トビカラス」「ヤマカワ」においては、「と」助詞が予想されるが、「トビタカ」「トビカラス」が同様の属性を持つ鳥を累加することによって誇張比喩になっているのに対し、「ヤマカワ」は「山」と「川」が対立する関係にあり、「と」の機能が異なる。昔は、この島にも「ホイトボーズ」がやってきたことが知られ、河童が実在し、その肌はぬるぬるしていたと信じられていたことが分かる。

[2]　「名詞＋ノ＋名詞」（7語、17.5％）

(A) 自然——ノットクノトーゴロイワシ（ノットクの藤五郎鰯）［怠け者］、②ダイチョーノキモ（ダイチョーの肝）、③ノミノキンタマ（蚤

の金玉）、④ノミノキモ（蚤の肝）［以上、小心者］、⑤ネコノメ（猫の目、猫の目はくるくる変わることから、すぐに気分の変わる人の見立てに用いた）［むら気な人］、⑥ハスケノイヌ（はすけの犬、見かけは強そうな）［気の強い人］、⑦ホッコクノカミナリ（北国の雷、北国の雷は北で鳴るので、着たなりの人の見立てに用いた、「北鳴り」と「着たなり」をかけたもの）［着たきり雀］

　これらは、語詞形成が単直平明で、比喩発想の働きがそのまま比喩表現になったという趣の強いものである。「ダイチョーノキモ」「ノミノキンタマ」「ノミノキモ」は、「小心者」を小さな魚や蚤の肝に写像していて、極端な縮小化による比喩の誇張が認められる。ここに、おかしみや滑稽さ──「笑い」の空間──が感得される。また、「ホッコクノカミナリ」は「北鳴り」と「着たなり」を、音の共通性に注目してかけたもので、洒落た味つけの見られる比喩表現となっている。なお、「ホッコクノカミナリ」という言い方は、山口県光市牛島や島根県石見地方でも使用される。

[3]　「名詞＋動詞連用形」（6語、15.0％）
　　(A)　自然──①カタシオナキ（片潮泣き）［泣き虫］、②ヒヨリミ（日和見、日和が変化する様を、気分の変わりやすい人の見立てに用いた、なお、雲ひとつない晴天を「ヒミズ」〈日見ず〉と言う）
　　(B)　人間──①ヒダリマキ（左巻き）［馬鹿者］、②フンドシカツギ（褌担ぎ、お世辞を言って人の機嫌をとる人を、褌担ぎに見立てた）［お世辞言い］、③カンショーヤミ（癇性病み、必要以上にきれい好きな人）［きれい好きな人］、④コーシャクガタリ（講釈語り、講釈語りは理屈っぽい語り方をするところから、理屈っぽい人の見立てに用いた）［理屈っぽい人］

　このパタンは、複合名詞であっても、後部要素が意味上、微妙な動きを残している点で、外部に具体的な動きとして現れる性向を比喩化するのに利便であったと思われる。また、「カタシオナキ」が当該社会の「生業環境」を反映する事象であることは、すでに触れた通りである。

[4]　「動詞連用形＋名詞」（3語、7.5％）

(B)　人間──①コシカケオンボー（腰かけ隠坊、体を動かそうとしない怠け者を、腰をかけたまま働こうとしないオンボーに写像した）、②トコバリオトコ[17]（床張り男、用を言いつけられても体を動かそうとしないひどい怠け者を、床に張りついたまま体を動かそうとしない状態に写像した誇張比喩、なお広島県備後地方の山間部では、古老が「トコバリ」という語を使用するが、「〜オトコ」に限定することはない）、③キモヤキバー（肝焼き婆、おせっかいな老女を、肝を焼くと見立てた）

　前部要素に意味上、微妙な動きが認められるため、外部に具体的な動きとして現れる性向のイメージが一段と明瞭になる。それが、比喩の誇張化として機能する。それゆえ、「コシカケオンボー」は、「オンボー」よりもさらにひどい怠け者を指して使用されることになる。

　当該方言の性向語彙における比喩表現のうち、複合語の造語パタンとしては、以上のものが中心を成すが、これは比喩表現に特徴的なことではなく、そもそも当該方言の性向語彙において、これらが基本的なパタンとなっているのである。そして、それは、方言性向語彙を超えて、「民間造語法」における基本的なパタンでもあるように見受けられる（藤原与一『民間造語法の研究』1986、武蔵野書院）。

3. 喩えの対象となっているものの意味カテゴリーと語彙量

「意味の転成を見たもの」については、単純語と複合法を別に扱い、それぞれの内部を意味カテゴリーによって分類し、語数を示した。そのため、単純語と複合法の両者を合わせた場合、喩えの対象として選ばれているものの意味カテゴリーがどのようになっており、また、カテゴリーごとの語数および全体における割合がどのようになっているかが判然としない結果をまねいている。そこで、以下には、単純語と複合法を一括して、意味カテゴリーごとの語数および全体における割合を一覧できる形に表示してみることにする。

第四章　方言性向語彙における比喩表現の生成と構造　247

意味カテゴリー	語　　数	比　　率
自　　然	33語	25.0%
人　　間	65語	49.2%
事　　物	21語	15.9%
社会・文化	6語	4.5%
神　仏	5語	3.8%
食	2語	1.5%
合　　計	132語	100%

　この表を一覧して、すぐに分かることは、「人間」のカテゴリーに属するものが最も多く喩えの対象（見立ての対象）として選択されているという事実である。一般に、方言比喩においては、「擬人喩」よりも「擬自然喩」の方が栄えていると言われる。方言比喩における「擬自然喩」の卓越性は、筆者の今日までの経験からしても、まず否定することのできない事実であると言ってよいだろう。とりわけ、すでに検証を試みたように、「擬自然喩」の相対的優位性は、「動物」のカテゴリーに著しいように思われる。
　しかしながら、当該方言の「性向語彙」のカテゴリーにあっては、「人間性向」を同じ「人間」のカテゴリーに属するものに喩える傾向性が顕著であって、「人間」カテゴリーの卓越性が認められるのである。「社会・文化」「神仏」「食」の各カテゴリーも、広義には「人間」のカテゴリーに包含されるものと考えるならば、「人間」のカテゴリーに見立てたものが、全体の59.1％を占めることになる。ここに、方言性向語彙に現れる比喩表現の重要な特性の一つ、すなわち、「人間」カテゴリーの卓越性（相対的優位性）を、認めることができるのである。これは、すでに触れたように、「性向語彙」がかつての地域社会において果たしてきた社会的機能の特性に根ざすものと考えられる。性向語彙は、地域共同体の成員が、「労働秩序」と「つきあい秩序」の二つを基軸とする社会秩序の構成と維持に貢献し、「人並みの行動モラル」を獲得することによって村落社会の維持、存続に貢献することを至上価値として、主体的に形成した記号システムであり、極めて重要な生活知

のシステムであった。地域社会の成員は、社会的規範の表象である性向語彙を共有することによって、「人並みの行動モラル」から逸脱する他者を厳しく批判し、同時に自らの行動をも強く抑制し、「ヨコ」性の原理を遵守することに努めてきたのである（詳しくは、拙著『「ヨコ」社会の構造と意味——方言性向語彙に見る』2001、和泉書院を参照されたい）。そのような重要な社会的機能を果たす「性向語彙」にあっては、常に、厳しい批判や評価の眼差しが働いたため、「人間性向」を、たとえば「自然」のカテゴリーに転換することで、イメージの間接化を過度に図ったり、「笑いの世界」へ誘おうとしたりする意識が多少働きにくかったものと思われる。

　これに関連して言えば、「自然」「人間」「事物」の三つのカテゴリーに属するものが全体の90.1％を占めており、しかも「人間」と「事物」の二つのカテゴリーに属するものが全体の65.1％を占めている事実が注目される。このことから、何が言えるかというと、野島方言の「性向語彙」に認められる比喩表現にあっては、「喩えの対象」（見立ての対象）として連想され、選択されている範疇の基本カテゴリーが、「自然」「人間」「事物」の三つであるということである。これを、「喩えの対象」（見立ての対象）の三類型と呼ぶことにしよう。仮に、この事実が、「性向語彙」を超えて、多くの語彙カテゴリー、意味カテゴリーに共通して認められる事実であるとするならば、この三類型に即して、メタファー表現の内部を「擬自然喩」「擬人喩」「擬物喩」の三つに類別することは、極めて合理的な処理ということになろう。認知意味論におけるメタファー論や従来の比喩論、文体論においては、この点に関して議論されることがほとんどなく（たとえば、松本曜編『シリーズ認知言語学入門第3巻　認知意味論』2003、大修館書店）、稀にあったとしても「自然」と「事物」を一括して「擬物喩」と呼び、「擬人喩」に対置させるケースが一般的であった（山梨正明『比喩と理解』1990、東京大学出版会、愛宕八郎康隆「方言研究の心理学的見地——造語・造文の比喩発想の視点から」、『方言研究年報通巻第28号　方言研究の心理学的見地』1985、和泉書院）。しかし、「事物」のほとんどは、人間の手によって造られたものであって、「自然」の中にそのままあるわけではない。むしろ、「人間」の側に近い存在である。したが

って、「自然」と「事物」を一括して、「擬物喩」と呼ぶことは、いささか乱暴な処理と言わなければなければならない[18]。

　また、メタファーに関する認知言語学的アプローチでは、「経験の中で相対的に抽象度が高くつかみどころのない領域を、馴染み深く具体的なものを通して概念化するための手段」と見なされることが多い（ジョン・R・テイラー『認知言語学のための14章』211ページ、辻幸夫他訳、2008、紀伊国屋書店）。この見かたは、「人間性向」に関する比喩表現、とりわけメタファー表現においては、野島方言に限らず、多くの方言に共通して適用することが可能な見かたと言ってよいだろう。しかし、「動物語彙」や「植物語彙」のように、そもそも喩えられる対象そのものが具体的な存在である場合には、認知言語学的なアプローチは適用不可能ということになるだろう。

　いささか本論から逸れてしまったので、ふたたび、野島社会にもどることにしよう。この社会に生きてきた人びとが何かを何かに見立てて、新しい意味を創造し、新しい認識を造形化する場合、連想される世界の範疇は、「自然」「人間」「事物」という存在三世界がその大半を占めたということである。そして、それは、改めて断るまでもなく、野島社会に限られることではなかったはずである。「性向語彙」においては、「人間」の卓越性（相対的優位性）を指摘することができたが、「身体語彙」や「衣食住語彙」においてはどうであろうか。また、「動物語彙」や「植物語彙」においてはどうであろうか。このように、「喩えられる」カテゴリーと「喩える」カテゴリーとの意味的関係性については、文体論や認知言語学においてもまだ確かなことは何一つ明らかになっていないのである。

　さて、先に示した一覧表の内部を、さらに細かく見ていくならば、「自然」のカテゴリーにあっては「植物」を喩えの対象に選んだものが、わずか3語しか認められないのに対し、「動物」に見立てたものが20語も見出されることが注目され、「動物」の圧倒的優位性を指摘することができる。この「動物」の「植物」に対する圧倒的優位性は、性向語彙のカテゴリーに限られるわけではなく、他の多くのカテゴリーにおいても同様に認められる普遍性の高い事実である。なお、わずか1語ではあるが、「鉱物」（石）を喩えの対象

に選んだものが見出されるのは、方言比喩における「鉱物」の絶対的劣位性に照らして、興味深い事実である。やや横道にそれる感がしないでもないが、中村明の『比喩表現辞典』(1995、角川書店)に目を通してみると、文学比喩にあっては、「石」は、実に多くの見立ての対象として選ばれていることが知られる。索引を見ると、56もの用例が収載されていることが分かり、方言比喩とは極めて対照的な様相を呈しているのである。ただ、方言比喩の場合は隠喩であるのに対し、文学比喩の場合はすべて直喩であることに注意しておきたい。

　それではなぜ、文学比喩においては「石」が多くの喩えの対象として選ばれているのに対して、方言比喩においてはほとんど選ばれることがなかったのか、と問われると、すぐに答えることができそうもない。誰もが納得できる説明を、検証・反証可能な方法に基づいて用意しようとすると、それだけで「石」のように堅固な意志と努力が必要とされるであろうし、そもそも本章は、方言比喩と文学比喩の比較研究を目的とするものではない。また、仮に、両者の比較研究を試みようとしても、文学比喩の研究に比して、方言比喩の場合は、あまりにも研究成果の蓄積が乏しいのである（ただ、地域生活者にとって、鉱物は動物や植物に比べて、生業環境と重なる自然環境の中にあって、生命性を連想させることが極端に乏しかったということは言えるだろう）。したがって、ここでは単に問題提起をするにとどめ、以下には、『比喩表現辞典』に収載されている56の用例のうち、アトランダムに選んだ10例に限って示すことにしよう。

　○万貫の石のような重さで、肉体だけが、都会の断層のなかに落ちこんでいく。　　　　　　　　　　　　　　　　　（林芙美子『うず潮』）
　○小鳥が啼きながら、投げた石のように弧を描いてその上を飛んで
　　　　　　　　　　　　　　　　　　　　　　　（志賀直哉『暗夜行路』）
　○この女とはとても一緒について行けない、石のようなものを感じた。表面も中身もかんかんの石みたいで、片っ端から弾き返されるばかりだった。　　　　　　　　　　　　　　　　　　　　　（室生犀星『杏っ子』）
　○運命という河の中に踏み当り拾い上げた石のように、他にまぎれもな

く、確かなものに感じられた。　　　　　　（石原慎太郎『行為と死』）
○あの人は石で刻まれたみたいに黙ってるの　　　（石坂洋次郎『若い人』）
○丘の家々は、石のように雪の下に埋れていた。
　　　　　　　　　　　　　　　　　　　（黒島伝治『渦巻ける烏の群』）
○原稿紙の上で一字も動かないことは、百貫もある石のうごかないのと大
　した変るものか、石は人間の手で動くが、おれの一つの文字はおれでな
　かったら、誰も動かすことは出来ないのだ。　　　（室生犀星『杏っ子』）
○木村が私を貰いに来た時にはね。石のように堅く坐りこんでしまって、
　まるで命の取りやりでもしかねない談判の仕方ですのよ。
　　　　　　　　　　　　　　　　　　　　　　　（有島武郎『或る女』）
○子ども、石のように動かず、熱心に爺さんをみつめている。
　　　　　　　　　　　　　　　　　　　　　　　（梅崎春生『桜島』）
○生活に疲れ切った私は、石でも喰ったように黙りこんでいるのです。
　　　　　　　　　　　　　　　　　　　　　（岡本かの子『鶴は病みき』）
　すっかり横道に逸れてしまった。急いで、本筋にもどそう。
　ついで、「人間」のカテゴリーにあっては、「職業・身分」を喩えの対象に選択したものが18語、「動作・行為」に見立てたものが17語見出され、これらを合わせると35語を占めることが注目されるのである。語数では、これらに劣るものの、「人名・屋号」を喩えの対象に選択したものが10語見出される（全体の15.6％を占める）ことも、無視することができないであろう。「事物」のカテゴリーにあっては、「製品」に見立てたものが11語認められ、「事物」全体の半数以上を占める。
　以上、野島方言に認められる比喩表現を、意味と語詞形成の両面から分析することによって、比喩表現の構造と特徴傾向を明らかにすることができた。また、全体を通じて、喩えの対象として選ばれている素材が、野島という「環境世界」の内部に存在する身近なものが大半を占めていることも注目される。それゆえ、喩えられる対象と喩える対象との意味的関係性（両者の属性の類似性）は、野島社会の人びとにとって容易に理解されるものとなっているが、他地域の人びとにとっては、両者の類似性を発掘することがかな

り困難なものが多いことも明らかとなった。言い換えれば、野島社会の人びとにとっては、ステレオタイプ化しやすい比喩表現であっても、それが外へ向けて広く開かれたものにはなっていないということである。言い換えれば、普遍化する可能性が乏しいということである。だからこそ地域差が形成されるのである。おそらく、このことも、文学比喩と比べた場合、方言比喩の重要な特性の一つと言ってよいだろう。

　しかし、当該方言の性向語彙における比喩表現の構造的特質を解明するためには、比喩の意味システム、語詞形成の分析とは別に、性向語彙そのものの構造の枠組との関係において、比喩表現の現れ方を見てみる必要があるだろう。

Ⅳ. 性向語彙の構造の枠組と比喩表現

　野島方言の性向語彙の構造は、他の方言と同様に、意味と評価の二つの枠組の交差によって形成されている。意味枠は四つの階層に弁別され、最下位に一々の性向を表す、相互に最も緊密な類義関係を形成する75の意味項目が設定される。また、評価枠はプラス評価とマイナス評価に二分され、プラス評価語彙が133語、マイナス評価語彙が523語認められる。以下には、意味枠、評価枠の順に、比喩表現の現れ方を見ていくことにする。

1. 意味枠と比喩表現

　まず、最上位において弁別される意味枠と比喩の語数、ならびに各意味枠の異語数に対する割合との関係を見てみると、次のようになる。

　　A. 動作・行為の様態に重点を置くもの―――62語（27.1％）
　　B. 言語活動の様態に重点を置くもの―――31語（30.0％）
　　C. 精神の在り方に重点を置くもの―――33語（24.2％）

　Bの比率が最も高く、Cの比率が最も低くなっているのは、Bが最も具体的な行為として顕在化する性向であるのに対し、Cが内面的でしかも総体的に捉えられる性向だからだと解される。しかし、両者の間に、わずか5.8％の差しか認められないので、最上位の枠組においては、比喩発想の展開に特

別な偏りは見られないと言ってよかろう。
　一方、最下位に位置づけられる意味項目について見ると、比喩表現が全く認められない項目が15項目存する。それを、個々の意味項目が属する最上位の意味枠に即して示すと、次のようである。なお、意味項目の後の（　）内の数字は異語数を表す。

　　A．動作・行為の様態に重点を置くもの（意味項目数は49)
　　　a．辛抱強い人（4）　　f．わがままな人（7）
　　　b．放蕩者（11）　　　　g．向こう見ずな人（5）
　　　c．せっかち（5）　　　　h．愛想の良い人（4）
　　　d．遠慮がちな人（3）　　i．倹約家（5）
　　　e．お転婆（2）
　　B．言語活動の様態に重点を置くもの（意味項目数は11)
　　　a．無口な人（3）　　　　b．皮肉屋（3）
　　C．精神の在り方に重点を置くもの（意味項目数は15)
　　　a．陰気な人（2）　　　　c．しつこい人（5）
　　　b．陽気な人（3）　　　　d．図々しい人（2）

　A、B、Cのそれぞれについて、比喩表現の認められない意味項目の比率を求めると、A（18.4％）、B（18.2％）、C（26.7％）となり、Cの比率が最も高くなっている。この結果は、先に見た比喩の語数の場合とほぼ同様の結果を、示すものである。したがって、意味枠と比喩表現との関係については、その性向が感覚的、特に視覚的に捉え得る、ある具体的な特徴をもって顕在化しない場合には、いくぶん比喩発想が生起しにくい傾向が存すると言うことができるだろう。この傾向を最も端的に示すのが、Aの「遠慮がちな人」「倹約家」、Bの「無口な人」の意味項目に全く比喩表現が認められないという事実である。

2．評価枠と比喩表現

　まず、当該方言の性向語彙におけるプラス評価語彙・マイナス評価語彙の割合と両者に認められる比喩表現の割合を、対比する形で示すと、次頁の表

のようになる。

	プラス評価語彙		マイナス評価語彙	
	語　数	比　率	語　数	比　率
全語彙	133語	20.3%	523語	79.7%
比　喩	14語	27.2%	118語	72.8%

　この表から、マイナス評価を表す語彙に多くの比喩表現が栄えており、しかもその比率は、マイナス評価を表す全語彙の比率に極めて近いことが知られる。「比喩発想は、原理的には評価によって規制されることはない」と考えられるが、当該方言の性向語彙においては、他の多くの方言の場合と同様に、比喩発想がマイナス評価の方向へ大きく傾斜しているのである（山梨正明『認知文法論』1996、ひつじ書房、辻幸夫編『認知言語学への招待』2003、大修館書店）。このことから、方言性向語彙の比喩発想、およびそれによって造形化された新しい認識は、性向語彙全体に認められる「負性」の原理と緊密な相関関係を示すものであることが理解されるのである。この「負性」の発想傾向とでも呼ぶべき事実は、比喩表現という想像的認知においても、当該社会が成員全体に強く要請する社会的規範（「ヨコ」性の原理）から逸脱する性向に対して、常に、極めて強い関心が向けられてきたことを意味するものにほかならないであろう。

　そのことを、最も端的に示す事実を挙げるならば、「労働秩序」においてマイナス性向のプロトタイプと見なすことのできる「怠け者」の意味項目、およびそれに関連する「馬鹿者」の意味項目に、次に示すように、実に20語もの比喩表現が認められることである。

　　　①ノットクノトーゴロイワシ、②トーゴロイワシ、③トーゴロー、④アンコー、⑤チューゾー、⑥ニフンフダ、⑦ニフン、⑧サンプンフダ、⑨オンボー、⑩コシカケオンボー、⑪ヨリガアマイ、⑫ヨリ、⑬アマヨリ、⑭ヒルアンドン、⑮トコバリオトコ、⑯コシガオモター、⑰コシガモター、⑱ハチモンセン、⑲ヒダリマキ、⑳トージン

　これは、当該方言の性向語彙に認められる比喩表現全体の13.6%におよぶ

語彙量を示すものである。このように、比喩という想像的認知においても、評価という価値を含む社会意識の関心度が強く作用していることは、否定しがたい事実である。性向語彙においては、比喩発想も評価意識によって規制されているのである。このことが、性向語彙における比喩発想、比喩表現の極めて重要な特徴を形成するものである。この特徴は、改めて断るまでもなく、何も野島方言に限定されることではなく、多くの方言に共通して認められるものである。

しかし、ここで注意しなければならないことは、この「負性」の発想傾向は、すべての意味カテゴリーにひとしなみに認められるわけではないということである。ちなみに、「人間」のカテゴリーと「自然」のカテゴリーとを比較すると、次に示すような著しい差異が見出されるのである。

	プラス評価	マイナス評価
人間	18語	47語
自然	0語	33語

この表から、人間の性向を「人間」のカテゴリーに写像する場合と、「自然」のカテゴリーに写像する場合とでは、明らかに「価値意識」の相違が存したことが理解されるのである。それは、「自然」のカテゴリーに写像する場合、揶揄、嘲り、笑い、批判などのイメージや意識がより強くこめられ、しかもそれが野島社会の成員の共感を喚起しやすかったからだと考えられる。

おわりに

以上、野島方言の性向語彙における比喩の生成と構造に関して、比喩、とりわけメタファー研究に関する基本的な視点からの分析、考察を行った。その結果、性向語彙における比喩は、基本的には、性向語彙という語彙カテゴリー、意味カテゴリーの意味的特性に制約され──喩える対象が人間のカテゴリーに写像される傾向が顕著であること──、「評価軸」とも緊密な相関性を示す──マイナス性向を表す語彙に比喩表現の出現が卓越している──

ものであることが明らかになった。過度の一般化は慎まなければならないが、これによって、「方言比喩の生成と構造は、決して均質的なものではなく、各語彙カテゴリー・意味カテゴリーの特性を背景とする」という仮説を提起することは許されるであろう。また、当該方言の性向語彙における比喩表現の分析を通して、性向語彙の形成に関わる「生業環境」の要因や「社会・文化的」要因を解明することができ、性向語彙における比喩表現によって新しく生成された意味が、方言比喩における一般的な傾向とは異なって、「自然」のカテゴリーではなく「人間」のカテゴリーに大きく傾斜している事実や、野島という共同体、とりわけ離島で一島一集落という特殊な「環境世界」に生きてきた人びとの生活史の一端——長島上関への一方向的な接触・交流——も明らかにすることができた。さらに、比喩表現が果たす社会的機能が、ことばによる日々の生活の活性化という点に深く関わっており、それによって「環境世界」の認識の絶えざる更新が展開されてきたことも、おぼろげながら見えてきたように思う。

　また、喩えの対象に選ばれているのは、その大半が野島社会に生きてきた人びとにとって、身近に存在するものであり、それゆえ、素朴な比喩表現が多く、奇抜で意外性に富んだ比喩表現は少ない。言い換えれば、比喩の対象として選択されているものの大半が、野島集落に生きてきた人びとの「環境世界」の内部でほぼ完結しているということである。それは、そうであろう。野島集落の成員にとって、あまりにも奇抜で、意外性に富んだ比喩表現は、面白味に欠け、理解するのが困難であって、比喩によって創造された新しい意味が定着しにくかったからである。この点に関連して、佐藤信夫は、次のように述べている。

　　花のイメージが男の凛々しさにも女のしとやかさにもかさなりうる。隠喩的類似性は決して決定的ではない。にもかかわらず、多くの成功した隠喩は、人々の共感を呼ぶ性質をそなえているから成功したのであって、言いかえればステレオタイプ化しやすい本性をもつ。逆の方向からちょっと誇張してみるなら、ステレオタイプ化する素質をもたぬ隠喩は理解されないし、通用しない、とさえ言えるのだ。(『レトリック感覚』

125ページ、1992、講談社学術文庫)

それは、確かに、そうであろう。喩えられる対象と喩える対象の類似性を発見するのに困難を伴う隠喩は、人びとの共感を呼ぶこともなければ、面白さも感じられないであろう[19]。そのような中にあって、「ホッコクノカミナリ」(北国の雷、「北鳴り」＝「着たなり」)という一種判じ物めいた味つけのなされた比喩表現が認められることが注目される。ただ、「ホッコクノカミナリ」という比喩表現は、山口県光市牛島や島根県石見地方でも聞かれるので、かつてはさらに広い地域に行われていた可能性がある。それではなぜ、「ホッコクノカミナリ」は成功したのであろうか。それは、「北鳴り＝着たなり」というかけことばの面白さに人びとが共感を覚え、「笑い」の空間を醸成したためであろう。ちなみに、徳川宗賢・佐藤亮一編の『日本方言大辞典』(1989、小学館)には挙がっていないのだが。このような問題の解明は、おそらく意味分析や形態分析の方法によっては、不可能とは言えないまでも、至難を極めることは確かであろう。

このことは、今後、社会意識や社会心理の所産である性向語彙の構造分析を通して、地域社会における集団的な行動規範や対人評価のネットワークを、より具体的に解明していくために、比喩表現が重要な視点となることを示唆するものである。また、性向語彙の意味的特性と比喩による認知能力ならびに表現との間には、評価軸を含めてかなり緊密な相関関係が存することが明らかになったので、今後の方言比喩の研究においては、地域差の究明はもとより、語彙カテゴリー・意味カテゴリーごとの異同を多角的な観点から分析、検討していくことが重要な課題とされるであろう。すなわち、喩えられる対象と喩える対象との関係性、喩える対象として選択される素材について、語彙カテゴリー・意味カテゴリーごとにどのような異同が認められるかを、価値の問題も含めて詳しく検証していくという課題である[20]。

この課題にアプローチするために、今、我々が手にすることのできる唯一の資料は、方言研究ゼミナール編『方言資料叢刊第3巻　方言比喩語の研究』(1993、広島大学教育学部国語教育学研究室)である。この資料は、6種類の意味カテゴリー(自然現象、動物、植物、性向、食生活、動作・様態)を

対象化し、全77項目に限って全国調査を行った結果を記述したものである。調査項目数がわずか77項目に限られているため、喩えられる対象と喩える対象との意味的関係性、とりわけ喩える対象に関して、語彙カテゴリー・意味カテゴリーごとにどのような異同が認められるか、そこに、歴史を背景とする「環境世界」の特色がどのように反映しており、また、「環境世界」の特性が見立てや類似性の発見にどのような限界をもたらしているかといった問題を科学的に解明するためには、あまりにもデータが少ないという難点を包含している。この難点を克服するためには、全国調査に拘らず、地域をより限定した上で、意味カテゴリーの種類を増やし、調査項目数を大幅に増加することによって、問題を科学的な手法で解明するために必要とされるデータを、十全に整備することが求められるのである。

　それによって、認知言語学や認知心理学において、「比喩によって関連づけられる領域は、あらかじめ決められているわけではない。比喩を通しての理解は、あらゆる対象にむかって開かれており、原理的には、どのような対象が他のどのような対象づけられるかに関する制約は存在しない」という一般則が[21]、方言比喩にはそのまま適用することができず、その点に、方言比喩の一大特性が認められることを、解明することが可能になると考えるからである。しかも、その点に、過去の時代を生きた日本人——民間人——の豊かな想像力の特質に彩られた原風景を見ることも、可能となるであろう。民間人の豊かな想像力によって創出された新しい意味——新しい認識の造形化——は、上に見てきたように、常に、「生活史」の厚みと「環境世界」の特質を反映するものであって、時間軸と空間軸の交差と無縁ではないのである。別の言い方をすれば、「時は金なり」「人生は旅である」といった時間軸や空間軸を超えた、普遍的で概念的な比喩表現を生み出す土壌には恵まれてこなかったということである。ここに、方言比喩の文学比喩とは異なる一種の限界が認められるのである。

　なお、方言比喩の地域差の問題については、(i)意味カテゴリーごとの地域差、(ii)語詞単位による意味・形態・造語法の地域差の究明が考えられるが、半澤幹一も言うとおり、研究をスタートさせる前にクリアーしなければなら

ない様々の課題があって、困難を極めることになるであろう。現在の時点では、(i)の「意味カテゴリーごとの地域差」を精確に解明することは、ほとんど不可能に近いと言ってよかろう（「方言比喩語の地域差―比喩の素材および関係に注目して」、小林隆・篠崎晃一編『方言の発見―知られざる地域差を知る』2010、ひつじ書房）。今後、本格的な調査、研究が、切に俟たれるゆえんである。

　最後に、野島方言の性向語彙に認められる比喩表現の個々の事象に関して、何を動機づけとして、喩えられる対象と喩える対象が「似ている」と知覚されるようになったのかという「類似性発見の動機づけ」という問題がある。これについては、今のところ、日常生活における個々の経験の積み重ねの等質性によって、喩えられる対象と喩える対象との間に「相関性」が形成されたという以外に、明確に答えるすべがない。おそらく、ここにも、野島社会という、自然環境、生業環境、文化社会環境という三者を包含する「生活環境世界」がベースとなってきたことは否定しがたい事実であろう。そして、「類似性発見の動機づけ」の契機、すなわち「経験の積み重ねの等質性」とそれを支える「生活環境世界」の個別の制約――これを一括して「環境世界の動機づけ」と呼ぶことにする――は、ひとり野島社会に限られることではなく、広く地域社会に普遍的に認められる事実であると言ってよかろう。そして、「環境世界の動機づけ」という規定は、レイコフがジョンソンとともに明らかにした「メタファーには経験的な動機づけがある」（渡部昇一他訳『レトリックと人生』1986、大修館書店）という事実の前提を形成するものと考えられる。

　　注
　1）　この点に関して、近年になって、認知意味論の側からも、次のような問題提起がなされるようになったことは、注目に値する。「多くの伝統的な説明には、たとえる側の意味とたとえられる側の意味との関係について明確にされていないところがある。その1つに、どのような種類の意味がメタファーにおいてたとえる側として選ばれ、反対にどのような種類の意味がたとえられる側になるのか、という問題がある。（中略）さらに、たとえる

側とたとえられる側の意味との関係に何らかの制約があるのか、もしあるとすればどのような制約なのか、という問題もほとんど考察されてこなかった」(高尾享幸「メタファー表現の意味と概念化」、松本曜『シリーズ認知言語学入門3 認知意味論』197ページ、2003、大修館書店)。筆者は、海外の研究とは関係なく、たとえる側の意味とたとえられる側の意味との関係に何らかの制約があるのか、という問題を提起し、方言性向語彙と方言魚名語彙に現れるメタファーのたとえる側の意味分析を行うことによって、「方言比喩の生成と構造は各意味分野の特性を背景とする」という仮説を提示している(室山敏昭「方言性向語彙における比喩の生成と構造―山口県防府市野島方言の場合」、『国文学攷』132・133合併号、1992、広島大学国語国文学会)。

2) 拙著『地方人の発想法―くらしと方言』(1980、文化評論出版)、愛宕八郎康隆「方言研究の心理学的見地―造語・造文の比喩発想の視点から」(広島方言研究所編『方言研究年報通巻第28巻 方言研究の心理学的見地』1985)、方言研究ゼミナール編『方言資料叢刊第3巻 方言比喩語の研究』(1993、広島大学教育学部国語教育学研究室)、拙著『生活語彙の構造と地域文化―文化言語学序説』(1998、和泉書院)。

3) この場合、全く仕事の役に立たない「人間」と「鰯」の一種である「トーゴロイワシ」の間に認められる「大きさ」の違いは、全く無視されている。このような例は、「センジマサザエ」「ワニグチ」「トビ」「ノミノキモ」「イガ」「サイドリ」などのように、数多く認められる。したがって、個別的なイメージ・メタファーにおいても、ある程度、抽象化がなされていると考えられる。しかも、この事実は、野島方言に限られることではない。方言メタファーによる新しい意味の生成において、どのような認知特徴が無視されるのに対し、どのような認知特徴が無視されないか、またそこに、いかなる規則性が見出されるかいう問題は、すべて今後に残された課題である。

4) 井上によると、大分県東国東郡姫島には、「ヨモー」以外に、「ヨモサク」の言い方も使用されている、とのことである。したがって、「ヨモー」については、野島集落に特有の比喩表現と断ずることはできないことになる。人の性向を人名に見立てた比喩表現が多く認められるという現象が、「離島」に特徴的な現象かどうかは、今後のさらなる調査に俟たなければならない。岡山県笠岡市六島や香川県観音寺市伊吹島のような一島一集落からなる社会が恰好の対象とされよう。

5) 芝居に登場する主要な人物を取り入れることによって、「非日常性」を獲

得するという効果は、それが取り入れられた当初は、その効果が存分に発揮されたものと思われるが、時間が経過するにしたがって、「非日常性」の効果は稀薄になっていったと推測される。なお、固有名詞が当該社会において、特定の性向の見立てとして定着した早い段階にあっては、「あだ名」としての役割を果たすことが多かったものと考えられる。しかし、固有名詞によって喚起されるイメージが稀薄になるにつれて、「あだ名」としての役割は消去され、普通名詞へと転化した。それによって、新しい意味の創造から、創造された意味の発掘という営みが野島社会の成員に要求されることになったものと思われる。なお、かつてこの島に実在した人物名については、かつてこの島に実在したという認識が持続する間は、比喩表現としての機能を発揮するものと考えられる。

6) 『日本方言大辞典』によると、「まんねんごよみ」(万年暦)が、野島方言と同様に、「なんでもよく知っている人」の意で使用されている地域として、香川県三豊郡、愛媛県温泉郡がある。また、奈良県南大和では、「まんねんごよ」の語形が使用されており、鹿児島県では「まんにょ」の語形が行われている。いずれも、「なんでもよく知っている人」の意を表す。また、『方言資料叢刊第3巻 方言比喩語の研究』によると、山口県萩市・大分県姫島でも「マンネンゴヨミ」がなんでもよく知っている人の喩えとして使用されている。

7) 『日本方言大辞典』には、「サンパチタロー」の語形は見出し語に挙がっていないが、「さんぱち」(三八)の語形が挙がっており、岩手県では「人を卑しめて言う語」として使用され、秋田県では「おてんば」の意に使用されることが知られる。また、三重県では、「人形」の意を表すことが分かる。

8) 野島社会の一古老から、かつて、「センスラマンミー」(千の空言を平気で言い、万に三つしか本当がない大変な嘘つき)という言い方を使用していたという教示が得られたが、他の何人かの古老は、「センスラマンミー」という言い方は使用したこともなければ、聞いたこともない、と回答したので、「数詞から転成を見たもの」の中に挙げることは控えた。なお、「センスラリ」「マンミツ」の言い方は、瀬戸内海中部以西に疎に散在する。

9) 『日本方言大辞典』を見ると、「とーごろー」(藤五郎)が見出し語に挙がっており、魚の「とうごろういわし」の意で使用される地域として、香川県大川郡、長崎県対馬があることが知られる。また、兵庫県淡路島では、「トンゴロー」の語形が行われていることが分かる。さらに、魚の「ぎんいそいわし」を指す語として、和歌山県では「とごろ・とーごろ」が、高知

県では「とんごろ」の語形がそれぞれ用いられていることが分かる。しかし、「煮ても焼いても食えない、副食の食材としては何の役にも立たない」という意味を表すという説明は見られない。

10)「嘘つき」の見立てとして、「カワウソ」(獺) が使用されている地域は、北陸地方の富山県・石川県、近畿地方の三重県・京都府・兵庫県、中国地方の島根県・広島県・山口県、四国地方の香川県・愛媛県の広い範囲に及んでいる。北陸地方では、「カワソ」(石川県)、「カブソ」(富山県) などの音訛形が行われており、近畿地方では「カワウソ」と発音されることが多い。また、中国地方では「カオソ」(島根県・広島県・山口県)、「カワオソ」(島根県) などの音訛形が行われており、四国地方では「カボソ」(香川県)、「カワソ」(愛媛県) などと発音されることが多い。さらに、九州の佐賀県・熊本県では、「カワッソ」という語形が行われている。また、中国地方に盛んな「カオソ」の語形は秋田県、「カオス」の語形は山形県・福島県・茨城県・神奈川県などにも分布しているが、「嘘つき」の意で使用されることがあるかどうか、明確でない。また、野島方言の「カオソ」が、佐渡島の両津町などと同様に、海に棲む獺、一名「ウミカブロ」であるならば、「カオソ」は「陸の動物」ではなく、「海の動物」のカテゴリーに属することになる。なお、『日本方言大辞典』(徳川宗賢・佐藤亮一編、1989、小学館) には、「かわうそ」の意味として「嘘つき」は挙っていない。「カワウソ」に関連して、「河童」(エンコー) については、直海竜『広大和本草』(1755、宝暦5年) に、『幽冥録』にいうと称して、河童の形状に関する説明を引用しているが、その中にも「肌」の特色については何も記していない (石田英一郎『新版河童駒引考』212ページ、1994、岩波文庫)。なお、芥川龍之介が『河童』を書くに当たって、柳田国男の『河童駒引』を参照したことは、石田の『新版河童駒引考』の解説を記した田中克彦の指摘によっても知られる。芥川の『河童』の一節に、「僕は滑らかな河童の背中にやっと指先がさわったと思うと」(新潮文庫) とあるが、「河童」の背中が「滑らか」であると記したのは、単に芥川の想像によるものか、それとも民俗学の成果を参照したものか、定かではない。河童の形状に関する説明については、芥川が『河童』の中で、「『水虎考略』などに出ているのと著しい違いはありません」と述べている通りである。なお、石田は、『新版河童駒引考』の中で、「日本特有の水怪河童の誕生や、その駒引伝説の形成にいたるまでの過程には、河童の前身としての水神童子をはじめ、民族学上からもほとんど無限に展開できる多くの問題がふくまれている」(243ページ) と述べている。

第四章　方言性向語彙における比喩表現の生成と構造　263

11) 『日本方言大辞典』によると、「おーばち」は、①「ほら。大言壮語」の意で、福岡県久留米市・長崎県で使用され、「うーばち」の語形が福岡県・熊本県、「うばち」が熊本県で行われていることが知られる。また、長崎県では、②「ほらふきの人」の意で使用され（うーばちくりている）。さらに、「おーばち」は、多用な見立ての対象として選択されており、兵庫県加古郡では、③「気の大きいさま。鷹揚なさま」の意に使用され（おーばつとも）、「おーばちげー」の語形が福岡市、「おーばっちょ・おばっちょ」の語形が和歌山県で聞かれる。千葉県では、④「大げさなさま」、⑤「乱暴なさま」の意で使用され、和歌山県では、⑥「出過ぎるさま」の意で用いられていることが知られる。しかし、中国四国地方での使用は全く記されていない。筆者の調査データによると、中国地方では、野島以外に、山口県光市牛島、広島県豊田郡安芸津町三津、福山市走島、岡山県笠岡市真鍋島、愛媛県宇和島市などでも、「オーバチ」が聞かれる。

12) 野島方言においては、「ヨリ」（馬鹿者）という比喩表現を基に、その程度性の違いによって、次の7段階に分節している。「ヨリ」──①コヨリ──②アカヨリ──③アマヨリ──④ウトーヨリ──⑤オーヨリ──⑥オーヨリノタイショー──⑦オーヨリノカタマリ。下位になるほど、「馬鹿者」の程度性が大きくなる。筆者の経験によると、「馬鹿者」の程度性を、このように細かく分節している例は、野島方言以外に認められない。また、「ノットク」についても同じことが言える。野島社会の高齢者は、今日も、「ノットク」を、次の5段階に分節している。「ノットク」──①アカノットク──②ウトーノットク──③オーノットク──④オーノットクノタイショー──⑤ノットクノトーゴロイワシ。下位になるほど「怠け者」の程度性が大きくなり、「ノットクノトーゴロイワシ」は日々の漁撈活動にとって全く役に立たない「怠け者」を指して使用される。なぜ、野島集落においては、「人並み」の仕事に対する意欲・能力に欠ける人（「馬鹿者」「怠け者」）を、このように細分化しているかという歴史的、社会的要因を確証することは困難だが、一つ考えられることは、次のようなことである。それは、野島という典型的な漁業社会が、天保十年には127軒、692人と戸数、人口とも飛躍的に増え（地理研瀬戸内調査シリーズ1『野島』関西学院大学地理研究会、1967）、これだけの人を漁業によって養い、野島集落を維持していかなければならなかったという歴史、社会的事実である。島の耕地は極めて限られているため、共同労働による漁業活動によって野島集落を維持していくためには、なんとしても仕事に対する意欲・能力が「人並み」以下である成員を最小限にとどめなければならない。そのために、「馬鹿

者」「怠け者」の程度性を細分化して表現し、それを成員に強く差し向けることによって、誰もが「人並み」の働き者を指向しなければならないようにしたのではなかろうかということである。そのような社会意識の働きの共有化にとって、上に示した程度性の細分化は極めて有効に作用したものと思われる。なお、「トーゴロイワシ」は「鱗が多い」「鱗が硬い」「食べてもおいしくない」「身が少ない」「副食の素材にならない」といった諸特徴を持っている。したがって、野島の成員が「鱗が多くて、厚い」という特徴に焦点を当てれば、「トーゴロイワシ」は「厚顔無恥な人」の喩えの対象として選択されていても不思議ではなかったはずである（——隠喩の解釈は多義性を宿している）。そうはならず、「ノットク」（怠け者）と結びつけられたのは、魚を漁獲することによって自らの社会を維持してきた野島の漁民にとって、「魚」はすべて、「副食の素材」（食材）として、米と交換したり、お金に換えたりするものという認識が基本にあったものと考えられる。

13) 農業社会にあっては、「牛」を無口な人（鳥取県・島根県・広島県など）や黙々と仕事に精を出す人（京都市・京都府与謝郡など）の見立てとして使用している。また、「牛の子」を母親につきまとって離れようとしない子どもの見立てに選択している社会も少なくない。高知県では、生まれた男子を「コトイ」（牡牛）と呼んでいるような例もある。また、山口県萩市や大分県姫島では、「働き者」を「コッテウシ」と呼んでいる。このように、農業社会には、人の性向を牛に写像して造形した比喩表現は他にも多く認められる。たとえば、鳥取県や島根県出雲地方では、表面は柔和な顔をして人に接するけれど、内実は性格がねじけている人を指して、「オナミズラ」（牝牛面）と呼ぶ。牝牛はおとなしそうな顔をしているが、耕作の際、使いにくく、しかも病気になりやすいことから、このように言う。また、鳥取県では、大食漢を指して、「ウシノヨーニクーヒト」（牛のように食う人）、広島県では「ウシマガイ」（牛まがい、牛のようだ）と言い、福岡県では「ダオケデクーゴタル」（牛の餌を入れる桶で食うようだ）、熊本県では、「ウシノゴッタッ」（牛のようだ）と言うことが多い。このように、人の性向を「牛」に見立てた比喩表現は、特に西日本の農業社会に多く認められるが、東日本の農業社会にはほとんど出現しない事実が注目される。

14) 東北地方の青森県・岩手県・秋田県では、しつこく文句を言う人や酒に酔ってくだをまく人の様子を、「ゴボホル」「ゴンボホル」（牛蒡を掘る）と言っている。石川県では、同様の人の様子を、「ゴボゼホル」（牛蒡を掘る）と呼んでいる。また、島根県では「ゴンボノネオホル」と言う。牛蒡は根

が深く、折らずに掘り出すには手間がかかったからである。また、鳥取県の農業社会では、見かけは頼りになりそうだが、その実全く頼りにならない人を指して、「ズイキボクタ」(里芋の木刀、里芋の茎は太くて木刀のように見えるが、振るとすぐに折れてしまう)と呼び、島根県の農業社会でも「ジーキボクタ」と呼んでいる。さらに、福井県大野市では、大きくなるにしたがって成績が下がる一方の人を、茄子が大きくなるにしたがって下にさがることに写像して、「ナスビノナリサガリ」と呼んでいる。また、臆病な人、小心者を、島根県石見地方では「イモヒキ」(甘藷引き)と言い、福井県大野市や長崎県では「ダイコンヒキ」(大根引き)と言う。どちらも引き抜くとき、後ろにさがるからである。また、高知県では、母親につきまとって離れようとしない子どもを、里芋の親芋に子芋がくっついている状態に見立てて、「イモノコ」とか「タイモノコ」(田芋の子、「サトイモ」は新しい言い方で、「タイモ」は昔からの言い方である)と呼んでいる。福井県大野市や勝山市では、祖父母につきまとって離れようとしない子どもを、「マゴイモ」とか「タイモノマゴ」(里芋の孫、八頭〈やつがしら〉と呼ばれる里芋の一種には、小芋についてできる、さらに小さな芋があることから)と言っている。このような例は、他にも多く見出されるのである。

15) このような事実は、方言比喩の地域性に関する研究を行う際、空間的・地理的差異の検証を行う前に、同一地域における「生業環境」を背景とする異同を精確に確認することが重要であることを、端的に示唆するものであろう。「性向語彙」のカテゴリーに限定しなければ、このような例は他にもかなり多く認められる。

16) 島根県石見地方に盛んな「ズイヌケ」「ズイヌケシ」(髄抜け)や「ズイトーレ」「ズイトレ」(髄倒れ)、「コズイガワリー」(小髄が悪い)のような言い方が、野島方言には全く認められない事実が注目される。また、「ホネガイター」(骨が痛い)の言い方も、聞くことができない。また、中国地方に広く行われている「デベソ」(出臍、何かあるとすぐに出かけていく人)も聞かれない。野島は離島で、しかも一集落であるため、何かあってもすぐに出かけていくことができないからであろう。

17) 広島県備後地方の農業社会では、寝床に張りついたまま、全く体を動かそうとしない「怠け者」を、「トコバリ」(床張り)と呼んでいる。「トコバリ」は広島県方言に特有の事象とされてきたが、野島方言にも認められることから、かつてはさらに広い地域で使用されていたものと推測される。なお、野島社会において、「〜オトコ」(男)と限定されているのは、共同

で営む網漁に従事する成員が、男性に限られており、女性は参加しなかったためだと考えられる。

18) 認知言語学におけるメタファー論では、「擬人喩」はメタファー（隠喩）の一種であって、ことさら隠喩と区別して、「擬人喩」を別に設定する必要はないとする見解も提示されている。これは、確かに理にかなった見解であるように思われる。しかし、語彙カテゴリー・意味カテゴリーごとに、「喩えられる対象」と「喩える対象」との意味的関係性を俯瞰的に捉えるためには、「擬人喩」（人間）、「擬自然喩」（自然）、「擬物喩」（事物）の三類型を設定しておくことは、あながち無意味なことではなかろうと考える。

19) 楠見孝は、比喩の面白さについて、次のように述べている。「比喩の面白さは、カテゴリー的距離だけでなく、理解容易性の影響も受ける。すなわち、理解できない比喩は面白さが低い。主題語とたとえる語が情緒・感覚的距離が小さい（類似している）ほど理解容易性が高まり、比喩の良さが増す」（『比喩の処理過程と意味構造』1995、風間書房）。ちなみに、「口は達者だが、中身が伴わない人」のことを、野島方言では、本論の2で示したように、「センジマサザエ」と呼んでいる。ところが、防府市の本土部では、「ウドンヤノカマ」（うどん屋の釜）、「フロヤノカマ」（風呂屋の釜）という言い方を用いる。これは、「ウドンヤノカマ」や「フロヤノカマ」には湯しか入っていないので、「言うばかりの人」の「ユー」と「ユ」（湯）をかけたものである。しかし、野島社会では、この言い方は全く聞かれない。それは、なぜだろうか。その理由は、野島社会には、昔から「うどん屋」や「風呂屋」がなかったからではないかと考えられる。「ウドンヤノカマ」「フロヤノカマ」のように、すぐには理解できない比喩は、その地域社会にうどん屋や風呂屋があって、その釜の中をたびたび見た経験のある人には理解できても、野島社会のようにうどん屋も風呂屋もなく、その釜の中には湯しか入っていないことがすぐに連想できない場合には、理解することが極めて困難であろう。仮に、野島社会の誰かが「ウドンヤノカマ」「フロヤノカマ」という比喩表現に接する経験があって、野島集落の中で使用したとしても、この社会に定着することはなかったものと思われる。ほとんどの成員が理解することができないからである。このことから、比喩が理解できない（類似性を発掘することができない）要因の一つとして、「文化社会的環境」の制約、平たく言えば、「日常経験の有無」（「日常経験の限界性」）を挙げることができるだろう。

20) ちなみに、「自然」「人間」「事物」の三つのカテゴリーについて、野島方言の性向語彙と鳥取県気高郡気高町姫路方言の魚名語彙に現れる比喩表現

の比率を見てみると、次の表に示すように、顕著な差異が認められる。

	野島方言	姫路方言
自然	25.0%	60.0%
人間	49.2%	10.0%
事物	15.9%	20.0%

21) もっとも、この点については、楠見孝の次のような見解も見られる。「メタファーは正確なコミュニケーションや推論を導くものでなければならない。そのためには、たとえる対象が、利用者にとって、既知の構造化された知識であり、主題と重要な部分が対応し、正しい理解、推論や予測を引き出さなければならない。そのためには、適切なたとえる対象の選択、正当化のプロセスをへて、さらに、適用範囲や限界を示す必要がある」(「アナロジーとメタファー」、辻幸夫編『ことばの認知科学事典』370 ページ、2001、大修館書店)。

22) ジョン・R. テイラー『認知言語学のための 14 章　第三版』(2008、辻幸夫他訳、紀伊国屋書店)。なお、類似性を発見する認知的視点は、「①形状、②機能、③動き、④性質、⑤位置関係」の五つが主なものであるが、方言性向語彙の場合は、「形状、機能、性質」の三つが中心をなす。もっとも、これらは、類似性を発見する認知的視点であって、「類似性発見の動機づけ」とは、レベルを異にするものである。

参考文献

愛宕八郎康隆「国語方言の発想法 (1)」(『長崎大学教育学部人文科学研究報告』第 21 号、1972)

愛宕八郎康隆「国語方言の発想法 (2)」(『長崎大学教育学部人文科学研究報告』第 22 号、1973)

愛宕八郎康隆「方言研究の心理学的見地―造語・造文の比喩発想の視点から」(『方言研究年報通巻第 28 号』1985、和泉書院)

天野義広「福井県大野市の生活語彙」(『大野市史第 12 巻　方言編』2006、天野義広)

石田英一郎『新版河童駒引考』(1994、岩波文庫)

上野智子『地名語彙の開く世界』(2004、和泉書院)

岡野信子『山口県の家名・門名・屋号』(1995、民俗部会報告書第二号、山口県史編さん室)

沖浦和光『瀬戸内海の民俗誌―漁民史の深層をたずねて』(1998、岩波新書)
木村　礎『近世の村』(1980、教育社歴史新書)
楠見　孝『比喩の処理過程と意識構造』(1995、風間書房)
国広哲弥『意味論の方法』(1982、大修館書店)
国広哲弥『理想の国語辞典』(1997、大修館書店)
国広哲弥『日本語の多義動詞―理想の国語辞典Ⅱ』(2006、大修館書店)
佐藤信夫『レトリック感覚』(1978、講談社学術文庫)
真田信治『日本語のゆれ―地図で見る地域語の生態』(1983、南雲堂)
真田信治・友定賢治編『地方別方言源辞典』(2007、東京堂出版)
ジョン・R・テイラー『認知言語学のための14章』(2008、辻幸夫他訳、紀伊国屋書店)
菅井三実「概念形成と比喩的思考」(辻幸夫編『認知言語学への招待』2003、大修館書店)
高尾享幸「メタファー表現の意味と概念化」(松本曜編『シリーズ認知言語学入門3　認知意味論』2003、大修館書店)
地理研瀬戸内調査シリーズ1『野島』(1967、関西学院大学地理研究会)
辻　幸夫編『ことばの認知科学事典』(2001、大修館書店)
辻　幸夫編『認知言語学への招待』(2003、大修館書店)
寺島浩子『町家の京言葉分類語彙篇―明治30年代生まれ話者による』(2010、武蔵野書院)
土居重俊・浜田数義編『高知県方言辞典』(1984、財団法人高知市文化振興事業団)
徳川宗賢・佐藤亮一編『日本方言大辞典』(1989、小学館)
中村　明『比喩表現の理論と分類』(1977、秀英出版)
中村　明『感覚表現辞典』(1995、東京堂出版)
野内良三『レトリックと認識』(2000、日本放送出版協会)
半澤幹一「方言比喩語の地域差―比喩の素材および関係に着目して」(小林隆・篠崎晃一編『方言の発見―知られざる地域差を知る』2010、ひつじ書房)
広島大学方言研究会編『広島大学方言研究会会報第26号　島根県那賀郡金城町今田方言の性向語彙』(1981、広島大学文学部国語学国文学研究室)
広戸惇・矢富熊一郎編『島根県方言辞典』(1962、東京堂出版)
藤原与一「命名と造語」(『日本民俗学大系10　口承文芸』1959、平凡社)
藤原与一『日本人の造語法―地方語・民間語』(1961、明治書院)
藤原与一『民間造語法の研究』(1986、武蔵野書院)

町　博光「方言の語彙と比喩」（北原保雄監修『朝倉日本語講座10　方言』2002、朝倉書店）
松本　曜編『シリーズ認知言語学入門第3巻　認知意味論』（2003、大修館書店）
室山敏昭『地方人の発想法―くらしと方言』（1980、文化評論出版）
室山敏昭『生活語彙の基礎的研究』（1987、和泉書院）
室山敏昭「瀬戸内の一島嶼における生活語彙と環境―環境言語学の一つの試み」（藤原与一・室山敏昭編『瀬戸内海圏　環境言語学』1999、武蔵野書院）
室山敏昭『生活語彙の構造と地域文化―文化言語学序説』（1998、和泉書院）
室山敏昭『「ヨコ」社会の構造と意味―方言性向語彙に見る』（2001、和泉書院）
室山敏昭『文化言語学序説―世界観と環境』（2004、和泉書院）
安本美典「直喩と暗喩―比喩の心理学」（『ことばの宇宙』2―11、1967）
山梨正明『比喩と理解』（1990、東京大学出版会）
山梨正明『認知文法論』（1995、ひつじ書房）
山梨正明『認知言語学原理』（2000、くろしお出版）
方言研究ゼミナール編『方言資料叢刊第3巻　方言比喩語の研究』1993、広島大学教育学部国語教育学研究室）
E. サーヴィス『民族の世界』（増田義郎訳、1991、講談社学術文庫）
レイコフ&ジョンソン『レトリックと人生』（渡部昇一他訳、1986、大修館書店）

第五章　漁業社会の魚名語彙における比喩の諸相

はじめに

　かつて筆者は、日本海側沿岸部の漁業社会や瀬戸内海域の漁業社会で、漁民が獲得している魚名語彙の調査に従い、いわゆる生物分類学の分類枠によって記述するのではなく、漁民が個々の魚を類別するための枠組と認識の仕方——漁民が独自に構成している擬似科学的な分類枠——に即して、体系的な記述、分析を試みた。そのプロセスにあって、いたく興味をそそられながらも、ほとんど手つかずのままやり過ごしてきた課題が、魚名語彙に見出される多様な比喩の実相へ深く分け入り、多角的な視点からその特色を明るみに出すという問題性であった。

　鳥取県下の漁民は、鮫の一種である「カスザメ」を指して、「フリソデ」（振袖）と呼んでいる。「カスザメ」は体の幅が広く、着ぶくれて羽織の袖を広げている子どもか、奴凧のような異様な形をしており、素人目には、サメよりもエイの変種のように見える魚である。その、羽織の袖を広げたように見える特徴に着目し、「振袖」に見立てたものである。この「地域魚名」（和名に対して）としての「比喩魚名」は、当該域の漁民が「カスザメ」の体形の特徴と「振袖」の間に類似性を発見して、即物的に「振袖」に写像したもので、とりたててユニークな比喩事象とは思われない。島根県出雲地方の漁民が使用している「ソデザメ」（袖鮫）という比喩事象も同様である。ところが、鳥取県気高郡気高町姫路という、近世から戦前までは地引網漁をもっぱらとし、戦後は近海で行う小型底引網漁を中心とする零細漁業社会の老年層漁民は、「カスザメ」を「フリソデ」とも呼ぶが、「エーニョーバー」（未婚の美しい女性）と呼ぶことも少なくない。姫路集落の老年層漁民のひとりは、「カスザメ」を「エーニョーバー」と呼ぶ理由について、次のように説

明してくれた。
　〇オーケナ　ソデ　モットルケー　エーニョーバーチューダラー　ジェ。
　　大きな袖を持っているから、エーニョーバーと言うのだろうよ。
　すなわち、「大きな袖」（振袖）を持っているところに焦点を当てて、そこから振袖を着るのは未婚の「良い娘・美しい娘」だと連想を働かせることによって、カスザメを「エーニョーバー」とも呼ぶようになったというわけである。ここには、土地の漁民の旺盛な想像力と遊び心の融合（優れたことば遊びのセンス）によって形成された、実にユニークな認識の造形化が見出される。意味カテゴリーの観点からすると、「魚」のカテゴリーに属するものが「衣服」のカテゴリーに転換され、さらにそれが「人間の容姿」のカテゴリーに転換されていることになる。ただ、「フリソデ」から「エーニョーバー」を連想した、その当初にあっては、両者のイメージ——あるいは意味——は、多分に重層的であったと推測される。
　この類例としては、「バクチウチ」（ばくち打ち、かわはぎ）が挙げられる。「かわはぎ」を「バクチウチ」と呼んでいるのは、和歌山県、岡山県、広島県、長崎県などの広い地域にわたり、静岡県では「バクチ」と呼んでいる。なぜ、「かわはぎ」を指して「バクチウチ」と呼ぶようになったかというと、「かわはぎ」はその名のとおり、皮が厚くて粗いため、皮を剝がれて料理されるが、「ばくち打ち」もまた、持ち金をはたけば身ぐるみはがされるという、両者の類似性を発見したからである。そして、「かわはぎ」の中核概念である「魚」を消去することによって成立を見た地域魚名の1例である。その結果、「かわはぎ」は「人間性向」のカテゴリーに転換されることになる。ここにも、遊び心に基づく非凡な比喩発想の展開が認められると言ってよかろう。
　上に見てきた「フリソデ」「エーニョーバー」「バクチウチ」などは、いずれも「魚」のカテゴリーに属するものが、「衣服」「人間の容姿」「人間性向」など、全く異なる意味カテゴリーに転換されており、全体が巧みなメタファー表現となっている。ところが、鳥取県下や瀬戸内海域の漁民が獲得している魚名語彙に見られる比喩表現に広く目を通してみると、魚名が完全に消去

され、別の意味カテゴリーに転写されている事象よりもむしろ、「ゴマサバ」（胡麻鯖、サバの一種）とか「カキノサネアジ」（柿の種鯵、アジの一種）〈ともに、姫路集落〉のように、後部要素に「～サバ」「～アジ」といった魚名（種名）が見られ、前部要素の「ゴマ」「カキノサネ」に比喩発想による新しい意味の生成の見られるものが多く認められるのである。言い換えれば、「～サバ」「～アジ」といった種のレベルに属する多様な変種を弁別するために、「前部要素」に比喩発想による名づけの見られる事象が栄えているのである。そこで、以下には、漁民が獲得している比喩発想によって造語された多くの魚名を、次の二類に類別することにする。

　　A類：記号の全体に意味カテゴリーの転換が認められるもの——これを「一次的メタファー」と仮称する（フリソデ、バクチウチなど）
　　B類：記号の部分に意味カテゴリーの転換が認められるもの——これを「二次的メタファー」と仮称する（ゴマサバ、カキノサネアジなど）

「ゴマサバ」は、腹部に密集している小黒点を、黒胡麻に見立てた比喩であるが、後部要素に「サバ」があり、全体として、「ホンサバ」と区別されるサバの変種であることが知られる。そのため、「魚」のカテゴリーに属することは最初から明確であって、記号の全体に意味カテゴリーの転換が認められないものの１例とされる。

　比喩表現の観点からすれば、A類に属する魚名が中核を形成し、その周辺にB類に属する魚名が広く分布するという構造を成していると言うことができよう。A類に属するものは、魚に詳しくない一般の人びとには、これが魚名であることが分からず、たとえ魚名の比喩表現であることを教えられたとしても、どのような種に属する魚名であるかを理解することは極めて困難である。そのため、魚に詳しくない一般の人びとには、喩えられる対象である魚と喩える対象との類似性を発掘することは、至難を極めることになる。だからこそ、類似性の発掘に成功したときには、漁民の豊かな想像力や非凡な比喩発想に、思わず膝を叩きたくなるような思いに駆られることになるのである。それに対し、B類に属するものは、類似性の発掘——意味の発見——がはるかに容易である。

漁民は、A類とB類からなる、比喩発想によって造語された多くの魚名を使用しており、個々の魚の特徴認知も精緻を極める。これらが、漁業社会に生きて、日々、漁撈に従事してきた漁民の身体経験を通して獲得されたものであることは言うまでもなかろう。漁民は、旺盛な想像力、連想力を発揮して、「魚」を、意味カテゴリーを異にする実に多くの対象に転写しており、類似性を発見する認知的視点や感覚もまた、多様である。類似性を発見する認知的視点について言えば、「形状」（〇「サカビシャク」、ミシマオコゼのこと、全身は細長くて頭部が大きく、口が上方に向かって受口型に大きく開いているところから「酒柄杓」に見立てた、〇「モズ」、アイナメのこと、色と模様が「百舌」に似ている、ともに①姫路）が大半を占めるが、「動き」「性質」「棲息場所」「位置関係」なども認められる。また、認知に働く感覚は、視覚が圧倒的な優位性を示すが、「ウタウタイ」（イサキのこと、捕まえたらキッキッと鳴くところから、①姫路）のように聴覚の働きも認められる。しかし、魚名語彙に認められる比喩表現において、喩えの対象として選ばれている事物や類似性を発見する認知的視点は、A類とB類とでは異なりの認められることが予測される。さらに、「植物語彙」「食生活語彙」「性向語彙」「地名語彙」といった喩えられる語彙カテゴリーが全く異なる場合には、見立てに選ばれる対象の意味カテゴリーや類似性を発見する認知的視点が、大きな異なりを見せることが、十分に予測されるのである。

　また、漁民が獲得している比喩魚名には、日々の漁撈において漁獲する主な魚や漁撈を営む空間領域の特色が、一種の「制約」をもたらしていることも予測される。事実、姫路集落の漁民は、古くから沿岸部の近くで漁撈を営んできたために、沖にいる魚にはあまり関心を示さず、その特徴についても詳しいことを知らない（拙著『生活語彙の基礎的研究』1987、和泉書院）。魚名語彙においても、前の章でも明らかにしたように、「生活環境的制約」（「漁撈環境的制約」が中心をなす）が認められるのである。

　そこで、以下には、筆者が調査を行った漁業社会のうち、鳥取県気高郡気高町姫路（①）、鳥取県岩美郡岩美町浦富（②）、岡山県笠岡市真鍋島岩坪（③）、広島県豊田郡安芸津町三津（④）という４つの漁業社会を中心に、初

第五章　漁業社会の魚名語彙における比喩の諸相　275

老層以上の漁民がほぼ共有している魚名のうち、比喩発想によって命名、造語された事象を抽出し、上に述べてきた多様な問題性について、検証を行うこととする。そして、先行研究の成果を参照しつつ、ややマクロな観点から、魚名語彙に認められる比喩表現の地域性についても概観してみることにする。また、文学作品に現れる魚名とのささやかな比較も試みてみたい。なお、浦富は、姫路と同様、零細漁業社会であり、岩坪、三津は、小型底引網漁を中心とする瀬戸内海沿岸漁業の典型的な社会であって、経営規模は小さく、家族労働を主体とした零細漁業である。

Ⅰ. 喩えの対象とその意味カテゴリー

　まず最初に、上記の4つの漁業社会の人びとが、類似性の発見を中心として、多くの魚をどのような事物・現象に見立てており、また見立ての対象に選ばれた事物・現象がどのような意味カテゴリーに所属するかという問題について、記述、分析を試みてみたい。併せて、意味カテゴリーごとの比喩魚名の量的分布についても検討を加えることとする。この作業が、本章の基礎的部分を形成する。なお、個々の比喩魚名に関する記述の最後に記した①〜④の番号は、上記の漁業社会の地点番号を表すものである。

(1) **A類**
　ⅰ. 自然環境（16語）
　　a. 天地
　　　○ドンドロケ（雷、ハタハタのこと、この魚が産卵のため群集して接岸する時期（11月から12月）に、雷鳴がたびたび発生することから、雷に見立てたもの。類似性認知の感覚は聴覚と視覚。①②）
　　　○ツキノヨ（月の夜、マトオダイのこと、マトオダイは全体に鱗はなく、銀灰色で、体側中央に一個の、大きな薄黒い円紋がある。全体の銀灰色を夜に、円紋を月に見立てた誇張比喩である。「ツキノワ」（月の輪）という言い方も聞かれる。①②）
　　　○ホシ（星、ホシザメを、普通、こう呼ぶ。ホシノとも言う。○シェナニ　テンテント　ホシガ　ツイトッテ　サシミニ　スルト　ウマ

イ サカナダ ナー。背中に点々と星のような模様がついていて、刺身にするとおいしい魚だねえ。①。ホシザメは水から引き上げておくと、尾部を曲げて「つ」の字形になるところから、「ツノジ」とも呼ぶ。②)

b．動物
　○ウシノシタ（牛の舌、クロウシノシタのこと。形が牛の舌に似ているところから、こう呼ぶ。①②③④)
　○ウマノシタ（馬の舌、シマウシノシタのこと。シマウシノシタには縞模様があり、それを馬の舌に見立てたもの。①②)
　○ヤマドリ（山鳥、タカノハダイのこと。タカノハダイは、体表の縞が、鷹の羽の縞に似ているところから、ヤマドリと呼ぶ。皮の硬い魚で、刺身にして食べる。①)
　○モズ（アイナメのこと。色や模様が百舌に似ているところから、百舌に見立てて、こう呼ぶ。①②)
　○エーブタ（ウチワザメのこと。形が丸く、身が多いことから、豚に見立ててこう呼ぶ。①②)

c．植物
　○キンカン（ムロアジのこと。体形はアジ類の中では細身で、丸みをおび、体側の色が黄色であることから、金柑に見立てたもの。③)
　○タバコヨー（アイゴのこと。アイゴの体形は卵型で、地色は黄褐色である。それが収穫前のタバコの葉の色に似ているところから、このように呼ぶものか、それともアイゴの独特の匂いがタバコの匂いに似ているところから、タバコヨーと呼ぶのか、未詳である。「ヨー」は「イオ」（魚）の転訛。①)
　○カキノサネ（柿の種、アジの一種で、ごく小型のもの。形状が柿の種に似ているから、このように呼ぶ。カキノサネアジと呼ぶことの方が多い、①)

d．鉱物
　○イシタタキ（石叩き、メバルの一種で、小型のもの。○コーマイ

第五章　漁業社会の魚名語彙における比喩の諸相　277

　　ネバルジャ　ナー。ユワノアイニ　オルカラ　イシタタキ　ユーン
　　カナー。小さいメバルだねえ。岩の間にいるから、イシタタキと言
　　うのかなあ。③）
　○スナクイ（マメアジのこと。砂食い。浜近くに入って来て、チョン
　　とつっ立っているところから、このように呼ぶ。①）
　○イシモチ（石持ち。鰈の一種で、背中の中央より少し上に、石のよ
　　うなものが付いているので、このように呼ぶ。③④）
　e．泥
　○ドロクイ（和名は未詳。泥食い。鰯の一種で、いつも海の濁ったと
　　ころにいるから、このように呼ぶという。○ガイナ　ニゴレウミノ
　　ナカニ　ハイッテ　クルケー　ソッデ　ドロクイッチューダラー
　　ジェ。大変な濁れ海の中に入って来るから、それでドロクイと言う
　　のだろうよ。①②）
　f．現象
　○ノドクサレ（ノドクサリの音訛形。頭部に近い咽のあたりに内臓が
　　あり、鮮度が落ちると悪臭が強いことから、こう呼ぶ。類似性の認
　　知に関わる感覚は、嗅覚である。①②③）
ⅱ．衣食住（11語）
　a．衣生活
　○フリソデ（カスザメのこと。腹鰭が大きくて、振袖姿に似ていると
　　ころから、こう呼ぶ。①②）
　○モンツキ（トラフグのこと。色・模様とも虎に似ていて、腹部に大
　　きな丸い模様があるところから、紋所が付いている和服に見立てた
　　もの。③④）
　○ヨソギ（ハゲのこと。他所着。クロギとも言う。ヨソギとハゲとの
　　類似性については未詳であるが、クロギという言い方もあるところ
　　から、ヨソギは喪服を指すとも考えられる。喪服は家に帰るとすぐ
　　脱ぐことが普通であり、ハゲも家に持ち帰って調理をする際、すぐ
　　に厚い皮を剝ぐところに、類似性を発見したものとも考えられる。

③)
○アカゲタ（アカシタビラメのこと。赤下駄。○チョット　アカイ。ヘーキンニ　ナー。ちょっと赤い。平均にねえ。表面の色が少し赤く、形が大人の女性が履く細長い下駄に似ているところから、こう呼ぶ。③)
○ゲタ（ウシノシタガレイの小さいものを、下駄に見立てて、こう呼ぶ。③)
○ゲンチョ（アカシタビラメのこと。形が靴底に似ていることから、このように呼ぶ。③④。④ではゲンチョーとも言う。ベンチョ①②。大分県東国東郡姫島でもベンチョと言う）

b．食生活
○ゴマメ（チューバイワシの幼魚。体が丸くて、全身が泥のような色をしているところから、胡麻に見立てたもの。①)
○ニボシ（ニボシイワシのこと。煮干。鰯の幼魚で、乾して煮干にする。①)
○ヒャクダンゴー（和名は未詳。土地の漁民の語源意識は、「百団子」。①)
○ママカリ（サッパのこと。飯借り。焼き魚や鮨にして食べると、大変旨いので、近所へ飯を借りに行くという、誇張比喩である。③④)
○サンジョゴメ（シマイサギのこと。三升米。この魚が旨いので、一家で三升の飯を食うほどだという、誇張比喩である。③)

iii．人間（7語）
　a．容姿
○エーニョーバー（カスザメのこと。腹鰭が大きく、それを振袖に見立て、さらに振袖を着た未婚の美しい娘を連想したもの。ここには、意外性をもたらす豊かな想像力の展開が認められる。①)
　b．活動
○ウタウタイ（イサキのこと。イサキを捕まえるとキッキキッキと鳴

くところから、歌うたいに見立てたもの。○ツカマエタラ　キッキ　キッキ　ナクケー　ナー。ソッデ　ウタウタイッテ　ユー　ダー。捕まえたらキッキキッキと鳴くからねえ。それで歌うたいと言うよ。類似性の発見に関与した感覚は聴覚。①②）

○コトヒキ（ヤガタイサギのこと。琴弾き。砂に潜る習性があり、水から上げると低音を発するので、琴弾きに見立てたもの。①②）

c．性向

○ボッカー（カサゴのこと。体表は全体に紅色で、口が大きく、怒ったような顔つきをしているところから、怒りっぽい人に見立てたもの。①②）

○ノークリ（ホシザメのこと。ホシザメは砂に潜ったまま体を動かず、近づいて来た小魚を食べる習性を持っていることから、体を動かそうとしない怠け者に見立てた。④）

○ゲドー（ヒイラギのこと。骨が堅く身も薄いため、お金にならない魚。漁民にとって何の役にも立たない魚であることから、人非人に見立てて、ゲドー〈外道〉と呼ぶ。○コレワ　カネニワ　ナリャーシマセン。これは金にはなりはしません。③）

d．属性

○ヤマブシ（ババガレイのこと。この魚の体形が山伏の髪型（総髪）に似ているから、こう呼ぶ。③④）

iv．道具（2語）

a．鍬

○スキノサキ（サカタザメのこと。鍬の先。畑の土を掘り起こす農具である鍬の先に似た魚形であることから、こう呼ぶ。①②）

b．柄杓

○サカビシャク（ミシマオコゼのこと。酒柄杓。ミシマオコゼは全身が細長く、頭部が大きく、口は上方に向かって受け口型に大きく開いている。そこから、酒柄杓を連想したものである。○クチガ　マエ　ムイトルケー　サカビシャクッチューダラー　ジェ。口が前を

向いているから、サカビシャクというのだろうよ。①)

以上が、A類（一次的メタファー）における、喩えの対象に選ばれた素材の種類とその意味カテゴリーである。今、この意味カテゴリーを、大きく、ⅰ．自然、（＝擬自然喩）、ⅱ．人間（＝擬人喩）、ⅲ．事物（＝擬物喩）の三類に分かち、語数と比率を表示すると、次のようになる。

	語　数	比　率
自　然	16語	44.4%
事　物	13語	36.1%
人　間	7語	19.5%

第四章で明らかにした性向語彙における比喩表現の喩えの対象の意味カテゴリーに比べて、自然（＝擬自然喩）のカテゴリーに属する対象（素材）の比率が、人間（＝擬人喩）のカテゴリーの比率の約2.28倍を占めていることが注目される。性向語彙の場合は、人間のカテゴリーに属する対象の比率が49.2％を占めているのに対し、自然のカテゴリーに属する対象の比率は25.0％で、魚名語彙の場合とは、ほぼ逆の関係を示す[1]。これは、喩えられる対象が人間の語彙カテゴリー・意味カテゴリーに属する場合には、喩える対象の意味カテゴリーも人間に関する素材が選択される比率が高くなり、逆に喩えられる対象が自然の語彙カテゴリー・意味カテゴリーに属する場合には、喩える対象の意味カテゴリーも自然に関する素材が選択される比率が高くなるという事実を意味するものである。これを、一般化して言えば、先の章でも触れたように、喩えられる対象の意味カテゴリーと喩える対象の意味カテゴリーの間には、一種の「相関関係」「制約関係」が認められる、ということである。これは、喩えられる対象を、別の意味カテゴリーへ写像しようとする場合、すでにことばによって獲得され、分節されている「認識世界の意味の網目」によって、ある程度制約されることを、意味するものかも知れない。

ところで、このような一般化とは別に、A類に属する喩えの対象について具体的に見てみると、「ツキノヨ」（月の夜、マトオダイ）のように、スケ

ールの大きい誇張比喩が創作されていることが注目される。「マトオダイ」の体側中央にある一個の大きな円紋を見て、「満月の夜」を連想したのは、全身に鱗がなく銀灰色であることを背景としたものであろうが、夜も月明かりで漁撈に従事してきた漁民の身体経験がベースになっていることは、確かであろう。誇張比喩という点では、「ママカリ」（飯借り、サッパ）「サンジョゴメ」（三升米、シマイサギ）も注目される。魚のおいしさを、巧みに印象づける誇張比喩で、柔軟な想像力、連想力の働きが躍動している。どんなにおいしいかをいくら詳しく説明しても、これらの誇張比喩のイメージ化には、はるかに及ばないであろう。また、「カスザメ」の腹鰭が長くて大きいのを見て、「フリソデ」（振袖）を連想し、「振袖」という新しい認識の造形化をもとに、「未婚の美しい女性」（エーニョーバー）という新しい意味を生成したところには、漁民のことば遊びの心の横溢が強く感得されるのである。そして、その背景には、農民の「キツネノヨメイリ」（狐の嫁入り、日照り雨）と同様、性の世界への想像があったものと考えられる[2]。

さらに、岡山県や広島県で使用される「ママカリ」について言えば、ママカリがあまりにもおいしいので、家のご飯がなくなり、隣近所に借りにいったという比喩表現は、隣近所における個々の家同士の関係が、緊密で親和な「ヨコ」性の関係性を形成し、維持されていなければ、成立しようもなかったであろう。この点について、木村礎が「漁村の社会的特色として、共同労働の緊密性がことに高いことがあげられる。漁業労働の持つ特質は村内の社会関係にも強く反映した」（木村、1980）と述べていることは、注目されてよい。このように、魚名に見られる比喩表現にも、時代や環境世界の特色の反映が明確に認められるのである。現代という、無縁社会とも呼ばれるような時代環境にあっては、「ママカリ」という比喩魚名は、おそらく成立し得ないと考えられる。

漁撈との関係で言えば、「アジ」の一種を、「カキノサネ」（柿の種）に喩えている事実が注目される。形状が柿の種に似ているということが、類似性発見の視点となっていることは確かであるが、昔は網が長持ちするために、魚があまり獲れない時期に、漁民は渋柿の渋を網に塗りつけることを習慣と

していた。それゆえ、たとえば山陰の漁村では、その周辺に渋柿がたくさん植えられていた。このような習慣が長く続いたことが、「カキノサネ」という新しい認識の造形化に関与したとも考えられなくもない。漁民にとって、「渋柿」は、極めて身近で、しかも重要な存在であったために、喩え（連想）の対象としてイメージ化されやすかったのではないかと思われるのである。

なお、筆者は、広島県下の福山市走島、因島市、豊田郡大崎町豊浦、豊田郡豊町大長、山口県下の光市牛島、防府市野島、鳥取県西伯郡淀江町などでも、漁業語彙の一端について調査を行った。それらの地点で得られた比喩魚名のうち、特に印象深いものを、以下に紹介することとする。山口県野島では、「ミヤジマサマノヘコノオビ」という言い方が聞かれた。これは、「アカタチ」のことである。「アカタチ」は側扁して細長く、鮮紅色をした魚である。赤くて細長いこの魚を、厳島神社の朱塗りの大鳥居や回廊・社殿の色に似た「褌」の帯に見立てた誇張比喩である。野島の漁民が、この魚を見て、宮島様（厳島神社）の社殿を連想したのは、古くから厳島神社を海の神としてあがめ、管弦祭に出かけていたためであろう。それにしても、体長わずか40センチの赤い魚を見て、厳島神社の朱塗りの大鳥居や社殿をイメージした、その自在な連想能力には驚かされる。また、広島県大長では、この魚を指して、「ネコノモットイ」と呼んでいる。「ネコ」は猫のことではない。「芸者」のことである。赤くて細長いアカタチを、芸者の日本髪の根元をくくる赤くて細長い「元結」に見立てたものである。これを、野島の「ヘコノオビ」（褌の帯）と比べると、「アカタチ」の幅の広さとの違いは無視されていることが分かるであろう。要するに、野島でも大長でも、「アカタチ」の鮮紅色と細長さを強調する心意が強く働いたものと考えられる。

また、広島県豊浦では、「アラ」を「ヤリモチ」（槍持ち）と呼んでいる。「アラ」の若魚は、体側に鮮やかな緑褐色の太い縦帯がある。おそらく、それを見て、「槍」を連想したものであろう。さらに、鳥取県淀江町では、「イシナギ」を指して、「カラス」（烏）と呼んでいる。「イシナギ」の若魚には、暗黒色のものが多いところから、体色の黒い「烏」に見立てたものであろう。さらに、2、3の例をあげることにしよう。広島県因島では、「ギンポ」

のことを、「シラタマ」(白玉)と呼んでいる。「ギンポ」は秋から冬にかけて産卵し、雄がその卵の塊を、体で巻いて保護する奇習がある。「シラタマ」を連想したのは、「ギンポ」の雄が、白い卵塊を体で巻いて守ることに着目したからだと考えられる。同じ因島では、「コショオダイ」のことを、「タモリ」と呼んでいる。この魚は、狭い範囲を行き来していることから、田を見廻る農夫に喩えたものと見られる。「田守り」に喩えた背景には、因島の漁村の背後には農村があって、相互の関係が密であったという事情がある。広島県福山市走島では、「ネコザメ」を指して、「サザエワリ」と呼ぶ。「ネコザメ」は、硬い殻の貝類を好み、臼状の強い側歯を持っている。そのため、サザエの殻さえ割って食べると想像したものであろう。同じく走島では、「ウツボ」のことを、「ドロボー」(泥棒)と呼んでいる。土地の漁民の説明では、顔つきが下品で、目が鋭いことから、このように呼ぶということであった。この魚は、銛で突き刺しても、なお嚙みついてくるほど獰猛で、その点も類似性の認知に関与しているかも知れない。あるいは、昼間は岩かげや岩穴に潜み、主として夜間に活動する習性を熟知している漁民が、泥棒との類似性を発見して、「ドロボー」と呼ぶようになったとも考えられる。

次いで、B類について見てみる。

(2) **B類**

ⅰ．自然環境（22語）

a．天地

○ホシザメ（ホシザメのこと。細長い小型のサメで、体側の上部に多数の白い斑点が散在している。多数散在している白い斑点を「星」に見立てて、このように呼ぶ。○セナニ　テンテント　ホシガ　ツイトル。背中に点々と星がついている。①②）

○オカブク（岡河豚。陸の近くに大群でやって来る小さな河豚。④）

b．動物

○ヤマドリダイ（シマチビキのこと。鷹羽模様の縦縞が体表にあることから、こう呼ぶ。①②）

○ウマズラハギ（ウマヅラハギのこと。頭部が馬の顔に似ているとこ

ろから、こう呼ぶ。単に、ウマズラと言うことも多い。①②③④)
○タカノハガレー(マツカワのこと。鰭に鷹の羽に似た縞がついているところから、こう呼ぶ。①②)
○ウシノシタガレー(ササウシノシタのこと。色と形が牛の舌に似ているところから、こう呼ぶ。①②③④)
○ウマノシタガレー(シマウシノシタのこと。形状が馬の舌に似ているところから、こう呼ぶ。①②③④)
○サバブク(河豚の一種。背中の色がサバに似て、草色をしている。そこから、サバを連想したもの。○サバブクワ シェナノ イロガクサイロダケー スグ ワカリマス ジェ。サバブクは背中の色が草色だから、すぐに分かりますよ。①②③④)
○トラブク(フグの一種。虎河豚。色や模様が虎に似ているところから、こう呼ぶ。③④)
○トカゲゴチ(コチの一種。体側の色が蜥蜴色をしているところから、トカゲに見立てて、こう呼ぶ。①②)
○コロダイ(和名、コロダイ。和歌山地方では、猪の仔を「コロ」と呼ぶ。コロダイの幼魚の体側には縦縞があるので、猪の仔の縦縞に見立てて、こう呼ぶ。③)

c．植物
○カキノサネアジ(アジの一種。形状が柿の種に似ているところから、こう呼ぶ。①②)
○イガイガ(アジの幼魚。栗のイガに見立てたもの。①)
○ボーフラサバ(大きくて身のよくのったサバを、南瓜に見立てて、こう呼ぶ。①②)
○マツガレー(カレイの一種。体表が枯れ松葉の色に似ているところから、こう呼ぶ。最上のカレイで値段が高い。単に、マツバとも言う。④)
○サクラダイ(マダイのこと。桜鯛。桜が開花する時期に、群れを成して、沿岸部にやって来る。全身が桜色をしており、桜が開花する

時期が身がしまって、最も味が良い。③④）
○ヨノミダイ（イシガキダイのこと。体側にヨノミ（榎の実）に似た斑点があるところから、こう呼ぶ。④）
○ムギワラダイ（マダイのこと。麦の熟れる旧暦四月頃に獲れる鯛を、こう呼ぶ。すでに産卵を終えているため、身も少なく味も劣ることから、特にこう呼ぶ。○ムギワラダイワ　ハシノ　シタノ　コジキモ　クワンユーテ　イヨーリマシタ　ノー。麦藁鯛は橋の下の乞食も食わないと言っていましたねえ。③④）
○クサブク（フグの一種。草河豚。背中の色が草色に似ているところから、こう呼ぶ。③④）

d．鉱物
○イシダイ（イシダイのこと。石のように堅い歯を持っているところから、こう呼ぶと説明してくれた。①）
○スナブク（フグの一種。砂河豚。体表に多くの砂に似た斑点があるところから、こう呼ぶ。③④）
○イシガレー（カレイの一種。石鰈。クチボソとも言う。背中に石がついているように見えるところから、こう呼ぶ。①②③④）

ⅱ．衣食住（5語）

a．衣生活
○ゲンチョガレー（和名、アカシタビラメ。形状が靴底（ゲンチョ）に似ているところから、こう呼ぶ。単に、ゲンチョとも言う。また、アカゲタとも言う。大分県東国東郡姫島では、ベンチョ・ベンチョガレーと呼ぶ。③④）
○ゲタガレー（ウシノシタガレーの小さいもの。形が下駄に似ているところから、こう呼ぶ。姫島では、クロベンチョと呼ぶ。③）

b．食生活
○コメブク（フグの一種。米河豚。全身に米に似た小さな斑点があるところから、こう呼ぶ。①②）
○ゴマサバ（ゴマサバのこと。腹部に密集している小さな黒い斑点

を、黒胡麻に見立てて、こう呼ぶ。①②）
○シオヤキネバル（メバルの一種。体表が赤灰色をしているので、塩焼きに見立てたものであろう。あるいは潮焼けか。③）

iii．人間（8語）
　a．容姿
　　○オチョボガレー（カレイの一種。クチボソガレーとも言う。口が細いので、人間のおちょぼ口に見立てたもの。④）
　　○ウルメイワシ（ウルメイワシのこと。ウルメイワシが死ぬと、その目が、潤んだ人の目のように見えるところから、こう呼ぶ。①②③④）
　b．活動
　　○フエフキダイ（和名、フエフキダイ。笛吹き鯛。笛を吹くような音を立てて鳴くところから、こう呼ぶ。姫島でも、こう呼ぶ。④）
　　○モタワニ（ドチザメのこと。動きが鈍く、いつも海藻の中に隠れているところから、モタモタしていて仕事の役に立たない怠け者に喩えられる。①②）
　c．身体
　　○コブダイ（アオブダイのこと。老成した雄の前頭部が瘤状に膨れているところから、人間の頭にできた大きな瘤に見立てたもの。①②③④）
　　○ヒヤケメバル（メバルの一種。体表が赤灰色をしているので、人の日焼けに見立てたものであろう。④）
　d．属性
　　○ヘーケダイ（キンメダイのこと。全身、赤い色をしているので、平家の幟の赤色を連想して、このように呼ぶ。全身、赤色をしているのを見て、平家を連想したところには、喩えを楽しむ遊び心がうかがわれる。①②）
　　○ヤマブシガレー（和名、ホシガレー。ババガレーのこと。単に、ヤマブシと言うことが多い。魚の形がヤマブシの髪型に似ているとこ

ろから、こう呼ぶ。新潟県でも、ヤマブシと言う。①②③④。②では「エテガレー」と呼ぶこともあるが、これは正しくは、カレイの一種である「ソオハチ」のことである）

iv．道具（3語）

○ハコブク（フグの一種。箱河豚。○コイツワ　カラダガ　ハコミルヤニ　ナットル　ナー。こいつは体が箱のようになっているねえ。大分県東国東郡姫島でも聞かれる。①②）

○カゴブク（フグの一種。籠河豚。ハコブクを、こうも呼ぶ。皮が堅くて、包丁でもなかなか切れないという。①②）

○タチイオ（タチウオのこと。タチイオと言うこともある。太刀魚。魚体が銀白色の太刀型であるところから、こう呼ぶのであろう。①②③④）

　以上が、B類（二次的メタファー）における、喩えの対象に選ばれた素材の種類とその意味カテゴリーである。A類に合わせて、この意味カテゴリーを、i．自然（＝擬自然喩）、ii．人間（＝擬人喩）、iii．事物（＝擬似物喩）の三類に大別し、語数と全体における比率を表示すると、次のようになる。

	語　数	比　率
自　然	22語	57.8%
人　間	8語	21.1%
事　物	8語	21.1%

　一次的メタファーの場合と比較して、まず注目されることは、自然のカテゴリーの比率が13.4％も高くなっているという事実である。一次的メタファーの総語数が36語、二次的メタファーの総語数が38語とほぼ拮抗しているので、自然のカテゴリーに認められる差異は注目される。しかも、自然の下位カテゴリーに属する動物、植物、鉱物について見てみると、二次的メタファーにおいて、鉱物に異同は認められないものの、動物、植物がそれぞれ4語ずつ多くなっている。また、事物のカテゴリーの比率が、15.0％低くなっ

ている事実も無視することができない。なぜ、このような相違が認められるのだろうか。この問いに、客観的な手法で答えることはできないが、一つ考えられることは、後部要素に「〜タイ」とか「〜カツオ」とか「〜アジ」などのように種名がくる二次的メタファーの場合は、同じ自然のカテゴリーに属する「動物」（獣・鳥など）や「植物」のうち、身近に存在するものが、連想されやすかったのではないか、ということである。さらに、もう一つ推測されることは、前部要素のみに比喩発想による造形化がなされるため、「ミヤジマサマノヘコノオビ」「エーニョーバー」「サカビシャク」「スキノサキ」など、一次的メタファーに見られる長い形態を、見立ての対象として選びにくかったということである。事実、「〜ブク」（河豚）に限って見てみても、「オカ」「サバ」「トラ」「クサ」「スナ」「コメ」「ハコ」「カゴ」のように、すべて2音節語をとっているのである。

　ついで、魚についてあまり詳しい知識を持ち合わせていない人びとが——筆者もそのひとりだが——、喩えられる魚と喩える対象との類似性を発掘するという点について言えば、二次的メタファーの方がはるかに容易だということである。別の言い方をすれば、二次的メタファーの方が、個々の魚の特徴を容易にイメージ化することができるということだ。一次的メタファーの場合は、魚について詳しい知識を持ち合わせていない人は、「ツキノヨ」「ホシ」「エーニョーバー」「モンツキ」などといった比喩魚名を聞いても、それらが魚を指示することばであることに気づくことは、まず不可能であろう。なぜなら、これらのメタファーは、あまりにも意外性に富むものばかりだからである。そのため、魚を目の前にし、魚を話題にして話がはずむような場面を別にすれば、それらが魚のメタファー表現であることに気づくのは、まず稀であると言ってよいだろう。だから、類似性の発掘どころか、魚をイメージすることも困難な業になる。しかし、それだけに、土地の漁民の説明によって、類似性の発掘に成功したときには、魚との親しい身体経験を通して獲得した漁民の豊かな想像力の展開に、思わず驚きの念を催すことになるだろう。とりわけ、「カスザメ」の大きくて長い腹鰭を見て、「フリソデ」との類似性を発見し、さらに「フリソデ」から「エーニョーバー」を連想した柔

軟な感性と造形化は、一種、ポエジーを感じさせるものがある。「モンツキ」も類似性の発掘に成功しさえすれば、なるほどうまく名づけたものだと納得することができるだろう。

それに対して、二次的メタファーの場合は、「イシダイ」「コメブク」「ハコブク」「ゴマサバ」のように、後部要素に「〜ダイ」（鯛）「〜ブク」（河豚）「〜サバ」（鯖）といった魚の種名がきているので、類似性の発掘も容易であり、イメージも容易に喚起されることになる。この点にも、一次的メタファーと二次的メタファーの顕著な差異が存する。この類似性の発掘という点に関して、佐藤信夫は次のように述べている。

　　　隠喩は、まぎれもなく、類似性《にもとづき》、類似性《に依存し》ている。すぐれた表現者はいつも斬新な隠喩を――つまり斬新な類似を――発見するものだが、たとえ新発見ではあっても、その類似性は、聞き手になるほどと納得させるものでなければなるまい。（佐藤、1992）

二次的メタファーは、類似性の発掘が容易であり、その類似性は、漁民が自らの身体経験を通して、なるほどと納得するケースが大半を占めているのである。それゆえ、広い地域の漁業社会に受容される可能性の高いことが予測される。

さらに、比喩魚名のおもしろさという点については、二次的メタファーには「ヘーケダイ」（平家鯛）「オチョボガレー」（おちょぼ鰈）などを除いて、豊かな想像力による「喩え心」を楽しむ事象が少ないという事実があげられる。やや知的な、洒落たひねりを見せるものや、滑稽味を感じさせるものは、ほとんど認められない。その要因はどこに求められるのかという興味ある問題もあるが、それは後に述べることにする。

さて、以下には、一次的メタファーの場合と同様に、広島県走島、同因島市、同豊浦、同大長、山口県牛島、同野島、鳥取県淀江町などで採録することのできた比喩魚名のうち、特に印象深く思ったものを、いくつか紹介することにしよう。鳥取県淀江町の古老層の漁民は、「クロウシノシタ」のことを、「チョーギンガレー」と呼んでいる。「チョーギン」は江戸時代の銀貨に「丁銀」というのがあり、それがナマコ型をしていた。その形と、この魚形

がよく似ていることから、「チョーギンガレー」と呼ぶようになったものと思われる。同じ淀江町では、「ゴマサバ」のことを、「コモンサバ」と呼ぶ。これは、腹部にある小さい黒点を、「小紋」に見立てたものであろう。また、広島県走島の老年層漁民は、「ガンゾオビラメ」を指して、「センベーガレー」と呼ぶ。このカレイは身が少なく、薄平らな形をしているため、「センベイ」（煎餅）に見立てたものである。また、広島県大長では、「コバンザメ」のことを、「ソロバンイオ」と呼ぶ。これは、吸盤の形が「ソロバン」（算盤）に似ているからである。さらに、大長では、「トラギス」のことを、「イモハゼ」と呼んでいる。赤味を帯びた体がずんぐりしているために、赤色をした「甘藷」に見立てたものと考えられる。また、山口県野島の漁民は、「ミノカサゴ」のことを、「キヨモリカサゴ」と呼んでいる。この魚は、体色が赤味がかった桃色で、羽根のように広い胸鰭をもっている。そして、背鰭の棘には毒腺があって、刺されると激しい疼痛に苦しまねばならない。おそらく、当地の漁民は、体色が赤味がかった桃色をしていることから平家をイメージし、羽根のように広い胸鰭を拡げて、ゆったりと泳ぐのを見て、平清盛が法被の下に隠して武具をつけており、美しくゆったりと構えているけれど、恐ろしい毒腺を持っていることから、「キヨモリ」（清盛）に見立てたものと考えられる。また、山口県牛島では、「マツバガレー」という比喩魚名を聞くことができた。「マツバガレー」という言い方は、山陰地方でも聞かれるが、これは、「キヨモリカサゴ」とは違って、類似性認知の感覚が視覚ではなく、嗅覚である。すなわち、この魚の匂いが、松葉の匂いに似ているためである。

　さて、ここで、中村明の『比喩表現辞典』（1995、角川書店）によって、文学作品に現れる魚名について、見てみることにしよう。そこには、海の魚として、「鯛」「鮪」「鮫鱇」「河豚」「飛び魚」などの種名があがっており、変種名として唯一「片口鰯」（シコイワシ）の用例が見える。もちろん、すべての用例が直喩表現であって、比喩魚名は全く見られない。たとえば、次のようである。

　　〇これは鮫鱇で踊り疲れた海のピエロ　　　　　　（横光利一『花園の思想』）

第五章　漁業社会の魚名語彙における比喩の諸相　291

○鮪は計画を貯えた砲弾のように落ちつき払って並んでいた。
　　　　　　　　　　　　　　　　　　　　　（横光利一『花園の思想』）
○舟が進むにつれて、飛魚がまるで人が叢を進むときバッタが飛び散るように、ついついと水の面すれすれに……飛んだ。（堀田善衛『鬼無鬼島』）
○杉箸で河豚をかんから太鼓のようにたたいて　　　（夏目漱石『道草』）
○水中から銀片のように、シコイワシが撥ね上っている
　　　　　　　　　　　　　　　　　　　　　（田久保英夫『海図』）

「鮫鱇」、「鮪」、「飛魚」「河豚」などの魚（種名）が、それぞれ別のカテゴリーに属する対象である「ピエロ」「砲弾」「バッタ」「かんから太鼓」などに見立てられているが、比喩魚名は使われていない。作家が比喩魚名を知らないということもあろうが、そもそもほとんどの読者が比喩魚名を知らないのだから、作家が仮に知っていてそれを使用したとしても、読者には全く理解されない。理解されないどころか、とんでもない誤解を与えることになりかねない。変種名については、なおさらのことである。それでは、比喩魚名を使用する意味も効果もない。それは、先にあげた『比喩表現辞典』の中に、おそらく多くの人びとにとって最も身近な魚である「金魚」の用例が多く挙がっていることからも理解されるであろう。

　種、変種の別を問わず、比喩魚名は漁民や魚の商いに関わる人びとにとっては必須のものであっても、それ以外の人たちにとっては、日常生活においてさほど必要のないものである。逆に、「金魚」という魚名は、漁民の生活にとって何の価値もないものである。その意味で、比喩魚名、とりわけ二次的メタファーは、基本的に漁民に独自の「魚名文化」であると言うことができるだろう。しかし、筆者が、2006年の秋、およそ30年ぶりに鳥取県気高郡気高町姫路集落を訪れ、60歳代の3人の漁民を対象に、一次的メタファー、二次的メタファーについて、語源や比喩としての意識、さらには喩えられる魚と喩える対象との類似性について、詳しい質問調査を行った結果、半数以上の魚名において、比喩としての意識を持たず、喩えられる魚と喩える対象との類似性を説明することができなかった。30年前に調査した際には、漁民にとって明らかに比喩魚名であったものが、わずか30年間でその半数

以上が、比喩魚名から、山梨正明 (1988) のことばを借用すれば、「死喩」魚名に変化していたのである。これによって、問題を一挙に一般化することはできないが、近い将来、漁民独自の「魚名文化」から比喩としての意識が消滅し、「タイ」「ブリ」「ボラ」「スズキ」などのように種の区別、また「トラブク」「クサブク」「ハコブク」「スナブク」「イソブク」などのように変種の区別に機能するだけの言語記号に変化することの予兆と言えるかも知れない。

II. 一次的メタファーと二次的メタファーの比較

すでに見てきたように、一次的メタファーと二次的メタファーの間には、喩える対象の意味カテゴリーに、質・量の両側面で、いくらかの差異が認められる。なぜ、そのような差異が認められるのか。以下には、その要因について考えてみることをはじめとして、一次的メタファーと二次的メタファーにおける類似性認知の視点の相違、類似性の認知に働いた感覚の違いなどについて、検討を加えてみることにする。

1. 喩える対象の意味カテゴリー

まず、一次的メタファーと二次的メタファーの間に認められる意味カテゴリーの質・量の両側面に関する差異を詳しく検証するために、意味カテゴリー・語数・比率を一覧できる形で表示することにする。なお、比率は、一次的メタファー、二次的メタファーにおける上位カテゴリーの語数を母数とするものである。

ⅰ．一次的メタファー

意味カテゴリー		語数	比率
自然環境 （16語）	天　地	3語	18.7%
	動　物	5語	31.3%
	植　物	3語	18.7%
	鉱　物	3語	18.7%
	泥	1語	6.3%
	現　象	1語	6.3%
衣食住 （11語）	衣生活	6語	54.5%
	食生活	5語	45.5%
人間 （7語）	容　姿	1語	14.3%
	活　動	2語	28.6%
	性　向	3語	42.8%
	属　性	1語	14.3%
道具 （2語）	鍬	1語	50.0%
	柄　杓	1語	50.0%

ⅱ．二次的メタファー

意味カテゴリー		語数	比率
自然環境 （22語）	天　地	2語	9.1%
	動　物	9語	40.9%
	植　物	8語	36.4%
	鉱　物	3語	13.6%
衣食住 （5語）	衣生活	2語	40.0%
	食生活	3語	60.0%
人間 （8語）	容　姿	2語	25.0%
	活　動	2語	25.0%
	身　体	2語	25.0%
	属　性	2語	25.0%
道具 （3語）	箱	1語	33.3%
	籠	1語	33.3%
	太　刀	1語	33.3%

　左右の表を対照して、意味カテゴリーと語数に大差の見られないことが、まず注目される。これは、同じ魚名語彙内部での比喩表現を対象としているからであろう。そのような中にあって、自然環境と衣食住のカテゴリーに、かなり顕著な語数の差異の認められることが注目される。自然環境のカテゴリーにあっては、一次的メタファーが16語、二次的メタファーが22語で、衣食住のカテゴリーにあっては、一次的メタファーが11語、二次的メタファーが5語と、逆の関係性を見せている。すなわち、二次的メタファーの場合は、「魚」も含まれる「自然環境」の語数が多くなっており、それに対し、一次的メタファーの場合は、「魚」が含まれない「衣食住」の語数が多くなっているのである。しかも、「自然環境」のカテゴリーに限定すると、一次的メタファーは動物が5語、植物が3語、合わせて8語（全体の22.2％）で

あるのに対して、二次的メタファーは動物が9語、植物が8語で、合わせて17語（全体の44.7％）となっており、一次的メタファーの2倍強の数値を示す。これは、何を意味するものであろうか。それは、二次的メタファーの場合の方が、「魚」を包含する動物やそれに隣接する植物という、より関係性の深いものに、見立ての対象を求めているということである。より関係性の深いものに見立ての対象を求めるということは、ことば遊びの心を楽しみながら、意外性に富む認識の造形化にいそしむという行為とは対照的に、分かりやすさ、理解のしやすさをねらったものだということである。松井健(1991)によると、一次的メタファーは「種」のレベルに相当するものであり（「ヤマドリ」〈タカノハダイ〉「モズ」〈アイナメ〉「キンカン」〈ムロアジ〉など）、二次的メタファーは「変種」のレベルに相当するものである（「タカノハガレー」「サバブク」「ボーフラサバ」など）。「種」のレベルに比べて、「変種」のレベルにおいては、変種に相当する個々の魚のイメージをより分かりやすい形に比喩化し、精確な弁別の効果をねらった心意の働きがより明確に反映していると言ってよいだろう。

　一方、「衣食住」のカテゴリーについて見ると、一次的メタファーでは「フリソデ」（振袖）「モンツキ」（紋付）「ヨソギ」（他所着）「ゲタ」（下駄）「アカゲタ」（赤下駄）「ゲンチョ」（靴底）「ゴマメ」（胡麻め）「ニボシ」（煮干）「ヒャクダンゴ」（百団子）「ママカリ」（飯借り）「サンジョゴメ」（三升米）、二次的メタファーでは「ゲンチョガレー」（靴底鰈）「ゴマサバ」（胡麻鯖）「シオヤキネバル」（潮焼き眼張）など、いずれも身近に存在する対象が見立ての対象に選ばれている。ちなみに、「道具」のカテゴリーにおいても、「ハコ」（箱）「カゴ」（籠）「サカビシャク」（酒柄杓）「スキノサキ」（鋤の先）などのように、いずれも身近に存在する対象が選ばれている。身近に存在する対象は、誰もが認識しやすいものであり、その特徴をイメージしやすいものである。別の言い方をすれば、喩えられる個々の魚の種と喩える個々の対象との間に、類似性を発見しやすいのと同時に、比喩化された個々の魚の種や変種の差異性も認知しやすいものである。

　魚名語彙における比喩表現、とりわけ二次的メタファーにあっては、意外

性、斬新さ、判じ物めいた面白さをねらった造形化は極めて少なく、分かりやすく、理解しすい比喩の造形化が目立つ。これは、個々の魚の特徴をイメージしやすく、同時に弁別しやすい「利便性」「実用性」の方向へと認識の造形化が作用したことを意味するものと考えてよかろう。

　しかし、そうであったとしても、魚名語彙に認められる比喩表現、とりわけ一次的メタファーに属するもの——ツキノヨ、エーニョーバー、ミヤジマサマノヘコノオビ、ウタウタイなど——が、新しい意味を生成し、認識の造形化に与っていることは確かである。二次的メタファーについても、たとえば、「人間」と魚の「メバル」とは、どこをどう見ても似ているようには思えない。しかし、漁民は、「アカメバル」の色を見て、赤銅色に日焼けした人間の背中をイメージして、「ヒヤケメバル」と呼んでいるのである。この意外な類似性の発見は、上半身裸で、赤銅色に日焼けした体で、日々、漁撈に従事してきた漁民にとっては、比較的発見しやすい類似性であったのかも知れない。また、「クチボソガレー」を、人間の「御ちょぼ口」に見立てて、「オチョボガレー」と呼んでいるところには、明らかに遊び心の働きが認められると言ってよいだろう。

　なお、筆者は、地域言語における比喩表現の一特性として、喩えの対象として選ばれるものが、つねに身近に存在するもの、社会の成員がよく知っており、日ごろなにほどか関心を寄せている対象であることが挙げられる事実を指摘して、次のように述べたことがある（室山、2000）。

　　　注目されることは、彼らが類似性を認知し、みずからが生きる環境世界に多様な意味的ネットワークを構成しようとするとき、自分たちから遠い対象を選ぼうとしないで、つねに身近にあるもの、よく知っているもの、したがって日ごろから強い関心を寄せているものを選択しているということである。こうして、彼らが比喩という新しい認識の手法によって構成する意味の世界は、彼らの環境の広がりをなぞる形で、形づくられることになる。

　先にも触れたとおり、「魚名語彙」という特定の語彙カテゴリー・意味カテゴリーに現れる比喩表現においても、上に記したことと同様のことが指摘

できるのである。

なお、上に引いた、筆者の指摘と同様の趣旨のことは、すでに早く、愛宕八郎康隆が以下のように述べて、文学比喩との違いを明確に指摘している。

　　比喩形式の語詞に見られる喩材は、「ナシ」、「ボブラ」、「タニシ」、「ショーケ」、「カヤ」、「ネコ」、「ツバクロ」など、いかにも生活の中での身近な具象の素材と言えよう。(中略) ここには、文学の比喩とは趣を異にする、生活臭の強い比喩が見られる。(愛宕、1985)

Ⅲ. 類似性認知の視点と感覚

1. 類似性認知の視点

すでに、よく知られたことであるが、メタファー（隠喩）は、二つの事物・概念の何らかの類似性に基づいて、一方の事物・事象を表す形式を用いて、他方の事物・事象を表す比喩の一種である。これは、確かにそうであろう。互いに全く類似していないものの間に、予想もされない類似性を発見し、奇抜で意外性に満ちたメタファー表現を創造するのは、優れた作家や詩人たちであろう[3]。

言うまでもなく、魚名語彙に認められる比喩表現（メタファー表現）は、すべて類似性の発見（認知）をベースとして、成立したものである。それでは、漁民は、どのような視点から類似性を認知し、発見しているのだろうか。ジョン・R・テイラーは、『認知言語学のための14章　第三版』(2008)の中で、類似性を発見する動機づけとして、①形状、②機能、③動き、④性質、⑤位置関係の５つの視点を挙げている。おそらく、この５つの視点が、類似性発見の基本的な動機づけとされるであろう。だが、魚名語彙における比喩表現については、これをそのままあてはめるわけにはいかない。比喩魚名の場合は、次の５つの視点（その他を含めると、６つの視点）が、類似性発見の動機づけとして働いていると考えられる。

　①形状（形、色彩、模様）、②動き（活動）、③性質（習性・生態）、④棲息場所、⑤時期関係、⑥その他

喩える対象について、一次的メタファーと二次的メタファーの間に、見る

べき顕著な差異は認められなかったので、以下には、一次的メタファーと二次的メタファーを区別しないで、比喩魚名のすべてを対象化し、一々の比喩魚名が、どのような類似性の発見を動機づけとして成立したものかを整理し、その結果について分析、考察を施すことにする。ただし、一つの比喩魚名が、二つの視点に属する場合があることを、最初に、断っておきたい。たとえば、「ノークリ」(星鮫)について言えば、砂に潜って餌が近づいてくるのを待っているという「習性」(性質)とじっとして動かない・全く動こうとしないという「動き」(活動)という二つの視点が働いている。だからこそ、「人目につかないようにして、全く体を動かそうとしないひどい怠け者」という意味を表す「人間性向」に、転写されているのである。どちらか一方の特徴認知を欠けば、このような意味を表すメタファーは成立し得ない。したがって、このような場合は、②「動き」(活動)と③「性質」(習性・生態)の二つの視点に入れることにする。

①形状(形・色彩・模様)——ツキノヨ・ホシ・ウシノシタ・ウマノシタ・ヤマドリ・モズ・エーブタ・キンカン・タバコヨー・カキノサネ・イシモチ・フリソデ・モンツキ・ヨソギ・アカゲタ・ゲタ・ゴマメ・ヒャクダンゴー・エーニョーバー・ボッカー・ヤマブシ・スキノサキ・サビシャク・ホシザメ・ヤマドリダイ・ウマズラハギ・タカノハガレー・ウシノシタガレー・ウマノシタガレー・サババブク・トラブク・トカゲゴチ・コロダイ・カキノサネアジ・イガイガ・ボーフラサバ・マツガレー・ヨノミダイ・クサブク・イシダイ・スナブク・イシガレー・ゲンチョガレー・ゲタガレー・コメブク・ゴマサバ・シオヤキネバル・オチョボガレー・ウルメイワシ・コブダイ・ヒヤケメバル・ヘーケダイ・ヤマブシガレー・ハコブク・カゴブク・タチイオ(56語、75.7%)

②動き(活動)——スナクイ・ウタウタイ・コトヒキ・ノークリ・フエフキダイ・モタワニ(6語、8.1%)

③性質(習性・生態)——ノークリ・ノドクサレ・ニボシ・ゲドー(4語、5.4%)

④棲息場所——イシタタキ・ドロクイ・オカブク(3語、4.0%)

⑤時期関係——ドンドロケ・サクラダイ・ムギワラダイ（3語、4.0％）
⑥その他——ママカリ・サンジョゴメ（2語、2.8％）

　上に示した分類結果を見て、まず注目されることは、「形状」（形・色彩・模様）の視点に属する魚名の多さである。これが、全体の75.7％を占める。他のカテゴリーに属する事物との類似性や個々の魚の差異性を発見するためには、個々の魚の特徴認知が容易であることが要求される。個々の魚の特徴を容易に、しかも精確に認知する視点として大いに活用されたのが、「形状」という視点であったということである。
　これは、何も「魚」のカテゴリーに限られることではなく、「動物」一般について言えることであろうし、「植物」の「花」や「果物」、さらには人工物の「服飾」や「車」などのカテゴリーについても、同様であろう。たとえそうであったとしても、「魚」のカテゴリーにおいて、「形状」が占める比率の高さは、やはり注目に値するものがある。これは、漁民が、日々の漁撈活動を通して、漁獲する魚の形状の特徴を詳しく観察していたからであろう。詳しく観察しなければ、魚の「種」や「変種」の違いを精確に弁別することができない。それでは、個々の魚の「価値」（値段）を、正しく判断することができないことになる。漁民は、釣りマニアと違って、魚を釣ることを楽しみ、釣った魚を食べることを目的に漁撈に従事してきたわけではない。家を守り、村を守るために漁撈に従事してきたのであって、個々の魚の「種類」や「価値」（値段）を精確に識別することが、最も基本的な認知的能力とされたものと考えられる。そのための精確な知識を獲得するために、個々の魚の特徴を最も見分けやすい「形状」の特徴に視点を向けて、比喩化（メタファー化）を試み、印象づけの効果を図ろうとしたものと考えられるのである。
　その「形状」の特徴に視点を向ける際、「マトオダイ」が体側中央に大きな薄黒い円紋があり、全体が銀灰色をしているのを見て、満月の夜をイメージし、「ツキノヨ」（月の夜）と名づけた、極めてスケールの大きい想像力の展開と命名もあれば、口が細い「クチボソガレー」を見て、人間の可愛らしい「御ちょぼ口」を連想し、「オチョボガレー」と名づけた、微細な特徴に

視点を向けた例もある。「サカビシャク」「ウルメイワシ」も同様であり、「コメブク」「ゴマサバ」もまた、同様である。総じて、小さな特徴に着目した見立ての手法が栄えていると言ってよかろう。これは、漁民の、魚の「形状」に対する観察力が精緻で、細部の特徴に関心が向けられたことを意味するものにほかならないであろう。そして、その主たる要因は、ことば遊びを楽しむ漁民の心意の働きであろうが、同時に、できるだけ価値の高い魚を多く漁獲することによって、少しでも豊かな生活を営もうとした彼らの根源的な願望が存在したことも否定できないであろう。

　また、「棲息場所」(イシタタキ・ドロクイなど) や「時期関係」(ドンドロケ・サクラダイなど) に視点を当てているところには、メタファー生成の主体がまさに魚を漁獲する漁民であったという事実を意味することがよくうかがわれる。これに反して、「ママカリ」「サンジョゴメ」は、メタファー生成の主体が漁民だったと限定することは難しく、やや異色の存在である。

　ところで、町や村といったミクロな環境領域に、異なる類似性認知の視点によって生成された二つ (以上) の比喩魚名が併用されていることは、極めて稀な現象のように思われる。「カスザメ」を「フリソデ」と呼び、また「エーニョーバー」とも呼んでいる鳥取県気高郡気高町姫路における例は、その稀な例の一つとされる。これは、類似性認知の視点が、「フリソデ」は「形状」であり、「エーニョーバー」は「容姿」であって、類似性認知の視点が明らかに異なる。

　この点に関して、愛宕八郎康隆 (1985) が、実に興味深い発見を行っているので、やや長くなるが、以下に引用することにしよう。

　　変わったものに、「ショーヤノカカ」がある。これは、黒みがかった褐色の「おはぐろべら」のことである。この魚名に関して、渋沢敬三氏は、その著『日本魚名の研究』(1959) で、「庄屋の嬶の色黒いことの皮肉であろう」としておられる。これは当たっていないと考える。当該地の壱岐島芦辺町の漁師達の話や筆者の体験からすると、この命名発想は、この魚のちょっと変わった生態——餌にありつくと、きまって藻などの陰に持ち込み、巧みに食べつくす——に発するものと考えられる。

この生態にも似て、庄屋の嫗（妻）が、人前では慎み深くふるまっても、家の奥にはいり込んでは、たしなみを忘れて、がつがつものを食べるという風情を連想しての命名発想と考えられる。それが当たっていることは、当地で、この「おはぐろべら」を別名「くゎんふり」（食べないふり）と言っていることからも証することができる。

渋沢の推測に対する愛宕の批判の当否を別にするならば、「ショーヤノカカ」と「クヮンフリ」とは、類似性認知の視点を異にするものである。前者は「形状」であり、後者は「習性」（生態）である。このように、異なる二つの類似性認知の視点によって生成された比喩魚名が、ミクロな同一地域で併用されている例は、先にも指摘したように、極めて稀なケースに属するものである。

ここで、類似性認知の視点に関連して、異なる事物の間に類似性を発見して、メタファー表現が生み出され、それがある特定の地域社会に定着するまでのプロセスについて、見てみることにしたい。広島県下の老年層の人びとは、「星鮫」を指して、「ノークリ」と呼ぶ。魚のカテゴリーに属する「星鮫」が、人間性向のカテゴリーに属する「ノークリ」（体を動かそうとしない怠け者）に転換されているのである。この転換には、次のようなプロセスが想定される。

(i) 「星鮫」（ノークリ）は砂に潜ったまま、体を動かそうとしない横着な魚だ。
(ii) あの人は、皆が仕事をしているときでも、「星鮫」（ノークリ）のように体を動かそうとしない怠け者だ。
(iii) だから、「星鮫」（ノークリ）は怠け者だ。

この連想は、ある種の説得力がある。それは、「星鮫」と「ノークリ」（怠け者）の間に認められる「類似性」に妥当性が存するからである。この連想関係が定着し、「類似性」の妥当性が承認されれば、「星鮫」の中核概念である「魚」が「人間性向」へと転写されることになる。ただし、その「類似性」は「直接的＝物理的」というよりは、むしろ「間接的＝意味論的」なものである。したがって、誤解される可能性を含むものである。「星鮫」の生

態の特徴をほとんど知らない我々には、誤解どころか、むしろ「謎」に近いものである。これが誤解されないで、広島県下に定着したのは、漁民が「星鮫」の生態を熟知していて、体を動かそうとしない「怠け者」をすぐにも連想することができたからである。また、ある特定の漁業社会の誰かが、「星鮫」（ノークリ）と「怠け者」の間に類似性を発見して、「怠け者」を指して「ノークリ」と言ったとしても、それが、その漁業社会の成員に正しく「理解」され、「共感」を呼ばなければ、定着することはあり得ない。

　したがって、「類似性」の根拠は、特定の「環境世界」での「連想可能性」にあり、それによってメタファー表現として定着する根拠は、成員の「正しい理解」と「共感」に求められることになる[4]。また、連日のごとく、網漁という共同労働に従事してきた広島県下の漁民にとって、「怠け者」が多くなれば、運命共同体としてのムラ社会を維持、存続させることが不可能となる。「星鮫」（ノークリ）の生態を見て、すぐにも「怠け者」を連想したのは、そのような深刻な社会状況が背景に存したと考えられなくもない。そのためか、「ノークリ」（星鮫＝怠け者）という比喩魚名には、「笑い」や「滑稽」の心意は認められず、「揶揄」や「批判」の意識が強く働いているのである。このような例は、比喩魚名には少ないように思われる。

　そして、「怠け者」を指して「ノークリ」と呼ぶようになったのは、言うまでもなく漁民であって、それが次第に農民の間にも浸透していったものと考えられる。沿岸部に近い農業社会にあっては、漁民が直接、「浸透」の仲立ちをしたと思われるが、内陸部や山間部の農業社会の場合は、魚の行商人が仲立ちの役割を担ったものと考えられる。なお、島根県石見地方や山口県長門地方では、「鱶」を指して「ノーソー」（怠け者）と呼ぶが、これは広島県下の「ノークリ」と比喩発想を同じくするものであり、喚起される意識も、「揶揄」や「批判」である。

　なお、類似性認知の視点が同じ「形状」に属するものであっても、同一の魚に認められる「色彩」と「形」という二つの特徴を、それぞれ別々のものに見立てて、奇抜とも言うべき誇張比喩を創造した例は極めて少ない。そのような中にあって、全身が鮮やかな朱色で、細長い形をした「アカタチ」

を、山口県野島の漁民が「ミヤジマサマノヘコノオビ」と呼んでいるのは、豊かな想像力と遊び心の横溢が感じられる誇張比喩の、例外的で見事な言語創作であると言ってよかろう。全身の鮮やかな朱色を「宮島様」の朱色に見立て、細長い形を「褌の帯」に、それぞれ見立てたものである。その結果、当然のことながら、12音節の長大な形態となっている。それにしても、全身、朱色をした「アカタチ」を見て、広島県や山口県の漁民が今も信仰の対象としている「宮島様」の朱色を連想し、40センチほどの細長い体形の特徴を、極めて身近でやや卑俗な感じがしないでもない「褌の帯」に見立てて、この両者を結びつけた時には、思わず回りが、「笑いの空間」に包まれたものと思われる。その「笑いの空間」がいつまで継承されたかを知るすべはないが、現在の山口県野島の漁民には、その「笑い」の効果は、かなり稀薄になっている。しかし、類似性の発掘に取り組もうとする我々にとっては、今も、その「効果」は、十分に残されているのである。

2. 類似性の認知に関わる感覚

類似性を認知するためには、個々の魚に認められるさまざまな特徴を捉える感覚、すなわち視覚・聴覚・嗅覚・味覚・触角という五感の働きがなければならない。漁民は、喩えられる対象となる魚の特徴を、どのような感覚を用いて捉えたのであろうか。それを、喩える対象に選ばれた事物・現象の特徴を、どのような感覚を用いて捉えたと判断されるかということを基準として、以下に類別して示すことにしよう。

　i．視覚——ツキノヨ・ホシ・ウシノシタ・ウマノシタ・ヤマドリ・モズ・エーブタ・キンカン・タバコヨー・カキノサネ・イシモチ・フリソデ・モンツキ・ヨソギ・ゲタ・アカゲタ・ゴマメ・ヒャクダンゴー・エーニョーバー・ボッカー・ヤマブシ・スキノサキ・サカビシャク・ホシザメ・ヤマドリダイ・ウマズラハギ・タカノハガレー・ウシノシタガレー・ウマノシタガレー・ササブク・トラブク・トカゲゴチ・コロダイ・カキノサネアジ・イガイガ・ボーフラサバ・ヨノミダイ・クサブク・イシダイ・スナブク・イシガレー・ゲンチョガレー・ゲタガレー・コメブ

ク・ゴマサバ・シオヤキネバル・ヒヤケメバル・オチョボガレー・ウルメイワシ・コブダイ・ヘーケダイ・ヤマブシガレー・ハコブク・カゴブク・タチイオ・スナクイ・ノークリ・モタワニ・ニボシ・イシタタキ・ドロクイ・オカブク・ドンドロケ・サクラダイ・ムギワラダイ（65語、90.3％）
 ⅱ．聴覚——ウタウタイ・コトヒキ（2語、2.7％）
 ⅲ．嗅覚——ノドクサレ・マツガレー（2語、2.7％）
 ⅳ．味覚——ママカリ・サンジョゴメ（2語、2.7％）
 ⅴ．その他——ゲドー（1語、1.6％）

「その他」を除くと、視覚が全体の91.5％を占める。これによって、「視覚」の圧倒的な優位性が認められることが知られる。比喩魚名の場合に限らず、人間が具象的な事物相互の類似性を感覚によって知覚する際、「視覚」が圧倒的な重要性を担っていると考えられるのではなかろうか。また、その他の「ゲドー」と、「味覚」の「ママカリ・サンジョゴメ」は、いずれも「評価」（価値）に関わる誇張比喩であることも注目される。ただ、一般に、最も原初的な感覚とされる「触覚」によって成立した比喩魚名が一語も認められないのはなぜであろうか。現在のところ、未詳と言うよりほかない。

なお、「視覚」の圧倒的な優位性と(2)で見た「形状」の比率の高さとは、相互に緊密な相関関係を示すものであることは、言うまでもなかろう。ただ、上に検証した「視覚」と「形状」との極めて顕著な相関関係は、「魚」という意味カテゴリーにおける比喩表現に限定されるものでないことは確かであると考えられるが、どこまで一般化できるかは、今後の検討に俟たなければならない。その際、「擬自然喩」「擬人喩」「擬物喩」の三つのパタンの内部について、地道に検証することが必要とされよう。そういう検証作業を通して、一つひとつの原理や基軸が明らかになってくるものと思われる。

Ⅳ．文学比喩の魚名と方言比喩の魚名

ここで、あえて横道に逸れることを自覚しながら、文学作品において魚名を対象にとった直喩表現と方言において魚名を対象にとったメタファー表現

とを比較し、両者の違い、とりわけ比喩発想の違いと、それがもたらす表現効果、表現世界の違いについて、見てみることにしたい。そうは言っても、文学作品において魚名を対象にとった用例はさほど多くなく、方言においても少ない用例しか得られていない。したがって、文学作品と方言との確たる違いを、客観的に検証することなど、現段階では望むべくもない。

にもかかわらず、あえて、このような問題にアプローチしようとするのは、魚名を素材とした文学作品の直喩表現と方言のメタファーの表現との間には、生成に際して働く心意と生成された結果としての表現世界に、顕著な差異が認められるように思われるからである。

1. 文学比喩の場合

まず、文学作品に現れる魚名を素材とする直喩表現の用例を、中村明（1995）によって、以下に挙げることにしよう。

①鮪は計画を貯えた砲弾のように落ちつき払って並んでいた。
　　　　　　　　　　　　　　　　　　　　　　　（横光利一『花園の思想』）
②舟が進むにつれて、飛魚が、まるで人が叢を進むときにバッタが飛び散るように、ついついと水の面すれすれに……飛んだ。
　　　　　　　　　　　　　　　　　　　　　　　（堀田善衛『鬼無鬼島』）
③これは鮟鱇で踊り疲れた海のピエロ　　　（横光利一『春は馬車に乗って』）
④若鮎はあの秋の雁のように正しく、可愛げな行列をつくって上ってくるのが例になっていた。　　　　　　　　　　（室生犀星『幼年時代』）
⑤体色は塗りたてのような鮮やかな五彩を粧い（岡本かの子『金魚撩乱』）
⑥赤座の拳でがんと一つ張られると、鱒は女の足のようにべったりと動かなくなるのであった。　　　　　　　　　　（室生犀星『あにいもうと』）
⑦綿菓子のようにふくらんで、風にのって流されている金魚もあった。
　　　　　　　　　　　　　　　　　　　　　　　（庄野英二『星の牧場』）
⑧まるで血の気のない、真っ青な顔をして、酸欠になった金魚みたいに口をパクパクさせている。　　　　（赤川次郎『三毛猫ホームズの推理』）
⑨（金魚の）鰭は、神女の裳のように胴を包んでたゆたい

(岡本かの子『金魚撩乱』)
⑩私の鯉は、与えられただけのプールの広さを巧みにひろびろと扱いわけて、ここにあってはあたかも王者のごとく泳ぎまわっていたのである。
(井伏鱒二『鯉』)

①の「鮪」と「砲弾」、②の「飛魚」と「バッタ」の飛び方、あるいは、③の「鮫鱇」と「ピエロ」、④の「若鮎」と「雁」の移動の仕方、さらには、⑥の「がんと一つ張られた鱒」と「女の足」、⑦の「雲」と「金魚」が、いずれも、あらかじめ似ていたなどということは、すぐには信じがたい。これらは、最初から存在する両者の類似性を利用した直喩表現ではなく、作者が鋭敏な感性によって、独自に発見した類似性である。とりわけ、⑦は、子どもたちの自在な想像力による類似性の発見に通じるものを思わせて、注目される。

したがって、読者は、これらの比喩表現を目にすることによって、初めて、思いもかけぬ類似性に気づくことになる。それは、思いもかけぬ意外で奇抜な類似性に気づかされる悦びを読者にもたらすことにもなろう。しかし、「鮪」と「砲弾」をよく知っている読者ならば、両者の類似性を提示されても、あまり意外さを感じないかも知れない。「鮪」と「砲弾」は、よく見れば、色も形もなんとなく似ているではないか。それゆえ、「鮪」と「砲弾」を、「落ちつき払って並んでいた」と擬人化して表現した作者のたくらみに、むしろ驚かされるかも知れない。

また、以下の２例は、筆者の目にとまったものである。
⑪（入院患者の歩き方は）春先の硬い水を泳いでいる鮒のような感じだった。
(大江健三郎『死者の奢り』)
⑫則子の声は、瀬にいる鮎のようにとりとめもなくちらつき、彼をいらいらさせた。
(小川国夫『心臓』)

ともに、「魚」をイメージした比喩だが、歩き方を泳ぎ方に喩えるより、声を鮎そのものに喩えたメタファー表現の方が、より斬新なことは明らかであろう。前者は、喩えられる対象と喩える対象が同じ「動作」というカテゴリーに属するのに対して、後者は、喩えられる対象と喩える対象が「声」と

「鮎」という全く異なるカテゴリーに属するものであって、それだけ読者の豊かな想像力を要求する直喩表現になっているからである。

いずれにしても、優れた作者は、「魚」を対象化しても、凡人には思いもよらぬ類似性を発見してみせてくれることは確かである。そして、作者がことばによって新しく発見した類似性の世界は、③、⑥、⑩などに典型的に見られるように、「俗」で「生活臭」に富んだ方言比喩とは異なり、早くから言われてきたように、「雅」の世界であり、「美」の世界であり、どこまでも拡がる「豊かな可能性を孕む」世界ということになろう。特に、⑤は、金魚の美しさを誇張した直喩表現の典型的な1例であろう。

2. 方言比喩の場合

それに対して、方言比喩の場合はどうであろうか。山陰地方や熊本県下益城郡では、「妊婦のお腹の大きくなっているさま」を指して、「キンギョバラ」（金魚腹）と呼んでいる。ここには、明らかに、なにがしかのおかしみを醸成しようとする心意の構えが認められると言ってよかろう。また、島根県石見地方や、岡山県、広島県では、「鮟鱇」（アンゴー、アンコーとは言わない）が、

　〇ソネーナ　アホゲナ　コトー　スルノワ　アンゴージャー。そんな馬鹿げたことをするのはアンゴー（馬鹿）だよ。（岡山県浅口郡鴨方町、老男）

　〇ミテ　ミー。ムコーノ　ミチオ　アンゴーガ　アルイテ　イキョールデ。見てみろ。むこうの道を馬鹿者が歩いていっているよ。（広島県福山市、老男）

　〇ポカント　クチュー　アケテ　アホゲナ　カオー　シトル　ヒトー　アンゴーユーテユー　ノー。ポカンと口を空けて馬鹿げた顔をしている人をアンゴーと言うねえ。（広島県豊田郡豊町大長、老男）

のように、ぼんやりしている者、愚か者の見立てとして使用されている。これは、魚の鮟鱇が、動作が鈍く、いつも口を開けて餌が入ってくるのを待っているさまに由来するという[5]。

イエズス会の宣教師たちによって編纂され、日本語をポルトガル語で説明した辞書で、慶長 8 ～ 9 年（1603 ～ 04）に刊行された『日葡辞書』は、当時の口語を中心に、方言や歌語、婦人語など多分野にわたる語が約 32800 語収録されている画期的な辞書である。この『日葡辞書』を見ると、

> Ancŏ. l, angŏ. アンカウ，または，アンガウ（鮟鱇）川魚の一種で，足のある魚[※1]．また，鷺に似た水鳥の一種．（中略）川に居る鮟鱇のように，口をあけてぽかんとしている，愚かで鈍い人．また，Ancŏ. l, ancŏna mono. (鮟鱇、または鮟鱇な者) あの愚鈍な鮟鱇と同じような阿呆，すなわち，馬鹿者．　※1）鮟鱇アンカウ，有足魚也（易林本節用集）．脇鰭が足状の形をしている．
>
> Angŏ. アンガウ（鮟鱇）　Ancŏ（鮟鱇）と言う方がまさる．足のある魚．また，阿呆，馬鹿者．

とある。また、近世期の『浮世鏡』には「中国に腔（うつぼ）をあんごうといふ也。暗向也」とある[6]。これによると、中世末期から、「鮟鱇」（あんかう・あんがう）は愚かで鈍い人、阿呆、馬鹿者の見立てとして使用されていたことが分かる。このメタファーは、すでに中世末期には、口頭語として広い階層に浸透していたものと思われる。

島根県石見地方や、岡山県、広島県では、ぼんやりしている者や愚か者を指して、「アンゴー」を使用する際には、揶揄の心理や厳しい批判意識が伴うことが多く、「雅」の世界や「美」の世界とはおよそ無縁のものである。それは、「アンゴー」とともに「アンゴータレ」の言い方が聞かれることからも明らかであろう。「アンゴー」「アンゴータレ」はあくまでも、濃密な社会的規範を背景とする「俗」の世界に属するものであり、「生活臭」や「社会意識」が濃厚に感得されるものである。

また、愛媛県南部では、不美人を「オコゼノヨーナ」と言い、さらにエスカレートして「オコゼガ　サンバシニ　ブチアタッタヨーナ」と言ったりする。この直喩表現について、方言詩人として活躍し、生涯、方言や口頭語について深い関心を持ち続け、多くの著書を残した川崎洋の『かがやく日本語の悪態』（1997、草思社）から、少し長くなるが、以下に引用することにしよ

う。

> オコゼをつくづく眺めると、神様が本気でこういう生物をお造りになったのかと、そんなことを考えてしまいます。その上ヒレに鋭いトゲがあってこれに毒腺があります。釣りでうっかりこれに刺されて手がしびれ、会社を休んだわたしの釣り仲間がいます。ふつう食用にされるのはオニオコゼで、特に旬の六月はうまい。まあ、顔はでこぼこで、目が不細工に飛び出し全身の皮はウロコがなくてぶよぶよとたるみ、大きな口は上を向いています。もちろんこれは人間の側に立った審美眼によるもので、オコゼから見れば、ヒトなんて実に醜悪に映るでしょう。
>
> 南伊予では、不美人を「オコゼ」のようなと言い、さらにエスカレートして「オコゼが桟橋にぶち当たったような」と言ったりすると現地の人から聞きました。ともあれブスなんていう言葉のカスみたいな、ただ女性を傷つけることだけを100％目的とした悪口より、ずっとユーモラスで言葉遊びのセンスが働いている悪態です。また、福井県に「オコゼ灰にまぶしたような顔」という言い方があります。いずれにしろこういう悪態は日本語の文化だとわたしは言いたいのです。（174ページ）

「オコゼが桟橋にぶち当たったような」という誇張比喩は、川崎が言うように、共通語の「ブス」にくらべて、ユーモラスで言葉遊びのセンスが働いている悪態であり、印象づけの効果の高い言い方となっている。この明るい「笑いの世界」をもたらすユニークな誇張比喩が生成され、定着するためには、その社会の成員の大半が、「オコゼ」の形状の特徴を詳しく認知していることが前提とされることは、言うまでもない。しかし、この明るい「笑いの世界」をもたらす誇張比喩も、愛媛県松山市や宇和島市における古老の教示によると、衰滅の一途をたどっているとのことである。この点にも、どこまでも拡張していく可能性を秘めながら、今もダイナミックに息づく文学比喩との顕著な相違を認めないわけにはいかない。

ただし、方言比喩においても、瀬戸内海域では「サクラダイ」[7]（桜鯛）という言い方が広く使用されていて、一見、桜色をしたその美しさに焦点を当てた認識の造形化のように思われる。しかし、瀬戸内海域の漁民は、桜が

咲き始めるころに「マダイ」(真鯛)が大きな群れを成してやってきて、味が最も美味であることに着目して、「サクラダイ」と呼んでいるのである。彼らは、「マダイ」の美しさよりも、その時期に大量に漁獲できる「マダイ」の価値を重視しているのであって、そこに「マダイ」を「桜」が咲き始める時期に見立てた漁民独自の新しい意味の生成が認められるのである。瀬戸内海域の漁民は、「マダイ」に対しても、「雅」や「美」の世界ではなく、経済的価値を中心とする「生活現実」(生活の有用性)の価値に重点を置いてきたものと考えられる。ここに、共通語の「サクラダイ」の意味との決定的な違いが認められるのである。

　ちなみに、上野智子は、漁民が独自に、山立て[8]のために付した海岸部の微細地名(狭い空間領域に付した地図に記載されていない地名)の比喩の特色について、次のように述べている。「いずれも人間の生活を髣髴とさせるものばかりで生活感覚とは切り離せない点において、文学的比喩とは大きく相違する。(中略)そこには、庶民生活の実用的で明快な側面と、ことば遊びを楽しむユーモラスな側面とが融合した比喩の奥行きを観察することができる」(上野、2004)。

V. 他の語彙カテゴリーとの比較

　論の展開をもとにもどし、「魚名語彙」に認められる比喩表現に関する分析結果を、他の語彙カテゴリーと比較してみることにする。すでに、本章の1で、「魚」の喩えの対象に選ばれた素材を、意味の観点から細分し、それを大きく、「自然」「人間」「事物」の3類に統合して、それぞれの比率を明らかにした。そして、第四章で明らかにし得た「性向語彙」における比喩表現の喩えの対象の意味カテゴリーと比較した結果、「魚名語彙」の場合は「自然」のカテゴリーの比率が44.4%であるのに対し、「人間」のカテゴリーの比率が19.5%であり、それに対して性向語彙の場合は「自然」のカテゴリーの比率が25.0%で、「人間」のカテゴリーの比率が49.2%であって、「魚名語彙」の場合とはほぼ相反する関係を示すことが明らかとなった。また、「魚名語彙」の二次的メタファーにおいては、「自然」のカテゴリーに属する

要素の比率は一次的メタファーよりもさらに高くなり、57.8％を占めており、「人間」のカテゴリーの約2.8倍量となることも分かった。

　この結果を踏まえて、筆者は、「性向」のように喩えられる対象が「人間」の語彙カテゴリーに包含される場合には、喩える対象も「人間」に関する素材が選択される比率が高くなり、それに対して、「魚」のように喩えられる対象が「自然」の語彙カテゴリーに包含される場合には、喩える対象も「自然」に関する素材が選択される比率が高くなることを指摘した。そして、それは、喩えられる語彙カテゴリー・意味カテゴリーと喩える語彙カテゴリー・意味カテゴリーとの間には、一種の「相関関係」「制約関係」（相対性）が認められることを明確に意味するものである、という仮説を提示したのである。

　この仮説は、主として文学比喩の世界を対象として提唱されてきた、喩えられる対象の「概念」（意味）と喩える対象の「概念」（意味）との間には、なんら意味的制約関係は認められないとする、従来、一般に行われてきた理解の仕方、とりわけ認知意味論や文体論における定説とは大きく相違するものである。ただ、ここで注意しておかなければならないことは、認知意味論や文体論においては、比喩表現、とりわけメタファーの問題が、筆者の見るところ、個々の事例（比喩語・比喩的イディオム・比喩文）を対象として展開されている場合が大半を占め、一定の意味カテゴリー・語彙カテゴリーを対象化して、分析・考察されることがほとんどなかったということである。もし、認知意味論や文体論において、文学比喩を対象として、筆者と同様の方法で分析、考察を行った場合、はたしてどのような結果が認められることになるのだろうか。

　このような大きな問題が残されているとしても、上に提示した仮説が正しいということになれば、喩えられる意味カテゴリーと喩える意味カテゴリーにおける「意味的相対性」という現象は、方言比喩における極めて重要な一特性を形成するものであると判断することができるだろう。

　しかし、この「意味的相対性」という仮説は、あくまでも「性向語彙」と「魚名語彙」というわずか二つの語彙カテゴリーを比較することによって得

られたものであって、普遍化を試みるには、あまりにも客観度が低いと言わなければならない。

そこで、本節では、上野智子が明らかにした「地名の比喩」(2004、徳島県下の5地点と隣接2地点で採録されたものを対象とする)と「魚名の比喩」を比較することによって、はたして、「喩えられる対象」(喩えられる意味カテゴリー)と「喩える対象」(喩える意味カテゴリー)との間に、「意味的制約関係」が認められるかどうかという問題を検証することによって、仮説の客観度をなにほどか強化してみたい。さらに、それに加えて、両者における類似性認知の視点や類似性認知の感覚に、どのような異同が見られるかといった問題についても、検討を施してみることにする。

1. 喩えられる対象と喩える対象の意味的関係性

上野は、『地名語彙の開く世界』(2004)のⅡ章で、地名とレトリックの問題を取り上げ、2節で「比喩と地名」と題して、比喩地名に関する多角的で精緻な分析、考察を行っている。上野は、徳島県下の5地点と隣接2地点(いずれも漁業社会)で採録された比喩地名だけでなく、全国規模に拡大して整理、分析を試みている。比喩魚名の調査が鳥取県下の2地点と瀬戸内海の3地点に限られているので、ここでは、徳島県下の比喩地名を対象として、比喩魚名との比較、考察を行うこととする。

上野は、徳島県下の5地点と隣接2地点で、漁民が山立てのために、極めて狭い空間領域に独自に付与した微細地名[9]が1600語認められ、そのうち190語が比喩地名であって、全体の11.87％を占め、その比率の高いことに注意を喚起した上で、まず、比喩地名を、以下に示す六つの意味カテゴリーに類別している。なお、以下の表では、最初に意味カテゴリー、次いでその意味カテゴリーに属する対象(素材)のごく一部、最後に喩えの対象として選ばれた素材の異語数の順に、示すことにする。

意味カテゴリー	対象（素材）の一部	喩えの対象の異語数
動　　物	馬・牛・犬・兎・亀	16語
食 生 活	杓子・俎・釜・鍋・蕪	18語
住 生 活	壁・屏風・門・枕・棚	19語
衣 生 活	烏帽子・笠・兜・靴・眼鏡	12語
身　　体	裸・背・首・臍	6語
人間活動	相撲取・座等・達磨・お多福	12語

　比喩地名は、そのほとんどすべてが、比喩魚名における二次的メタファーに該当するものである。したがって、比喩地名と比喩魚名の比較は、二次的メタファーを中心として行うこととする。
　さて、比喩魚名の二次的メタファーの意味カテゴリーは、上位レベルは「自然環境・衣食住・人間・道具」の4類に類別され、下位カテゴリーは「天地・動物・植物・鉱物・衣生活・食生活・容姿・活動・身体・属性・箱・籠・太刀」の13類に類化される。意味カテゴリーについて、比喩地名と比較すると、上位レベルでは「自然環境・衣生活・食生活・人間」のカテゴリーが共通するが、「住生活」は比喩魚名には認められない。下位カテゴリーについて見ると、「動物・衣生活・食生活・人間活動・身体」は比喩地名と共通するが、「天地・植物・鉱物・容姿・属性」は比喩魚名に特徴的なものである。ただ、ここで、注意しなければならないことは、一見、比喩魚名に特徴的と見える「鉱物」が、比喩地名の場合は、「コイノイワ（鯉の岩）・ヘソイワ（臍岩）・オヤコイワ（親子岩）・エボシイワ（烏帽子岩）、クビイシ（首石）・ヒキイシ（篁石）、ウマバイ（馬バイ）・クジラバイ（鯨バイ）・ウスバイ（臼バイ）・ヨボシバイ（烏帽子バイ）」のように、喩えられる対象として後部要素に現れるということである。漁民は、魚が多く集まる「アジロ」（網代）を確認する山立ての指標として、特徴的な「岩」や「石」、あるいは「はえ」（暗礁）にも注目して、比喩地名を創造しているのである。したがって、比喩地名における「鉱物」に関しては、比喩魚名の場合と同列に扱うことはできない。また、植物や人間の容姿・属性も、山立ての指標と

して活用しにくいものである。

　ところで、比喩魚名の二次的メタファーについては、すでに検証したとおり、ことば遊びを楽しみながら、意外性に富む認識の造形化にいそしむという行為とは別に、分かりやすさ、理解のしやすさをねらったものが多く、個々の魚を精確に弁別するという「利便性」の意識の働きが明確に認められるのである。言い換えれば、個々の魚の特徴をイメージ化しやすく、同時に弁別しやすい方向へと認識の造形化が作用した、と言うことができる。上野が徳島県下で採録に成功した海岸部の微細地名は、先にも触れたとおり、そのほとんどが変種に相当する二次的メタファーである。したがって、比喩魚名の場合と同様に、いやそれ以上に、比喩地名の場合は、山立ての個々の指標の特徴をイメージ化しやすく、同時に精確に弁別しやすい方向へと、比喩の心意が強く働いたものと考えることができる。

　はたして、そうか。それを、喩えの対象として選ばれた具体的な素材、具象的な対象を見てみることによって、明らかにすることにしよう。まず、「動物」のカテゴリーに属する個々の素材は、次に示すように、

　　馬・牛・犬・狸・兎・鶴・鳶・鶏・蜘蛛・虫・鯨・亀・蛙・鯉・蛸・さざえ

の16種である。いずれも、上野が指摘しているとおり、「陸上および水中の身近な動物が登場している」(40ページ)。また、「住生活」のカテゴリーに属する個々の素材について見ると、

　　壁・屏風・障子・垣・門・甍・屋形・伝馬・御輿・長持・柩・腰掛・枕・板・棚・段・手斧・鋸

のように、断崖絶壁（壁〜垣）や、おおむね角張った形状（門〜枕）、さらには鋭く尖った刃の形状が比喩の対象に選ばれている。さらに、「衣生活」のカテゴリーに属する個々の素材について見ると、

　　烏帽子・笠・兜・覆面・眼鏡・鎧・身頃・靴・剣・薙刀・弓・鉄砲

のように、半数が武具によって占められているが、これらも使用体験の如何にかかわらず、昔の漁民にとっては、容易に想像できたものと見なしてよかろう。

要するに、「動物」「住生活」「衣生活」のいずれにおいても、人びとによく知られた身近な対象が選ばれている。ということは、誰もが理解しやすく、共感を寄せやすい対象であることを意味するものである。しかも、比喩地名には、比喩魚名のように、「ツキノヨ（月の夜、マトオダイ）、サカビシャク（酒柄杓、ミシマオコゼ）、フリソデ（振袖、カスザメ）、エーニョーバー（未婚の美しい女性、カスザメ）、ミヤジマサマノヘコノオビ（宮島様の褌の帯、アカタチ）、ママカリ（飯借り、サッパ）、アカゲタ（赤下駄、アカシタビラメ）、モンツキ（紋付、トラフグ）、ウタウタイ（唄歌い、イサキ）」といった一次的メタファーは、ほとんど認められない。

　比喩魚名における一次的メタファーは、すでに触れたように、いずれも意外性に富むものが多く、魚種や個々の魚種の特徴をよく知らない一般の人びとにとっては、喩えられる魚と喩える対象との類似性を発見することが極めて困難なものばかりである。また、比喩地名には、誇張比喩による実にユニークでユーモラスな認識の造形化（「オコゼが桟橋にぶち当たったような」、不美人の喩え、愛媛県南部、「ミヤジマサマノヘコノオビ」宮島様の褌の帯、アカタチの比喩、山口県防府市野島）がほとんど見られない。

　これらの事実を合わせ考えると、比喩魚名に対して、比喩地名は豊かな想像力による新しい認識の造形化を楽しむ方向ではなく、成員の共通理解に基づく個々の場所（極めて狭い空間領域）を正確に認知し、弁別する「利便性」「実用性」の方向へ大きく展開している、と言うことができるだろう。伝馬船に乗って、波に揺られながら、瞬時に山立ての指標を正確に見定めるためには、何よりも「分かりやすさ」が求められたものと思われる。そのような状況下にあっては、一種、謎解きにも似た趣を呈する比喩の展開は、極めて困難であったと推測される[10]。

　ここに、比喩魚名と比喩地名との決定的な違いが見出される。すなわち、比喩魚名に比して、比喩地名においては、「認知の制約」という要因をはじめとして、「弁別の機能」「利便性の要請」（実用性の要請）などが、はるかに強く働いているということである。さらには、魚名という「普通名詞」と、地名という「固有名詞」の違いも、なにほどか反映していると考えられ

ようか。

　ここで、比喩魚名と比喩地名の意味カテゴリーを、「自然」「人間」「事物」の三つに統合し、語数と比率の違いを、分かりやすく表示してみることにする。

(i)　比喩魚名

	語　数	比　率
自　然	22語	57.8%
人　間	8語	21.1%
事　物	8語	21.1%

(ii)　比喩地名

	語　数	比　率
自　然	33語	24.3%
人　間	26語	19.1%
事　物	77語	56.6%

　この結果を、「性向語彙」と比べた場合、比喩魚名・比喩地名のどちらも、「人間」のカテゴリーの比率が30％近く低くなっていることが注目される。これは、すでに、比喩魚名に関する考察において述べたように、喩えられる対象の意味カテゴリーが喩える対象の意味カテゴリーに、一種の「制約」をもたらしているもので、「人間」対「非人間」の違いが、喩える対象の意味カテゴリーに反映しているものと解される。比喩地名についても、同じことが言えるわけで、喩えられる対象の意味カテゴリーと喩える対象の意味カテゴリーとの関係は、意味的に何らの「制約関係」も認められない、自由で、無限に展開する関係性にあるのではなく、一種の「制約関係」、「相関関係」（＝相対性）が存すると考えざるを得ない。

　さて、比喩魚名と比喩地名を比較した場合、最も注目されることは、比喩地名において「事物」のカテゴリーの比率が全体の56.6％を占めており、比喩魚名の場合よりも35.5％も高くなっているという事実である。これは、微細地名において、認識や判断の中心が「形」の特徴に据えられたことを意味するものと考えられる。事実、上野（2004）は、「食生活」のカテゴリーについて、次のように述べている。

　　　杓子・俎・包丁は平たく長いもの、釜・鍋・御酒錫は丸いもの、臼・
　　米櫃・桶・俵は円筒状のもの、蕪・饅頭・団子は丸いもの、梅干・豆・
　　種は丸く平たいもの、焼飯・豆腐は角ばったもの、それぞれの比喩であ

り、形状認識からは丸・角・平らに大きく類別される。(44ページ)
また、「住生活」のカテゴリーについては、次のような指摘を行っている。
> 門・甍・屋形・伝馬・御輿・長持・柩・机・腰掛・枕は、それぞれの形に微差はあるが、おおむね角ばった箱状のものと考えてよかろう。食生活に関する喩材の中で半数近くを占めた丸い形のものとは対照的である。ここでは角張った形状が過半数を占めている。また、長持や、昔の漁業には欠かせなかった伝馬（船）が地名に名残をとどめており、机や腰掛は、これらより新しい命名ではないかと思われる。(46ページ)

比喩魚名の場合も、「形」の特徴が類似性認知の視点として重要な機能を果たしているが、「色」や「模様」もそれに劣らず重要な視点として機能しているのである。それに対して、比喩地名の場合は、まず「形」の特徴が重視されたのであろう。これは、漁民が、海上にあって、山立ての指標を瞬時に見分ける際、指標の対象となる「地形」の全体的な特徴が最も有効に作用したことを意味するものと考えられる。したがって、「形」の全体的な特徴を明確に現す「事物」のカテゴリーの比率が高くなっているのである。また、比喩魚名の場合は、「イシダイ・コブダイ・ウルメイワシ・オチョボガレー・イシガレー」のように、部分的特徴・小さな特徴にも目が向けられているが、比喩地名の場合は、あくまでも全体的な「形」の特徴に関心の焦点が当てられているのである。

比喩魚名の場合は、二次的メタファーにほぼ匹敵する数の一次的メタファーが認められ、豊かな想像力を駆使して、多様で意想外な対象へ転写することによって、意外性を喚起し、一種謎解きの面白さや笑いの世界へと誘う趣向が感得された（エーニョーバー＝未婚の美しい娘、ミヤジマサマノヘコノオビ＝宮島様の褌の帯、オコゼガ桟橋にぶち当たったような）。また、誇張比喩を創造することで、印象づけの効果も感じ取られた（ツキノヨ＝満月の夜）。それに対して、比喩地名の場合は、二次的メタファーがそのほとんどすべてを占めている。

さらに、すでに指摘したことではあるが、比喩魚名の場合のように、個々の対象（魚）の部分的特徴に注目することは極めて少なく、喩えられる対象

（海岸部における山立ての指標）の全体的な形状、それも、そのほとんどすべてが、「形」の全体的な特徴を重視し、印象づけようとしているのである。この点にも、比喩魚名と比喩地名との重要な相違が認められることを、ここで再度、強調しておきたい。

　これらのことから判断するに、比喩地名は、比喩魚名における二次的メタファーの場合と同様に、個々の対象を正確に認知し、同時に弁別するという「利便性の効果」「実用性の効果」に、もっぱら比喩のねらいが設定されてきたと考えて、まず間違いないであろう。しかし、比喩のねらいが「利便性の効果」「実用性の効果」に設定されてきたとしても、そこには、漁民が日々の漁撈経験を通して、自然と一体化することによって育んだ独特の「感覚的理性」が、「生活の必要性」という原理を基盤として働いていることは、否定しがたい事実である。

2. 類似性認知の視点

　ついで、類似性発見の動機づけの観点から、比喩魚名と比喩地名のカテゴリーについて比較を試み、両者の差異を明らかにすることにしよう。比喩魚名については、類似性認知の視点が六種認められ、それぞれ、以下に示すような語数と比率の分布が認められた。

① 形状（形・色彩・模様）—— 56語（75.7％）
② 動き（活動）—— 6語（8.1％）
③ 性質（習性・生態）—— 4語（5.4％）
④ 生息場所—— 3語（4.0％）
⑤ 時期関係—— 3語（4.0％）
⑥ その他—— 2語（2.8％）

これに対して、比喩地名の場合は、①の「形状」がその大半を占める。②動き、③性質、④生息場所、⑤時期関係の視点は全く認められず、その他、「形状」に含まれないわずかな比喩地名が存するだけである。しかも、「形状」について、類似性を認知する場合、そのほとんどが「形」の全体的特徴であって、「模様」に関するものは全く認められない。しかも、上野による

と、「丸い形」が比喩地名全体の4分の1に相当し、三角・四角・円筒・円錐・角錐の各形状は、そのすべてを合わせても、丸い形状のそれに見合う程度だという。

比喩地名における類似性認知の視点と、その語数、比率は、次の通りである。なお、喩えの対象に選ばれている具体的な比喩事象は、136語も認められ、あまりにも語数が多くなるので、ここにはそのごく一部を挙げるにとどめる。詳しくは、上野（2004）を参照されたい。

① 形状（形）── 134語（98.5％）

ウマノシェ（馬の瀬）、クジラノハナ（鯨の鼻）、ダイノハナ（台の鼻）、エボシノハナ（烏帽子の鼻）、シャクシノハイ（杓子の磐）、マナイタグリ（俎刳）、モンバイ（門磐）、ウスバイ（臼磐）、オケバイ（桶磐）、テンマバイ（伝馬磐）、カサバイ（笠磐）、カブトバイ（兜磐）、スモトリバイ（相撲取磐）、ケンザキ（剣崎）、ハダカジマ（裸島）、フタゴジマ（双子島）、ヤキメシヤマ（焼飯山）、ショージ（障子）、ヒツギイシ（柩石）、クビイシ（首石）、ヒナサンダン（雛様段）、オヤコイワ（親子岩）、ヘソイワ（臍岩）、ザトーイワ（座頭岩）、サネイソ（種磯）、ノコギリイソ（鋸磯）、ウシガクビ（牛が首）、マメガウラ（豆が浦）、ビョーブガウラ（屏風が浦）、ユミアジロ（弓網代）、カマガハマ（釜が浜）

② その他── 2語（1.5％）

イヌガエリ（犬返り）、イヌモドリ（犬戻り）

比喩魚名と比喩地名における類似性認知の視点に関して、質・量の両側面で、このような大きな差異が認められる理由は、簡潔に言えば、「動物（魚）」／「非動物（地形）」の対立と、喩えられる個々の対象を精確に弁別するための「利便性の効果」「実用性の効果」を要請する度合の違いに求められる、と言ってよかろう。

3. 類似性の認知に関わる感覚

比喩魚名に関しては、漁民は、ⅰ．視覚、ⅱ．聴覚、ⅲ．嗅覚、ⅳ．味覚の4種の感覚を用いて類似性を認知しているが、そのほとんどが「視覚」

(90.3％) であって、ここに視覚の「絶対的優位性」を指摘することができる。比喩地名の場合は、その現象がさらに顕著であって、136語中、「餅搗」(モチツキ) の1語を除いて、すべて視覚が関わっている。「餅搗」は、その岩に波が当たるときにたてる音の特徴に注目したもので、「聴覚」が関与している。比喩魚名は、当然のことながら、喩えられる対象が見られるだけのものではなく、「ママカリ」「サンジョゴメ」「ノドクサリ」「バクチウチ」「ナベワリダイ」(土鍋を突っつきすぎて割るほど旨い肴の意、クロダイ、伊勢湾)「ナベクサラシ」(煮ると、まずい上に生臭いため、鍋も腐るほどだという意、カンダイ、長崎県) のように食べられる対象でもあるのに対して、比喩地名は、喩えられる対象がもっぱら見られる対象——精確に見分けられる対象——であったことを意味するものであろう。いずれにしても、類似性認知の感覚は、語彙カテゴリー・意味カテゴリーの別を超えて、「視覚」が圧倒的な優位性を示すものと考えられる。

　なお、参考までに、筆者と上野が共同で調査を実施した (1980)、大分県東国東郡姫島大海集落における微細地名の中の比喩地名、ならびに筆者が独自に調査した姫島西浦集落で採録し得た比喩地名 (1987) を記すと、以下の39語である (西浦と注記している比喩地名は西浦集落に独自のもので、何も注記していない比喩地名は大海集落と西浦集落に共通するものである)。

　　ヘータテノハナ (塀立ての鼻)、ヘータテバナ (塀立て鼻)、マルイシバナ (丸石鼻)、カンノンサンノハナ (観音さまの鼻)、タルミノハナ (垂水の鼻)、ミツイシバナ (三石鼻)、ミツイシノハナ (三石の鼻、西浦)、ワンドハナ (わんど鼻)、イタジキ (板敷、西浦)、イタヤ (板屋)、ワカメゼ (若布瀬)、ヘータテノセ (塀立の瀬)、ワンドンシェ (わんどの瀬)、ワンドノセ (わんどの瀬、西浦)、ヘータテノアラジェ (塀立ての荒瀬)、ワカメゼノクボ (若布瀬の窪)、ハナグリノクボ (鼻刳の窪)、イタイソンクボ (板磯の窪)、ホリケンクボ (堀けん窪、西浦)、アシカバエ (海驢磐)、アシカバヤ (海驢磐)、シリハゲ (尻禿げ)、クジラバト (鯨波止)、ショージ (障子)、ショージイワ (障子岩)、トシャクイワ (斗尺岩)、トシャクユワ (斗尺岩、西浦)、ミョートイワ (夫婦岩)、

ヨロイイワ（鎧岩）、ヨロイユワ（鎧岩、西浦）、テンマイシ（伝馬石、西浦）、ヒトツイシ（一つ石）、クレワンイソ（くれの岩の磯）、イタンイソ（板の磯）、タカンス（鷹の巣）、タカンスノシタ（鷹の巣の下）、ハシラダケ（柱岳）、カンノンダキノセンニンドー（観音崎の仙人洞、西浦）、ツヤヌケ（崖崩れ）

最後に、「類似性認知の感覚」とは直接、関係はないが、「比喩魚名」の二次的メタファーに属するもののうち、「地名」が喩えの対象となっている例を1例だけ挙げることにしよう。それは、「ナゴヤ・ナゴヤブク」（名古屋・名古屋河豚）という呼称である。近畿地方や九州の広い範囲では、「ショオサイフグ」を指して「ナゴヤ・ナゴヤブク」と呼び、関東地方では「ヒガンフグ」を同名で呼ぶ。「ナゴヤ」は、中毒すれば、「身の終わり・名古屋＝美濃尾張・名古屋」だ、という駄洒落からきている、と大分県東国東郡姫島村の老年の漁師さんが説明してくれた。山陰地方や瀬戸内の岡山県・広島県では聞くことができないようである。駄洒落でもあろうが、同時に、謎解きの面白さを伴う。「河豚」の1種だ、という説明を受ければ、中毒から「身の終わり」を連想して、類似性の発掘は可能となろうが、単に、「ナゴヤ」という呼称を聞いただけでは、この謎解き――類似性の発掘――は容易ではなかろう。ちなみに、「地名」が喩えの対象となっている比喩魚名は極めて少なく、その点、農産物とは対照的である。

VI. 比喩魚名の地域性

比喩魚名の地域性に関しては、今まで見るべき成果は報告されていない。それは、魚名語彙に関する全国的な規模での研究成果が乏しく、地点の偏りや調査方法の不統一などの問題点が認められる事実と、ある程度、相関する事柄である。したがって、比喩魚名の地域性を厳密な形で認定することは、現時点では全く不可能である。だが、個々の比喩魚名に関しては、どこかの地点、あるいは地域で、独自に生成されたものであることが推定され、しかもかつての漁業社会にあっては、長く漁場が狭い海域に限定されてきたことを併せ考えると、多数の魚の比喩魚名が、それぞれ同じような形態をとって

広域にわたって分布するといった状況は、そもそも考えにくいことであろう。それゆえ、比喩魚名に限定するならば、基本的に狭い地域に分布するものが圧倒的に多いという仮説を設定することが可能だと思われる。

以下には、その仮説を検証するため、「タイ」(鯛)と「サメ」(鮫)という二つの種およびそれぞれの変種に見いだされる比喩魚名を対象化して、それがどのような地域にどのような広がりをもって分布しているか、明らかにしたい。そのための資料としては、渋沢敬三『日本魚名の研究』(1959、角川書店)、栄川省造『魚名考』(1974)、ならびに愛宕八郎康隆の諸論考や拙著の一部を使用する[11]。なお、以下に示す比喩魚名で名指される「タイ」と「サメ」の種ならびに変種は、いずれも日本本土の沿岸部ないしは近海部に棲息するものである。

さて、分布状況に関しては、次の三つの分布パタンを設定する。
A. 狭域分布──１県ないしは隣接する２県にわたって分布するもの
B. 中域分布──１地方（たとえば近畿地方）ないしは隣接する２地方（たとえば近畿地方・四国地方）にわたって分布するもの
C. 広域分布──隣接する３地方以上ないしは遠隔の２地方以上にわたって分布するもの

1.「タイ」の比喩魚名の地域性

まず、「タイ」(鯛)の比喩魚名の分布状況について見てみることにする。
【アオブダイ】
A. 狭域分布──①ハチ・バッチ（大きな頭部を「鉢」に見立てた、長崎県・鹿児島県）、②イガミオバ（顔つきが意地悪婆に似ているところから、こう呼ぶ、和歌山県）、③ブンチョー（口付きが文鳥のそれに似ているところから、こう呼ぶ、香川県）
B. 中域分布──①バンドー（頭が異様に大きいのを、八カ国から成る坂東に見立てた誇張比喩、関西・高知県）
C. 広域分布──①コブ・コブダイ（雄の頭部が瘤状に隆起しているところから、こう呼ぶ、関西・和歌山県・中国・四国）

【イシガキダイ】

A．狭域分布——①ヨノミデカメンコー（体表に榎の実のような黒い斑点が亀の甲型にあるところから、「榎の実で亀の甲」と呼ぶ、大分県東国東郡姫島）、②エノミコーロー（榎の実に似た斑点が縞状にあるところから、こう呼ぶ、高知県）、③キッコーヒシャ・モッコーヒシャ（体表の斑点が亀甲に似ているところから、こう呼ぶ、鹿児島県）、④タワコイレ（昔の袋状の煙草入れの色や形に似ているところから、こう呼ぶ、富山県）、⑤ヒゲ（成魚になると、口辺が白くなり、白髭を生やしているように見えるため、こう呼ぶ、三重県）、⑥ドスタカバ（老成魚は色がどす黒くなり、鷹羽模様に見えるところから、こう呼ぶ、富山県）

【イシダイ】

A．狭域分布——①ワサナベ・アサナベ（成魚の体色が薄黒く、体表がザラザラしているのが、「土鍋」に似ているところから、こう呼ぶ、和歌山県）、②ナベダイ（「鍋鯛」、単に、「ナベ」とも、愛知県）、④サンビキ（若魚の縞模様が、桟を描いたように見えるところから、こう呼ぶ、和歌山県）、⑤キョーゲンバカマ（若魚の縞の模様が、狂言に使う縞模様の袴によく似ているため、こう呼ぶ、和歌山県）、⑥ナナギリダイ（体表に七筋の黒い縞があるところから、こう呼ぶ、秋田県）、⑦コリイオ（身がひきしまって堅いため、「凝り魚」と呼ぶか、愛媛県）、⑧コーロー（体表の縞が猪の子の縞に似ているところから、こう呼ぶか、高知県）、⑨ナベワリ（この魚が旨いため、多勢で突っつきあって土鍋を割ったという誇張比喩、和歌山県）、⑩ユワシナベ（鰯を煮た鍋は、何度洗っても匂いが残る、イシダイも皮を剥がないで煮ると、大変臭いことから、こう呼ぶ、和歌山県）

C．広域分布——①サンバンソー（若魚の横縞を、三番叟の踊りに被る烏帽子の黒白縞に喩えて、こう呼ぶ、関西・淡路島・徳島県・北九州市）

【イボダイ】

A．狭域分布——①バカ（生きているうちは、涎を垂らすように、体表から粘っこい体液を出すところから、こう呼ぶ、鹿児島県）、②アゴナシ

第五章　漁業社会の魚名語彙における比喩の諸相　323

（口辺が丸みを帯び、口が小さく、顎がないように見えるところから、こう呼ぶ、千葉県）、③モチイオ（粘液の多い魚であるため、「鳥モチ」に見立てて、こう呼ぶ、長崎県）

B. 中域分布──①クラゲイオ（幼魚はくらげの下に潜み、成魚はくらげを好んで食べるところから、こう呼ぶ、兵庫県・岡山県・広島県）

【クロダイ】

A. 狭域分布──①ナベワリダイ（「鍋割り鯛」、炊いた鍋を突っつきすぎて割るほど旨いところから、こう呼ぶ、昔の鍋は土鍋で割れやすかった、伊勢湾）

B. 中域分布──①カワダイ（沿岸に棲み、川口にも入ってくるところから、こう呼ぶ、富山県・石川県・福井県）

【タカノハダイ】

A. 狭域分布──①ヤマドリ（体表の縞が、鷹の羽の縞に似ているところから、こう呼ぶ、鳥取県）

【マダイ】

A. 狭域分布──①ヘイケ・コベイケ（マダイの赤い体色が、平家の赤旗を連想させることから、こう呼ぶ、山口県下関市）

C. 広域分布──①ムギワラダイ（麦が熟する頃は、ちょうどマダイの産卵後で、痩せており、骨の芯が空になっているところから、こう呼ぶ、瀬戸内海全域）

【マトオダイ】

A. 狭域分布──①ウマダイ（この魚の顔が馬の頭に似ているところから、こう呼ぶ、富山県）、②ツキノヨ（体側中央にある、一個の大きな薄黒い円紋を月に見立てて、こう呼ぶ、鳥取県）、③ツキノワ（円紋が満月型をしているものを、こう呼ぶ、鳥取県）、④クルマダイ（円紋の周りを、白い環状線がとりまいて、車輪型の斑紋になっているところから、こう呼ぶ、新潟県・富山県）、⑤ヤイトイオ（体側の円紋を灸の跡に見立てて、こう呼ぶ、和歌山県）、⑥ワシダイ（口を閉じているときの形が、鷲の口付きに似ているところから、こう呼ぶ、鹿児島県）、⑦

ワシイオ（同前、和歌山県）、⑧モンツキ（体側に円紋があるため、紋付に見立てて、こう呼ぶ、熊本県・岡山県・広島県ではトラフグを指してモンツキと呼ぶ）

C. 広域分布——①バト・バトー（マトオダイの顔が馬の頭に似ているところから、こう呼ぶ、関西・兵庫県・岡山県・山口県・北九州市）、②カネタタキ（この魚は、釣って生簀に入れておくと、低音で発声するところから、こう呼ぶ、新潟県・福井県・四国・長崎県）

以上が、「タイ」および「タイ」の変種に見出すことのできる比喩魚名である。この全体について、分布パタンごとに再度整理し、それぞれの語数と比率を表示すると、次のようになる。

分布パタン	語　数	比　率
狭域分布	33語	82.5%
中域分布	3語	7.5%
広域分布	4語	10.0%

上の表によって、すぐに知られることは、狭域分布のパタンに属する比喩魚名の比率が卓越していることである。これによって、「タイ」の比喩魚名の分布状況は、狭域に分布するものが圧倒的な優位性を示す、と言える。したがって、最初に提示した仮説は、少なくとも「タイ」という魚種に限ってみれば、その妥当性が検証されたことになる。さらに、付け加えるならば、「タイ」に関して、漁民は、地域ごとに、豊かな想像力・連想力を働かせ、多様な認識の造形化を試みているということである。それが広い地域に広がっていかなかったのは、かれらが創造した魚名が和名ではなく、まさに比喩魚名だったからであろう。言い換えれば、広い地域の漁民が交流する場にあっては、それぞれの地域で生成された比喩魚名ではなく、主に和名が使用されたものと考えられる。筆者の経験によれば、漁民は、個々の魚について、まず種に相当する和名を教示してくれ、ついで変種に相当する和名を教えてくれる。そして、さらに詳しく尋ねると、比喩魚名とともに、彼らが発見した喩える対象との類似性について、語ってくれるのである。漁民は、あくま

でも和名が正式の名称だと認識していることは間違いないだろう。この意識と、漁民同士の交流する場が昔から狭かったことが、比喩魚名の拡張を妨げる要因となったものと考えられる。

2.「サメ」の比喩魚名の地域性

ついで、「サメ」の比喩魚名の分布状況について、見てみることにする。
【コバンザメ】
A. 狭域分布──①アヤカシ（アヤカシは「妖怪・化物」の意、漁民はコバンザメが船に吸着することを嫌う、福井県）、②フナシトギ・フナシドキ（この魚は船底に吸着して、船の進行を止めるものと、昔の漁民は信じていたところから、こう呼ぶ、「フナシ」は船脚、「トギ」は途切り、北九州市）、③スナジトリ・スナチドリ（②と関係があるか、佐賀県）、④フナヤドリ（船底に吸着しているところから、こう呼ぶ、山口県）、⑤ピンピク（魚体が細長く、尾部が特に細いため、鷸鴒に似ているところから、こう呼ぶ、宮城県）、⑥ツチウオ（額と後頭部が出張って、頭頂部の平たい頭のことを、「ツチアタマ」と言う、この魚の頭の形状が「ツチアタマ」に似ているところから、こう呼ぶ、茨城県）、⑦ソロバンイオ（吸盤の形が算盤に似ているところから、こう呼ぶ、広島県）、⑧ワラジメ（吸盤の形が草鞋に似ているところから、こう呼ぶ、茨城県）、⑨ハダシタビ（吸盤の形が、足袋の裏の形に似ているところから、こう呼ぶ、富山県）、⑩サメジラメ（吸盤で鮫に吸いつき、なかなか離れないため、「鮫虱」と呼ぶ、富山県）
B. 中域分布──①ゾーリベタ（吸盤の形や、吸盤に横ヒダがあることが、草履に似ているところから、こう呼ぶ、東北地方）

【ホシザメ】
A. 狭域分布──①カノコザメ（体表に多数の白色斑点があるため、「鹿の子」に見立て、こう呼ぶ、宮城県）、②ツノジ（小型のサメは水から引き上げておくと、尾部を曲げて「つ」の字形になるところから、こう呼ぶ、鳥取県・島根県）、③ハカリザメ（棹秤には白点の目盛りがあり、

この魚の体表にも白点が多数あるところから、こう呼ぶ、和歌山県）、④テッポー（細長い魚形を、鉄砲に見立てて、こう呼ぶ、愛媛県）、⑤ホシ（体表に多数見られる白色斑点を、「星」に見立てて、こう呼ぶ、鳥取県）

B. 中域分布──①ノークレ・ノークリ（この魚は、砂に潜ったまま全く体を動かそうとせず、近づいてきた小魚を食べる習性があるところから、体を動かそうとしない「怠け者」に見立てて、こう呼ぶ、島根県・岡山県・広島県・山口県・北九州市）

C. 広域分布──①ノソ・ノーソ・ノーソー（「ノークレ・ノークリ」に同じ、関西・山陰・四国・九州）

【カスザメ】

A. 狭域分布──①フリソデ（広くて長い腹鰭を、「振袖」に見立てて、こう呼ぶ、鳥取県）、②ソデザメ（同前、島根県出雲地方）、③エーニョーバー（振袖を着ているのは、未婚の美しい女性であるところから、「未婚の美しい女性」を連想したもの、鳥取県）、④シモフリ（体表に白い斑点が多数あるため、「霜降り」に見立てて、こう呼ぶ、高知県）、⑤ミノザメ（魚形が蓑を着た形に似ているところから、こう呼ぶ、鹿児島県）、⑥トンビ（魚形が鳶の形をしているところから、こう呼ぶ、三重県）

B. 中域分布──①コロザメ（幅広い横縞があるため、背に縞がある猪の子に見立てて、こう呼ぶ、岐阜県・三重県・和歌山県）

C. 広域分布──①ヨツノソデ（胸鰭と腹鰭が両側に広く袖形に広がっており、袖が四つあるように見えるところから、こう呼ぶ、東北地方・九州地方）、②マント（魚形がマントに似た形をしているところから、こう呼ぶ、和歌山県・高知県・長崎県）

【サカタザメ】

A. 狭域分布──①シチホンボトケ（『綜合日本民俗語彙』に、「七如来の名を書いた小塔婆をシチホンボトケという。ホトケは塔婆の意」とある。この魚が塔婆の形をしているところから、こう呼ぶのであろう、下

田)、②ミョーブ（昔、宮中の女官を「命婦」と呼んだが、その衣装は肩が張り、膨れていて、この魚の形に似ているところから、こう呼ぶのであろう、福岡県）、③コテ（魚形が左官道具の「鏝」に似ているところから、こう呼ぶ、長崎県）、④エンコーボー（この魚の顔つきが猿の顔に似ているところから、「エンコーウオ」の意で呼ぶ、香川県）

B. 中域分布──①テンガイ（頭に被る大きな笠を天蓋と言う、この魚の頭が大きいところから、こう呼ぶ、北陸地方・近畿地方・四国地方）、

C. 広域分布──①イハイザメ・ヨハイザメ（この魚の形が、位牌に似ているところから、こう呼ぶ、北陸地方・近畿地方・山陰地方）、②トーバザメ（塔婆に似た形をしているところから、こう呼ぶ、関東地方・北陸地方・山陰地方）、③スキ・スキサキ・スキノサキ（この魚の形が農具の鋤・鋤の先に似ているところから、こう呼ぶ、関西地方・山陰地方・九州地方）

以上が、「サメ」および「サメ」の変種に見出すことのできる比喩魚名である。この全体について、分布パタンごとに再度整理し、それぞれのパタンの語数と比率を表示すると、次のようになる。

分布パタン	語　　数	比　　率
狭域分布	25 語	73.5%
中域分布	4 語	11.8%
広域分布	5 語	14.7%

上の表を見て、すぐに分かることは、「タイ」と同様に、狭域分布のパタンに属する比喩魚名の比率が極めて高くなっているという事実である。これによって、「サメ」および「サメ」の変種に見出される比喩魚名においても、狭域に分布するものが圧倒的な優位性を示すことが指摘できる。わずか、「タイ」と「サメ」の二種に限った分析ではあるが、比喩魚名は、それが比喩魚名であるがゆえに、基本的に、「狭域分布」のパタンが顕著な卓越傾向を示すものであることを検証することができた。しかし、そのような分布傾向の中にあって、広域にわたって分布する比喩魚名が、「タイ」については

10.0％、「サメ」については14.7％を占めていることが注目される。比喩魚名が、このように、「狭域分布」の圧倒的優位性を示す状況の中にあって、なぜ、このような広域分布を見せる事象が成立し得たのか。この問題を解明するためには、単に、比喩魚名のデータだけでなく、全国各地の漁業社会が、古くからどのような漁法で漁撈を営み、主な漁獲対象魚種は何だったのかといった生業環境に関する詳しい情報が必要とされる。しかし、現段階では、筆者の手元にある情報量があまりにも少ないため、問題を明らかにすることはほとんど不可能であると言わなければならない。

　また、方言比喩の世界にあって、新しく生成された意味や、新たに造形化された認識が、すべての語彙カテゴリー・意味カテゴリーにおいて、圧倒的な「狭域分布」の優位性を示すものかどうかといった問題に関しても、今の段階では、その可能性が高いということは十分に予測されるものの、具体的な実相はよく分からないと言うよりほかにない。理論的には、語彙カテゴリー・意味カテゴリーの違いによって異なることが十分に予測されるし、また、同じ語彙カテゴリー・意味カテゴリーの内部においても異なりを見せることが予測されるからである。さらに言えば、個々の喩えられる対象を喩える対象に写像する際に働く、連想能力を制約する「歴史的・環境的要因」によってもたらされる差異性も、十分に存在し得たはずだからである。

　たとえば、「動作・様態」というカテゴリーに限って見ても、『方言資料叢刊第3巻　方言比喩語の研究』(1993)によると、「厚化粧をしている人」については「白壁」（シラカベ・シロカベ）、「壁塗り」（カベヌリ）に見立てた比喩発想による造形化が、東北地方から九州地方まで、ほぼ全国にわたって共通して見出される。これは、かつての地域社会にあっては、「白壁」が「厚化粧している人」の類似性認知の対象として、すぐにも連想される環境世界の均質性が全国的に存在したからであろう[12]。言い換えれば、「白壁」造りの土蔵が、どの町にも何軒か軒を連ねており、またどの村にも、庄屋の土蔵は「白壁」造りであったことから、白く見せようと厚化粧している女性を見て、批判や揶揄の意識をこめて「白壁」に転写することになった。そして、その転写の対象はあまりにも身辺的、日常的であったから、どの地域社

会にあっても、成員の「共通理解」と「共感」が、容易に得られたものと考えられるのである。

　しかし、その一方で、「厚化粧している人」を見て「白壁」を連想し、「人」という中核概念を捨象することによって「壁」のカテゴリーへと転換するという現象が、日本というマクロ社会でほぼ同時発生的に生じたのではなくて、どこかの地域でまず生じた。そして、新しい意味――シラカベ＝厚化粧している人――が創生されて、それが全国各地へと波及していったとする考え方もできなくはない。ただ、そのように考えた場合、それでは、新しい意味がどの地域でまず生じ、それがどのようにして全国各地へと波及していったのかという問いに、明確に答えることは容易ではなかろう。筆者はさしあたり、この問題の答を保留するほかはない。

　それに対して、「背の高い人」については、「ロクシャクボンズ」（青森県）、「デンスンバシラ」（山形県）、「ハンショードロボー」「カゼヨケ」（栃木県）、「ノッポ」（群馬県）、「セータカノッポ」（千葉県）、「デンシンバシラニオビシメタヨーダ」（長野県）、「セッタカ」（新潟県）、「センダクザオ」（愛知県）、「クモノスハライ」（福井県）、「ノッポ」（三重県）、「ノッポ」（和歌山県）、「ウドノタイボク」（大阪市）、「イッケンドー」「クモノスハライ」（兵庫県）、「ノッポ」「イッケンモン」（鳥取県）、「ノッポ」「クモノスハライ」（島根県）、「セータカ」（岡山県）、「セータカ」（広島県）、「セータカノッポ」「ニュードー」（山口県）、「ノッポ」「ジョーモン」（愛媛県）、「ノッポサン」（高知県）、「デンキンバシラ」（大分県）、「ウマヌスド」（福岡県）、「クモツッポカシ」（長崎県）、「ノッポ」（熊本県）のように、多様な比喩語が各地で使用されており、関東以西に広く認められる共通語の「ノッポ」を別にするならば、広域にわたる見立ての社会的な均質性を指摘することができない。

　ただ、上記のデータを見ると、「背の高い人」を喩える対象が、「イッケン」（一間）「ロクシャク」（六尺）──→「ジョーモン」（丈者、約3メートル）──→「クモノスハライ」（蜘蛛の巣払い）──→「センタクザオ」（洗濯竿）──→「デンシンバシラ」「デンキンバシラ」（電信柱、電気の柱）──→

「ハンショードロボー」(半鐘泥棒)——→「クモツッポカシ」(雲突き破り)のように、誇張化の方向へと展開されてきたことが分かる。しかし、「厚化粧している人」については、このような誇張化の方向への展開現象は認められない。それは、「厚化粧している人」を「白壁」(シラカベ・シロカベ)に喩えたこと自体が、著しい誇張比喩だからである。

これに対し、比喩魚名・比喩地名——とりわけ二次的メタファー——には、著しい誇張比喩はほとんど認められない。このことも、比喩魚名・比喩地名の一つの特徴である。誇張すればするほど面白さは増すが、その分、類似性の発見と認識が困難となる。それでは、基本的に、比喩魚名・比喩地名に求められている、漁業社会の成員の「正しい理解」や「共感」が得られにくくなり、喩えられる対象の弁別が困難になる。それゆえ、意識的に誇張化の方向への展開を避けることになったのであろう。

おわりに

以上、漁業社会における魚名という語彙カテゴリーに認められる比喩表現の諸相について、多角的な観点から検討を加えてきた。その結果、注目すべき事実や基本的な特徴、およびそれらの形成要因を明らかにすることができた。その中でも、とりわけ注目される事柄を、以下に、再確認する意味もこめて、箇条的に記すことにしよう。ただ、ここで断っておかなければならないことは、以下に記す事柄は、おもに中国地方という限られた空間領域の漁業社会における、限られた魚名を対象として帰納されたものだということである。ことばを変えて言えば、日本というマクロ社会を対象として、十分に論証を尽くしたものではないということである。したがって、これらの事柄をもって、日本というマクロな漁業社会に一挙に普遍化することはできないし、してはならないことである。しかし、ささやかではあるが、比喩魚名の表現特性と機構、およびその形成要因を検証し、比喩魚名研究の方向性を指示するものである、と言うことは許されるであろう。

i. 比喩魚名には、二つのタイプが認められる。一つは、「ツキノヨ」(マトウダイ)「フリソデ」(カスザメ)「バクチウチ」(カワハギ)のよう

に、記号の全体に意味カテゴリーの転換が認められるものである（「一次的メタファー」と仮称）。他の一つは、「ゴマサバ」（胡麻サバ）「ハコブク」（箱フグ）「カキノサネアジ」（柿の種アジ）のように、記号の部分に意味カテゴリーの転換が認められるものである（「二次的メタファー」と仮称）。

ⅱ．一次的メタファーは、喩えられる対象である魚と喩える対象との類似性を発掘することが至難である。だからこそ、類似性の発掘に成功したときには、漁民がイメージした比喩発想の意外性や斬新さ、謎解きにも似た面白さを強く実感することができる。それに対し、二次的メタファーは、類似性の発掘がはるかに容易である。それゆえ、一次的メタファーのような面白さを感じることが少ない。しかし、一次的メタファー・二次的メタファーの生成が、程度の差こそあれ、ともに漁民の言語生活や生業活動の活性化に生かされたことは間違いないであろう。

ⅲ．漁民の一次的メタファー・二次的メタファーにおける類似性発見の要因は、特定の「環境世界」での「連想可能性」であり、それによってメタファー表現として定着する決定要因は、漁業社会における成員の「正しい理解」と「共感」に求めることができる。別の言い方をすれば、漁民の想像力による環境認識の再構成は、自分たちが生きる生活環境（自然環境・生業環境・文化社会環境の三者を含む）の拡がりの中におさまり、それを超越することは極めて稀だったということである。それゆえ、環境世界に存在する対象が、同質的に受けとめられる生活状況が言語共同体としての漁業社会――漁業社会には限らないが――には常に存在したのである。

ⅳ．魚名語彙における比喩表現の喩えの対象に選ばれた素材の意味カテゴリーを、大きく「自然」「人間」「事物」の三類に分類すると、自然のカテゴリーの比率が一次的メタファーでは44.4％、二次的メタファーでは57.8％となる。また、人間のカテゴリーの比率は、前者が19.5％、後者が21.1％である。これは、「性向語彙」の場合と比べて、ほぼ逆の関係を示すものである。この事実から、喩えられる対象の意味カテゴリーと

喩える対象の意味カテゴリーの間には、一種の「意味的制約関係」「意味的相対性」が認められるという仮説を提示することができる。そして、比喩地名においても、比喩魚名の場合と同様に、人間のカテゴリーに転換した素材の比率が、「性向語彙」の場合と比べて、30％近く低くなっている。このことは、上記の仮説をかなり強く支持するものと見なすことができるだろう。

v. 一次的メタファーは、魚に詳しくない一般の人びとは、それが魚のメタファー表現であることに気づくことはまず稀である（「ミヤジマサマノヘコノオビ」「エーニョーバー」「モンツキ」「ドロボー」など）。だから、それが魚のメタファー表現であることに気づいたときには、魚との濃密な身体経験を通して獲得した漁民の豊かな想像力の展開や独自に発見した認識の造形化に、驚きの念を催すことになるだろう。別のことばを使えば、魚のメタファー表現であることに気づいた、まさにその瞬間に、意外性とか斬新さとか謎解きにも似た面白さを強く感じることになるだろう。それに対して、二次的メタファーは、意外性、斬新さ、判じ物めいた面白さをねらった事象は極めて少なく、「理解しやすい」ものが大半を占める。すなわち、「分かりやすく」「共感」を呼びやすい比喩の造形化が目立つ。これは、二次的メタファーにあっては、個々の魚の特徴を容易にイメージすることができ、同時に個々の魚の特徴を弁別しやすい「利便性の効果」「実用性の効果」をねらった方向へと、漁民の認識の造形化が強く働いたことを意味するものであろう。

vi. 比喩魚名・比喩地名（とりわけ二次的メタファー）においても、他の語彙カテゴリーと同様、喩えの対象として選ばれているものは、身近に存在するもの、社会の成員がよく知っているもの、日ごろなにほどか関心を寄せている対象である。言い換えれば、身近に存在する具象的なイメージ同士が結びつけられており、抽象的なカテゴリーへの転換（イメージの抽象化）は全く認められないのである。その背景には、おそらく喩えられる対象を分かりやすく伝え、成員相互の理解を容易にしようとする社会意識の基本的な働きがあったものと思われる（たとえば、「コ

第五章　漁業社会の魚名語彙における比喩の諸相　333

メ」〈米〉「ゴマ」〈胡麻〉「コブ」〈瘤〉「ハコ」〈箱〉「カゴ」〈籠〉など)。

vii. 魚名語彙に認められる比喩表現は、すべて類似性の発見をベースとして成立したメタファーである。そして、類似性を認知し、発見する動機づけとなる視点は、形状(形・模様・色彩など)の特徴が圧倒的な優位性を示している。しかも、総じて、小さな特徴に着目した見立ての手法が栄えている(たとえば、「ホシザメ」「カキノサネアジ」「オチョボガレー」「サカビシャク」など)。これは、漁民が、魚の全体的な形の特徴よりも細部の形状の特徴に関心を向けがちであったことを思わせる事実である。それに対して、比喩地名は、個々の極めて狭い空間領域を正確に認知し、弁別するために、認識や判断の中心が「形」の全体的な特徴に据えられている[13](たとえば、「カメグリ」〈亀〉「ウスジマ」〈臼〉「ビョーブイワ」〈屏風〉「メガネイワ」〈眼鏡〉「ゼンバコイシ」〈箱〉など)。これは、比喩地名の場合、「利便性の効果」「実用性の効果」が、比喩魚名よりもさらに一段と強く求められたことを意味するものと考えられる。比喩地名には、比喩魚名における一次的メタファーに該当するものが極端に少ないという事実が、その一つの強い証しとされよう。そこでは、柔軟なことば遊びの心理や豊かな想像力の働きが求められることは少なく、もっぱら狭い空間領域を正確に認知することに関心が集中したと考えて、まず間違いないだろう。要するに、比喩地名におけるイメージ化は、漁業社会の要請にしたがって、分かりやすく共感の得られやすい方向へと、一貫して展開してきたということである。

viii. 比喩魚名は、1県ないしは隣接する2県にわたって分布する狭域分布に属するものが圧倒的に多く、「タイ」の変種においては82.5％を占め、「サメ」の変種においては73.5％を占める。それに対し、日本というマクロ社会に広く分布するものは、わずか10％台にとどまる。この点にも、比喩魚名の比喩魚名たるゆえんが存すると言えよう。

ix. 文学作品には、「比喩魚名」は全く現れない——このことを近・現代の文学作品のすべてを対象化して客観的に検証したわけではないが——と言ってよいだろう。また、文学作品における魚をイメージした直喩表

現は、漁民が発見した俗で身近で生活の息吹に富んだ「類似性発見の世界」の対極に位置するものである。さらに、漁業とは縁のない多くの人びとは、日常生活において、「比喩魚名」を使用する必要性がなく、また記憶する必要性もない。それゆえ、「比喩魚名」とはほとんど無縁の世界に生きる。したがって、「比喩魚名」は、基本的に、漁民に独自の「伝統文化」の一表象であると言うことができる。あるいは、漁民の生活環境を重視するならば、「比喩魚名」は、個人を超えた漁業社会の「生活文化」の一表象である、と言い換えることもできるだろう。

x. 瀬戸内海で、一二の水揚げ量を誇る大分県姫島で、長年にわたって漁業に従事してきた大海常良氏の直話によると、魚名語彙における一次的メタファーは、現在、消滅の一途を辿っており、70歳以上の高齢者が稀に使用するといった状況を呈しているとのことである。それに対し、変種の区別（たとえば、「ハコブク」「トラブク」「スナブク」など）にとって有効に作用し、生業活動にとって効果的な作用を発揮する二次的メタファーは、中年層や青年層の漁民にも確かに継承されているとも言う。これは、同じ比喩魚名であっても、それが継承されるか否かは、「生活の必要性」（＝生活実践の有用性）の有無あるいは度合の違いによって異なることを示唆するものであろう[14]。そして、それはなにも、魚名語彙における比喩表現に限られることではないのである。

注
1) この点については、すでに第四章において指摘している。なお、拙著『生活語彙の構造と地域文化—文化言語学序説』（1998、和泉書院）も、併せ参照されたい。
2) 中沢新一『森のバロック』（1992、せりか書房）、板橋作美「俗信のしくみ」（『岩波講座文化人類学第10巻　神話とメディア』1997、岩波書店）。板橋は、「俗信のしくみ」の中で、「キツネノヨメイリ」について、次のように述べている。「これは動物の人間化であり、動物と人間の境目がなくなる。それだけではない。これは「動物のエロティックな人間化」であり、花嫁になることは「人間と動物の境界が定かでない領域」である性の世界

第五章　漁業社会の魚名語彙における比喩の諸相　335

に入ることである。「狐の花嫁という象徴は、動物の人間化と、人間の動物化のプロセスが、合わせ鏡のようにしておこる、複雑な二重化の状況をしめしている」のである。

3) 中村明『比喩表現辞典』（1995、角川書店）。
4) 野内良三『レトリックと認識』（2000、日本放送出版協会）。
5) 「鮫鱇」は動作が鈍いところから、「怠け者」の意に用いる地域もある（たとえば、山陰地方）。性向語彙としての「馬鹿者」と「怠け者」は、相互に重層する意味を表す語を含む意味項目である。詳しくは、拙著『「ヨコ」社会の構造と意味―方言性向語彙に見る』（2001、和泉書院）を参照されたい。
6) 真田信治・友定賢治『地方別方言語源辞典』（2004、東京堂出版）。
7) 山田忠雄主幹『新明解国語辞典第四版』には、「桜鯛」について、「桜が咲くころ美味となる、瀬戸内海のマダイ」という説明が見られる。
8) 柳田国男監修『改定綜合日本民俗語彙』（1954、平凡社）には、「ヤマタテ」の項目が見えるが、その内容は農民の「山入りの式」に関するもので、漁民が使用する「ヤマタテ」「ヤマミ」の意味とは異なる。また、前掲書に見える「ヤマミ」については、次のように解説されている。「山口県周防大島でも海に迫って山のある外浦には、山の松の木や畑の畔の櫓などから、見張らしているヤマミがいて、ちょうど魚群が網代のいちばんよい所へきたときにホテで手船に合図する。ムラグミが手船からそれを見てとってこれをさらに網船に伝える。」これは、中国地方の漁民が、一般に「ウオミ」「イオミ」「ヨーミ」（いずれも「魚見」）などと言っている語の意味に該当する内容となっている。
9) 柴田武「ある狭い地域における個人語彙としての微細地名」（『方言の世界』1978、平凡社）。上野智子は、微細地名について、次のような特徴を指摘している。「「微細地名」「不記載地名」は、ともに、地図などに文字を以って表記されることのない地名で、数がきわめて多く微細な個所に命名されるという、きわだった特徴を持っている」（『地名語彙の開く世界』2004、和泉書院）。
10) 上野智子『地名語彙の開く世界』の第Ⅱ章「地名のレトリック」を参照。
11) 愛宕八郎康隆「肥前長崎地方の「かわはぎ」の方言事象」（『長崎大学教育学部人文科学研究報告』第32号、1983）、同「長崎地方の方言魚名の発想法」（『国語と教育』第11号、1986）、同「方言研究の心理学的見地―造語・造文の比喩発想の視点から」（広島方言研究所編『方言研究年報第28巻』1985、和泉書院）、同「方言の比喩語について」（方言研究ゼミナール

『方言資料叢刊第3巻　方言比喩語の研究』1993)、拙著『生活語彙の基礎的研究』(1987、和泉書院)。

12)　加藤周一『日本文化における時間と空間』(2007、岩波書店)の一節に、次のようにある。「わら葺きの屋根は足もとの水田から湧き出てきたかのようにみえる。遠い山の斜面に夕陽を浴びて輝く白壁は、秋の山肌に融けこんでその色彩的調和を支える。この瞬間の、この風景を、どうして離れる必要があろうか。「今＝ここ」の、此岸の現在を、いかなる彼岸へ向っても超越しないとき、風景のなかの建築的空間は、繊細に、微妙に、かぎりなく洗練されていく。」(168〜9ページ)

13)　山立ての指標となる岩・石・浦・鼻・磯・瀬などを、波に揺られる船上から見て、瞬時に、しかも精確に認知するためには、全体の形に注目することが最も効果的だったのだと考えられる。

14)　拙著『生活語彙の構造と地域文化―文化言語学序説』(1998、和泉書院)を参照されたい。

参考文献

青柳精三「御蔵島の海岸地名」(『フィールドの歩み』第8号、1975)
愛宕八郎康隆「肥前長崎地方の「かわはぎ」の方言事象」(『長崎大学教育学部人文科学研究報告』第32号、1983)
愛宕八郎康隆「方言研究の心理学的見地―造語・造文の比喩発想の視点から」(広島方言研究所『方言研究年報第28巻』1985、和泉書院)
愛宕八郎康隆「長崎地方の方言魚名の発想法」(『国語と教育』第11号、1986)
愛宕八郎康隆「方言の比喩語について」(方言研究ゼミナール『方言資料叢刊第3巻　方言比喩語の研究』1993)
新井小枝子『養蚕語彙の文化言語学的研究』(2010、ひつじ書房)
上野智子『地名語彙の開く世界』(2004、和泉書院)
上野智子「長崎県西彼杵郡福島の海岸地名」(『地理科学』第33号、1980)
上野智子「岡山県笠岡市真鍋縞の海岸地名」(『内海文化研究紀要』第10号、1981、広島大学文学部内海文化研究施設)
上野智子「海岸部地名の比較研究―二つのオキノシマ調査報告」(『高知大国文』第23号、2002)
上野智子『小さな地名の調べかた』(2008、和泉書院)
栄川省造『魚名考』(1973、甲南出版社)
岡野信子「青海島『通』の海部海岸部場所名語彙―その語構造と命名の発想とについて」(『藤原与一先生古稀記念論集　方言学論叢I』1980、三省堂)

加藤周一『日本文化における時間と空間』(2007、岩波書店)
川崎　洋『かがやく日本語の悪態』(1997、草思社)
木村　礎『近世の村』(1980、教育社)
小林隆・澤村美幸『言語的発想法の地域差とその形成に関する研究』(2011、基盤研究(C)研究成果報告書)
佐藤信夫『レトリック感覚』(1992、講談社学術文庫)
佐藤信夫『レトリックの意味論—意味の弾性』(1996、講談社学術文庫)
真田信治・友定賢治『地方別方言語源辞典』(2007、東京堂出版)
渋沢敬三『日本魚名の研究』(1960、角川書店)
ジョン・R・テイラー『認知言語学のための14章第3版』(2008、辻幸夫他訳、紀伊国屋書店)
瀬戸賢一『レトリックの宇宙』(1986、海鳴社)
土井忠生・森田武・長南実編訳『邦訳日葡辞書』(1980、岩波書店)
中村　明『比喩表現の理論と分類』(1976、秀英出版)
中村　明『比喩表現辞典』(1995、角川書店)
野内良三『レトリックと認識』(2000、日本放送出版協会)
半澤幹一「方言比喩語の動機付けの傾向—馬鈴薯・どくだみ・すみれ・春蘭を例として」(佐藤武義編『語彙・語法の新研究』1999、明治書院)
方言研究ゼミナール『方言資料叢刊第3巻　方言比喩語の研究』(1993、広島大学教育学部国語教育学研究室)
松井　健『認識人類学論考』(1991、昭和堂)
松本　曜編『認知意味論』(池上嘉彦他監修『シリーズ認知言語学入門第3巻』2003、大修館書店)
室山敏昭「方言生活語彙の研究—鳥取県東伯郡羽合町宇野方言の漁業語彙」(『鳥取大学教育学部研究報告』第25巻第1号、1973)
室山敏昭『地方人の発想法—くらしと方言』(1979、文化評論出版)
室山敏昭『生活語彙の基礎的研究』(1987、和泉書院)
室山敏昭『生活語彙の構造と地域文化—文化言語学序説』(1998、和泉書院)
室山敏昭「広島県安芸郡瀬戸田町方言の海岸地名」(『内海文化研究紀要』第7号、1978、広島大学文学部内海文化研究室)
室山敏昭・上野智子「大分県姫島の海岸・海上地名」(広島大学文学部内海文化研究施設『内海文化研究紀要』第8号、1980)
柳田国男監修『改定綜合日本民俗語彙』(1954、平凡社)
山梨正明『認知科学選書17　比喩と理解』(1988、東京大学出版会)
山梨正明『認知文法論』(1995、ひつじ書房)

第六章　子どもたちの想像力

はじめに

　野内良三は、『レトリックと認識』の中で、次のように述べている。
　　一般のフランス人は、犬より小さい生き物にはほとんど関心を示さない。小さい生き物はまさしく眼中にない。これは日本人から見ると信じられないことかも知れないが、事実だから致し方ない。虫などの小動物に興味を示すのは「変人」だけである。日本人が風情を感じる虫の声や小動物の鳴き声は「雑音」でしかない。（39ページ、2000、日本放送出版協会）
これに対し、日本人は、古い時代から、小さいもの、限りあるものに、常に強い関心を寄せてきた。たとえば、蛍と日本人の関わりの歴史ひとつを見ても、平安の昔から、物語や和歌の中で、蛍は自然の中での象徴的な存在であった。『枕草紙』第一段に、
　　夏はよる。月の頃はさらなり、やみもなほ、ほたるの多く飛びちがひたる。また、ただひとつふたつなど、ほのかにうちひかりて行くもをかし。雨などふるもをかし。
と、清少納言の言うとおりである。同時代のライバル紫式部は『源氏物語』の蛍巻で、蛍の妖しい美しさを官能にからめて、忘れられない名場面を描き出した。このように、平安時代には、高貴な都人の教養主義のあらわれとして、江戸時代には、大都市に暮らす人びとの自然への憧憬の表象として――蛍見・蛍狩など風流の象徴として――、また、近年は水環境保全運動の象徴として扱われてきた。ここには、日本人の、日々の生活現実から切り離された自然への繊細な関心の一つの現れが認められる。
　しかし、自然が生活の中に取りこまれた「環境世界」の中で生きてきた人

びと、とりわけムラ社会の人びとにとっては、生活現実から切り離された自然など、最初から存在するはずもなかった。それゆえ、みずからの「生活環境」でもある「自然環境」に存在する動物や植物に対して、強い関心を寄せて生きてきたのである。ムラ社会にあって、とりわけ、小さな動物や植物に強い関心を寄せ、その特徴をつぶさに観察し、豊かな想像力を働かせて、新しい認識の造形化にいそしみ、比喩による「意味の拡張」（＝新しい意味の発見と生成）を楽しんだ主体は、大人ではなく子どもたちであったと考えられる。

　たとえば、「かまきり」を「オガメ」（拝め）と呼んでいる地域は、神奈川県、岐阜県、滋賀県、和歌山県、兵庫県但馬地方、鳥取県、島根県、広島県、山口県牛島、徳島県、高知県、大分県、宮崎県、福岡県、佐賀県、熊本県、鹿児島県など、主として西日本の広い範囲にわたって認められる。また、山形県など東北地方の一部や中国・四国地方の各地では、「ねむの木」を指して、「ネムレ」（眠れ）と呼んでいる。「オガメ」といい、「ネムレ」といい、ともに動詞の命令形であって、これらのメタファーは、子どもたちが「かまきり」や「ねむの木」を対象として遊ぶ、まさにその「時空間の中」で成立したと考えられることが、その一つの有力な証しとされよう。日々、朝早くから日が暮れるまで、野良仕事や山仕事、あるいは海での共同労働に追われていた大人たちには、「かまきり」や「ねむの木」を相手に遊ぶ時間の余裕も心の余裕も全くなかったはずである。

　このように、子どもたちは、「遊びの空間」の中で、「かまきり」や「ねむの木」との濃密な身体接触を通して、「オガメ」「ネムレ」という擬人喩を製作した。「オガメ」は、かまきりが前肢をすりあわせる動作から、祖父母や両親が仏壇や神棚に向かって手を合わせながら拝礼する動作を連想したものである。また、「ネムレ」は、ねむの木の葉に手を触れると、葉が閉じ合わさることから、人が眠る動作をイメージしたものである。「かまきり」や「ねむの木」は、子どもたちの身近な自然の「遊びの空間」に存在し、また祖父母や両親の拝礼は日々目にすることであったから、喩えられる対象と喩える対象との間に類似性を発見するのは極めて容易なことであったに違いな

い。また、群馬県・千葉県では、「かまきり」を「ハラタチ」(腹立ち)と呼んでいるが、これは子どもたちが「かまきり」にいたずらをしかけると、威嚇するように前肢を立てて向かってくる様子を見て、人が腹を立てている様子を連想したものである。これも、「かまきり」を相手に遊ぶ、その時空間の中で、子どもたちが独自に発見した、感覚と感情が交差するメタファー認識の造形化であろう。

　身近な自然に存在する小さな生き物への強く、親しい関心、そしてそれらを対象にして遊ぶ時空間の中での比喩発想の展開、それが多く擬人喩による新しい「意味の世界」を形成しているといったことなどが、上に指摘したわずかな事象によっても、理解されるのである。ただ、ここで注意しておかなければならないことは、「かまきり」を人に見立てる場合、両者の大きさの違いは完全に捨象されているということである。すなわち、類似性の認知特徴のすべてが写像されるわけではなく、類似性の最も顕著な特徴だけが写像されているのである。このような現象を、仮に、「部分写像」と呼ぶことにしよう。

　ところで、すでに早く、「子どもは名づけの天才である」と驚嘆したのは柳田国男である（『郷土生活の研究』1935、筑摩書房）。だが、どのような環境の中で、子どもたちはどのような想像力を育んできたのか、育まれた想像力によって、子どもたちは自らが生きる環境世界に存在する、とりわけ小さな生き物について、どのような名づけをおこない、どのような独自の「意味の世界」を形成してきたのか、それは地域社会の環境のありかたの独自性を、どのような形で反映しているのかと、改めて問い直すと、実はまだブラックボックスだらけであると言ってよいだろう。筆者の幼少年期の心の原風景を思い起こしながら、これらの諸問題に少しでもアプローチし、いくらかの貢献を果たしたいというのが、この章の基本的な目的意識であり、課題である。

I. 子どもたちの生活の場と想像力の造形化

1. 子どもたちが生きた「遊びの空間」

　筆者が幼少年期を過ごした鳥取県下の山村は、三方を山に囲まれ、集落の前方には田畑が広がり、その先には豊かな水をたたえた川が流れている盆地であった。川にはかなり大きな橋がかかっていた。集落の後ろはすぐ山で、山へ登る大小の道が何本かついていた。筆者は、この山村で昭和11年に生まれたが、小学校へあがるまでは、この集落の外へ出たことはほとんどなかったように思う。集落の外、すなわちソトなる社会は橋の向こうに広がる社会で、橋の手前がウチなる社会であった。橋を渡って集落の外へ出たのは、病院に入院していた母を見舞うために、母方の祖父に連れられて出かけた時くらいであった。それゆえ、幼年期に生きた環境世界は、ムラ社会の内部に閉じられていたと言ってよい。自分たちが生きる環境世界がムラ社会の内部に固く閉じられていたということは、子どもだけでなく大人の場合も基本的には同じであったが、とりわけ子どもたちにとっては、その思いが強かった。だから、橋の手前で遊ぶことはあったが、橋の中程で遊ぶことはなかった。

　子どもたちにとって、橋の手前の、内部に向けて固く閉じられたムラ社会は、それが生きられる環境世界のすべてであり、ミクロ・コスモスであった。子どもたちにとっては、ミクロ・コスモスの中での「自然環境」「生業環境」「文化社会環境」の区別は全くなかった。すべてが「生活環境」であった。そして、そのミクロ・コスモスは、そのまま「遊びの空間」であった。近所の腕白坊主と一緒に、山の近くの竹藪に筍を掘りに行ったり、昆虫を探し回ったりした春の日々の思い出。朝早くから日が暮れるまで、集落の子どもたちがそろって、川の中で泳いだり小魚を獲ったりして過ごした夏の日々の思い出。家の前にある桑畑に入って、口のまわりや手がすっかり紫色になるほど桑の実を食べたり、柿の木にのぼっては柿の実を食べながら過ごした秋の日々の思い出。罠を仕掛けておいて、翌日、深い雪の中を腰まで埋まりながら、ハーハー白い息を吐いて兎を獲りに山の中腹へ登っていった冬

のある一日の思い出。これらはすべて、「遊びの空間」の中で営まれる子どもたちの仕事であった。山の浅い谷川で、「ガサガニ」（沢蟹）や「ネーブンチャー」（目高）を相手に遊び、つかまえた「沢蟹」は家に持ち帰って、母方の祖母に頼んで料理をしてもらい、皆で食べた日々のことも忘れられない。

　また、畑の畦道や草原などで見つけた「かまきり」をからかって、「オガミソーラエ　オガマニャ　トーサン。」（拝み候へ、拝まにゃ通さん。）と口々に唱えながら、木切れでつついて「カマキリ」と遊んだものである。筆者が子どものころは、「かまきり」を「オガメ」とか「オガマー」「オガマ」（拝もう）とか呼んでいたが、このようなメタファーが兵庫県の但馬地方でも聞かれ、また主として西日本の広い範囲に行われているのを知ったのは、それから20年後のことであった。また、晩夏、木に巻きついた長い蔓のあちこちについて、口を開けている「あけび」を、「アクビ」（あくび）と呼び、それを子どもたちが一緒になって取り、おいしく食べたことも思い出される。この筆者の幼児体験は、言うまでもなく筆者個人のものであるが、筆者と同年輩、あるいはそれ以上の高齢者で、ムラ社会に生を受けた人びとにとって、それぞれの幼少年期のムラ社会が、「生活の場」であると同時に「遊びの空間」でもあったという点では、基本的に大きな違いはなかったものと考えられる。

　今では、上に記してきたような光景は、すっかり姿を消してしまった。だいいち、子どもたちが野山を自由に駆け回るということが全く見られない。昔の子どもたちにとって、「遊びの空間」であったムラ社会の生業環境としての自然、とりわけ川や山は、今では危険な場所に変わってしまっている。しかし、昔のムラ社会に生きた子どもたちは、自然という「遊びの空間」の中で、小さな生き物たちとの濃密な身体接触を通して、主体的に豊かな想像力と子ども特有の感性を育んだのである。それが可能だったのは、野山では大人が仕事をしていて、子どもたちは常に集団で遊んだからである。野山が、ムラ人にとって、一義的には「生活の場」、「生業の場」であったことは間違いない。その一義的には「生活の場」であり「生業の場」であった「遊

びの空間」の中で、子どもたちは、小さな動植物を使って遊んだり、触って遊んだり、捕って遊んだり、さらには食べたりするという、本源的な自然体験を通して豊潤な想像力や感性を育んだのである。

　実際、地域社会に行われている、あるいはかつて行われていた生活語の調査に出かけて、老年層の人びとを対象に、「子どもの頃、どこで何を対象にしてどんな遊びをしましたか」と質問すると、どの地域でも、どこにどんな小さな生き物がいて、それらを対象にしてどのような遊びをしたかを実に克明に教示してくれることが多かった。そして、その質問に続けて、「その遊びの対象はどんな特徴を持っていますか」と聞くと、いかにも楽しそうに自信に満ちた表情で、詳しく話してくれたことを今も鮮明に記憶している。この経験は、筆者だけの経験ではない。筆者と同年輩、あるいは少し若い方言学者はほぼ同様の経験をしている。環境社会学者の嘉田由紀子も、琵琶湖地域の人びとが「子ども時代に、水辺でどんな遊びをしましたか」という問いを通して、とりわけ老年層から、筆者と同様の、あるいはさらに深い経験を得ているのである。嘉田は、「水辺での生き物つかみ」の話について、「これこそ、生きる力を感じさせてくれる語りであった」とまで言っている(「都市化にともなう環境認識の変遷―映像による「小さな物語」」、『岩波講座文化人類学第2巻　環境の人類誌』1997、岩波書店)。

　だからこそ、昔のムラ社会に生きた子どもたちは、「名づけの天才」であり、「方言の花園の種子のまき手」[1]だったのである。

2. 想像力の造形化

　それでは、子どもたちは、「遊びの空間」の中で、どのような想像力、連想力を働かせて、新しい認識の造形化を行ったのか。それを、先に触れた「かまきり」について、少し詳しく見てみることにしよう。『日本方言大辞典』『日本言語地図』に収録されているデータを中心に、県別の方言辞典や筆者が実地調査によって採録することのできたデータなどを加えて示すと、以下のようになる。

　　オガメ類：神奈川県・富山県・岐阜県・三重県・滋賀県・京都府・兵庫

県但馬地方・和歌山県・鳥取県・島根県・広島県・山口県牛島・徳島県・愛媛県・高知県・福岡県・佐賀県・熊本県・大分県・宮崎県・鹿児島県
カマギッチョ：茨城県・栃木県・埼玉県・千葉県・福岡県
カマタテ（ムシ）：石川県・福井県・奈良県・島根県・岡山県・広島県
イボムシ：青森県・宮城県・秋田県・山形県・福島県・千葉県・新潟県・長野県
イボクイムシ：青森県・岩手県・千葉県・広島県・山口県・愛媛県・大分県
イボキリ・イボカブリ：青森県・栃木県・神奈川県・新潟県・広島県・島根県
イボージリ・エンボージリ・イボジリ：神奈川県・山梨県・徳島県・高知県・愛媛県・大分県
イボムシリ：秋田県
ハラタチ：群馬県・千葉県
ハラタチゲンベー・ハラタチゴンベー：群馬県・千葉県
ヘンボ：愛媛県・高知県
ホトケウマ・ホトケノウマ：奈良県・兵庫県淡路島・徳島県
トカゲ：埼玉県・千葉県・東京都・山梨県
チョーナカタギ：広島県
チョーノカタギ：鳥取県
ハイトリ・ハイトリゲンジ：島根県・広島県
ハエトリ：青森県・岩手県・宮城県・秋田県・山形県・群馬県・埼玉県・石川県・鳥取県・岡山県・広島県
タイコタタキ・タイコハタキ：青森県・山形県・長野県・岐阜県・島根県出雲地方、隠岐島
トーロー・トーローンボー：群馬県・埼玉県・山梨県・長野県
オコリムシ・オコリンボ：神奈川県
オコリババー：群馬県

ザトー・ザットー・ザットーサン：宮城県・千葉県・福井県・京都府・兵庫県・鳥取県東部地方・岡山県美作地方

ザットノボー[2]・ザットンボー・ザットノボ：千葉県・京都府・兵庫県・鳥取県東部

モットイ（ムシ）：京都府・兵庫県・大分県

　かまきりの方言には姿や動作からの命名が多く認められる。これは、先にも触れたように、子どもたちがかまきりを対象に遊びながら、かまきりが示す動作や姿を詳しく観察したからである。「オガメ」類は前肢をすりあわせる動作を大人たちの拝礼に、「ハラタチ」は前肢を振り立てる姿を立腹に見立てたものである。群馬県、千葉県には「ハラタチ」とともに、「ハラタチゲンベー」（腹立源平か）「ハラタチゴンベー」（腹立権平か）の言い方も聞かれる。また、群馬県、神奈川県の「オコリムシ」「オコリババー」も、「ハラタチ」と同様の比喩発想によるものである。「チョーナカタギ」「チョーノカタギ」は、ムラ社会の大人が里山へ薪を取りに行く際、斧（チョーナ）を肩に担いだ姿を連想したものである。「ザトー」はかまきりの動作を座頭の動作に見立てたものであり、「カマタテ」はかまきりが鎌を立てた姿に注目して名づけたものである。また、「カマギッチョ」は鎌を持った「ギッチョ」（きりぎりす）であろう。「イボムシ」「イボクイムシ」「イボカブリ」「イボムシリ」などは、昔、「いぼ」を取るまじないにかまきりが使われたことを示唆するものである。また、「タイコタタキ」は、かまきりにいたずらをしかけると、前肢を上げ下ろしする様を見て、祭りや盆踊りの際に大太鼓を叩く人の姿と重ね合わせたものであろう[3]。

　「かまきり」の方言に限らないが、「オガメ」類、「ハラタチ」「ハラタチゲンベー」「ハラタチゴンベー」「オコリムシ」「オコリババー」、「タイコタタキ」、「チョーナカタギ」「ザトー」「ザットーサン」「ザットノボー」など、人の動作や状態に見立てた擬人喩の栄えていることが注目される。「イボクイムシ」「イボキリ」「イボカブリ」「イボムシリ」なども、明らかに人との関わりがうかがわれる。また、「モットイ（ムシ）」（元結虫）も、舞妓や芸者が「もとどり」を結う時に使う細い紐に見立てたもので、明らかに擬人喩

に準じるものである。とりわけ、「ハラタチゲンベー」「ハラタチゴンベー」「オコリババー」などには、子どもたちのことば遊びの心理が如実にうかがわれる。さらに言えば、ここには、子どもたちが「かまきり」の人間化を通して、いたずらをするとすぐに怒る年寄りに対する鋭い皮肉の心理の働きが認められると言ってよかろう。

　ところで、主として西日本に広く分布する「オガメ」類には、実は、さまざまな形態が認められる。そこには、地域によって、「かまきり」を木切れなどを使ってからかって遊ぶ際、子どもたちの「かまきり」に対する思いが、必ずしも一様ではなかったことがうかがわれるのである。

　かまきりに木切れを使っていたずらをしかけながら遊んでいるさなかに、成立を見たと思われる「オガメ」という言い方は、先に示したとおり、西日本の広い地域にわたって認められる。また、単純に、「オガメ」の音訛形と考えられる「オーガメ」が高知県幡多郡、大分市、大分県別府市、熊本県などに分布している。同様に、「オンガメ」が高知県幡多郡、大分県別府市、熊本県球磨郡、鹿児島市、鹿児島県肝属郡などで聞かれる。

　「オガメ」の語源が分からなくなると、「蟷螂」（かまきり）との複合形が生成されることになり、「オガメトーロー」（兵庫県朝来郡）「オガメチョーロー」（高知県高岡郡）の言い方が行われるようになる。

　また、少しの時間だけ「拝む」ことを命令するのではなく、長い時間にわたって「拝む」ことを要求する気持ちが強くなると、「オガミトーセ」「オガミドーセ」（拝み通せ、滋賀県神崎郡）という言い方が成立することになる。

　「かまきり」に対して、「オガメ」と強く命令するのではなく、いくらか優しくすすめかける気持ちが働くと、「オガモー」「オガモ」（拝もう、岐阜県・和歌山県東牟婁郡・徳島県・高知県幡多郡・愛媛県南部・兵庫県但馬地方・大分県・宮崎県・熊本県）、「オガマー」（拝もう、兵庫県美方郡・鳥取県）、「オガマ」（兵庫県美方郡・同養父郡・鳥取県）などの言い方が成立する。「オガマー」「オガマ」は、もともと「拝まう」／ogamau／であったものが、／ogamaR／＞／ogama／と変化したものである。さらに丁寧にすすめかける比喩発想によって成立を見たメタファーとしては、「オガミソーロー」

（拝み候、兵庫県美方郡・同養父郡）、「オガミソー」（広島県芸北地方・島根県石見地方）が認められる。「オガミソー」が「オガミソーロー」の省略形であることは、言うまでもなかろう。

　また、かまきりに親しみの心意を寄せたメタファーとして、長崎県、熊本県、宮崎県などに「オガミタロー」「オガンタロー」（拝み太郎）の言い方が認められるが、この新しい認識の造形化によって、昔、かまきりと遊んだのが主に男の子であったことが知られる。「オガメタロ」（拝め太郎）の言い方が熊本県で聞かれるが、これは、かまきりに対する親しみの心意がさらに強くなったものであろう。また、栃木県と群馬県には、「オガミムシ」（拝み虫）という呼称が認められるが、これは、先の「オガメタロ」とは違って、かまきりとの心理的距離がやや離れた空間で成立を見たものであろう。さらに、栃木県、埼玉県、神奈川県には、「オガミッチョー」「オガミッチョ」の言い方が認められるが、この「チョー・チョ」の語源は「蟷螂」であろうか。

　このように、子どもたちが「かまきり」を対象にして遊んでいる際に働いた心理のあやは、「オガメ」と強く命令する気持ちから「オガミソーロー」と丁寧にすすめかける気持ちまで、かなりの幅があったわけである。この点にも、いかにも子どもらしい「かまきり」（遊びの対象）に対する思いがうかがわれて、興味深い。

　一方、かまきりに向かって、「オガメ」と命令する思いがさらに強くなると、「オガマニャトーサヌ」（拝まねば通さぬ）とか「オガマニャコロス」（拝まねば殺す）のような比喩表現を生み出すことにもなる。このような比喩発想に立つ言い方は、各地に次のように認められる。

　　オガマニャトーサヌ……徳島県・福岡県・長崎県・熊本市・熊本県鹿本郡
　　オガマナトーサン……滋賀県・奈良県・徳島県・大分市
　　オガマノトーサン……奈良県・滋賀県・高知県土佐郡
　　オガマノトノサマ・オガマノトノサン……奈良県・滋賀県・徳島県
　　オガマントンサン……熊本市

オカマノトーサン……滋賀県近江一帯
　　オカマトーサン……滋賀県坂田郡・同東浅井郡
　奈良県、滋賀県、高知県土佐郡などで聞かれる「オガマノトーサン」は、もとは「拝まにゃ通さん」の「拝まにゃ」が「拝まな」と変化したものが、子どもたちが「トーサン」を「父さん」と連想することによって、成立したものであろう。その際、「オガマ」も「拝む」という動作から離れ、「お鎌」の意味へ変化したものと見られる。すなわち、「オ鎌ノ父サン」である。そして、子どもたちの中で連想がさらに進んだものが、滋賀県の「オカマノトーサン」「オカマトーサン」であろう。奈良県、滋賀県、徳島県などの「オガマノトノサン」の「トノサン」や熊本市の「オガマントンサン」の「トンサン」は、「殿様」への連想が働いたものと見られる。また、「オガマナトーサン」あるいは「オガマノトーサン」の「オガマ」が、完全に「お鎌」（「小鎌」）の意味に変化すると、この形態だけで「かまきり」を指示するようになる。その「オガマ」が、岐阜県、奈良県、和歌山県、山口県、徳島県、愛媛県、高知県、大分市、宮崎県など、広い範囲に分布しているのである。
　また、「オガマニャコロス」の言い方は、次のように認められる。
　　オガマニャコロス……兵庫県美方郡・同養父郡
　　オガマナコロソ……和歌山県
　「かまきり」の動作を見て、すぐにも人の拝礼を連想し、遊びのさなかで「オガメ」というメタファーを創作したところには、子どもたちが、日ごろから、かまきりの動作や姿をいかに熱心に観察していたかが知られる。このような、「かまきり」という小さな生き物に対する日常的な身体接触の背景には、おそらく、生業環境と重なる「自然環境」が子どもたちにとっては遊びの空間にほかならず、常日ごろから、「自然」に対して極めて濃密な親和感を抱いていたことがあったものと思われる。そのような環境世界の中で、子どもたちの緻密な「類似性発見」に基づく比喩発想や連想能力、イメージ化の力は、上に見てきたように柔軟かつ多様に働いたのである。
　そこには、単に、動物の人間化という認識だけが働いたのではなく、「かまきり」を相手に夢中になって遊んでいるうちに、人間の動物化という認識

も働いて、「かまきり」と「人間」が完全に重層化する時空間が形成されたものと思われる[4]。「オコリババー」や「ハラタチゲンベー」、「オガモ」や「オガマー」「オガミタロ」などの事象を見ると、子どもたちの心の中で、かまきりが遊び相手であると同時に、自分たちもまた、かまきりの遊び相手であるという重層的な認識が生じたことが推測されるのである。昔のムラ社会に生きた子どもたちの自然に対する濃密な親和性は、人間と自然とが一元化、一体化する「遊びの環境世界」の中で育成されたものに違いない。

Ⅱ．遊びの対象と比喩発想

1．子どもたちの遊びの対象

真田信治は、その著『日本語のゆれ―地図で見る地域語の生態』（1983、南雲堂）の中で、中央語と異なった形をもつ単語、すなわち、俚言について、「一体どのような対象物の名称に多いのであろうか。また、ある分野の対象に俚言量が多いとしたら、それはなぜであろうか」という問いを設定し、東条操編『分類方言辞典』（1954、東京堂）を利用して、俚言が30語以上ある項目を選出すると、194項目を数えることを明らかにした。そして、動物（鳥獣虫魚）のカテゴリーについて、項目ごとに、いくつずつ俚言が認められるかを、その多いものの順に整理して掲げた。それが、下記の表である（ただし、「ちょう」の後の「うし」は省いた）。

項目	ちょう	かえる	なめくじ	あおだいしょう	うなぎ	いなご	とかげ	とんぼ	せきれい	こおろぎ	あめんぼう	みずすまし	ふくろう	おたまじゃくし	ひきがえる	かまきり	ありじごく	めだか	かたつむり
俚言量	一七四	一五四	一四四	一二九	一二七	一二〇	一一〇	一〇七	九二	八三	七四	五四	五三	五三	四四	四四	四四	四三	四三

この表に基づいて、真田は、「ここに指摘されることは、これらの生物の多くが、主として、子供たちの遊びの対象となっているものである」と言い、「子供たちは、遊びの中で自由に語を創造していく」ことを強調してい

る。

　しかし、現在、大都市や地域の都市部で暮らす子どもたちにとって、先に表示した小さな動物たちは、そのほとんどが身辺からすっかり遠い存在になってしまっている。だが、昔のムラ社会に暮らした子どもたちにとっては、真田の言うとおり、いずれも極めて身近な存在だったのである。たとえば、現在、大都市や都市部で暮らす子どもたちには、蛇の一種である「あおだいしょう」（青大将）は怖くて近寄れない動物かもしれない。大きいものだと2m程度まで成長し、毒はなく、性質は温厚であっても、めったに見かけることがないから、「あおだいしょう」の性質が分からない。しかも、蛇は恐ろしいものだという先入観が働いて、男の子でも近寄ろうとはしないだろう。しかし、昔のムラ社会の子どもたちにとっては、家の中でも外でもよく見かける親しい存在で、男の子は遊びの対象としたものである。それゆえ、「あおだいしょう」は、「イエノヌシ」（家の主、奈良県）とか、単に「ヌシ」（青森県）と呼ばれ、「イエマワリ」（家回り、奈良県）「サトマワリ」（里回り、三重県・大阪府）といった呼称も造られたのである。

　そこには、おしきせの「自然学習」ではなく、「生きられる自然」そのものが存在していたのである。そのような生きられる自然の中での遊びを通して、昔の子どもたちは想像力を育み、感性を練磨したのである。子どもたちは、男の子も、女の子も、それぞれみなそろって遊んでいたから、誰かが発見した新しい意味、誰かが創り出した新しい語は、たちまち共感を呼び、子ども社会に定着することになる。そして、子どもならではの類似性発見に基づく新しい意味の創造は、同じ環境世界に生きる大人にも合理性があると意識されたとき、その社会に定着し、やがて周辺へと広まっていく。周辺のムラ社会の成員も、同じような身体経験を共有していたから、その伝播の速度は、かなり速かったものと思われる[5]。

2. 豊かな比喩発想

　上に記したように、子どもたちは、「遊びの空間」の中で、小さな生き物を相手に遊びながら、その動作や状態の特徴をつぶさに観察し、それと類似

する特徴を持つ対象を発見し、多くのメタファー表現を生成したのである。だからこそ、かつてはどのムラ社会にあっても、身近にいた小さな生き物について、実に多くの呼称（俚言）が認められるのである。もちろん、それらの多くの呼称は、子どもたちの豊かな想像力を背景とする比喩発想によって生み出されたものばかりではないが、「かまきり」について見たように、かまきりを人に見立てた、いわゆる擬人喩による呼称が栄えていることが注目されるのである。

「かまきり」と同様に、擬人喩によって新しい意味が多く生成されている類例を、「鳥」のカテゴリーからひとつだけ挙げるとするならば、「せきれい」（鶺鴒）がある。「せきれい」は、川や湖畔の水辺によく見られる鳥で、尾をせわしげに上下させる習性がある。筆者の幼少年期、集落の子どもたちと一緒に、川で遊んでいると、この鳥が川の浅瀬にある多くの石の上で、しきりに尾を上下させながら、水を飲んだり、小魚をすばやく捕まえたりするのを見かけたものである。子どもたちにとっては、「せきれい」も遊びの対象で、「カワラスズメ」と呼んでいた。「カワラスズメ」に水をかけようとすると、すばやくその石から少しだけ離れた石へ移動し、また尾をせわしげに上下させるのである。夏の暑いころだったので、熱くなった石で尾をやけどしはしないか心配したりしたものである。「せきれい」には、74もの呼称が認められるが、それを、発想や語源を基準にして類化すると、次のように示すことができる。

　　　イシタタキ[6]：北海道・宮城県・秋田県・山形県・福島県・新潟県・長
　　　　野県・石川県・福井県・島根県・香川県・徳島県・愛媛県・九州各地
　　　イシタタキタロジョ；佐賀県・鹿児島県
　　　シッタタキ：群馬県・新潟県・佐賀県・大分県
　　　シッタタキタロジョ：鹿児島県
　　　イシクナギ：青森県・岩手県・秋田県・山形県・新潟県・長野県・京都
　　　　府
　　　シクナギ：山形県・新潟県・長野県
　　　シックナギ：秋田県・山形県・新潟県

シリフリ・シリフリドリ：神奈川県・山梨県・新潟県・富山県・石川県・福井県・長野県・静岡県・愛知県・岐阜県・三重県・滋賀県・奈良県・大阪府・和歌山県・大分県

ケツフリオカメ：奈良県

チチンドリ：青森県・栃木県・群馬県・長野県・山梨県・静岡県・三重県・和歌山県・四国各地・宮崎県

カワラスズメ・カーラスズメ：青森県・岩手県・宮城県・秋田県・山形県・栃木県・富山県・石川県・福井県・兵庫県・鳥取県・島根県・岡山県・広島県・山口県

カワラショービン：岐阜県・三重県・京都府・大阪府・兵庫県

ムギマキドリ：千葉県

ミズクミドリ：三重県

オイセドリ：奈良県・徳島県・高知県・愛媛県

シーヤケドイ：佐賀県

　上記の呼称のうち、明らかにメタファー（擬人喩）による名づけと思われるものは、「ムギマキドリ」（麦蒔き鳥）と「ミズクミドリ」（水くみ鳥）の二類である。「ムギマキドリ」は麦を蒔く季節と人が麦を蒔く動作に写像したものであり、「ミズクミドリ」は文字どおり人が水を汲む動作に見立てたものである。昔は、麦が丈夫に育つように麦踏をするのは、子どもたちの仕事であり、川の水を汲んで風呂に入れるのも子どもたちの仕事であった。それだけに、このような動物の人間化がすぐにイメージできたものと思われる。

　ところで、「シリフリドリ」（尻振り鳥）は、一見、見たままを表現したように思われるが、鳥には尻はない。ここに、「尾」を人間の「尻」に転写した趣向を見てとることができる。しかも、単に、「シリフリ」という呼称が静岡県・岐阜県・福井県・滋賀県・奈良県に分布している。こうなると、擬人化の趣がいっそう強くなる。しかも、「シリフリオマツ」（尻振りお松？、和歌山県・大阪府）「シリフリオマン」（尻振りお万？、滋賀県・奈良県）「ケツフリオカメ」（尻振りお亀？、奈良県）などの言い方も認められるので

ある。こうなれば、「せきれい」は尻を振って歩く年増女に変化することになる。しかし、「シリフリオマツ」「シリフリオマン」、ましてや「ケツフリオカメ」などは、子どもたちが名づけたものではあるまい[7]。また、佐賀県では、「シーヤケドイ」（尻焼け鳥）という言い方が聞かれる。

また、「カワラスズメ」「カワラショービン」は、「鶺鴒」が水辺にいるところから、川原にいる「雀」や「かわせみ」に見立てたものである。これは、「鶺鴒」を同じ鳥のカテゴリーに属する「雀」「かわせみ」に喩えたもので、面白さに欠けるが、いかにも子どもらしい素朴な名づけである。動物の動物化という「擬自然喩」の一種である。東北から九州にかけて聞かれる「チチンドリ」は、おそらく鳴き声からのもので、子どもたちが聞いたままを、そのまま直接的に表したものであろう。「鶺鴒」の呼称に、上に見たように比喩発想によるものと、「チチンドリ」のようにオノマトペ（擬声語）によるものの両者が見出される点に、子どもたちの盛んな想像力と具象力の展開のパタンが認められるとしてよいだろう。

次に、植物のカテゴリーについて、見てみることにする。東条操編『分類方言辞典』によると、「すみれ」（菫）には、65語の俚言量が認められる。これは、「いたどり」「まんじゅしゃげ」（彼岸花）などとともに、俚言量のとりわけ多いものの一つである。すみれとは、春に深紫色の小花をつける小さな草花である。『岩波古語辞典』によると、「スミレ」という語形は、古く万葉の時代からあったことが知られる（『万葉集』の1424番の歌が引かれている）。

ちなみに、澤瀉久孝の『萬葉集注釈』（巻第八、31ページ）によると、次のような訓と口訳が見られる（1961、中央公論社）。

  1424　春の野に菫摘みにと
    来し吾ぞ　野をなつかしみ
    一夜宿（ね）にける
  【口　訳】春の野に菫を摘みにとやってきた自分は、その野の美しさ
    をなつかしく思って一夜泊ってしまったことよ。

もともとは、花の形を墨壺に見立てて「スミイレ」と言ったものが、後

に、「スミイレ」／sumiire／＞「スミレ」／sumire／と変化したものだと言われている。

『日本言語地図』や『日本方言大辞典』によると、「スミレ」以外にも各地に種々の呼称が認められる。それを、以下に示すことにしよう。

スミレ：全国
スモートリグサ・スモートリバナ：岩手県・山形県・福島県・栃木県・茨城県・群馬県・千葉県・東京都・神奈川県・新潟県・長野県・山梨県・静岡県・愛知県・岐阜県・富山県・石川県・三重県・兵庫県・和歌山県・鳥取県・島根県・岡山県・広島県・山口県・香川県・愛媛県・福岡県・佐賀県・長崎県・熊本県・大分県・宮崎県・鹿児島県
スモートリ：京都府・広島県・山口県・高知県・大分県
スモントリ：奈良県
スモントリバナ：兵庫県加西市
スモトリ：富山県・石川県・長野県・広島県・山口県・高知県・福岡県
スモントリグサ：愛知県・山口県
スモトリタロー：福井県
カンコバナ：岩手県・秋田県・福島県
カギバナ・カギノハナ：宮城県・新潟県・香川県・愛媛県
カギヒキバナ・カゲビキ：岩手県・宮城県・秋田県
カギトリバナ：宮城県・香川県
クビキリバナ：千葉県・静岡県・奈良県
ミミヒキバナ：宮崎県
ジロ（ボ）タロ（ボ）：愛知県・奈良県・和歌山県・広島県
ウマカチカチ類：福岡県・佐賀県・熊本県・宮崎県・鹿児島県
ジーガチバガチ：東京都八丈島
ジジババ：静岡県・岐阜県・広島県
ジーコンバー：広島県
ジジバナ：神奈川県・長野県
ヒンカチ：宮崎県・鹿児島県

ゲゲウマ・ゲゲンマ：熊本県
ゲンペーグサ：岩手県
ケンカグサ：東京都
ケンカバナ：鹿児島県
ユムヌパギ：鹿児島県

　全国的に広く分布している「スモートリグサ」（相撲取り草）、「スモートリバナ」（相撲取り花）については、地域によって、「すみれ」の鉤形の花の形が力士のまげに類似していることからの発想だと報告する人もいるが、そうではなくて、子どもたちが、すみれの花のつけねの鉤形に曲がったところを互いにからませて、引き合って争う遊びを相撲に見立てたことからの名づけであると思われる[8]。ちなみに、『改定綜合日本民俗語彙』（1955）によると、「スモウトリバナ」について、次のような説明が見える。

　　京・大阪を中心に北陸・関東・東北地方の一部、南は中国・四国・九州までほとんど全国的に菫の花をこう呼んでいる。花を引っかけ合って相撲とりの遊びをしたからである。（791ページ）

　また、神部宏泰の『隠岐方言の研究』（1978）を見ると、「スモートリグサ」について、次のように記述されている。

　　スモートリグサ　相撲とり草　すみれ。花の後ろに突起しているがくにからませて、引き合う遊びからこの名がある。（629ページ）

　筆者もかつて、「スモートリグサ」（菫）について、これと同様の説明を、中国地方や瀬戸内海域の各地で聞くことができた。また、東北地方に点々と「カンコバナ」という呼称が見られるが、この「カンコ」は、かつて、「カギバナ」「カギヒキバナ」「カギトリバナ」という呼称が聞かれたことからも分かるように、「鉤」の意味であろう。千葉県、静岡県、奈良県で聞かれる「クビキリバナ」（首切り花）もまた、首を引きあって切りあう遊びに由来するものであり、宮崎県の「ミミヒキバナ」（耳引き花）は耳を引くという発想である。言うまでもなく、「スモートリバナ」が「相撲」を取って勝負を競う「スモートリ」に喩えたものであるのに対し、「クビキリバナ」は人の首に、「ミミヒキバナ」は人の耳に、焦点を当てたものである。また、東京

都で聞かれる「ケンカグサ」や鹿児島県下で聞かれる「ケンカバナ」は、激しい相撲を見て、「喧嘩」を連想したものであろう。

「ウマカチカチ」類には、コウマカチカチ、ダダウマカチカチ、ドドウマカチカチ、トノウマカチカチ、ヒンカチバナといった呼称が含まれている。主として九州地方に分布するものであるが、おそらく花の形を馬の顔に見立てたメタファーであろう。やはり、首を引きあって勝負を競うことから、名づけられたものと思われる。

一方、「ジジババ」「ジーガチバガチ」「ジロ（ボ）タロ（ボ）」は、爺対婆、次郎対太郎のペアーの連想であって、これもやはり互いに争って遊ぶことに由来するものと思われる。「ジーガチバガチ」は、おそらくそのプロトタイプであろう。ペアーということでは、「スモートリグサ」「スモートリバナ」もやはりペアーである。二人の子どもが、ペアーになって、勝負を競うことから、二人の力士がペアーとなって勝負を競う「スモートリ」を連想したものに違いない。「ゲンペーグサ」も源氏と平家のペアーを連想したものであるが、誇張比喩になっている点に、一種趣向をこらしたおもしろさがうかがわれる。

ところで、「スモートリ」を連想し、「スモートリグサ」「スモートリバナ」という新しい意味を創造するためには、子どもたちが「相撲」という競技がどんなものか、事前に知っていなければならない。それでは、「相撲」はいつごろから、職業化され、興業化され、大衆化したのであろうか。高柳光寿・竹内理三編『角川日本史辞典　第二版』（1974、角川書店）を見ると、次のような解説が見える。

　　源平内乱で宮廷の相撲節は絶えたが、鎌倉時代、武士の間で武士の力を鍛錬する武芸として奨励され、将軍上覧相撲が行われた。室町末期には民間相撲が起こり、このころ土俵が創設された。江戸時代には大名の間に力士を召し抱えることが流行し、元禄の末ごろから観覧料をおさめて大衆に解放する職業的勧進相撲が上方で盛んになり、明和―安永のころには、江戸勧進相撲が制度化し、江戸相撲が全国的中心となった。

したがって、「相撲」は室町時代の末期から江戸時代にかけて次第に大衆

化し、大衆化することによって、より活性化したものと考えられる。「スモートリグサ」というメタファー表現が成立したのは、その後のこと（室町時代の末期を含むそれ以降のこと）と考えるのが筋であろうから、どの地域で成立したのかという問題には、下記のように『日葡辞書』や古本節用集などの辞書類に見えることから、京都であった可能性が極めて高いという以上に、深く立ち入ることはできないが、このメタファー表現が我々の想像よりもはるかに速いスピードで、全国各地へ伝播していったことは確かだろう。

ただ、土井忠生・森田武・長南実編訳『邦訳日葡辞書』（1980、岩波書店）を見ると、

　　Sumŏtorigusa. スマウトリグサ（天門冬）　すなわち，Sumire.（菫）　菫の花．これは子供の言葉である．

という記述が認められることから、どんなに遅くとも室町時代の末期までには、京の都を中心として、子どもたちがこのメタファー表現を創造し、盛んに使用していたものと考えることができるだろう[9]。また、『時代別国語大辞典　室町時代編三』（1994）を見ると、「すまふずき」という語が掲出されており、次のような意味記述と用例が示されている。

　　すまふずき　相手を見つけては相撲をとりたがる人。「新座の者をおかば、身共がすまふずきじや程に、すまふをもとり、奉公をもする者があらばかゝえてこひ」（虎明狂＝蚊相撲）

また、「すまふどころ」（相撲の盛んな土地柄の所、虎明狂＝蚊相撲）という語も見える。したがって、遅くとも、室町時代の末期までに京都で成立した「スモートリグサ」という子供の言葉と遊びが、相撲の大衆化、活性化という顕著な「社会現象」によって、我々が想像するよりもはるかに速いスピードで全国各地（四方）へと伝播していったものと考えてよいだろう[10]。

ただ、柳田国男監修の『綜合日本民俗語彙』が編まれたころまでは、全国の広い地域に分布していた「スモートリバナ」（すまふとりばな）というメタファー表現は、『時代別国語大辞典　室町時代編』や『日葡辞書』、さらには古本節用集などの辞書類にも、全く見当たらないことが注目されるのである。おそらく、この語の成立は、「すまふとりぐさ」よりも遅く、近世以降

に下るものと推測される。

　ところで、子どもたちが、「すみれ」を対象に遊んでいる時空間において、その豊かな想像力を働かせて喩えの対象として選択したのは、「相撲取り」「首切り」「耳引き」「次郎太郎」「爺婆」など、大半が人に関するものである。すなわち、「擬人喩」というメタファー表現が栄えているのである。このことは、「かまきり」や「鶺鴒」においても同様であった。それでは、なぜ、子どもたちが「遊びの環境世界」の中で造りだしたメタファー表現には、擬人喩が多く認められるのだろうか。この点について、発達心理学者の岩田純一が、次のように述べていることが注目されるのである。

　　ここで興味深いのは、子どもにとっては（自己を中心化した）擬人的な重ね合わせが使いやすい、理解しやすいということである。子どもの絵本を分析したことがあるが、絵本で見られる比喩の特徴の一つは擬人的な比喩が多いということである。自己身体を基点として対象に重ね合わせる投影的なやり方が、子どもにとっても容易であり、比喩ル認識法の原点にあるように思われる。（「比喩ル」の心―比喩の発達の観点から」山梨正明『認知科学選書17　比喩と理解』1988、東京大学出版会）

Ⅲ．想像力の広域性と狭域性

1．想像力の広域性と一元的生成

　昔の子どもたちは、自分たちが生きる「生活環境」の中で、身近に存在する小さな動物や植物に強い関心を寄せ、それらを遊びの対象として、子ども独自の空間――遊びの環境世界――を形成してきた。しかも、その中で、彼らは小さな生き物の特徴をつぶさに観察し、鋭く捉え、多くの場合、自己を中心化した擬人的な重ね合わせを行ってきた。それによって実に多くの呼称（俚言）が生み出されたことは、先に見たとおりである。

(1) 広域的な想像力

　ただ、それらの呼称を見てみると、すでに一部触れたように、全国的に広く分布しているもの、一定の広がりをもって分布しているもの、さらにはある特定の県、あるいはその県の一部の地域にしか分布の認められないものな

ど、多様な分布状況が見られるのである。だからこそ、実に多くの呼称が見出されるとも言える。「かまきり」における「オガメ」「オガマ」や「菫」における「スモートリグサ」「スモートリバナ」、「せきれい」における「イシタタキ」のように、全国的に広く分布するものは、古い時代に京都で子どもたちが遊びの空間の中で独自に造りだした呼称で、それが全国に波及したと考えることができる。しかも、「スモートリグサ」の場合、室町時代に、相撲が民間化し、土俵が造られ、広く大衆に浸透することによって、都と江戸を中心として、全国的に活性化するという「文化社会的背景」があったことは、すでに述べたところである[11]。

しかし、一定の広がりをもって分布しているものや、ある特定の県、さらには特定の県の一部の地域にしか分布の認められないものなどについては、なぜその比喩発想がそこで生まれ、ある限られた地域にしか認められないのかという問題については、その理由を明らかにすることが極めて困難である。なぜ、「菫」の形と人間が作り出した「鉤」との間に類似性を発見した「カンコバナ」が東北三県（岩手・秋田・福島）にしか認められないのか、なぜ、「ミミヒキバナ」という「耳」に注目した呼称が宮崎県だけに認められるのか、このような問題である。

(2) 広域的な想像力の形成要因

ことばを変えて言えば、全国的に広く分布するものについては、その想像力の「普遍性」（広域性）について一定の解釈を行うことが可能である。たとえば、先に触れた「スモートリグサ」における「文化社会的」な形成要因である。しかし、分布域が狭く限られている場合については、類似性認知の視点とその要因を明らかにすることはできても、なぜその環境世界に限って、独自の類似性認知の視点が働き、独自のメタファー表現が生成されたのかという、「個別的形成」に関わる環境的要因を解明することは、至難を極めるということである。至難を極めるもう一つの理由としては、精密な調査によって得られた全国的な規模のデータがあまりにも乏しいということが挙げられる。

(3) 子どもたちの遊びのことば

したがって、子どもたちの遊びの対象だけでなく、遊びそのものの名称を加えて考えてみることにしたい。遊びそのものの名称も方言の種類が多い。その一例として、「凧」についてみると、以下のようである。

　タコ：全国
　タコボーズ：大分県
　タコノボリ：兵庫県淡路島
　イカ：新潟県・岐阜県・富山県・石川県・福井県・滋賀県・京都府・大阪府・兵庫県・奈良県・鳥取県・島根県・岡山県・広島県・徳島県・香川県・愛媛県
　エカ：福井県大野市[12]
　イカタコ：岡山県東部・香川県小豆島
　イカノボリ：岐阜県・京都府・兵庫県・鳥取県・島根県・岡山県・広島県・大分県
　イカンボー・イカンボーリ：広島県備後地方
　イカヨーズ：愛媛県大三島
　ノボリ：大阪府・兵庫県淡路島・福井県・大分県
　ハタ：青森県・岩手県・秋田県・長崎県
　タコバタ：青森県・三重県・福岡県
　タカバタ：福岡県
　トバタ：佐賀県・長崎県
　ヨーズ：島根県石見地方・広島県島嶼部・山口県・愛媛県大三島
　ヨーズダコ：島根県石見地方
　ヨーチュー：長崎県
　タツ：熊本県
　カカズラ：大分市
　カッコ：岩手県
　ガク：岩手県

「タコ」は全国に広く分布する。足をつけた形が海の蛸に似ていることか

らの命名だろう。「イカ」「イカノボリ」という呼称も、近畿地方を中心として、中部地方から九州地方までの広い地域に分布するが、これも足をつけた形を見て、海の烏賊を連想してのものであろう。福井県大野市の「エカ」は、「イカ」の音訛形である。また、「イカノボリ」の「ノボリ」は「幟」、主に東北地方に分布する「ハタ」は、「旗」に見立てたものであり、福岡県で聞かれる「タカバタ」は「高旗」であろう。佐賀県、長崎県の「トバタ」も「旗」をイメージしたものであろう。それに対し、「タコバタ」は、「タコ」と「ハタ」が複合したものであろう。また、岩手県の「ガク」は、文字とおりの「額」である。主に中国地方の山陽側から瀬戸内海域にかけて分布する「ヨーズ」やそれと関係があると推測される長崎県の「ヨーチュー」の語源は、現在のところ未詳である。

　「凧」の呼称の中で、全国に広く分布するのは「タコ」であり、ついで、「イカ」「イカノボリ」が広い範囲に分布している。ここで、注目されるのは、「凧」を海の「烏賊」に見立てた呼称が、西日本に広く分布しているのに対し、東日本には全く分布していないことである。それでは、「イカ」「イカノボリ」という呼称はいつごろ、どの地域で盛んに行われていたのだろうか。ちなみに、大久保忠国・木下和子の『江戸語辞典』(1991)を見てみると、次のような記述が見える。

　　　たこ［凧］　細竹に紙を貼り糸をつけて空に揚げる玩具。絵凧・字凧、
　　　また形によって奴凧などと呼ぶ。〈浪花聞書〉文政「いかのぼりなり。
　　　江戸でたこといふ。又云あげると不言、のぼすといふ」

「浪花聞書」によると、江戸時代の文政（1818～30）ごろ、上方では「いかのぼり」と呼び、江戸では「たこ」と呼んでいたことが知られる。「イカ」と「イカノボリ」の分布域を比較してみると、「イカ」の分布域の方が広く、その中に「イカノボリ」の呼称が認められることから、「イカ」の方が早く成立を見たものと推測されるが、『大阪ことば事典』や『日本国語大辞典第二版』には、「いか」を「いかのぼりの略」と説いている。また、『岩波古語辞典』には、「いかのぼり」「いか」について、次のような記述が見える。

　　　いかのぼり【烏賊幟・紙鳶】①上方で、凧のこと。「童部どものもてあ

そびいかのぼりとやらん云ふ物をこしらへ」〈破提宇子〉
　いか②【紙鳶・凧】上方で凧のこと。烏賊の形に作ったのでいう。いか
　のぼり。「いかのぼせし空をも見ず」〈西鶴・一代男〉
また、『日本国語大辞典第二版』には、西鶴の『世間胸算用』(1692)に見え
る「とかく少年の時は花をむしり紙烏(イカ)をのぼし」という例が挙がっ
ている。さらに、1716年に攝津国(畿内の一国)に生まれ、1751年以降京
都に在住した与謝蕪村の、昨日と今日を高い冬の空のなかで重ねた有名な句
として次の一句がある。

　いかのほり昨日の空のありどころ[13]

　要するに、江戸では「タコ」、上方を中心として広く西日本では「イカノ
ボリ」「イカ」という対立図式が、『浪花聞書』よりもさらに早く、西鶴の
『好色一代男』が刊行された天和2年(1682)以前に、すでに成立していた
ということである。それは、1676年に成立した高瀬梅盛編の『類船集』と
いう句集に、「京にはイカノボリといへど田舎の人はたこのぼりと云ふとか
や」とあることからも明らかである。しかも、『岩波古語辞典』の記述によ
って、上方で「凧」を「イカ」と呼ぶようになったのは、「烏賊の形に作っ
た」ことに起因することが知られる。したがって、先に触れたように、足を
つけた形が「烏賊」に似ているところから「イカ」を連想して、「イカ」と
呼ぶようになったのではなくて、作る段階からすでに、「烏賊」をイメージ
していたということになる。それは、藤原与一『瀬戸内海方言辞典』(1988、
東京堂出版)に、「イカヨーズ」という語が掲出されており、「烏賊の形を
した凧〈廃〉○売られてもいたが、作られもした」という説明が見えるところ
からも明らかである。

　さて、先に示したように、「イカ」「イカノボリ」の呼称が、ともに京都府
に分布し、また近畿地方を中心として、主に西日本に広く分布することか
ら、「凧」を最初から海の烏賊に見立てたメタファー表現は、「京都」を中心
とする上方で成立を見たものが、我々が想像する以上のスピードで広く西日
本に分布していったものと見なすことができるだろう。いわゆる成立の源が
同一である「一元的生成」による広域分布の典型的なパタンである。江戸時

代にあっても、新しい言葉が生成され、発信される基地は、京都を中心とする上方であったことは、すでに周知の事実である[14]。

子どもたちの遊びの方言として、わずか「凧」という一例について見ただけではあるが、近畿地方を中心として、広域に分布の認められるメタファー表現は、「京都」で成立を見たものと考えることが至当であろう。ちなみに、寺島浩子の『町家の京言葉―明治30年代生まれの話者による』(2006) には、「イカ」について次のように記述されている。

> 凧。やっこ・金太郎・蟬などの形につくり、色をつけてある。やっこ形のものが一番多い。その形により、「ヤッコイカ」等の呼び名がある。「凧揚げ」のことを「イカノボリ」と言う。(173ページ)

また、『大阪のことば地図』(2008) を見ると、京都府に近い大阪府の北河内・中河内では、高齢者が「奴凧」を、現在でも「ヤッコイカ」と呼んでいることが知られ、上方における「イカ」「イカノボリ」が、今日に至るまで、いかに強い勢力を維持してきたかがうかがい知られるのである。

なお、「凧」については、いわゆる擬人喩がほとんど認められない。これはおそらく、「凧」が子どもたちの遊び相手である自然の小さな生き物ではなく、遊び道具として人間が作ったものだったからだと考えられる。

2. 想像力の狭域性と多元的生成

遊びの対象である小さな生き物が持っている諸特徴のうち、どのような特徴に注目し、それを身近に存在する別の対象の特徴との間にどのような類似性を認知するかというプロセスと独自の生活環境の中で、子どもたちは実に豊かな想像力と繊細な感性を育んだに違いない。そして、その育んだ想像力と感性を駆使して、独自に意味づけられた、多様で豊饒な世界認識を形成していったものと思われる。それは、人間と自然とが一体化した「遊び」を中心とする世界であり、濃密な自然への「親和力・親和性」を背景とするものである。しかも、その世界は、子どもたちが生きた時代や環境の違いによってあまりにも多様であり、また個別的であったと考えられる。おそらく、これらのことが、自然の中の小さな生き物の豊かな名づけと多様な分布状況、

とりわけ個別的・孤立的な狭域分布をもたらした根源的要因であろう。

(1) **狭域分布の事象**

以下、広島県の場合を中心として、なぜ広島県やその限られた地域にという問題には深く立ち入ることはできないが、いくつかの具体的な事象を挙げ、地域独自の類似性の発見について検証してみることにしたい。「アリジゴク」（蟻地獄）も、子どもたちの遊びの対象になったものの一つである。蟻地獄を相手に遊んだのは、主に、男の子であった。筆者も幼かったころ、蟻地獄を相手に遊んだことを、今も鮮明に思い起こすことができる。蟻地獄は「うすばかげろう」の幼虫で、砂に擂鉢状の巣穴を掘って、落ち込んで来る蟻などの小さな虫を捕食して成長する小さな生き物である。筆者は、後退りする習性、言い換えれば前進できない習性を持つことに、とりわけ強い興味を抱いたものである。子どものころ、筆者は、蟻地獄を「モモンジョ」と呼び、巣穴のまわりをたたきながら、「トートコ　トートコ」と唱えて、蟻地獄を巣穴から呼び出そうとしたものである。

広島県の子どもたちも、後退りする習性に興味を抱いたらしく、広島県の安芸地方南部から内陸部にかけて、「ソートメ」「ショートメ」「ショートミ」「ショート」「コゾートメ」などの呼称が分布しており、「ヒョートメ」「ヒョートミ」「ヒョータメ」「ヒョート」などの音訛形が備後地方南部の三原市から尾道市にかけて分布する。「ソートメ」は「早乙女」で、蟻地獄と同じように後ろに下がりながら早苗を植えていく、その動作の類似性に着目したメタファー表現である[15]。「コゾートメ」の語源は「小早乙女」で、早乙女に比べて蟻地獄が小さいという特徴にも着目したものである。それでは、なぜ子どもたちは、「蟻地獄」が後退りするという習性を観察して、「早乙女」の動作を連想したのだろうか。それは、昔のムラ社会にあっては、田植時には、子どもたちにも一定の仕事が割り当てられたから[16]、早乙女が後ろに下がりながら早苗を植えていくという動作をよく観察していたからである。だから、蟻地獄が後退りしかできないという動作の特徴に気づいたとき、すぐにも早乙女の動きがイメージされたのである。その類似性の発見は、子どもたちにとって極めて容易だったと思われる。

広島県における「ソートメ」類の呼称は、安芸地方の南部から内陸部にかけて、また安芸地方に接する備後地方の南部にわたって、一定のまとまりをもって分布している。しかし、その分布域は広島県全体においてさほど広いものでなく、備後地方の東部や内陸部、安芸地方の西部、さらには広島県の山間部には、全く分布が見られない。島嶼部においても、同様である。「蟻地獄」と遊びながら、この小さな虫に、「ソートメ」という名づけを行ったのが、本土部の農業社会に生きた子どもたちであったことは、言うまでもないだろう。したがって、このメタファー表現は、農業社会という生業環境を背景として成立を見たという環境的要因、別の言い方をすれば、「生業環境的要因」を指摘することが可能である。しかし、それでは広島県のどのムラ社会でこのメタファー表現が成立したのかという問題を明らかにしようとすると、それは極めて困難である。村岡浅夫『広島県方言辞典』(1981、南海堂)を見ると、「ソートメ」という語形は、広島県高田郡八千代町、同甲田町、ならびに芸南に分布していることが知られる。これは、「ソートメ」というメタファー表現が成立した地域を、ある程度指し示すものではあるが、どのムラ社会で成立したかを特定することは困難な空間的広がりを、同時に示すものでもある。

また、この地域の子どもたちは、以前は、「ソートメ」に関連づけて、「蟻地獄」を、「タースケ」(田を鋤け)とか「タエンボー」(田植坊)と呼んでもいた。これは、明らかに女性を男性化したメタファー表現であり(とりわけ、「タエンボー」)、「蟻地獄」を男性に見立てた子どもらしい遊び心の働きがうかがわれる。このような同一地域における擬人喩の女性から男性への転換という現象は、あまり見られないものである。これは、「蟻地獄」と遊んだのが主に男の子であり、名づけに関わった主体もやはり男の子であったことを有力に示唆するものであろう。そして、その背景にあったのが、田植は集落の成員が共同で営む最も重要な労働であり、男性も女性も同じ場所にいて、それぞれの役割を担ったという事実である。

(2) **狭域的な想像力の形成要因**

しかし、筆者には、そのような問題よりもむしろ、かつての農業社会とい

う「生業環境」にあっては、どの地方、どの地域においても成立が可能だったように思われる「ソートメ」(蟻地獄) というメタファー表現が、広島県に限定した場合、なぜその一部にしか認められないのかという問題の方に、興味が持たれる。しかし、すでに指摘したように、このような問題を解明することは、至難を極める。それは、「ソートメ」が、新しい意味の発見に基づくメタファー表現だからである。喩える対象は、全国的な観点からすれば、時代により、環境により、極めて多岐にわたったものと考えられる。これを、仮に、環境世界の違いを前提とする「喩える対象の選択多様性」と呼ぶことにしよう。しかも、子どもたちの想像力は、素朴に見えて、実は大人の目からすると、意外性に富み、驚きをもたらすほど柔軟かつ自在である。だからこそ、子どもたちの遊び相手になった小さな生き物たちには、各地方、各地域で実に多様な名づけが行われてきたのである。そして、その多くが、全国的な視点からすると、孤立して分布するような状況——孤立分布——を示しているのである。したがって、京畿ではなく、地方の子どもたちの手によって造りだされたメタファー表現が、全国に広く浸透することの方が、むしろ稀であったと言ってよいのである。

　「蟻地獄」以外に、「たんぽぽ」もまた、子どもたちの目にとまる小さな生き物だったと思われる。だから、全国に多くの呼称が認められる。「タンポ」は東北地方から関東地方にかけて、「タンポコ」は中部地方以西に、それぞれ広く分布している。「チャチャッポ」は群馬県・山梨県に分布が見られる。いずれも、擬声語を思わせるもので、語源を鼓の音と関連づける説もある[18]。しかし、同じように擬声語を思わせる「デデッポ」は岩手県だけに、「チャンポポ」は香川県だけに認められるのである。その理由は、今のところ未詳と言うよりほかない。

　ところが、これらとは身体経験や発想を全く異にする呼称が、広島県、山口県、兵庫県淡路島、香川県に認められるのである。それは、「チチグサ」という言い方である。語源は、言うまでもなく「乳草」で、「たんぽぽ」の茎を折ると、乳色の汁が出ることに着目した命名である。「タンポコ」も広島県下の各地で聞かれるが、「チチグサ」は呉市で、「チチブサ」は広島県東

部の甲奴郡で用いられる。「チチグサ」に限って言えば、この呼称は広島県下においても、すでに、「孤立分布」の様相を見せている。「たんぽぽ」は、今でもよく見かける草花だから、広島県下の広い地域で、子どもたちが「たんぽぽ」の茎を手で折り、乳色の汁が出るという身体経験をしたはずである。だから、もっと広い地域に「チチグサ」の呼称が分布していてよいはずであるが、現実はそうではない。

「かまきり」を「チョーナカタギ」と呼ぶ地域も、広島市に隣接する高田郡千代田町と豊田郡大崎下島に限られている。「チョーナキリ」は尾道市向島と因島市に分布するだけである。「かまきり」と同様、「みずすまし」にも多くの呼称が認められ、昔から子どもたちの遊びの対象だったことが知られる。広島県だけでも、25の呼称（俚言）が認められるが、そのうちの「タユーサン」（太夫さん）は、庄原市、神石郡油木町、三原市など、備後地方の一部に分布が見られるだけで[19)]、広島県下の他地域には全く認められず、他には岡山県（タユーサン）・山口県（タユーマイ）・香川県（オタユーサン）・愛媛県（タイサマ）に認められるだけである。

なぜ、「タユーサン」と呼ぶかというと、「みずすまし」は全身が黒っぽく、左に回りながら移動するという習性をもっている。昔、ムラ社会の神社で行われる秋祭りでは、「タユーサン」（神主）が黒装束に身を固め、左に回りながら舞を舞ったのである。子どもたちにとって、村祭りは楽しみの一つであり、ほとんどの子どもが毎年参加した。そして、祭りの中で、子どもたちは一定の役割を担ったのである。そのような身体経験を媒介として、「みずすまし」と「太夫さん」との間に、「黒っぽい」、「左回りに移動する」という類似性を発見して、この虫を「タユーサン」に写像したのである。山口県に上に記した「タユーマイ」という呼称が認められることがその有力な証しとなろう。そして、このような連想と写像は、広島県下のどの地域でも、また他のどの地方においても広く成立する可能性は、常に存在していたはずである。しかし、現実は、先にも記したとおり、そうではない。

もし、神主のことを「タユーサン」と呼ぶ地域が、備後地方に限られているのであれば、広島県の安芸地方では成立し得ないということも考えられる

が、「タユーサン」という言い方は、安芸地方でも聞かれるのである。広島県下だけではない。『日本方言大辞典』によると、東北地方や中国・四国地方、さらには九州の大分県・宮崎県など、広い地域に認められるのである。

　子どもたちが、喩えられる対象と喩える対象との間にどのような類似性を発見するか、それは子どもたちの遊びの環境世界の多様性に応じて多様である。しかも、類似性認知の視点や密度も、自然との親和性ないしは時代環境や生活環境によって多様に変化する可能性がある。それに加えて、子どもたちの旺盛な好奇心によって、喩える対象は数多く存在し、「環境世界による制約」を前提とするものの、喩える対象に何を選ぶかという「選択多様性」の問題もある。これらの事柄があいまって、子どもたちが生成したメタファー表現の驚くべき多様性、別の言い方をすれば、メタファー表現の多元的発生と複雑な狭域的分布がもたらされたものと推定される。そして、これらのすべてに「生態系の特色」（自然環境の特色）が関与することは言うまでもない。それゆえ、今まで見てきたように、昔の子どもたちが遊びの対象とした小さな生き物の方言は、とりわけ語彙量（俚言量）が多く認められるのである。しかし、上に述べたことは、かなり多くの事象に基づいて論を展開した結果によるものであるにしても、やはり仮説の提示にとどまる点が多く、より精緻で科学的な検証は今後の課題——それが至難を極めるものであることはすでに指摘した——として残されている。そして、子どもたちが生成したメタファー表現に認められる、実に多様で複雑な狭域性をもたらす決定要因を解明するために、最も大きな障害となる問題は、多くの新しい意味の生成をもたらしたメタファー表現の創生に関わった主体とその環境世界の大半が、今や消滅の危機に瀕しているという事実である。

(3) 環境のありかたの独自性と想像力

　したがって、子どもたちが独自に形成した「意味の世界」が、地域社会の環境のありかたの独自性をどのように反映しているかという問題に関しても、現段階では深く立ち入ることができないのである。ただ、極めて当たり前のことではあるが、先にも少し触れたように、子どもたちが遊びの環境世界の中で、小さな生き物を別のカテゴリーに属するある対象に喩えようとす

る場合、その対象が子どもたちの生きる環境世界に存在しない場合、あるいは知らない場合には、全く喩えようがない。言い換えれば、転写の可能性が全くないということである。たとえば、和歌山県や高知県の沿岸部の子どもたちは、かつて「めだか」を「カワクジラ」と呼んでいた。これは、この地域で鯨漁が盛んに行われていたからであって、鯨が全くいない瀬戸内海に面する広島県のムラ社会の子どもたちは、「めだか」という川にいる最も小さな魚を見て、「鯨」という海にいる最も大きな魚をイメージするという遊び心を持とうにも、持ちようがなかったということである。また、広島県の山間部では、「鵺鴒」という鳥を知らないと答える高齢者が少なくない。そのような場合、「鵺鴒」の特徴が全く分からないわけだから、名づけようがない。同時に、比喩発想も生起し得ないことになる。

　さらに、「文化社会環境」や「時代環境」の違いが、子どもたちの想像力を規制するといったことも考えられる。昔、農業社会を遊びの空間として過ごした子どもたちは、「ツチグモ」(土蜘蛛、穴蜘蛛とも) も遊びの対象であった。「ツチグモ」は家の土台石や木の根元などに細長い巣を作って地中にすむ小さな生き物である。筆者も経験があるが、昔の子どもたちは、小さな細長い枝を注意深く「ツチグモ」の巣の中に入れて、「ツチグモ」を外に引き出す遊びに熱中したものである。「ツチグモ」は巣から地上に引き出されて、直射日光に当たると、すぐに死んでしまうという習性を持っている。だから、地上に引き出された瞬間に、自分で腹を嚙み切って死んでしまうのである。その様子を、仔細に観察した神奈川県や富山県の農村部の子どもたちは、侍が切腹する様子を連想して、「サムライ」と呼び、同じく長野県、三重県の農村部の子どもたちは「サムライグモ」(侍蜘蛛) と呼んだのである。

　しかし、都市部では、そもそも「ツチグモ」を見つけることがかなり困難であり、仮に見つけることができたとしても、子どもたちが夢中になって遊ぶことのできる「遊びの空間」は、以前からさほど多くはなかったであろう。このように、農村部の子どもたちには可能であったことが、都市部の子どもたちには不可能だったといった、「文化社会環境」の違いが「想像力の展開」に規制をもたらすという問題も、無視することができないように思わ

れる。また、言うまでもなく、武士が責任を取ったり、罰を受けたりするとき、自分で腹を切って死ぬという行為があったということを子どもたちが知っているという、「時代環境」（歴史環境）に関わる認識がなければ、「サムライ」を連想することは不可能である。また、滋賀県では、「かまきり」を指して、「ハタオリ」（機織）と呼んでいる。これも、「サムライ」と同様、家で女性が機織をしていた時代でなければ、成立することもなかったであろう。

　さらに、東北地方から九州地方までの広い空間領域で、「やえむぐら」を「クンショー」（勲章）「クンショーグサ」（勲章草）「クンショーバナ」（勲章花）などと呼んでいるが、これは子どもたちが花や葉のついた実を胸につけて遊んだところから成立を見たメタファー表現である[20]。これらの新しい認識の造形化は、近代以降、なかでも第一次大戦以後に、子どもたちが遊びの空間の中で独自に造りだしたものであろう。筆者も、第二次大戦の初期、集落の子どもたちと一緒に「やえむぐら」の実を胸につけて、遊んだものである。胸に、勲章をつけた兵士の存在は、当時の子どもたちにとっては、憧れの的であった。ここにも、メタファー表現の成立における「時代環境」（歴史環境）の制約——結果的には時代環境の極めて強い同質性——が認められるのである。別の言い方をすれば、日本というマクロ社会において、極めて強い同質性が働いたために、メタファー表現の多元的な生成が結果的には必然的一致を見せることになったものと思われる。「クンショー」「クンショーバナ」「クンショーグサ」は、まさに、「時代環境」が子どもたちに「同質（あるいは等質）の連想」を強く促したメタファー表現のプロトタイプの一つであると言ってよかろう。

　ところで、「サムライ」が神奈川県と富山県に、「サムライグモ」が長野県と三重県に認められることについては、それぞれの県で、他の県とは関係なく、子どもたちが「遊びの空間」の中で独自に新しい意味を発見したものが、結果として偶然に一致することになったものと考えられる。なぜなら、富山県から神奈川県へ（または、その逆も）、三重県から長野県へ（または、その逆も）、これらの呼称が波及したと考えるには、あまりに連続性に欠け

るだけでなく、方言域を全く異にしており、「多元的生成」——「個別的分布」の様相を呈しているからである。なお、神奈川県と富山県に分布する「サムライ」という語形は、鶺鴒における「シリフリドリ」＞「シリフリ」と同様に、もともと長野県や三重県の「サムライグモ」と同じ語形であったものが、後に、「クモ」の変種であることを示す「～グモ」が脱落することによって成立し、それによってより擬人化の効果が強化されたメタファー表現であると考えられる。

Ⅳ. 自然に対する伝統的な親和力の衰滅

　ふりかえって、筆者がまだ幼かったころの子どもたちは、からだと言葉で精いっぱい遊んだとあらためて思う。遊びの環境世界で、からだと言葉を育て鍛えた。いや、からだと言葉ばかりではない。心も遊びの空間で育まれ、豊かな想像力と感性を身につけたように思う。その遊びの空間は、農業社会に生まれ育った筆者にとっては、生活環境の中の自然であった。家から出て、前にのびている土道を行くと、そこはもう、自然と重なる生業環境であった。筆者が幼かったころ、すでにあるがままの自然などはどこにもなかったように思う。都市部や大都市に生まれ育った人びとにとっては、自然環境はやや遠く感じられたかも知れないが、昭和の初期に西日本の農業社会に生まれ育った多くの人びとにとって、自然は極めて身近な存在であったと思われる。その自然の中の遊びの空間の中で、子どもたちはみんなで遊びながら自然への親和力を育み、想像力を鍛えたのである。

　しかし、筆者が今から20年ほど前に、勤務する大学の学生を対象に、「地方人の想像力」と題して講義を行ったとき、「スモートリグサ」が「菫」を指示する語であり、昔の子どもたちがどんな遊びの中から、豊かな連想力を働かせて生成したメタファー表現の一つであるか、そのことに触れたことがあった。その講義の中で、『日本言語地図』に見られる分布域を説明し、『日葡辞書』の中の記述を板書したことも記憶している。その講義を終える直前に、広島県の山間部出身の女子学生が、「スモートリグサ」は「菫」ではなく、「シロツメグサ」を指示することばではないのかと質問したのである。

そこから、教員と学生の立場が入れ替わることになった。筆者がその学生に、子どものころ、二人ペアーになって、「菫」の花のつけねの曲がったところを引っかけて引っ張り合う遊びをしたことはないのかと尋ねたところ、「菫」ではなく「シロツメグサ」を使って遊んだと言う。そこで筆者は、「シロツメグサ」ではなくて「おおばこ」ではないかと重ねて質問した。兵庫県北部や福井県、さらには新潟県などでは、おおばこの花茎を引っかけて引き合い勝負をして遊んだということを、それまでのフィールドワークの経験を通して知っていたからである。しかし、当の女子学生は、「シロツメグサ」だと自信に満ちた表情で答えた。

そこで、あらためて、受講生のうちの女子学生を対象に、「スモートリグサ」という語がどんな草花を指すか知っているかと聞いたところ、筆者に質問をした女子学生を除き、他の女子学生は「知らない」と答えた。それだけではない。「スモートリグサ」という語を使ったことも聞いたことも全くないと言う。また、「菫」は花壇に植える草花であって、野原や道端に自生している菫は、今まで見たことがない。だから、「菫」を使って遊んだことなど、全く経験していないと言う。さらに、母親から教わったことも、保育園や幼稚園の先生から教わったこともないと答えたのである。「スモートリグサ」が「菫」ではなく「シロツメグサ」を指すことばではないかと質問した女子学生は、母ではなく祖母から「スモートリグサ」ということばと遊びを教わったと答えた。

たしかに、現代は、自然につながる野原はなく、道もほとんどがアスファルトで舗装されていて、春に咲く紫色の菫の花を見かけることは少ない。ところが、「シロツメグサ」は、あちこちに群生している。現に、大学の構内でもよく見かけたものである。それゆえ、「スモートリグサ」は「菫」ではなく、「シロツメグサ」のメタファー表現に変化することにもなったのであろう。しかも、「シロツメグサ」を使ってペアーになって遊んだ経験を持つ女子学生は、ほとんどいないことも分かった。身辺に、自生する菫の花を見かけることが極めて少なくなり、菫を使って遊ぶ場所も時間もなくなれば、「スモートリグサ」というメタファー表現は、もはや未来に継承される可能

性はどこにもない。

　ましてや、現代は、道や野原は安心して遊べる空間ではなくなっている。山も川も池も、また、汚くて危険な場所に変貌している。子どもたちが安心して精いっぱい遊べる場所は、都市部だけでなく山間部においても、ほとんどなくなってしまったのである。そのため、現代っ子はかつての「遊び失調症」を超えて、今や「遊び認知症」になっているという話まで聞かれる。

　また、大半の男子学生は、「かまきり」は子どものころ、絵本や昆虫図鑑で見たことがあるが、実物を見たことはほとんどない、と答えた。まして、「かまきり」を相手に遊んだことなど全くないと答えた。「かまきり」を相手に遊んだことがなければ、その習性を知ることもないから、過去の子どもたちが豊かな想像力や連想力を働かせて造りだした様々なメタファー表現に多少の興味は抱いても、それは一時的な知識にとどまり、改めて、「かまきり」との親和性を取り戻そうという力にはなり得ない。より一般化して言えば、自分たちと自然との間に生じた大きな心理的距離を、身体経験を通して生まれる深い知的好奇心を獲得することによって埋め、再度、自然に対する濃密な親和力を取り戻し、風土に根ざした意味の厚みを獲得することは、もはや不可能な状況をきたしつつあるようにも思われるのである。別の言い方をすれば、生活の場としての自然に、直接的な身体経験を通して働きかけるという親和的で調和的な関係から、人間と自然とが疎遠で、非身体的な関係へと移行し、生活環境に根ざした意味の厚みと拡張を、再度、獲得することは、もはや不可能なように思われるのである。

　この点に関連して、山口幸洋が次のような事実を指摘していることは極めて示唆的である。少し長くなるが、以下に引用することにする。

　　昭和6年から9年にかけて女子師範学校の生徒を対象として採集した内田武志「静岡県方言雑・第一巻動植物編」には「せきれい」だけでも72種がのっている。しかし、その後50年を経た昭和59年に静岡県方言研究会で全県的に60才前後の人達を対象とした調査では「せきれい」方言は22種しか記録されなかった。（中略）それにしても72種中50種の減とは何と劇的にして象徴的な数字ではないか。その同じ鳥の名を

今、前の女子師範と同じ年頃の静岡大学学生に尋ねるとさらに驚く結果が得られる。すなわち、静岡県出身者 60 余名を含む全国出身者 150 名によるアンケートでは、セキレー、シリフリドリと答えた人わずか 4 名で、「鳥は知っている」という人十数名を残し、あとはほとんど鳥そのものを「知らない」という。これを驚くというと、「驚く」ことが驚くと意外がられる。これはもう、方言の減失などというものではなく壊滅である。それは子供達の生活の変化があって、それが言語に影響しているのである。「せきれい」は今でもいるのに、方言どころか言葉がなくなったのである。（中略）人間と自然との交わりを失っているこの事実が気になる。(「地域言語の五十年」『日本語学』第 14 巻第 9 号、36～37 ページ）

お わ り に

　川で子どもたちが一緒になって遊ぶことがなくなって、もうどれほど長い時間が過ぎ去っただろうか。昔は安心して川の水を飲むことができた。しかし、今は、川に入ることさえできない。それに子どもたちが一緒になって遊ぶ光景をほとんど見かけなくなった。子どもだけではない。鳥もそうである。水辺に「鶺鴒」の姿をみかけることは、昔に比べて少なくなった。それゆえ、学生たちは、「イシタタキ」や「カワラスズメ」や「シリフリ」が何を指すのか全く分からない。「鶺鴒」を指すことばだと説明しても、山口幸洋も指摘するように、「鶺鴒」そのものも「セキレー」ということばも知らないのである。それは、若者だけにとどまらない。都市部で生まれ育った高齢者の中には、「鶺鴒」を知らない人が少なくないのである。『方言資料叢刊　第 3 巻　方言比喩語の研究』(1993) を見ると、「鶺鴒」という鳥も「セキレー」ということばも知らない高齢者は、なにも都市部だけに限られるわけではないという驚くべき事実が知られる。

　子どもたちは、グラウンドで野球やサッカーに夢中になることはあっても、もはや、自然の中でのびのびと遊ぶことはない。それゆえ、遊びの空間の中で、自然の中の小さな生き物に関心を寄せることもほとんどなくなって

しまった。自然は、そこで生きる様々な生物を含めて、今や、汚くて危険な場所やものとして、疎外され、排除される存在になってしまっている。実際、都会には、「蝶」や「蛾」を見て、「こわい！」と叫ぶ子どもも少なくないのである。

　このような時代状況の中にあって、自然に対する親和力を育て、機械的な感性や想像力ではなく、豊かな「生きる力」を感じさせるような想像力を、再度、子どもたちに取り戻させるには、どうしたらよいのだろうか。それによって、子どもたちがそれぞれの地域の風土、生態的条件の中で、堆積された時の重みと意味の厚みが沈殿している多様な地域の言語文化を継承し、さらに独自の環境世界の中で、多様な関係を織り成す新たな意味の世界を独自に造りだす力を、再度、身につけさせるにはどうしたらよいのだろうか。別の言い方をすれば、自然に対する濃密な親和性を基盤とする創造的なメタファーの生成によって、多様で豊かな意味的ネットワークを形成し、再成する力を獲得させるには、まず何が必要とされるのであろうか。

　それには、単に、自然を「見る」という「自然観察」ではなく、主体的に自然に「働きかける」力を、まず獲得させる必要があるだろう[21]。そのために、地域行政に要請されることは、子どもたちが安心して思いっきり遊べる空間を、自然の中に作ることである。そして、自然に積極的に「働きかける」ことを経験させることである。地域行政は、単に情報を提供するだけではいけない。からだと言葉で精いっぱい遊べる自然空間を、みんなで作っていかなければならないだろう。

　方言比喩にあっては、一般に、人間を自然に喩える発想法が栄えているが、子どもたちの想像力は、すでに触れてきたように、自然を人間のカテゴリーによって理解しようとする力が強い。言い換えれば、自己を中心化した擬人喩が栄えているのである。このような、「自然の人間化」の力は、今の子どもたちも、身体的には受け継いでいるはずである。言い換えれば、現在を生きる子どもたちも、かつての子どもたちと同様に、自然環境に働きかけを行うことによって、新たな意味を発見し、その意味がまた、新たな世界認識を生み出す可能性を、身体的には継承しているはずである。それを、芽生

第六章　子どもたちの想像力　377

えさせ、開花させる機会と環境をいかにして整えるか。それはどの時代、どの場所にあっても、大人たちの責任であろう。

　それを怠ったままにしておけば、子どもたちの自然に対する親和力はすっかり痩せ細り、人間と自然との距離がますます遠いものになってしまうことが憂慮されるのである。それによって、日本人の繊細で多様な自然観は、「文芸」（とりわけ、和歌や俳句）や「絵画」の世界にだけ閉じられ、日常的な世界にあっては大きく変貌していくことが予測される。そして、それが引き金になって、生活環境の中での多義的な意味や柔軟な発想が排除され、抽象的な定式化によって、画一的なシステムやイデオロギー化された「自然環境主義」という大きな流れに支配されることが懸念されるのである。それと同時に、言語共同体の成員のいわば体温によって暖められ、さまざまな陰影に富んだ多様な伝統文化の核──伝統方言──が消滅し、「効率主義」という画一化された言語現実の圧倒的優位税が急速に進んでいることも懸念されるのである。別の言い方をすれば、伝達言語の圧倒的な優位性が促進され、伝統的な認識言語の消滅には無関心という構造図式が措定されることである。そうなれば、画一的なシステムにからめとられ、伝統的な生活環境に根ざし、自らの生を支えているローカルで多元的な認識力は、ますます衰微するばかりである。

　その意味で、今、この日本社会で、生活環境の変化を最も深く受けとめるべきは、先にも述べたように、子どもたちが暮らす場としての環境であろう。子どもたちと自然との親和性に富んだ調和的で豊かな意味世界を、身体感覚を媒介とする言語感性をベースとして構築することが可能な生活環境をいかにして整えるかという問題性である。この認識を、大人たちは深く共有しなければならないだろう。そのためには、高齢者が経験してきた豊かな生活知や幼児体験に、巨視的次元ではなく微視的次元において、多くを学ぶ必要があるだろう。

　ちなみに、広島県備後地方南部の高齢者は、早春の丘や山林の中などにひっそりと咲く「春蘭」を、「ホークロ」と呼んでいる。「ホークロ」と呼んでいる地域は、広島県以外にも、石川県、岐阜県、和歌山県の広い範囲に及ん

でいる。また、広島県安芸地方や島根県石見地方の高齢者は、「ホークリ」[22]と呼んでいる。「ホークリ」という呼称は、石川県、岐阜県、山口県、徳島県などにも分布している。「ホークリ」から変化した「ホックリ」が、静岡県、三重県、岡山県、香川県、愛媛県などに認められる。これは、花びらの斑点を見て、人間の顔や体にある「ほくろ」を連想したものである。

　それに対して、鳥取県の高齢者は、叢生する大きい蘭が小さい蘭をだいているように見えるところから[23]、「オノエノジーバー」(尾上の爺婆)というしゃれたメタファー表現、誇張化した擬人喩を造りだしている。大分県東国東郡姫島村では、「オノエノジジババ」「オノエノジーババ」「オノエノジーバー」などが併用されている。また、「ジーババー」(爺婆)「ジートバー」(爺と婆)「ジコツバコツ」(爺婆)「ジーサンバーサン」という呼称が、岡山県と広島県のほぼ全域に散在しており、山口県下には、「ジーバイ」「ジートコバートコ」や「ジーバグサ」という言い方が認められる。さらに「ジーノホングリバーノホングリ」という言い方も聞かれる。「ホングリ」は「ホークリ」の音訛形で、「ジーバー」と「ホークリ」とが複合した結果、生じた形態であろう。また、「ジババ」という呼称は、青森県、福島県、和歌山県、島根県、岡山県、徳島県、香川県、大分県に広く分布しており、「ジジババ」という呼称が栃木県、群馬県、新潟県、石川県、長野県、静岡県、愛知県、三重県、和歌山県、兵庫県、高知県、大分県、熊本県に認められる。さらに、石川県には「ジーサバーサ」や「ジッコバッコ」が、神奈川県には「ジンジバンバー」や「ジンジーパンバー」が、埼玉県には「ジンジンバー」といった呼称が、それぞれ認められる。

　早春の丘や山林の中にひっそりと咲く「春蘭」を見て、「ほくろ」をイメージして造形化されたメタファー表現も、「爺と婆」を連想して造形化されたメタファー表現も、言うまでもなく、ともに自己の身体を基点として対象に重ね合わせる投影的なやり方である。これも、すでに指摘してきたように、子どもたちにとって最も理解が容易な「擬人喩」と呼ばれるメタファー表現であることが注目されるのである。

　丘や山林の中に自生して、早春に咲く小さな「春蘭」を見て、その花びら

の斑点に着目して、人間の顔や体の「ほくろ」（黒子）を連想したり、叢生する春蘭の形状の特徴を認知して、峠や丘や山頂などのなだらかな高地上に立つ「爺と婆」をイメージしたりすることが可能だったのは、山や林の中も、昔の子どもたちにとっては、安心して遊べる大切な「遊びの空間」だったことを物語るものである。しかも、昔の子どもたち（＝今の高齢者）は、単に、山や林という「遊びの空間」の中で、春蘭の花の斑点や叢生するその形状の特徴をつぶさに観察し、それを人間のカテゴリーに転換して新しい意味を生成しただけではない。春蘭を大切に家に持ち帰り、庭に植えて楽しんだり、塩漬けにして吸物に利用したりもしたのである。ここには、春蘭という小さな生き物との関わり方に、「食べる」という本源的な生活現実があったのである。

　もし、グローバル化の波を浴びている現代人、とりわけ都市に生きる人びとが自らの生を支えているローカルな伝統文化に鈍感になっているとしたら、昔の子どもたちが遊びの時空間において創生した伝統的な言語文化、とりわけ方言比喩、メタファー表現もまた、松澤和宏のことば（2004、大修館書店）を借りるならば、まさに、「その反現代性においてこそ、真の現代性を獲得」（53ページ）することになると言えるだろう。それは、今後も、生活に根ざした多元的で相対的な認識や感性が芽生える環境を整える基盤の一つになるに違いないからである。そのような生活史を背景とする言語文化の詰まった小さな「場所」を、高齢者のことばと生活知に学び、今を生きる子どもたちとの濃密な対話を通して、できるだけ多く整えていく必要があるだろう。

　筆者は、なにもここで、単に昔を懐かしみ、過去へ回帰せよと主張しているわけではない。それが不可能なことは、誰もが知っていることである。ここで、筆者は、昔の子どもたちが自然の「遊びの環境世界」の中で生成した伝統的な比喩表現、メタファー表現には、すでに見てきたように、濃密な文化的記憶が包含されていることの意味を、再度、確認しようとしているのである。

　そして、そのようなメタファー表現を創生する繊細で豊かな「感覚的理

性」を少しでも継承していくことが、グローバル化の波に一気に流されない相対的な認識力を生み、真に多様で柔軟な思考と感性が今後も芽生え続ける可能性があることに、かすかな期待をこめて言及しているのである。別の言い方をすれば、伝統的な比喩表現、とりわけローカルなメタファー表現による想像力や、地域社会に根ざした多様で相対的な認識力が、今後も時代環境に即応する形で再生され続ける可能性を、信じたいのである。それが、将来も、一方的に流行に流されることを拒み、意外な類似性の発見に基づく独創的な発想や斬新なアイデアを創出する力になることが予見されるからである。さらに一般化して言えば、ローカルな想像力と地域社会に根ざす多様で相対的な認識力の持続が、今後も、日本の言語文化の可能性を支える重要な役割を果たす力となることが予見されるのである。

　なお、「かまきり」について、日本の諸方言に認められる「拝む」類と類似の発想によるメタファー表現が、外国語にも認められることは興味深い。フランス語では、かまきりを「mante religieuse」と呼んでおり、これを日本語に訳すと、さしずめ「尼さん（祈る人）蟷螂」ということになろう。また、英語では「praying mantis」で「合掌蟷螂」という訳が当たる。スペイン語の「predicador」（説教師）やドイツ語の「gottesanbeterin」（神の崇拝者）も、同じ発想に基づくものであろう。これらは、いずれも、「かまきり」の前肢の動かし方から、人間の「祈る」動作を連想しており、日本語方言の「拝む」類の言い方と発想を一にするものである[24]。このような類似性認知による新しい意味の創造は、類似性認知の視点がたまたま一致したことによってもたらされたものであろうが、日本語以外の言語においても、子どもたちが遊びの空間の中で類似性を発見したことが契機となっているかどうかという問題に興味が持たれる。このことも含めて、メタファー認識のグローバルな比較対照研究に筆者は深く立ち入ることはできないが、それだけに、今後の研究の進展に期待する思いは深いものがある[25]。

注
1) 真田信治は、その著『日本語のゆれ―地図で見る地域語の生態』（1983、

第六章　子どもたちの想像力　381

南雲堂）の中で、次のように述べている。「子供たちは、遊びの中で自由に語を創造していく。（中略）自由な発想、独自な命名、それはまさに俚言発生の元であり、方言の花園にまかれる種子にたとえることができよう。」（45ページ）なお、筆者も、拙著『地方人の発想法―くらしと方言』（1980、文化評論出版）の中で、子どもたちが小さな生き物を対象にして遊ぶ、「遊びの空間」の中でどのように想像力を働かせて、新しい意味を生成していくか、そのメカニズムに触れたことがある。

2)　柳田国男は、『西は何方』の中で、「ザトーノボー」の語源を「座頭の坊」と説いた上で、「盲人が前腕を立て掌を開いて手さぐりすることは、成程よく此の虫の形と似ている」と述べている。「座頭」は、中世から、「①琵琶法師の首座。②遊芸・あんま・はりを業とする剃髪の盲人」を指す語として用いられ、「座頭の坊」は、たとえば「米沢柳樽二」に、「立聞は一てうまいの坐頭の坊」のような例が見える。ちなみに、『邦訳日葡辞書』には、次のような記述が見える。「Biuabôxi. ビワボウシ（琵琶法師）　Zatô（座頭）に同じ。剃髪した盲人。」（58ページ）。

3)　兵庫県の但馬地方では、早くから牛の生産基盤があったので、一方の角が前を向き、もう一方の角が後ろを向いているような「牛の角」の状態について、「タェーコタタキ」という語を使用する。ただし、この地域において、「タェーコタタキ」というメタファー表現を造りだしたのは、子どもたちではなく大人であったと考えられる。詳しくは、拙著『生活語彙の基礎的研究』（1987、和泉書院）を参照されたい。また、931～938年にかけて成立を見たとされる、源順撰の『和名類聚抄』には、「いぼむしり」という語形が見え、後白河院が編んだ『梁塵秘抄』（平安末期成立）には、「いぼうじり」という語形が見える。さらに、『堤中納言物語』（平安中期から鎌倉初期にかけて成る）の「虫めづる姫君」には、「いぼじり、かたつぶりなどを取り集りて」と、「いぼじり」の語形が認められる。なお、『日本方言大辞典』によると、「いぼむしり」の語形が秋田県に、「いぼうじり」という語形が高知県に、「いぼうじり」の音訛形と考えられる「えんぼうじり」が徳島県、高知県、愛媛県に、「いぼじり」という語形が神奈川県、山梨県、大分県に、それぞれ認められる。「かまきり」には多くの呼称が認められるが、分布域と初出文献の時代の双方から考えて、「イボ」類の言い方が最も古く、遅くとも平安時代の中期までには京都で成立を見たものと判断される。さらに、柳田国男監修『改定綜合日本民俗語彙』（1970、平凡社）によると、次のような解説が見える。「青森県五戸地方で、蟷螂のこと。イボキリトキリ　十になってうずけうずけ。うずけは移れの方言。蟷螂に疣

を嚙ませてそれを人に移すときの呪言である（五戸の方言）」。
4) 中沢新一『森のバロック』(1992、せりか書房)、板橋作美「俗信のしくみ」(『岩波講座文化人類学第 10 巻　神話とメディア』1997、岩波書店) を参照されたい。
5) 真田信治も前掲書の中で、全く同様の考えを述べている。
6) 『日葡辞書』に「Ixitataqi」という語が見え、『邦訳日葡辞書』に次のような説明が見られる。「Ixitataqi.（石叩）　鶺鴒」(348 ページ)。また、『天正本節用集』『伊京集』などにも「イシタタキ」の語が見える。これによって、中世末期には、京都を中心として「イシタタキ」の呼称が盛んに使用され、おそらく我々の予想以上に早いスピードで周辺に波及していったものと考えられる。それは、『物類称呼』に「西国及四国又は奥州にては○イシタタキと呼」とあることからも理解される。それゆえ、現在、東北地方から九州地方までの広い地域に、「イシタタキ」という呼称が行われているのである。「イシタタキ」も、中世のいつごろかは確定できないものの、京都で一元的に生成され、日本というマクロ社会の広域に分布した一例である（周圏分布の一例）。また、『日葡辞書』や古本節用集の類には、「イシクナギ」「ニワタタキ」の語が見える。さらに、広戸惇の『方言語彙の研究』によると、「現在の京都市では、セキレイ・オビコ・オビンコ・オサヨ・オーフリオマツなどという」(21 ページ) とのことである。「イシタタキ」も擬人喩の一種であり、「オサヨ・オーフリオマツ」は女性に見立てた、ひねりを利かせたメタファー表現である。なお、『日葡辞書』や古本節用集の類に見える「ニワタタキ」は、『物類称呼』に「薩摩にては青黄色なるものを○いしたゝきと云。黒白なるものを○せきれいと云（旧説には、にはたゝきとも、いしたたきとも、いなおふせ鳥とも見えたり）」とあるが、『日本言語地図』や『日本方言大辞典』には見当たらない。
7) 「オマツ」「オマン」「オカメ」は女性の名前であって、女性が尻を振りながら歩く姿をイメージして、遊び心を楽しんだのは大人たちであったに違いない。昔の子どもたち、まして児童の世界には、「性」の世界は全くなかった。男の子は男の子同士で、女の子は女の子同士で遊んだものである。したがって、遊びの対象も遊びの内容も、男女で異なっていたのである。
8) 安永四年（1775）に成立した越谷吾山編の『物類称呼』三に、次のような説明が見られる。「一名こまひき草といふ漢名剪―刀―草。花紫白二色各共に茎のかたはらに鈎の形あり、両花まじへ相引きて小児のたはむれとす故にすまふとりくさの名有また東武にてすまふとり草と称する別種有」。
9) 室町末期に成立を見たと言われる古本節用集の伊勢本系のうち、『正宗文

庫本節用集』『大谷大学本節用集』にも、「天門冬　スマウトリグサ」とある。また、『時代別国語大辞典　室町時代編三』には、「すまふとりぐさ」とは別に「すまふぐさ」という語が掲出されていて、次のような解説と用例が見える。

　「菫」の異名。子供などがその茎をからませて引合い、花が落ちた方をまけとするところからいうか。「すまふとりぐさ」。「天門冬スマフグサ、白慈草スマフグサ」（易林節用）「天門冬スマフグサ」（いろは字）「白慈草すまうぐさ」（落葉色葉）「三とせの後の新枕、われにかぎらぬ事なれば、すまふ草もとりどり引ばやなびくならひなり」（幸若＝大臣）「きみとわらはがめぐりあふせをまちてこそ、いままで一人おはすらめとて、十四と十五がよりあひて、なれうなれじかすまふくさ、ことばにはなをぞさかせけり」（短編＝十二段草紙下）「かちつるも風にまけたる紅葉哉　はなざかりとはなどすまふくさ」（竹馬狂吟集）

しかし、『日本方言大辞典』には、「すもーぐさ」という語形を見出すことができない。これが正しければ、室町時代末期に京都を中心に使用されていた「すまふぐさ」／sumŏgusa／は、子供がもっぱら使用していた／Sumŏtorigusa／（日葡辞書）という語の勢力に圧倒されて次第に衰微し、いつのころからかは明確にできないが、使用されなくなったものと考えられる。その背景には、おそらく大人は「菫」を使用し、子どもは「スモートリグサ」を使用するという位相的対立が、次第に定着していったということがあるのではなかろうか。それゆえ、『日葡辞書』に、わざわざ「子供の言葉」（いわゆる「幼児語」と同義ではない）という説明が見られると考えることもできる。なお、前田富祺は「すまう」という形態が日常語化した時期について、次のように述べている。「「すまひ」が「すまう」になったのは、中世後期のことであるが、「すまう」をいつまで遡らせうるかは確かではない。『古本節用集』『運歩色葉集』『日葡辞書』などの辞書類で、「すまう」の形が一般的であることを見ると、中世末には「すまひ」よりも「すまう」の形の方が日常語化していたことが伺える」（『講座日本語の語彙10　語誌Ⅱ』269ページ、1983、明治書院）。また、『改定新潮国語辞典―現代語・古語』には、「すもう」の第二義として、「土俵の中で、裸・素手のふたりが組み合って勝負を争う競技。織田時代に土俵が設けられ、四十八手の業の改革と禁手が定められ次第に職業化・興行化された。「あの人の嘘と相撲は親ゆずり　許六」」という記述が見える。

10)　これには、江戸時代に、日本の中心であった京都と江戸の双方で、観覧料をおさめて大衆に解放する職業的勧進相撲が盛んになったことが大きく

関わっていると考えられる。これによって、相撲が大衆化し、活性化し、子どもたちも含めて一般の人びとが相撲に興じるという現象を加速させることになった。その加速化に大きくあずかった職業的勧進相撲の中心が京都だけでなく、江戸にもあったということである。「大衆化はしばしば俗化を意味し、俗化は活性化を意味することもある」（加藤周一『日本文化における時間と空間』70ページ、2007、岩波書店）ことは、なにも相撲に限ったことではないのである。

11）「スモートリグサ」の場合、「文化社会的形成要因」の中心地が上方と江戸の両方にあったために、いわゆる「文化・言語周圏論」的な現象が極めて強く働き、我々の想像をはるかに超える速いスピードで、全国各地に波及していったものと考えられる。上方の影響はおそらく西日本の全域に及び、江戸の影響は主として東日本の広い範囲に及んだのであろう。

12）天野義広の『福井県大野市の生活語彙』には、「エカ」について、次のような文例が付されている。「○オエ　キョーア　チョット　カジェ　アルデ　エカ　アゲニ　イッテコ　マイコ。（おい、今日は少し風があるから、凧を上げに行ってこようじゃないか）」。

13）加藤周一の『日本文化における時間と空間』（2007、岩波書店）には、次のような一節が見える。「一瞬の感覚が記憶をよびさますこともあり、十七音節のなかで時が流れ、感情が持続することもなくはない。たとえば蕪村の有名な句二つ。

　　　いかのぼり昨日の空のありどころ
　では「昨日」と今日が高い冬の空のなかで重なる
　　　うれひつつ丘にのぼれば花茨
　では、丘へのぼるという行動の持続性が前提とされる」（76〜77ページ）。

14）小林隆「方言形成における中央語の再生」、小林隆編『シリーズ方言学1 方言の形成』（2008、岩波書店）を参照されたい。

15）天野義広によれば、福井県大野市にも「ソートメ」というメタファー表現が認められるとのことである（天野、2006）。この場合、広島県下で使用されている「ソートメ」が福井県下に波及したということも、またその逆のケースも全く考えることができない。なぜなら、福井県と広島県という遠く離れた二県にだけ「孤立的」に分布しており、両県を結ぶ広い地域には全く分布が見られないからである。おそらく、「蟻地獄」の動作を「早乙女」の動作に写像するという営みが両県で個別的に成立し、それが結果的に偶然の一致を見せることになったものと思われる。方言メタファーには、このようなケースがきわめて多く認められるのである。なお、福井県大野

市は県下の山間部に位置し、昔から農業を中心として栄えた社会である。ここにも、広島県の場合と同様に、「ソートメ」というメタファー表現の成立と「生業環境」との間に、緊密な相関関係が認められるとしなければならない。ただし、広島県の場合のように、「ソートメ」の男性化という現象は認められないようである。また、柳田国男の『西は何方』や広戸惇の『中国地方五県言語地図』によると、山口県下関市や同県豊浦郡でも「ソートメ」が使用されることが分かる。この場合も、福井県大野市の場合と同様に、広島県下の「ソートメ」とは関係なく、多元的に生成されたものと考えてよかろう。また、『日本方言大辞典』によると、「蟻地獄」を「早乙女」に見立てたメタファー表現は、広島県だけに認められるように記述しており、福井県大野市や山口県下関市、同県豊浦郡でも使用されるという事実が欠落している。なお、小野蘭山の『本草綱目啓蒙』によると、どんなに遅くとも、1803年以前から、備後地方南部では「蟻地獄」を指して、「サヲトメ」「シヤウトメ」と呼んでいたことが知られる。また、貝原益軒の『大和本草』（1708年成る）によると、京都で、おそらくは子どもたちが、「蟻地獄」を指して「タウエムシ」（田植虫）と呼んでいたことが推測される。

16) 筆者の狭い経験で言えば、まだ小学生だったとき、田植と稲刈りの時期は、集落総出の共同労働の手伝いをするために、学校が休みになったことを記憶している。長じて、中国・四国地方や瀬戸内海域で生活語彙の調査に従事した際、かなり広い地域の高齢者から、筆者と同様の経験をしたという教示を受けることがあった。また、広戸惇の『方言語彙の研究―言語地理学と国語史との接点を求めて』（1986）を見ると、「ソートメ」と命名した人々が幼い童子であったと推測し、次のように述べている。「この虫と遊び、ソートメと命名した人々、それは幼い童子であったろうが、命名のあり方に暖かい人間性を見出さずにはおられないものがある」（245ページ）

17) 広島県の島嶼部には、能美島、大崎上島、因島などを除き、昔から稲作が盛んな島は少なかった。それに対し、本土部では古い時代から稲作が栄え、中世末期になると、安芸・備後の村々では、はやし田が行われるようになったという。しかし、それも次第に廃れ、今では十指に満たない地区に限られている。そのような状況のなかにあって、安芸高田郡高宮町と山県郡大朝町のはやし田や山県郡千代田町壬生の花田植は国指定の重要無形文化財となっている。共同の田植行事で、着飾った代掻き牛が15頭、立人（苗運び・綱引など）が10人、はやし方（サンバイ・鼓・太鼓・鉦・笛）

35人がサンバイの音頭のもとはやし立て、早乙女34人が田植歌をうたいながら、1反5畝の水田に苗をさしていく。田の神を迎える祭式をそなえた古形を保つ大田植として貴重な民俗文化財とされる。この地域で、今も高齢者が蟻地獄を指して、「ソートメ」と呼んでいる事実が、とりわけ注目されるのである。また、比婆郡東城町では、大山信仰圏内の牛馬供養と牛馬安全を願う大山供養田植と称する祭事が今も行われている。代掻き牛・早乙女・太鼓が合同した古い形を伝えるもので、県指定無形民俗文化財となっている。田植歌は、朝歌・昼歌・晩歌・あがり歌に大別される。田植歌は口承されるものであるが、中世末期から近世初期にかけて記録し、まとめられている。これが『田植草紙』で、大朝町内だけで30本を下らないという。

18) 柳田国男『野草雑記』、『定本柳田国男集第22巻』(1963、筑摩書房)に収録。

19) 村岡浅夫『広島県方言辞典』(1981、南海堂)を参照されたい。また、『日本方言大辞典』によると、「みずすまし」を「太夫さん」に見立てたメタファー表現は、広島県以外にも、新潟県・静岡県・山口県・香川県・愛媛県などでも使用されていることが分かる。さらに、広戸惇『方言語彙の研究』(1986)には、「タユーとは、中国地方では、一般に神官を指す語であるが、広島県備後小野では、神官は、祭の時に舞を舞うのであり、この時タユーサンは必ず左に回る。座る時には、偉い人は左に座る。この虫(ミズスマシのこと、筆者注)は左回りをする。偉いからタユーサンという」(126ページ)という記述が見える。

20) 『日本方言大辞典』によると、「クンショー」「クンショーグサ」「クンショーバナ」の呼称は、東北地方から九州地方に及ぶ次の19の県に分布していることが分かる。青森県・山形県・福島県・群馬県・栃木県・埼玉県・新潟県・富山県・福井県・静岡県・愛知県・三重県・鳥取県・島根県・岡山県・山口県・香川県・愛媛県・熊本県。これらのメタファー表現が近代以降に形成されたにもかかわらず、このように広域にわたる分布状況が認められることから見ても、とりわけ時代環境の同質性が強く作用したことが明確にうかがえるのである。また、天野義広『福井県大野市の生活語彙』(『大野市史第12巻 方言編』2006)には、「アカネ科の二年草で8枚輪生する葉の裏に細かな棘が生えており、輪状のままとって衣服に付けるとくっつくので、子供達が「勲章」だといって付けて遊んだ。」とある。なお、地方によっては、「せんだんぐさ」「たうこぎ」「いのこずち」「こうぞり」などを指して、「クンショーグサ」「クンショーバナ」と呼ぶこともある。

ここには、喩えられる対象と喩える対象との類似性を認知する地域的な多様性が認められ、それが日本語の地域差を新たに形成する一つの要因となることがうかがわれる。
21)　嘉田由紀子「都市化にともなう環境認識の変遷——映像による「小さな物語」」『岩波講座文化人類学第2巻　環境の人類誌』(1997、岩波書店)。
22)　正徳二年(1712)に成った寺島良安の『和漢三才図絵巻93』に、「春蘭　ホクリ　俗云保久利」とある。
23)　『方言資料叢刊第3巻　方言比喩語の研究』(1993)によると、兵庫県加西市では「お爺さんとお婆さんがくっついている形に似ている」という説明が得られており、同じ兵庫県の加東郡滝野町では「花の中が割れ、腰の曲がったお爺さんとお婆さんが抱き合っている様子に見えるところから」という写像に関する詳しい説明が91歳の女性から得られている。また、大分県東国東郡姫島村では「花の部分が向かい合った顔に似ているから」という説明が得られている。さらに、和歌山市中島では「オキクトボーズ」(お菊と坊主)というしゃれたメタファー表現が採録されている。これは、「花を見ると男と女みたいになっている」という類似性認知によって生成されたものである。このように、「春蘭」という喩えられる対象とそれを喩える対象(人間)との類似性認知のあり方に、多少の地域差が認められることが注目される。なお、「春蘭」を人の皮膚にできる「ほくろ」に見立てた呼称は、『和漢三才図絵』『物類称呼』など、江戸時代の文献に現れるが、「ジジババ」に写像したメタファー表現は、古い文献には見当たらないようである。だが、「ジジババ」に見立てた言い方が東北から九州までの広い地域に認められることから、近世のいつのころにか、中央(京都)で一元的に生成されたものが、我々の想像をはるかに超える速度で各地へ伝播したものと考えられる。その理由は、おそらく、「春蘭」が観賞用に栽培されたり、塩漬けにして吸物に利用されたりするという「生活の有用性」の均質性が広い地域にわたって存していたからだと考えられる。
24)　拙著『地方人の発想法——くらしと方言』(1980、文化評論出版)。
25)　ちなみに、愛宕八郎康隆も、「今ひとつ、ここに方言比喩語の国際的比較のことに触れておきたい。かつて、親日家の英語科教師(長崎大学)ロナルド・ゴゼウィシュ氏に、長崎の方言事象「オレボシ」(降り星—流れ星)、「オガミタロー」(拝み太郎—かまきり)を紹介したとき、氏は自室の書架の英々辞典を開いて、それぞれ"falling star" "praying mantis"を教示されたのであった。」と述べている(「方言の比喩語について」1993)。また、瀬戸賢一は、メタファーの国際比較について、次のように述べている。「感

性的メタファーは日本語と英語の緊密な対応を超えて、人間の言語一般の意味の形成および生成という普遍的（傾向の高い）側面につながるだろう」（「意味のレトリック」、中右実編『日英語比較選書1　文化と発想とレトリック』101ページ、1997、研究社出版）。

【補足1】
　方言比喩は、地域生活者の比喩による想像力、創造力の及ぶ範囲が、ほぼ彼らが生きる環境世界の空間領域にとどまる。そのため、地域生活者が生きる「生活環境」（歴史を背景とする自然環境・生業環境・文化社会環境の三者を含む）の特色を色濃く反映することになる。さらに強く言えば、方言比喩による新しい意味の創造とそれによる意味的世界の拡張は、生活主体が生きる環境世界の制約をかなり顕著に受けることになる。別の言い方をすれば、喩えの対象として選択される素材は、基本的に生活主体の身近に存在し、日ごろからなにほどか関心を寄せているものだということである。すなわち、喩えの対象に選択される素材は、常に風土性を帯びており、方言比喩が成立した時点にあっては、その風土性の中でしか理解されないということである。この事実が、いわゆる文学比喩と比較した場合の、方言比喩の最も重要な特性の一つである。そして、その特性は、子どもたちが小さな生き物を対象として遊ぶ、遊びの環境世界の中で創りだしたメタファー表現の上にも明確な形で現れる。そして、子どもたちが遊びの対象とした小さな生き物の特徴と人間の特徴の間に見出される類似性（たとえば、「蟻地獄」と「早乙女」、「菫」と「相撲取り」など）は、そもそも両者に内在するものでは全くなく、子どもたちが主体的に遊びの時空間の中で、類似性を発見したものであると言った方が、より適切であろう。「蟻地獄」と「早乙女」、「菫」と「相撲取り」があらかじめ似ていたなどということは、とうてい信じられない。

【補足2】
　何をもって、子どもたちの手になるメタファー表現であるかを決める客観的な基準を措定することはかなり困難であるが、おおよそ次の四つの条件のうち、三ないしはそのすべてを満たす場合は、子どもたちの手になるメタファー表現であると考えてよいのではなかろうか。
　①喩えられる対象が生活環境における小さな生き物で、子どもたちの遊びの対象になったと考えられる動植物であること。
　②喩える対象が、基本的に人間のカテゴリーに属する素材であること。すなわち、喩えられる対象と喩える対象が、ともに具象物であるということ。

第六章　子どもたちの想像力　389

③メタファー表現による新しい意味の発見、拡張が子どもたちの遊びの環境世界の中で行われたと判断されること。別の言い方をすれば、子どもたちの日常の「遊びの世界」に存在する小さな生き物の特徴を、遊ぶという行為を通して、より詳しく理解したいという素朴な知的好奇心に動機づけられたメタファー表現だと判断されることである。(たとえば、「オガメ」「オガマ」〈かまきり〉、「ハラキリ」〈土蜘蛛〉、「ソートメ」〈蟻地獄〉など)

④古い文献に子どもたちが使用する言葉であると記されている場合(たとえば、「スモートリグサ」〈菫〉)や古老がかつて遊びの対象としたと説明する場合、たとえば、「タンポコ」「チチグサ」〈たんぽぽ〉、「ツク(ツク)ボーシ」「ホーシ」「ホーシノコ」「ツクシンボー」「ヒガンボーズ」〈つくし〉など。これら「たんぽぽ」「つくし」の方言事象は上記の四つの条件をすべて満たす。

　ただし、上記の四つの条件を満たさなくても、子どもたちの手になるメタファー表現と考えられるものが、かなり多く認められることも事実である。たとえば、小さな虫である「蚤」を「赤馬」に写像した誇張比喩、「アカウマ」「アカンマ」が神奈川県・新潟県・富山県・岐阜県・奈良県・大分県で使用される。「蚤」は自然の側だけに存在するものではなく、「赤馬」は言うまでもなく人間のカテゴリーに属する素材ではない。しかし、かつては、ともに、人間のごく身近に存在したものであり、とりわけ人の血を吸い、赤茶色でよくはねる「ノミ」は子どもたちにとって、負の意味で強い関心を引くものであった。それを、色と跳ぶ動作の類似性認知によって、「アカウマ」という誇張比喩を生成したところには、いかにも子どもたちの遊び心の働きが関わっているように思われる。しかも、「赤馬」は人間のカテゴリーそのものに属するものではないが、常に人間のすぐ傍に存在していたものである。しかし、だからといって、これが子どもたちの手になるメタファー表現だと断定することもできない。また、広島県山県郡加計町・千代田町、広島市安佐北区可部などで使用される「オドリコトンボ」「オンドリコ」〈赤とんぼ〉も、①、②、③の条件を満たすが、②の条件(オドリコ＝踊り子)が、はたして子どもたちの連想によるものかどうか、明確にしがたい。このようなグレーゾーンに位置する事象は、決して少なくないのである。子どもたちの想像力の内実を探究しようとするとき、このようなむずかしい問題が常につきまとうのである。

　そして、子どもたちの手になるメタファー表現が、大人たちにも受け入れられたのは、生活共同体(＝言語共同体)としての地域社会の中で、あらゆる素材・対象が同質的に受けとめられる生活状況があったため、理解されやすく、

共感を呼びやすかったからだと考えられる。

【補足3】
　現在、広島県高田郡八千代町の古老は、「ソートメ」という語を聞くと、まず「早乙女」の意味を想起する。そして、「ソートメ」という語を、虫を指して使うことはないかとたずねると、そういえば「蟻地獄」を指して使うことがあると答える。したがって、「ソートメ」の第一義は「早乙女」であり、第二義が「蟻地獄」ということになる。国語辞典にならって、意味記述を行えば、次のようになる。
　　ソートメ（名詞）　①田植の際、田に早苗を植える女性。(特に田の神の祭りに中心的な役割を持つ娘を指す)。昔は、早苗を後ろに下がりながら植えていた。②【比喩的転義】蟻地獄。うすばかげろうの幼虫で、地面にすりばち形の穴を掘り、小さな虫が落ちるのを待って喰う。早乙女も蟻地獄も、ともに後退するという特徴を共有するところから、蟻地獄を早乙女に見立てた隠喩（擬人喩）による意味の拡張である。この意味の拡張に関わったのは、おそらく子どもであったと考えられる。［類似性認知の視点］動作。［分布域］高田郡八千代町、同甲田町、山県郡千代田町。［音訛形］ショートメが安芸郡熊野町、世羅郡世羅町に、ショートミが三原市、尾道市に、ショートが世羅郡世羅町に、ヒョートミが三原市、双三郡三和町に、ヒョータメが尾道市に、それぞれ分布する。
しかし、昔、この地域のある子どもが、「早乙女」と「蟻地獄」との間にともに「（前進しないで）後ろに下がる」という（動作の）類似性を発見して、思わず蟻地獄を「ソートメ」と呼んだとき、おそらく「早乙女」と「蟻地獄」のイメージは濃密に重なり合っていたものと思われる。それが地域の子どもたちの共感、共鳴を呼び、子どもたちの言葉となったときにも、両者のイメージはかなり濃密に重なり合っていたものと考えられる。言い換えれば、「ソートメ」という語の中で、二つの意味は重層化していたものと考えられる。しかし、時間の経過にともない、二つの意味の重層化が次第に稀薄になるにつれて、あらかじめ共有化された隠喩としての色彩を強め、両者の類似性の「発見」ではなく「発掘」を求めることになる。さらに、両者の類似性の発掘が困難になると、「早乙女」と「蟻地獄」とのイメージの重なり合いはほとんど認知されないことになり、上に記したような意味記述が求められることになる。子どもたちが発見した新しい意味と認識の造形化は、このようなプロセスを経て、地域社会に定着し、時代の推移にともなって、やがて消滅の途をたどることになる。高田郡八千代町における古老は、すでに述べたように、「ソートメ」が蟻

地獄を意味する語であることを理解することができるが、初老以下の話者は理解することもできなくなっているのである。

【補足4】
　長尾真は人間の神経回路網の働きについて、次のように述べている。「人間の神経回路網の基本的で最も重要な働きは類似性を認識する働きであり、これが人間の知的活動の根本を支えていると考える。人間が頭の中に経験的に蓄積している膨大な情報と新しく入ってくる情報との間で類似性の検出が行なわれ、その結果がさらに次の抽象レベルの世界での類似性検出へと進む、といった複雑な過程をへて認識・判断が行なわれると考えるのである。類似性としては、パタンの世界、言語の世界などによって種々の形態のものを考えねばならないが、これらが神経回路網にどのように実現されているかは現在のところまったく不明であり、これは脳における記憶のメカニズムが解明されるまで待つ必要があるだろう」(『人工知能と人間』ⅲ、1992、岩波新書)。また、言葉における比喩の機能については、次のように述べている。「そもそも素粒子が素粒子であるという言葉の意味からの類似性、つまり比喩によってそのものがイメージとして把握されているということからも、それが想像される。言葉の働きに比喩という機能がなかったとしたら、このようなことはありえず、新しい発見や創造、新しい世界というものが説明できないということになる。そういった意味でも比喩的な意味という機能は言語の持つ本質的な機能であり、これなくしては言語ということはできないだろう。プログラミング言語が言語と認められないのはこの機能の欠如にある」(前掲書、190ページ)。人間は、類似性を発見する能力や比喩的な意味を生成する能力を、生まれながらにして持っている。その意味で、人間が生きる意味の世界は、常に拡張されるものである。しかも、この人間が生まれながらにして持っている能力は、国や地域の別を問わない。したがって、プログラミング言語は、永遠に言語と認められることはないだろう。

参考文献
秋山正次・吉岡泰夫『暮らしに生きる熊本の方言』(1991、熊本日日新聞社)
愛宕八郎康隆「方言研究の心理学的見地」(広島方言研究所編『方言研究年報　通巻第28巻　方言研究の心理学的見地』1985、和泉書院)
愛宕八郎康隆「方言の比喩語について」(『方言資料叢刊第3巻　方言比喩語の研究』1993、方言研究ゼミナール、広島大学教育学部)
天野義広『福井県大野市の生活語彙』(『大野市史第12巻　方言編』2006)

岩田純一「「比喩ル」の心―比喩の発達の観点から」（山梨正明『認知科学選書17　比喩と理解』1988、東京大学出版会）
上村良作『米沢方言辞典』（1969、桜楓社）
大久保忠国・木下和子編『江戸語辞典』（1981、東京堂出版）
大田栄太郎『とやま弁にしひがし』（1975、北日本新聞社）
大野晋他編『岩波古語辞典』（1975、岩波書店）
大橋勝男『関東地方域の方言についての方言地理学的研究第四巻』（1992、桜楓社）
澤瀉久孝『萬葉集注釈巻第八』（1961、中央公論社）
岡田荘之助『但馬ことば』（1977、兵庫県但馬文教府）
岡野信子『福岡県ことば風土記』（1988、葦書房）
片岡　了『大谷大学本節用集研究並びに総合索引』（1982、勉誠社）
嘉田由紀子「都市化にともなう環境認識の変遷」（『岩波講座文化人類学第2巻　環境の人類誌』1997、岩波書店）
加藤周一『日本文化における時間と空間』（2007、岩波書店）
神部宏泰『隠岐方言の研究』（1978、風間書房）
岸田裕之編『県史　広島県の歴史』（1999、山川出版社）
九門正雄『言葉の自然林』（1974、私家版）
国立国語研究所『日本言語地図』全6巻（1966～74、大蔵省印刷局）
小林　隆「方言形成における中央語の再生」（小林隆編『シリーズ方言学1　方言の形成』2008、岩波書店）
小林隆・篠崎晃一編『方言の発見―知られざる地域差を知る』（2010、ひつじ書房）
斉藤たま『野にあそぶ―自然の中の子供』（2000、平凡社）
佐藤健一「新語論の発想」（関一敏編『現代民俗学の視点第2巻　民俗のことば』1998、朝倉書店）
佐藤亮一編『都道府県別全国方言小事典』（2002、三省堂）
真田信治『日本語のゆれ―地図で見る地域語の生態』（1983、南雲堂）
真田信治・友定賢治編『地方別方言語源辞典』（2007、東京堂出版）
真田信治監修、岸江信介・中井精一・鳥谷善史編『大阪のことば地図』（2008、和泉書院）
志津田藤四郎『佐賀の方言』全3巻（1971～2、佐賀新聞社）
高柳光寿・竹内理三編『角川日本史辞典第二版』（1974、角川書店）
武智正人『愛媛の方言』（1959、私家版）
近石泰秋『香川県方言辞典』（1976、風間書房）

寺島浩子『町家の京言葉―明治30年代生まれ話者による』（2006、武蔵野書院）
土居重俊・浜田数義編『高知県方言辞典』（1985、財団法人高知市文化振興事業団）
土井忠生・森田武・長南実編訳『邦訳日葡辞書』（1990、岩波書店）
東条操編『全国方言辞典』（1951、東京堂）
東条操編『標準語引分類方言辞典』（1954、東京堂）
徳川宗賢編『日本の方言地図』（1979、中央公論社）
徳川宗賢監修『日本方言大辞典』（1989、小学館）
鳥越皓之編『環境問題の社会理論―生活環境主義の立場から』（1989、御茶の水書房）
中沢新一『森のバロック』（1992、せりか書房）
長尾　真『人工知能と人間』（1992、岩波新書）
中右実編、巻下吉夫・瀬戸賢一著『日英語比較選書1　文化と発想とレトリック』（1997、研究社出版）
中村　明『比喩表現の理論と分類』（1977、秀英出版）
中村　明『比喩表現辞典』（1995、角川書店）
『日本国語大辞典　第二版』（2002、小学館）
能田多代子『青森県五戸語彙』（1963、私家版）
野内良三『レトリックと認識』（2000、日本放送出版協会）
平山輝男編集代表、室山敏昭担当『鳥取県のことば』（1998、明治書院）
平山輝男編集代表、中井精一担当『奈良県のことば』（2003、明治書院）
広戸　惇『中国地方五県言語地図』（1965、風間書房）
広戸　惇・矢富熊一郎編『島根県方言辞典』（1963、東京堂）
広戸　惇『方言語彙の研究―言語地理学と国語史の接点を求めて』（1986、風間書房）
藤井昭『芸備地方のまつり―稲作を中心として』（1995、第一法規）
藤原与一『日本人の造語法』（1961、明治書院）
藤原与一『瀬戸内海方言辞典』（1988、東京堂出版）
藤原与一『日本方言辞書』（1996、東京堂出版）
方言研究ゼミナール『方言資料叢刊第3巻　方言比喩語の研究』（1993、広島大学教育学部国語教育学研究室）
前田富祺『講座日本語の語彙10　語誌Ⅱ』（1983、明治書院）
牧村史陽編『大阪ことば辞典』（1979、講談社）
松澤和宏「ソシュールの現代性―伝統的な時間をめぐって」（『月刊言語　言語

研究の現代性』2004、大修館書店）
松本多喜雄編『播磨方言拾掇』（1983、太陽出版）
村岡浅夫編『広島県方言辞典』（1981、南海堂）
室町時代語辞典編集委員会編『時代別国語大辞典　室町時代編四』（1994、三省堂）
室山敏昭複製責任『正宗文庫本節用集』（1967、ノートルダム清心女子大学古典叢書刊行会）
室山敏昭『地方人の発想法—くらしと方言』（1980、文化評論出版）
室山敏昭『生活語彙の基礎的研究』（1987、和泉書院）
室山敏昭『生活語彙の構造と地域文化—文化言語学序説』（1998、和泉書院）
森田武『日葡辞書提要』（1993、清文堂）
山形県方言研究会編『山形県方言辞典』（1970、山形県方言辞典刊行会）
柳田国男『郷土生活の研究』（1935、筑摩書房）
柳田国男監修『改定綜合日本民俗語彙』全5巻（1970、平凡社）
柳田国男『定本柳田国男集第22巻』（1963、筑摩書房）
『柳田国男全集19　蝸牛考　西は何方　毎日の言葉』（1990、ちくま文庫）
山口幸洋「地域言語の五十年」（『日本語学』第14巻第8号、1995、明治書院）
山中六彦編『山口県方言辞典』（1979、マツノ書店）
吉川利昭・山口洋『豊橋地方の方言』（1972、豊橋文化協会）
和田実・鎌田良二編『兵庫の方言・俚言』（1992、のじぎく文庫、神戸新聞総合出版センター）

あ と が き

　生活語彙は、たとえどのような語彙分野、意味分野を対象化しようとも、内部に向かって完全に閉じられたことばの世界を形成するものではない。生活語彙は、常に、外部世界、環境世界へ向けて開かれている。なぜなら、生活語彙は、地域生活者と環境世界との絶えざる相互作用によって成立するものだからである。したがって、歴史を背景とする生活語彙の実相とシステムを地域生活者が生きてきた、あるいは現に生きている生活世界へと架橋することにより、生活者としての地域社会の人びとの世界認識、すなわち地域生活者に内面化されている地域文化の内実と特性、およびその地域差と形成要因を、客観的な手法で明らかにすることが可能となるであろう。

　早くから、地域言語は地域文化の表象であるとされ、地域文化の特性が最も典型的な形で反映するのが生活語彙であると言われてきた。言うまでもなく、日本における地域言語の多様性は、地域文化の多様性と緊密な相関関係にあり、それは日本人の豊かな精神的・知的財産である。だが、それを十分説得的に語り得た成果は、残念ながら今日においてもあまりにも少ないというのが現状である。

　しかも、地域社会における伝統的な生活語彙は、現在大きなゆらぎを見せ、消滅の一途をたどっている。伝統的な生活語彙が失われることは、歴史の厚みを背景とする豊かで多様な地域の文化の核が失われることを意味する。しかも、地域言語は地域文化の存在を確認する決定的な証しである。したがって、地域文化の存在の核を形成する伝統的な生活語彙が消滅することは、多様な地域文化や独自の環境世界に生きる生活者の世界認識を鮮明に語ることばが消滅することを意味する。別の言い方をすれば、多様な世界認識が極度に稀薄化し、日本人の豊かな精神的・知的財産が消滅の危機にさらされることを意味する。これは、地域社会や集団にとって、ひいては日本というマクロ社会にとっても、抜き差しならない事態であると言わなければならない。

そのような強い思いがあって、筆者は野林正路氏とともに、シリーズ「生活語彙の開く世界」を企画した。拙著は、その第15巻（『日本人の想像力と具象力』）に予定されていたものである。当初は、地域社会に生きてきた日本人の「想像力と具象力」の実体と特性を、方言比喩、とりわけ方言メタファーと方言オノマトペをのぞき窓にして、明らかにしてみたいと考えていた。しかし、構想を練り、構成を整えるうちに、日本人の生活環境に根ざす豊かな「想像力」の実相を丁寧にたどるだけで、規定の枚数をはるかに超えることが予測され、「具象力」については割愛せざるを得ないことになった。まず、この点を、生活語彙に関心を分有する人びとにお詫びしなければならない。また、シリーズを立ち上げた編者のひとりとして、その責任を果たすために、シリーズに収めるものを別途まとめて上梓したいと考えている。

比喩に関しては、修辞学、文体論、表現論、認知言語学、認知心理学、言語哲学などの分野において、早くから研究が進められ、極めて多くの成果が蓄積されてきた。そのプロセスにおいて、比喩は文飾の手段でも、単なる言葉のあやでもなく、新しい意味の創造であり、認識の造形化であって、人間が生きる意味の世界を拡張し、更新する極めて重要な手段であることが明らかになってきた。比喩は、今や、意味論の中心的な課題となっている。

しかし、方言比喩、とりわけ方言メタファーに関しては、わずかに十数編の論文があるに過ぎないというのが現在状況である。それゆえ、独自の方法はもとより、依拠すべき理論も認められるはずがない。だからといって、文体論や認知意味論の理論や方法を、そのまま適用するわけにはいかない。それでは、方言比喩をのぞき窓として、地域社会に生きてきた生活者の感覚的理性に裏打ちされた想像力の豊かさとその独自の特性を充分に解明することはできない。そのため、方言比喩の実体とその特性の分析を通して、地域生活者の「想像力」と「創造力」を解明するための視座と方法を設定するという基礎作業に、思わぬ時間を要することとなった。また、客観的な分析に耐え得るデータを整えることも、容易ではなかった。それゆえ、歴史を背景とする環境世界に根ざし、同時に環境世界に規制される方言比喩の特性のすべてを客観的な手法で明らかにすることも、地域差の実態とその形成要因につ

あとがき　397

いて明確に解明することも、困難を極めた。未開の豊かな領域が今まで等閑に付されてきたことは確かだとしても、すべては、筆者の非才ゆえである。

しかし、たとえそうであったとしても、拙著が、方言比喩の研究、日本人の「感覚的理性」の造形化の研究にとって、基礎論を提示し、研究の方向性を示し、明らかにし得た方言メタファーに独自の特性や地域差と、その形成要因が今後もなお支持されるものとなっているとしたら、こんなに幸せなことはない。また、地域生活者が比喩、とりわけ方言メタファーという新しい認識の手段によって新たに構成し、拡張してきた意味の世界は、常に彼らが生きる環境世界の拡がりをなぞる形で形作られたものであり、方言メタファーの全体に生活文化が色濃く反映していることを、検証し得ていると認められるならば幸いである。そして、なによりも、方言調査の現場において多くのことを教わった生活者の皆さんと共に、この本で示した方言メタファーの世界を丁寧にたどることによって、心の原風景を共有することができるとしたら、こんなに嬉しいことはない。

そして、文体論や認知言語学――認知意味論――におけるメタファー論に対して、拙著が、実践と理論の両面から行った反証や新しいいくつかの問題提起が、関連諸学において検討の対象とされることによって、学界の方言メタファーに対する関心が高まる契機となるならば、幸いである。

なお、第一章と第四章は、下に記す既発表の旧稿を利用したが、拙著に収めるに当たって大幅な加筆修正を施した。他の各章は、すべて今回新たに書き下ろしたものである。

第一章　「民衆の感性と意味の創造―想像的発想を中心に」（室山敏昭編『方言語彙論の方法』2000、和泉書院）
第四章　「方言性向語彙における比喩の生成と構造―山口県防府市野島方言の場合」（『国文学攷』第132・133合併号、1992、広島大学国語国文学会）

この本は、方言比喩、とりわけ方言メタファーをのぞき窓として、地域生

活者の歴史の厚みを背景とする豊かな「想像力」について、筆者の考えてきたことの要約である。『地方人の発想法―くらしと方言』(1980、文化評論出版)からここまで来るのに、筆者は実に多くの方々から教えを受けた。

　また、今回も、和泉書院社主の廣橋研三氏が快く出版をお引き受け下さり、刊行までご尽力をいただいた。そのすべての方々に、今あらためて感謝する。

　　　2012年8月

　　　　　　　　　　　　　　　　　　　　　　　　東広島市にて
　　　　　　　　　　　　　　　　　　　　　　　　　　　室山敏昭

■ 著者紹介

室山　敏昭（むろやま　としあき）

昭和11年鳥取県倉吉市生まれ。
昭和39年広島大学大学院文学研究科博士課程を単位習得の上、退学。
現在、広島大学名誉教授。
主著：『方言副詞語彙の基礎的研究』（たたら書房、昭和51年）、『地方人の発想法―くらしと方言』（文化評論出版、昭和55年）、『表現類語辞典』（東京堂出版、昭和60年）、『生活語彙の基礎的研究』（和泉書院、昭和62年）、『生活語彙の構造と地域文化―文化言語学序説』（和泉書院、平成10年）、『「ヨコ」社会の構造と意味―方言性向語彙に見る』（和泉書院、平成13年、新村出賞）、『文化言語学序説―世界観と環境』（和泉書院、平成16年）。
編著：『瀬戸内海圏　環境言語学』（武蔵野書院、平成11年）、『方言語彙論の方法』（和泉書院、平成12年）。
現住所　〒739-0144　東広島市八本松南2-5-29

研究叢書　425

日本人の想像力―方言比喩の世界―

2012年9月25日　初版第一刷発行

著　者　室　山　敏　昭
発行者　廣　橋　研　三
　　　　〒543-0037　大阪市天王寺区上之宮町7-6
発行所　有限会社　和　泉　書　院
　　　　電話 06-6771-1467
　　　　振替 00970-8-15043
　　　　印刷／製本　シナノ

ⒸToshiaki Muroyama 2012 Printed in Japan　ISBN978-4-7576-0631-9 C3381
本書の無断複製・転載・複写を禁じます

研究叢書

書名	著者	番号	価格
古代の基礎的認識語と敬語の研究	吉野　政治　著	327	10500円
形容詞・形容動詞の語彙論的研究	村田菜穂子　著	338	13650円
関西方言の広がりとコミュニケーションの行方	陣内　正敬／友定　賢治　編	339	9450円
日本語談話論	沖　裕子　著	343	12600円
ロシア資料による日本語研究	江口　泰生　著	345	10500円
日本語方言の表現法　中備後小野方言の世界	神部　宏泰　著	348	11550円
複合辞研究の現在	藤田　保幸／山崎　誠　編	357	11550円
方言の論理　方言にひもとく日本語史	神部　宏泰　著	364	8925円
音声言語研究のパラダイム	今石　元久　編	372	12600円
天草版『平家物語』の原拠本、および語彙・語法の研究	近藤　政美　著	376	13650円

（価格は5％税込）

研究叢書

書名	著者	番号	価格
方言数量副詞語彙の個人性と社会性	岩城　裕之 著	390	8925 円
生活語の原風景	神部　宏泰 著	405	8400 円
国語表記史と解釈音韻論	遠藤　邦基 著	406	10500 円
谷崎潤一郎の表現　作品に見る関西方言	安井　寿枝 著	407	8400 円
平安時代識字層の漢字・漢語の受容についての研究	浅野　敏彦 著	415	9450 円
文脈語彙の研究　平安時代を中心に	北村　英子 著	416	9450 円
平安文学の言語表現	中川　正美 著	417	8925 円
祭祀の言語	白江　恒夫 著	419	9450 円
日本語音韻史論考	小倉　肇 著	421	13650 円
都市言語の形成と地域特性	中井　精一 著	423	8400 円

（価格は5％税込）

和泉書院の本

研究叢書 **文化言語学序説** 世界観と環境	室山 敏昭 著	13650 円
研究叢書 **意味の原野** 日常世界構成の語彙論	野林 正路 著	8400 円
生活語彙の開く世界 **地名語彙の開く世界**	上野 智子 著	2940 円
生活語彙の開く世界 **屋号語彙の開く世界**	岡野 信子 著	2940 円
生活語彙の開く世界 **育児語彙の開く世界**	友定 賢治 著	2940 円
いずみ昴そうしょ **「ヨコ」社会の構造と意味** 方言性向語彙に見る	室山 敏昭 著	3675 円
いずみブックレット **小さな地名の調べかた** メディモリで調べ、アカレンで踊り、ダテマエで待つ	上野 智子 著	1050 円
いずみブックレット **近代文学のなかの"関西弁"** 語る関西／語られる関西	日本近代文学会 関西支部 編	1155 円
いずみブックレット **「ノラ」と「ドラ」** 怠け者と放蕩者の言語文化誌	室山 敏昭 著	1260 円
和泉選書 **越境した日本語** 話者の「語り」から	真田 信治 著	2940 円

（価格は５％税込）